JN021655

発明と急成長をくりかえすアマゾンを
いかに生み育てたのか

ブラッド・ストーン 著
井口耕二 訳

Amazon Unbound

JEFF BEZOS and the INVENTION of a GLOBAL EMPIRE

日経BP

AMAZON UNBOUND

Published by arrangement with
the original publisher, Simon & Schuster, Inc.
through Japan UNI Agency, Inc., Tokyo

35歳のジェフ・ベゾスとその妻マッケンジー。1999年、シアトルの自宅にて。この秋、アマゾンの時価総額が250億ドルに達し、ベゾスは「今年の人」としてタイム誌の表紙を飾った。この直後、インターネット経済が暴落し、アマゾンもつぶれかける。

David Burnett/Contact Press Images

ウォールストリートの高給を捨て、ジェフ・ベゾスがオンライン書店という地味に思える商売に乗りだしたのは1995年7月のことだった。最初は事務所の地下を倉庫として使った。

Jim Lott/Seattle Times

子どものころ、ベゾスは、夏をテキサス州コチュラにある祖父の牧場で過ごし、そこで自助の精神を学ぶとともにSFに対する愛と宇宙に対する憧れを育んだ。写真は、1999年に牧場を再訪した際のもの。

David Burnett/ Contact Press Images

スクリーンの表示が立体的に見えるなど、きわめてユニークなスマートフォンをつくりたい。ジェフ・ベゾスはそう考えた　ファイアフォンである。2010年にプロジェクトを立ち上げ、みずからびっちりと関与して開発を進めた。だが、売れないのではないかと疑問の声が社内にも多かったし、実際、2014年6月の発売直後に轟沈する。

David Ryder/Getty Images

スパイ容疑で18カ月もイランに拘束されるという不当な扱いを受けたワシントンポスト紙テヘラン支局長ジェイソン・レザイアンとともに。2016年1月に彼が釈放された際、ベゾスは自分のプライベートジェットでフランクフルトまで迎えに行き、彼とその家族を米国に連れ帰っている。

Alex Wong/Getty Images

アマゾンインドから控えめな成長計画が出てきたとき、ベゾスは、「インドに必要なのはコンピューター科学者じゃない。カウボーイだよ」と一蹴した。そう言われて発奮し、がんばった現場に対し、2014年9月、インドを訪問すると飾り立てたトラックの上で20億ドルの巨大チェックを贈るなどしてねぎらった。

Manjunath Kiran/AFP/Getty Images

ベゾスは「レストランを改革するならシェフにも参加してもらわなければならない」として、ワシントンポスト紙経営幹部の戦略会議に出版界の重鎮、マーティ・バロン編集主幹も招いた。写真は2016年5月に行われた対談である。

『トランスペアレント』などのヒット作をつくり、アマゾンの、そしてベゾスのハリウッド進出を助けたアマゾンスタジオの初代トップ、ロイ・プライス。プライスはアマゾンのパーティに欠くことのできない人物だった。写真は2016年9月、エミー賞授賞式後に開かれたパーティで撮られたもの。プライスはこの翌年、不適切な行動をしたと指弾されて辞職する。

Charley Gallay/Getty Images for Amazon Studios

ベゾスはハリウッドとスタートレックが大好きで、2016年の映画『スター・トレック BEYOND』にはエイリアン役で登場までしている。写真は、そのプレミアに妻マッケンジーと4人の子どもを連れて参加したときのもの。

Todd Williamson/Getty Images

ハリウッドはアマゾンのビリオネア創業者に惹かれていったし、逆もまた真であった。2018年1月、ザ・ビバリー・ヒルトンで行われたゴールデングローブ賞アフターパーティで、ベゾスは、マット・デイモン、タイカ・ワイティティ、クリス・ヘムズワースなど、Aリストと呼ばれるハリウッドの有名人と交流した。

Alberto E. Rodriguez/
Getty Images

アマゾンの激烈な文化に多少なりとも人間味を持たせようとがんばったワールドワイド・コンシューマー部門のCEO、ジェフ・ウィルケ。2020年に退職を発表した際、「アマゾンと言えばこの人が浮かぶというひとりだ」とベゾスが評した人物である。

Joe Buglewicz/Bloomberg

アマゾンウェブサービス(AWS)アンディ・ジャシーCEOは自部門のきらめく業績を少しでも長く隠そうとあの手この手を尽くした。いま、AWSはアマゾン営業利益の60%以上をたたき出している。2021年にはベゾスの後任としてアマゾン全体のCEOに昇格することも発表されている。

David Paul Morris/Bloomberg

3年あまりもSチーム唯一の女性メンバーとしてがんばったベス・ガレッティ。2015年、アマゾンの企業文化を糾弾する記事がニューヨークタイムズ紙に掲載された直後、人事部門のトップに就任した。就任にあたり、勤務評定制度を「徹底的に簡素化」するよう言われたという。

Holly Andres

2012年から広大無辺なアマゾン業務部門を統括するデイブ・クラーク。アマゾンの安全管理が社会的に大きな問題となるなか、ロボット会社キーバの買収や自社配送への進出などを積極的に進めた。2021年にはジェフ・ウィルケの後任としてコンシューマー部門のCEOに就任。

Kyle Johnson

ドナルド・トランプ大統領は、米国郵便公社相手に甘い汁を吸っているなどとアマゾンをくり返し口撃した。写真は、2017年6月、ベゾス、マイクロソフトのサティア・ナデラCEOらテックリーダーがホワイトハウスまで出向き、それなりに穏やかな会合を持ったときのもの。
Jabin Botsford/The Washington Post/Getty Images

2017年7月、アイダホ州サンバレーで開かれたアレン&カンパニーの園遊会に参加した際のベゾス。かなり鍛えていることがわかる写真で、「ムキムキ・ベゾス」なる呼び名が広まるなど、インターネットで大きな話題となった。
Drew Angerer/ Getty Images

2015年11月、ベゾスは、ブルーオリジンでクルーカプセルと再利用可能なブースターロケットの打ち上げと着陸という歴史的偉業を達成した。さらに、その2カ月後、スペースXが同じステップを突破すると、イーロン・マスクに「クラブへの入会を歓迎します」とツイートする。だがブルーオリジンの優位は長続きしなかった。
Blue Origin/ZUMA Press

ナショナル・エンクワイアラーのせいで付き合っていると公になると、ベゾスとローレン・サンチェスは連れだってイベントなどに参加するようになった。写真は、2020年2月、ジェニファー・ロペス、ヴォーグ誌の有名編集長アナ・ウィンターとともにロサンゼルスで開かれたファッションショーに参加したときのもの。

Calla Kessler/
The New York Times/Redux

2020年1月、インドを再訪。2014年とはすべてが大きく違っていた。零細事業者はCEOの来訪に抗議。一方ベゾスはローレン・サンチェスとふたりタージマハルで写真を撮ったりした。

PAWAN SHARMA/AFP/
Getty Images

ガラスの温室が三つつながったアマゾンスフィアが本社脇にオープンした2018年1月、アマゾンはシアトルにある優良オフィス物件の2割ほども占めるようになっていて、革新系市議会との関係は冷え切っていた。

Jack Young - Places/Alamy

第2本社の半分をニューヨーク州クイーンズのロングアイランドシティーに置くというアマゾンの決定にあちこちから反対の声が上がった。2019年1月に市議会がHQ2の公聴会を開いた際にも、反対派が集まり、反アマゾンの垂れ幕を掲げて抗議の声を上げた。この数日後、アマゾンはオフィス新設の計画を撤回する。

Drew Angerer/Getty Images

コロナ禍が始まると、時給で働くアマゾン作業員から批判が噴きだす。検温、ソーシャルディスタンスをはじめとする対策が講じられたが感染を完全に防ぐことはかなわず、作業員らはアマゾンが安全より売上を優先していると抗議した。

Leandro Justen

ベゾスの議会証言には強く抵抗したが、最後はアマゾンも譲歩せざるをえなかった。2020年7月29日、下院司法小委員会のオンラインプラットフォームおよび市場支配力に関する公聴会にフェイスブックのマーク・ザッカーバーグ、グーグルのサンダー・ピチャイ、アップルのティム・クックらとともにベゾスCEOもリモートで参加することになった。

Mandel Ngan

「私の人生はまちがいをくり返してきたようなものでした」——2019年11月、ベゾスはワシントンDCのスミソニアン国立肖像画美術館でこう語った。登壇前の紹介は長男プレストンが行った。

Joy Asico/AP for National Portrait Gallery

ベゾスは、多くの候補者から自分の肖像画を描く画家にフォトリアリズムの巨匠ロバート・マカーディーを選んだ。理由は「自分の姿をあるがままに描いてくれる人、難点も、欠点も、傷跡もすべて含めて描いてくれる人」がいいと思ったからだ。

一番すごいところは発明の才ではない。

発明を生み出す仕組みを発明する才だ。

エジソンは階層的な組織をつくり、管理していた。そしてそこで研究者やエンジニアや開発の職人がたくさん働いていた

——グレアム・ムーア、『訴訟王エジソンの標的』（早川書房刊）

昔から不思議だった……優しい、隠し立てをしない、
誠実である、心が広い、相手を思いやるなどはほめ言葉だが、
いずれも失敗と一緒に語られる。
逆にきつい、あこぎである、欲が深い、けちくさい、うぬぼれが強い、自分のことばかり考えるなどは嫌われるが、
成功の特質として出てくる。
前者をほめそやし、
後者の産物を愛するのが人というものらしい

——ジョン・スタインベック、『キャナリー・ロウ—缶詰横町』（福武書店刊）

はじめに

この少しあとには時代遅れだ、それこそ失われた古代文明の風習かなにかだと思われるほど、多くの人が建物内に集まっていた。武漢で新型コロナが発生し当世最悪のパンデミックが始まる1カ月ほど前の2019年11月、とある日曜夜、政治、報道、産業、芸術といった分野の著名人がワシントンDCのスミソニアン国立肖像画美術館に集まっていた。ミシェル・オバマがいる。ヒラリー・クリントンがいる。ナンシー・ペロシ下院議長もいる。何百人というゲストが博物館の中庭を埋め尽くしている。新たに6人の肖像画が国立肖像画美術館に収蔵されることになったのを祝う会で、フォーマルな装いでお越しくださいという招待状をもらった人しか参加できない。新たな6人とはミュージカル『ハミルトン』の制作で知られるリン＝マニュエル・ミランダ、ヴォーグ誌のアナ・ウィンター編集長、そして世界一の大富豪、アマゾンの創業者でCEOのジェフ・ベゾスなどである。

フォトリアリズムの巨匠ロバート・マカーディーによる肖像画はベゾスの生き写しである。背景は真っ白。白いシャツ、シルバーのタイ、そして、25年にわたりアマゾンの人々をきりきり舞いさせてきた鋭い視線。「サービス、創造性、個性、先見性、創意工夫」を国がたたえる肖像画の式典であいさつに立ったベゾスは、家族や仲間に感謝するとともに、公の場ではいつもそうしてきたように謙虚な姿勢を示した。

「私の人生はまちがいをくり返してきたようなものでした」

19歳の長男、プレストンが心に残る話をしたあとを受け、ベゾスは語った。

「産業界ではそれなりによく知られたことではあるのですが。ちなみにファイアフォンをお持ちの方はおられますか？」

会場は爆笑である。２０１４年にアマゾンが発売したスマートフォン、ファイアフォンが大失敗だったのはあまりに有名だ。

「ですよね～。だれもお持ちではない。そうだろうと思いました。いろいろとおもしろいことをしてきました。いろいろと大事なこともしてきました。いろいろと有益なこともしてきました。いずれにおいても、実験とまちがいと失敗とをくり返しました。わたしは、その傷跡だらけなのです」

肖像画を描いてもらう画家は博物館がリストアップしてくれた候補から選んだのだが、「自分の姿をあるがままに描いてくれる人、難点も、欠点も、傷跡もすべて含めて描いてくれる人」がいいと思いマカーディーを選んだという話もあった。

会場はスタンディングオベーションとなった。そういう雰囲気の会だったのだ。アース・ウィンド&ファイアーが登場し、ゲストは飲んだりダンスをしたり。アナ・ウィンター編集長を壇上で迎えたコメディアンのジェームズ・コーデンは、ブロンドのかつらをつけ、黒いサングラスにファーコートでウィンター編集長のコスプレ姿だった。さらに「コーヒーを持ってくるようジェフ・ベゾスに言って！」とやって金持ちだらけの会場を大いに沸かせた。

会場の雰囲気はなごやかだったが、創業26年目のアマゾンとそのＣＥＯに対する世間の評価はかなりややこしくなっていた。業績は好調だが、評判は必ずしもかんばしくない。称賛の声があるたび、批判が出てくる。

アマゾンはすごい、すばらしいとユーザーはべた褒めだが、その裏になにか意図があるのではないかと怪しむ人が少なくないし、倉庫で働くブルーカラーの状況と創業者の富を比べればお金も権力も片寄りすぎているのではないかと指摘されるのも当然だろう。アマゾンは単なる成功譚(たん)として語れるものではすでになく、社会というものに対する国民投票として、さらには、社員や社会に対して、また思いのほか脆弱(ぜいじゃく)な地球に対して大会社が負うべき責任についての国民投票として語られるものとなったのだ。

後者の懸念についてベゾスは気候変動対策に関する誓約なるものを考案した。パリ協定の目標を10年前倒しし、2040年までにアマゾンをカーボンニュートラル化すると約束する意欲的なものだ。これに対しても、他社と同じようにカーボンフットプリントを明らかにしろと批判の声が上がっている(カーボンフットプリントとは地球温暖化を引き起こしている有害ガスの排出量を意味する)。アマゾンにもサステナビリティ部門があり、建物の効率向上や梱包材の削減などに昔から取り組んできている。だが、それを世間に訴えたり、他社と同じようにカーボンインパクトの報告書を公表したりするだけでは不十分だ。ベゾス自身も、独自のアプローチで事に当たらなければならない、この分野のリーダーだと世の中で認められるように、そして、アマゾンのサイトを訪れる世界中の顧客に、気持ちよく「今すぐ買う」ボタンをクリックしてもらえるようにしなければならないとしている。

この目標をまちがいなく達成できるやり方などない。[1]アマゾンは航空機や長距離トラック、配送トラックなど汚染をまき散らす大部隊を抱えているからだ。それでもベゾスは気候変動対策に関する誓約を宣言し、他社にも参加するよう呼びかけた。

実はこの誓約について、南極か北極の氷冠に立って発表し、その動画を流すというアイデアがあった。実際にやるとなると課題が山積みだし炭素も大量に排出してしまいかねないしで、そこをなんとかできないかサステナビリティと広報の部門が必死で検討したのだ。結局は見送りとなり、ワシントンDCのナショナルプレスクラブという近くて温かな場所で発表することになった。

スミソニアンの祝典まで2カ月ほどの2019年9月19日朝、アマゾンCEOの公式会見というなかなかない機会に報道関係者が多数集まった。ベゾスは元国連気候変動枠組条約事務局長のクリスティアナ・フィゲレスとともに登壇した。

「気候については、5年前の予想でさえまちがっていたことが明らかとなってしまいました。南極の氷床は5年前の予想の70％増しというスピードでとけています。海水温の上昇も40％増しです」

誓約を実現するため、アマゾンは、再生可能エネルギー100％に移行する。まずはアマゾンも出資しているミシガン州プリマスのスタートアップ、リビアン・オートモーティブから配送用に電気自動車10万台を購入する。そう話は続いた。

質疑では、気候正義を求めるアマゾン社員の会[2]なるものについてどう考えているのかという質問も飛びだした。気候問題に否定的な政治家への支援をやめること、化石燃料の会社と結んでいるクラウドコンピューティングの契約を破棄することなどを求めている集団だ。

「一理あると思います」

ベゾスは会の懸念に理解を示した。だからといって要求すべてに賛同したわけではない。

「社会の大惨事にはしたくありません。みんなで協力していく必要があります」

この数カ月後、コロナ禍のさなかにアマゾンは気候正義を求めるアマゾン社員の会の主宰者ふたりを解雇することになる。

誓約発表のとき、私も会場にいて、その朝最後の質問をした。最悪の結果に陥らずにすむスピードで人類は対策を打てると思うか、だ。

「私は生まれつき楽天的でしてね」

ロバート・マカーディーがキャンバスに活写したレーザーのような視線で私を射ぬきつつ、彼は答えた。

「創意工夫すれば、発明をちゃんとすれば、みなが本気で取り組めば、情熱を注いでがんばれば、しっかりとした目標を決めれば、どんな難問でもなんとかできる道筋をみつけられるはずだと私は思っています。それこそ、いま、我々がしなければならないことです。そして、これから実際にしていくはずだと私は考えています。そうです、実際にしていくんです」

技術は根本的に善である、天才的イノベーターが本気で取り組めばどのような難問でも解決できるという信念のようなものが感じられる回答だ。少なくともあの瞬間、彼は、世界におもしろい未来をもたらすか、公平な競争と自由企業という恵みの太陽を覆い隠すか、人によって見方が異なる事業を推進するビリオネアではなく、昔ながらのジェフ・ベゾスであったと思う。

倒産寸前、株価が10ドルを切ったことも

いま、アマゾンでは、ほぼなんでも買えるしすぐ届く。そのデータセンターはインターネットを支える柱になっている。テレビ番組や映画なども見られる。音声操作ができるスマートスピーカーも人気だ。だがわずか

30年前には、いずれも、マンハッタンに立つ高層ビル40階に漂うアイデアにすぎなかった。念のため、このあたりについても簡単に紹介しておこう。

起業に人生を賭けてみようとウォールストリートの有名ヘッジファンド、D・E・ショーの高給を捨て、ジェフリー・プレストン・ベゾスがオンライン書店という地味に思える商売に乗りだしたのは30歳のときだった。24歳の妻マッケンジーとふたり、ニューヨークからテキサス州フォートワースへ飛ぶと、遊んでいた実家の88年式シボレー・ブレイザーをもらいマッケンジーの運転で北西へ。自分は助手席でノートパソコンを広げ、表計算ソフトで財務計画をつくる。ときは1994年、インターネットはまだ旧石器時代だった。

スタートアップを立ち上げたのはシアトルの東側郊外にある3ベッドルームランチハウスのガレージだ。真ん中に古びた鉄製の樽型ストーブがある。机はホーム・デポで買った1枚60ドルの木製ドアで自作した。社名はとりあえずカダブラとした。最終的な名前は、ブックモール・ドット・コムやアード・ドット・コム、リレントレス・ドット・コムなどいろいろと迷った末、最終的に、本の品ぞろえが豊富であると示すには世界一長い川の名前がいいだろうということになった。アマゾン・ドット・コムである。

当面の資金は自己資金と両親のジャッキーとマイクが出してくれた24万5000ドル。1995年にウェブサイトを公開すると、ワールドワイドウェブなる新技術黎明期の熱に飲み込まれる。毎週30%、40%、50%とものすごい勢いで成長が続き、計画もへったくれもあったものではない。このころ入社した人々は当時のことをよく覚えていないほど忙しかったらしい。投資家に声をかけてもいい返事はもらえない。当時はインターネットなど雲をつかむような話だったし、東海岸出身の創業者も自信だけは売るほどあるようだが、けたたましい笑い方が耳につく若者で、これまた海のものとも山のものともつかないのだから当然だろう。それでも19

９６年には、シリコンバレーのベンチャーキャピタリストが振り向いてくれるようになり、資金がどんどん流れ込んできた。そして駆け出しＣＥＯにスイッチが入る。野心が燃え上がり支配を夢見るようになったのだ。最初の社是は「早くでかくなる」だ。ドットコム・バブルと称されるようになる１９９０年代末、アマゾンは話題を振りまきつつどんどん大きくなっていった。管理職を増やす。倉庫を増やす。そして１９９７年には鳴り物入りでＩＰＯだ。最初のライバル、バーンズ＆ノーブル書店との訴訟を必死で戦い抜くなんてこともあった。アマゾンというブランドはリチャード・ブランソンのヴァージン・グループのように柔軟になれると考え、ベゾスは、ＣＤ、ＤＶＤ、玩具、エレクトロニクス機器と取り扱う商品を増やしていく。「月までも行けると我々は思っていますよ」――同じくシアトルで起業したスターバックスのハワード・シュルツＣＥＯにこう語ったこともある。

　ベゾスは自分のやり方で成功を判断したい、外の雑音にわずらわされたくないと考え、株主に宛てた最初の書簡で自分の経営哲学を訴えた。すぐにリターンを得ようとは思っていないしウォールストリートの近視眼的要求に応えるつもりもない、キャッシュフローを増やし、市場シェアを高めるという方法で長期株主に価値を提供することをめざす、と。「いまはインターネットのデイ・ワン（始まり）であり、うまくやればアマゾン・ドット・コムにとってもデイ・ワンとなります」とも書いている。たゆまぬ発明、すばやい意思決定、幅広い技術の飽くなき活用が必要だと訴えるスローガン「デイ・ワン」の誕生である。そして、この考えに賛同する投資家が株価を果てしなく押し上げていく。ＣＥＯはセレブなミリオネアとなり、20世紀がそろそろ終わる１９９９年には『今年の人』に選ばれ、発泡スチロールのビーズがいっぱい入った段ボール箱から顔だけ出す形でタイム誌の表紙を飾ったりもした。

だがその内実はぐちゃぐちゃだった。ドットコムスタートアップの買収は増える一方だがその多くは期待外れに終わるし、ウォルマートなどの従来型小売りで昔から働いてきた人は混乱に嫌気がさしてやめることも多かった。クリスマスシーズンの繁忙期を倉庫がさばききれず、シアトル本社の人間が応援に出向き、相部屋でホテルに泊まって贈答用包装や梱包をする騒ぎも毎年起きていた。

このあと2年はお金が出ていくばかりで、ドットコム・バブルがはじけたときには会社そのものが倒れかけてしまう。とある金融系週刊誌など、アマゾン・ドット・ボム（バクダン・ドット・コム）と題する記事で「このおとぎ話の株には問題があると投資家も気づきはじめた」などと報じたほどだ。しかも、この評価はこのあとしばらく続き、ベゾスをあざ笑う人が増える。２００1年にはＳＥＣ（米国証券取引委員会）がインサイダー取引でベゾスの調査に乗りだすなどということもあった。そろそろ資金が底をつくとたびたび予想したアナリストもいる。２００1年2月には強烈なニスクアリー地震に襲われるおまけまでついた。このときアマゾン本社が入っていたのはシアトル中心部を向く丘に立つ建物だ。退役軍人向け病院として１９３０年代に建てられたアールデコ調の古いビルで、地震に耐えられず一部が崩れ、レンガやモルタルが雨あられと降りそそぐ大惨事となった。ベゾスらは、分厚いドア材の机に潜って事なきを得たが、不吉な未来の兆しだと感じた人もいただろう。

株価は10ドルを切り、一財産築く夢は遠のいた。37歳のベゾスはオフィスのホワイトボードに「自分と株価は別物だ」と書き、ハリー・ポッターの最新刊を発売日に届けるなど顧客サービスを倍加する賭けに出る。

社内は動揺していたが、ベゾスは落ちついていた。２００1年夏にはオンラインサービスＡＯＬから1億ドルの投資を受ける契約が成立したし、タイミングよく負債性資本の調達もしていたので、ドットコム企業の多くが飲み込まれた運命から逃げることに成功。そしてコスト削減などで黒字化のめどがたった２００３年春、四半期決算のプレスリリースにミリラビなる言葉をそっと仕込む。ミリラビとはアマゾンはもうすぐ倒れると予想し続けたアナリストをからかうジョークに使っていた言葉なのだが、表題の頭文字をつなぐとそうなるようにしたのだ。[3] 意趣返しである。

アマゾンはこうして生きのびたわけだが、このころ、特別という感じは特になかった。品ぞろえはライバルのオンラインストア、イーベイのほうがすごい。価格はディスカウントストアのウォルマートのほうが安い。優れたエンジニアは検索エンジンのグーグルがさらっていってしまうし、オンラインの買い物客もどんどん吸い上げられてしまい、お金を払って検索広告を出さなければ取り戻せない。

ここでベゾスが妙手を放つ。オンラインオークションでイーベイにかなわないと悟り、アマゾンと並んでサードパーティセラーが販売することを許したのだ。だれから買うかは顧客に決めてもらう。これこそが事業を推進する弾み車というか良循環というかだった。社外からの出品を許せば品ぞろえが充実して客が増えるし、出品者の販売から手数料収入を得ることができる。この収入があれば商品の値段を下げるなり配送時間を短くするなりできる。そうすれば、客がさらに増え、出品者も増える。ぐるぐる回るわけだ。どの部分でもこのループに投資すれば回転スピードを上げられる。ベゾスはそう考えた。

航空宇宙機器や自動車用品の大手、アライドシグナルからジェフ・ウィルケもヘッドハントした。ウィルケはベゾスによく似ている。早咲きのタイプで覇気があり、どのようなことであれ相手に満足してもらおうとする。それこそ部下の感情についても、である。ウィルケとベゾスは倉庫を一新して「フルフィルメントセンター」（FC）とした。配送ソフトウェアも一から書き直した。その結果、予想して注文を効率よくさばけるようになり、宝飾品やアパレルなど製品カテゴリーもふたたび増やせるようになったし、のちには年会費79ドルの2日配送保証、Ａｍａｚｏｎプライムにもつなげることができた。

自分に似たもうひとりの副官、アンディ・ジャシーには、さらに大胆な方向を任せた。自社エンジニアの働き方と、季節によってトラフィックが大きく変わっても耐えられるように工夫してきたノウハウとから、アマゾンウェブサービス（ＡＷＳ）なる新事業を思いついたのだ。コンピューティングパワーそのものを他社に売ればいい、他社がオンラインでアクセスし、低コストで事業を行えるなら買ってくれるはずだ、と。

アマゾンの社員にも取締役にもほとんど意味不明の事業計画だった。だが40歳のベゾスは絶対に売れると考えた。プロジェクトのすみずみにまで目を光らせ、微に入り細にわたる提案や目標をＡＷＳ上層部に送りつける。送りつけるのは夜遅くのことが多い。「計画停止時間ゼロで無限にスケールアップできなければならない。無限にだ！」と発破をかけながら。

このころベゾスは、ｉＰｏｄとｉＴｕｎｅｓストアでアップルが音楽の販売を急速に伸ばしていることが気になってしかたがなかった。書籍で同じようなことが起きたら大変だ。だから、電子書籍リーダー、キンドルを自社開発する秘密のプロジェクトを始めた。赤字続きのアマゾンが電子機器を開発するなど正気の沙汰ではないと社内は反対一色である。だがベゾスは「難しい道なのはよくよくわかっている。どうすればいいのかはこれから学べばいい」と引かない。

このプロジェクトは書籍販売のトップを務めてきたスティーブ・ケッセルに任せた。「物理的な本を売る人間、全員から職を奪うくらいのつもりで取り組んでほしい」と言って。この事業では電子書籍の販売条件を巡って出版社と何年も小競り合いが続いたし、アマゾンは優位な立場で不公平な契約を強いているとの訴えを起こされたりもした。大手出版5社とアップルが談合で電子書籍価格をキンドルの9ドル99セントより高くしたと反トラスト訴訟が起こされたのは思わぬ余得だったと言えるだろう。

フルフィルメントセンター、AWS、キンドル、3本の矢でウォールストリートの評価が復活する。2008年には時価総額でイーベイを抜き、グーグル、アップル、そしてシリコンバレー・スタートアップの新しい顔フェイスブックと並び称されるようになった。ベゾスはここぞとばかりにウォルマートを攻め立てる。新興のライバル2社は傘下に収めた。1社は靴の通販でのしてきたザッポス、もう1社は人気のダイアパーズ・ドット・コムを持つ消費財セラー、クイッドシーだ。どちらの買収もすぐに認可された。このあとアマゾンの支配力がどんどん強くなり、失敗だったのではないかとの見方が強まる認可だ。

6ページ文書、ピザ2枚チームで勝ち目の薄い戦いを勝ち抜く

スキンヘッドという見てくれにだまされがちだが、このCEOは意外なほど深みがある。本の虫でとにかくたくさん本を読んでいる。クレイトン・クリステンセンの『イノベーションのジレンマ』(翔泳社刊)などを題材に経営幹部で討論するときには議論を積極的にリードする。また、どんなことでもふつうのやり方をしようとしない。社員には顧客最優先、高い採用基準、倹約など、自分が定めたリーダーシップ原則14カ条に沿った行動を求め、採用やプロモーションのとき、さらには製品にちょっとした改良を施す場合などこの原則に従って業務をこなすよう、日々、教え込んでいく。

米国企業ではパワーポイントのプレゼンテーションが花盛りだが、箇条書きだらけでなにが言いたいのかわかるようなわからないようなものにしかならないとアマゾンでは使用が禁じられている。アマゾンの会議は、

6ページにわたってデータが満載された文書（「物語」と呼ばれている）をだまって読み込むことから始まる。アマゾンで新事業を立ち上げるのは編集作業とでも言えばいいのだろうか、書類を何回も何回も書き直す、単語一つひとつの意味を議論ではっきりさせる、上層部が、さらにはベゾス本人が細かなところまで検討するという形で進められる。実作業はピザ２枚チーム（食事がピザ２枚で足りる少人数）とする。求められるのはスピード。複数チームが競い合うことも多い。

分散型の極致という珍しい企業文化で、社員には、速度と精度の両立がたたき込まれている。なにも壊さず爆走することが求められるのだ。目標、責任、締め切りが組織の上から下に流れ、逆に評価は週報や四半期の事業報告書、年2回の業績評価会議（夏の終わりにある経営企画のＯＰ1とホリデーシーズン後のＯＰ２）という形で下から上に流れる。チームごとに成績をつけるのは、数字に強い人ばかりの幹部会、Ｓチーム（シニアチームの意）の仕事である。もちろん頂点に立つのはベゾスその人であり、有望な新企画を進める場合やどうにも不振なチームをなんとかしなければならない場合には彼自身が身を投じる。アマゾン立ち上げのころから変わることのない集中力と厳しい基準をひっさげて。ベゾスはすべてに疑いの目を向ける。それこそ、アマゾンの成功が拡大しているということに対してさえもだ。

基準を満たせない社員にはいらだち、激しく叱る。「オレの人生を無駄使いするとはどういう了見だ？」や「悪いんだけど、今日、ちゃんとあほう薬を飲んだかどうか教えてくれないか？」など、社内で伝説となっている言葉も少なくない。残忍とも言えるスタイルと型破りの文化に萎縮してしまう社員も少なくないが、それが絶大な効果を上げていることもまた否定のできない事実である。２０１1年春、アマゾンの時価総額は８００億ドルに達していた。そして47歳のベゾスは、持ち株の価値が上がったことを受け、個人資産１８1億ドルで富豪の世界ランキング30位になっていた。[4]

出る杭は打たれる。州税である売上税が適用されないインターネット通販の急増で税収が落ちているとして、オンラインショップにも売上税の支払いを義務づける法改正が行われていく。インターネットがまだなかった時代からカタログ通販が利用してきた抜け穴がふさがれることになったわけだ。売上税回避はオフラインに対する大きな価格メリットとなっていたわけで、ベゾスとしてはなんとしても守りたいところだ。だから、カリフォルニア州では売上税支払いを義務づける新法の廃止を求める住民投票を支援した。だが戦いの途中で方針を転換。売上税を回避しようとすると設備を置く場所やそれこそ出張する先なども自由に選べなくなってしまうからだ。売上税の徴収に同意すれば大きなアドバンテージを手放すことになる。そのかわり、事務所やフルフィルメントセンターを人口が多い州に置けるようになる、つまり、顧客のそばに置けるようになる。その後、歴史に残るほどの成長ができたのは、このように長期的な見方に切り替えたからだ。

アマゾンはさまざまな方向に広がっていった。オンラインでもシアトルでもである。シアトルのあちこちに散っていた事務所は、シアトル北側ユニオン湖のほとりにある新興オフィス街のビル10棟前後に集約。2012年に入ると、[5]どんどん増えるアマゾン社員を「アムホール」とこき下ろすチラシがサウスレイクユニオン周辺に貼られるようになる。そして、ブルーカラーが多い左寄りの街とアマゾンのあいだで緊張が高まっていく。

勝ち目の薄い戦いにくり返し勝ってきたジェフ・ベゾスは、自分も周りも危機感を忘れず仕事に打ち込むにはそのほうがいいとバロンズ誌の「アマゾン・ドット・ボム(バクダン・ドット・コム)」なる特集記事を事務所の壁に貼ったりしてきた。この年の春、株主に送った年次書簡でも、「まだデイ・ワン(初日)だ」と宣言している。なんでも売るエブリシング・ストアの仮想商品棚には物理的な商品やデジタル的な商品がほぼ無限に並んでいるが、その品ぞろえをさらに充実させるため、やらなければならないことがまだまだたくさんあるのだ。

時価総額1兆ドル、社員130万人の超巨大企業へ

私は世界がアマゾンに注目しつつあった2013年10月に『ジェフ・ベゾス 果てなき野望』(日経BP刊)を発表した。オンライン書店の元締が滅びの縁から復活し、小売りはもとよりデジタルメディアやエンタープライズコンピューティングの世界をも根底からひっくり返してきた様を描き、現代における事業というものを物語ろうとした本だ。

おおむね好評だったが、否定的な評価もいくつかあった。そのひとつが、「この本を好きになりたかった」などとマッケンジー・ベゾスがアマゾン・ドット・コムに書いた星ひとつの酷評である。事実にまちがいがある、「アマゾンの人々や文化について一方的で誤解を招く描写がなされている」、格言やリーダーシップスタイルを受け継ぎ伝えるベゾス門下生を「ジェフボット」と呼ぶとはなにごとかといった批判が並んでいる。また、のちに伝え聞いたところによると、ベゾスは実父、故テッド・ヨルゲンセンを私が探し出したことに腹を立てたらしい。実父はベゾスがまだ小さいころ家を出てしまい、息子がどういう人物になっているのかさえ45年後に私が訪れるまで知らずに暮らしていた。

ともかく、あのとき私は、アマゾンの躍進について十二分に書けたと思っていた。だが状況は思いもよらない展開を見せる。2014年、バーチャルアシスタントのアレクサが動くスマートスピーカー、アマゾンエコーが発売になる。この製品は5年間で1億台以上も売れる大ヒットとなって、音声操作という新しい波を生み

出し、しばらく前から引きずっていたファイアフォンの大失敗を清算することに成功。アマゾンが玄関先から居間へ入り込んだと言える。顧客がなにを望み、なにに興味を持っているのかも把握できるようになったし、それこそ、人様には聞かせないはずの会話さえ聞けてしまう可能性もあるようになったわけだ。

またこのころＡＷＳ部門はデータベースサービスの種類を拡充し、クラウドなる未来のエンタープライズコンピューティングに大企業や政府関係機関を誘い込んでいった。２０１５年、ＡＷＳの採算が初めて公表されるとその利益率や成長率は驚くほど高く、アマゾン株式の人気がまた過熱する。

その少しあと、アマゾンはリアル店舗、アマゾンゴーの1号店をシアトルに開店した。この店は人工知能とコンピュータービジョンで自動的に精算するので、レジに並ぶ必要がない。また、インド、メキシコなど世界進出も出費を惜しまず進め、小売りで世界最大のウォルマートに真っ向勝負を仕掛けた。アマゾンスタジオという形でハリウッドにも進出し、『ウディ・アレンの6つの危ない物語』など失敗もいくつか経験しているが、『トランスペアレント』『マーベラス・ミセス・メイゼル』『ジャック・ライアン』などのヒット作を生み出すことに成功。ホームエンターテイメントの未来をめざすレースでネットフリックスを追い上げている状態だ。

新展開の裏で古い事業の活性化も進められていた。サードパーティのセラーがアマゾン・ドット・コムで商品を売れる仕組み、アマゾンマーケットプレイスには中国製の低価格品（偽造品や模造品も混じっている）が次々と流れ込んでいた。２０１５年にはマーケットプレイスの取引額がアマゾン自身の販売額を超える。２０１７年には食料品の販売で名をはせたスーパーマーケットを物言う投資家から守る形でオーガニックスーパーのチェーン、ホールフーズマーケットを傘下に収め、難航していた食品事業への進出に橋頭堡を確保した。

配送も見直した。ソートセンター、ドライバー、Ａｍａｚｏｎプライムのロゴを描いた貨物機など、自社ネットワークを拡充し、UPSなどパートナーへの依存度を引き下げたのだ。広告事業も、10年前、グーグルに苦しめられた反省に立ち、検索結果に広告を埋め込む形でてこ入れして新たな収益源として育てることに成功した。

前著で私が描いたのは、2012年末時点で1200億ドル近い時価総額のアマゾンまでだった。それが2018年秋には1兆ドルに達した。6年弱で8倍以上になったわけだ。2020年頭以降は1兆ドルを常に超える状態だ。前著の時点でアマゾンの社員数は15万人以下だったが、それが2020年末には130万人と驚くような数字になっている。私が描いたのはキンドルの会社だったが、それがいまはアレクサの会社になってしまった。クラウドの会社でもある。ハリウッドスタジオでもある。テレビゲームのメーカーでもあるし、ロボット工学の会社でもあるし、食料品店でもある。枚挙にいとまがない。

投資家も消費者もアマゾンにぞっこんだが、政治の世界からは厳しい目が注がれるようになった。富や力がここまで集中するのは問題だ、労働者や零細事業者の立場が不利になって所得格差が大きくなりすぎてしまうというのだ。この動きが進めば自由市場資本主義を見直すことになるかもしれない。

たとえば2019年の大統領選挙に立候補したエリザベス・ウォーレン上院議員は次のように述べている。

「いま、ビッグテック企業は力を持ちすぎています。経済に対する影響力、社会に対する影響力、民主主義に対する影響力を持ちすぎているのです。アマゾンはアマゾンマーケットプレイスの商品をコピーして自社ブランドで販売するという形で小さな会社を踏み潰しています」[6]

ジェフ・ベゾスが入念につくりあげてきたものからザッポスやホールフーズマーケットなどを切り離さなければならない、小さな部分にばらさなければならないというのである。

ベゾスはギークから世界一のアクションヒーローに

アマゾンも変化しているが、それはベゾスも同じで驚くほど変わっている。

アマゾンを立ち上げたころは、カーキ色のプリーツ入りパンツにネイビーブルーのボタンダウンシャツという装いで、けたたましい笑いをあちこちに響かせつつ、2輪のセグウェイに乗ってオフィスを走り回っていた。シアトルとはワシントン湖をはさむ対岸のメディナ郊外に家を構え、家族は妻に子どもが4人。プライバシーはがっちり守る。懐はどんどん温かくなっていくが、会員制オークションで高い絵画を買ったりビンテージのスポーツカーを集めたりする趣味はないようだ。まして、ラグジュアリーヨットを好むといったことはありえない。プライベートジェットという例外はあるが、これには、ふつうのフライトを避ければお金で買えない資源、つまり時間が節約できるというれっきとした理由がある。

だが、2010年代後半、身なりになど構わず仕事に突き進むギークというイメージは消えていく。2014年にはファイアフォン発表で呪われたスマートフォンの技術的な仕様を並べ立てて悦に入るなどまだ道半ばだったが。

ベゾスは、多少ぎこちないところもある自信満々のギークから実業界の大物に変身した。特に当初は無敵のオーラさえまとっているように感じられた。2017年夏には世界一の富豪になる。アマゾンの株価が上がっていること、また、ベゾスは慈善活動を特にしていないがマイクロソフトの共同創業者ビル・ゲイツはそちらを熱心に進めていて資産の増え方が遅いことからそのうちそうなるだろうと予想はされていたことなのだが。

ともかく、富豪ランキングのトップに躍り出たころ、アイダホ州サンバレーで開かれたアレン&カンパニーの園遊会に参加したときの写真が大きな話題になる。スタイリッシュなサングラス、ギャレットライトに半袖のポロシャツ、ダウンベストという姿で太い二の腕をさらしているものだ。ビジネス界のアクションヒーローになったと言っていいだろう。

会社ではあいかわらずアレクサなどの新規事業に没頭していて、変化が見えにくかったようだ。ただ、慈善事業も始めたし、宇宙という意欲的な目標のブルーオリジンの仕事もしなければならないし、２０１３年には名門紙ワシントンポストを買ったしでアマゾンだけに集中するのは難しくなっていた。特にワシントンポスト紙は、ドナルド・Ｊ・トランプ大統領から目の敵にされたりもしたので。

付き合いの長いＪＰモルガンのジェイミー・ダイモンＣＥＯも「ジェフは昔ながらで別に変わってはいませんよ」と言っている。だが、年に数回ワシントンＤＣに集まって政治問題を話し合うビジネスカウンシルや、従業員のヘルスケアコストを引き下げようとアマゾン、ＪＰモルガン、バークシャー・ハサウェイが共同で立ち上げたがうまく行かなかったヘイブンヘルスケアなどのフォーラムで一緒に仕事をしていて、ベゾスの目が少しずつ開かれていくのはわかったという。

「ジェフはキャンディショップに初めて入った子どもみたいな感じでした。見るもの触るもの、すべてが珍しいのです。ずっとアマゾンだけに集中してましたからね。それがだんだんと世界市民になっていった。そういうことでしょう」

変身にほかのにおいを感じる人もいる。想像を絶する成功で鼻高々になっている、と。たとえば２０１７年秋に始めたＨＱ２。第２本社をどこに置くべきか、北米都市に競わせたのだ。テックジャイアントを誘致しようと238カ所が17カ月にわたって競う大騒ぎになった。最終的にニューヨーク市とノーザンバージニアが勝者ということになったが、同時に、地方税の減免が大きいところを選ぶとはなにごとかなど、政治的に大きな問題として取り上げられるようになった。人気のアレクサンドリア・オカシオ=コルテス下院議員をはじめとするクイーンズの革新系議員や労働組合関係者から批判が相次ぎ、結局、ニューヨークのロングアイランドシティに第2本社を置く話は白紙に戻さざるを得なくなってしまう。

その後の展開はだれも予想できなかっただろう。2019年1月、ベゾスは、25年連れ添ったマッケンジーと離婚するとツイッターで発表。近しい友人のあいだにさえ衝撃が走った。さらに翌日には、スーパーマーケットで売られているタブロイド紙、ナショナル・エンクワイアラーが11ページにわたる特集記事で、テレビのパーソナリティとして知られるローレン・サンチェスとの不倫を報じる。他人にはちょっと見せられないようなふたりのやりとりも紹介されている。ベゾスは、テキストメッセージや写真の入手経路を調べるように指示し、そこから1年にわたり、安っぽいドラマが展開されることになる。サウジアラビアのムハンマド・ビン・サルマン皇太子による国際的陰謀という説まで飛び出す始末だ。真面目が服を着て歩いているような男がなにをどうまちがえたらこんなことになるのか——少なくないアマゾン幹部がそう首をかしげた。

こうしてアマゾン創業者のさまざまな姿が世の中に突然あふれた。発明家である。世界一の実績をあげたと言えるCEOである。宇宙開発のアントレプレナーでもある。新聞社の救世主であり報道の自由を果敢に守る戦士でもある。さらには危険な独占主義者であり、零細事業者の敵であり、倉庫作業員の搾取者でもある。ふしだらネタ大好きなタブロイドが飛びつく対象でさえある。2021年2月、アマゾン以外にもやることがあるしアマゾンでは新製品や新規プロジェクトに集中したい、だからアマゾンCEOは長く副官を務めてきたアンディ・ジャシーに譲ってみずからは会長になると発表したときも、同じくらい幅広い反応が巻き起こった。気候変動対策に関する誓約の発表記者会見では地球温暖化も解決可能だと彼らしく楽観的な見方を示していたが、昔ながらのジェフ・ベゾスでなくなっていることはまちがいない。だから私はこの続編を書くことにした。これほど短い期間でアマゾンがこれほど大きくなれた理由を明らかにしたいと思ったのだ。ビジネス分野の競争にとって、いまの社会にとって、さらには地球にとって、アマゾンとジェフ・ベゾスの存在はプラスなのかそうでないのかを問い直してみたいと思ったのだ。

アマゾン、ワシントンポスト紙、ブルーオリジンにも協力していただけたので、幹部クラスへの取材も滞りなく進めることができた。ベゾス本人への直接取材は、なんどもお願いしたし個人的なつても頼ってみたが、アマゾンから許可をもらうことができなかった。現社員・元社員、パートナー、競合他社、さらにはベゾスや彼が関わってきたさまざまな企業、個人的に関わったもろもろなどの竜巻に巻き込まれたことのある人々と合わせて数百人からも話を聞いている。

こうして生まれたのが本書、大企業になってからも官僚的な面をそぎ落として画期的な新製品を開発できる企業文化を創りあげた猛烈ＣＥＯの物語である。これからは小さな会社に不利な環境になってしまうのではないかと周りが心配するほど圧倒的な力を有力テクノロジー企業がわずか10年でつけてしまう様を描いた物語でもある。道に迷ったかに見えた世界的に有名なビジネスマンが、コロナ禍という未曾有（みぞう）の危機に世界が直面し、皮肉にもみずからの力と富が大いに増えていくなか、歩むべき道を見つめ直す物語でもある。

既存の法律では世界一の支配力を誇る会社に対応できなくなった時代の物語でもある。そして、なにものにも縛られない状態になりかけたとき、ひとりの男と彼の大帝国になにが起きたのかを描き出す物語でもある。

目次

第Ⅰ部　発明

第Ⅱ部　レバレッジ

第Ⅲ部　無敵のアマゾン

第Ⅰ部
発明

2010 年 12 月 31 日時点のアマゾン

年間純売上高：342 億ドル
従業員数（正規・非正規の総数）：3 万 3700 人
時価総額：804 億 6000 万ドル

ジェフ・ベゾスの個人資産：158 億 6000 万ドル

第1章 アレクサ

——ウーバープロダクトマネージャーとしてのベゾス

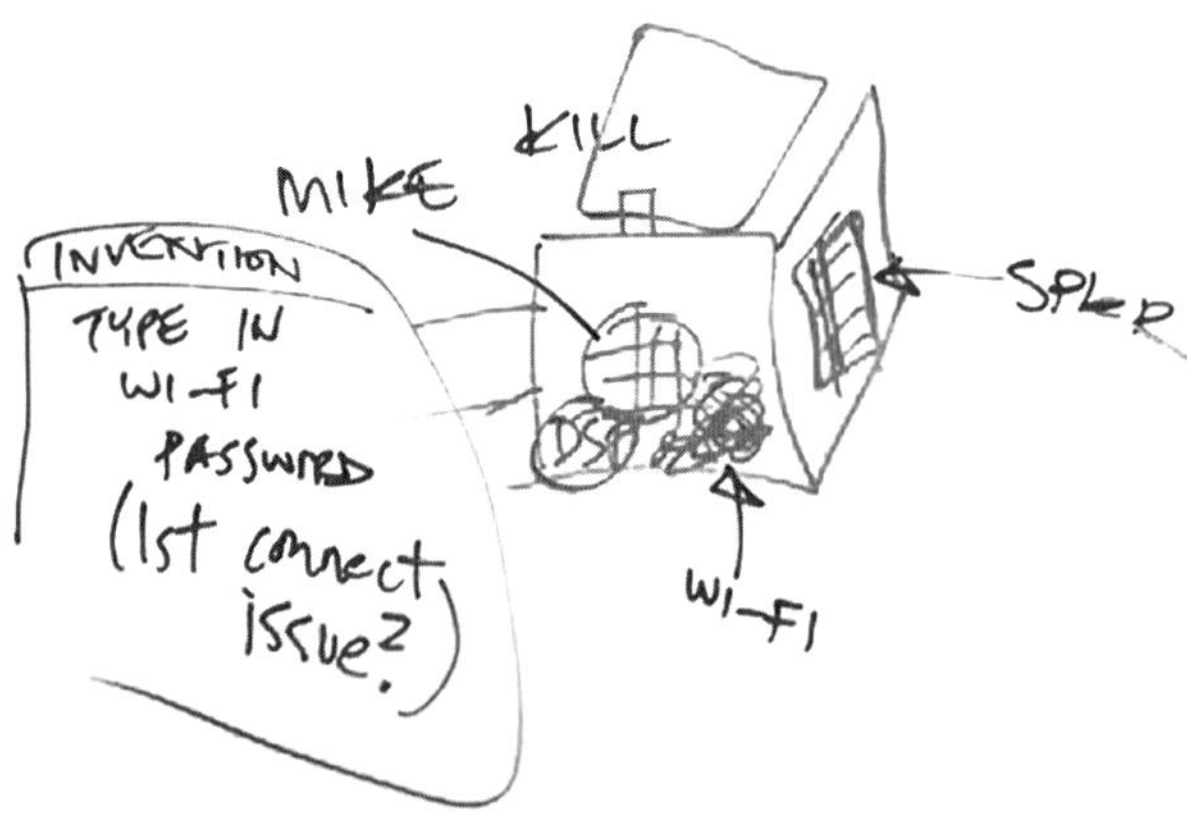

2010年後半にジェフ・ベゾスが描いた
音声認識スピーカーの概略図

２０１０年、アマゾンは、シアトルのサウスレイクユニオンに移転した。なんの変哲もない低めのビル10棟あまり。造りはごくふつうだし、トップの強い意向により、年商３５０億ドル近い有名インターネット企業が入っていることを示すものはなにもない。そんな見栄を張ってもいいことはない。ウチがここにいることなど、取引先はとうにわかっているのだから。そう、ジェフ・ベゾスは考えていた。

テリーアベニューノースとハリソンストリートの交差点を囲むように並ぶ社屋はありふれているが、中に入ると特異な企業文化が目につく。社員の首には在職年数で色分けされた社員証がぶら下がっているし（5年までが青、10年までが黄、15年までが赤）、ベゾスが掲げる絶対のリーダーシップ原則14カ条が描かれたポスターが事務室と言わずエレベーターと言わずいたるところに貼られている。

その中をベゾスが歩き回る。当時46歳。アマゾンの理想を体現するＣＥＯである。たとえば原則の第10条「倹約」――「少ない資源で多くの成果をあげる。制約があるからこそやりくり算段や自給自足、工夫が生まれる」について。人員や予算や固定費を増やしてもいいことはなにもない。だから、毎日の通勤は妻にホンダのミニバンで送ってもらうし、プライベートジェットのダッソーファルコン９００ＥＸで飛ぶときには、費用は自分持ちであって会社負担ではないと同乗の関係者によく語る。

このころベゾスが一番大事にしていて、このあと5年、アマゾンの方向性を決めた原則は、第8条「でっかく考えろ」――「小さく考えれば小さくまとまってしまう。大きな成果に向けて人々を駆りたてる大胆な道をみつけて示すのがリーダーだ」である。世間と違う考え方をする。そして、顧客に満足してもらえる方法をしらみつぶしに探してみつける。２０１０年のアマゾンは成功したオンラインショップであることに加え、駆け出しのクラウドプロバイダーでもあり、電子書籍のパイオニアでもあった。だが、ベゾスはもっと大きなことを考えていた。この年、彼が株主に送ったレターは、アマゾンが乗りだそうとしている新分野、すなわち人工知能や機械学習という深遠なるコンピューターサイエンスの賛歌と言えるものだった。冒頭「単純ベイズ分類器」「ゴシップブロトコル」「データシャーディング」など、わけのわからない単語を並べたあと、ベゾスは「我々のＤＮＡには創意工夫が刻まれています。そして、技術を基本的ツールとして、顧客に提供する体験をあらゆる側面で改善し、進歩させようとしております」と書いている。

技術の可能性を思い描くだけでなく、ベゾスは、次世代のアマゾン製品をその最前線に並べようと動いていた。シリコンバレーに開設した研究開発拠点、ラボ１２６（アマゾン初のガジェット、キンドルを開発したところ）でエンジニアと熱心に議論するようになったのもこのころだ。そして、ブレインストーミングをくり返し、キンドルと開発中のキンドルファイアタブレットに続くプロジェクトをいくつも立ち上げた。ちなみに、キンドルファイアは、社内でプロジェクトＡと呼ばれていた。

プロジェクトＢは前面カメラと赤外線の活用で３次元表示のように感じられるディスプレイを実現したファイアフォンだが、この製品は短命に終わってしまった。「シマー」とも呼ばれたプロジェクトＣはデスクランプ型のデバイスで、テーブルや天井にホログラムのような画面を投影できる。こちらはコストがかさみすぎ、製品として発売されるにいたらなかった。

開発製品の使い方についてベゾスは独特な考えを持っていた。第３世代キンドルにはマイクが搭載されることになっているが、実際のところ使う予定はなかった。であれば不要だ、なくそうとしたところ、ベゾスが大反対したのだと、当時、キンドルハードウェアのディレクターを務めていたサム・ボーエンは言う。

「将来、デバイスに語りかけるようになるからって言うんですよ。スタートレックかよって思いました」

結局、その後のキンドルからマイクはのぞかれたが、コンピューターと会話する日がそのうち来る、人工知能で実用化できるはずだとベゾスは信じていた。ベゾスが大好きなSFには、そういうシーンが必ずと言っていいほど登場するのだ。テレビドラマの『スタートレック』しかり(「コンピューター、通信回線を開いてくれ」)、シアトル湖畔の自宅に何百冊と並ぶアーサー・C・クラーク、アイザック・アシモフ、ロバート・A・ハインラインなどの小説しかり。ふつうの人はこんな世界だったらいいなぁと空想を楽しみながら読むが、ベゾスは心ときめく未来を実現する設計図として読むのだろう。そしてそこから、次の10年の代表的製品が生まれる。円柱形のスピーカーだ。コピー商品があちこちから出てくる。プライバシーとの関係で議論を巻き起こす。そして、電子商取引の巨人だったアマゾンのイメージが創意工夫に富み、コンピューターサイエンスの最前線を走るテクノロジー企業というものに変わることになる。そんな製品である。

その発端はラボ126で進められたプロジェクトDだ。のちにアマゾンエコーとして、また、バーチャルアシスタントのアレクサとして知られるようになるものである。

人手不足、技術的な難問にも動じない

アマゾンの製品開発はそういうものなのだが、プロジェクトDも、ベゾスと「テクニカルアドバイザー」(TA)の議論から生まれた。TAとは、ベゾス自身が選び、影のように従えて歩く幹部候補である。議事録をつくる、株主に送るあいさつ状の草案をつくる、1年以上にわたって付き従いベゾスとの議論から学ぶなどが仕事だ。2009年から2011年までTAを務めたのが、書籍、音楽、DVD、テレビゲームなど、アマ

ゾンが昔から手がけてきた分野のベテラン管理職、グレッグ・ハートだ。シアトル出身で、マサチューセッツ西部のウィリアムズ大学に進学。広告の世界で経験を積んだあと、グランジロックが興るころシアトルに戻ってきた。あごひげを生やし、フランネルシャツばかり着ていたらしい。ＴＡになったとき、ひげはなく、社内では出世頭と目されるようになっていた。ＴＡを務めるとは、史上最高のバスケットボールコーチと言われるジョン・ウッデンの横にいるアシスタントコーチのような感じだとハートは言う。

ハートは、２０１０年の後半、音声認識についてベゾスに語ったことがあるそうだ。シアトルのブルームーンバーガーズでお昼を食べながら、アンドロイドのスマホに向かって「近くのピザ屋」と言って検索、グーグルの音声検索はすごいと力説したというのだ。

「スマホで使うのはどうなのだろう、人前でそういうことをするのは恥ずかしいのではないかとジェフは疑いのまなざしでした」

それでも、言葉を聞き取り、検索できるところまで技術が進んでいるのはまちがいないという話になった。

当時、ベゾスは急成長しつつあったクラウド事業もなにかと心にかけていて、ＡＷＳの後押しをなにかしているかと、ことあるごとに幹部に尋ねていた。そんな折り、ボイスコンピューティングについてハートらと語り合ったことから、このふたつを組み合わせることを思いつく。そして、２０１１年1月4日、ハートとデバイス担当バイスプレジデントのイアン・フリード、シニアバイスプレジデントのスティーブ・ケッセルにメールを出した。

「音声のみで使うデバイスをつくろう。頭脳はクラウドに置く。価格は20ドル」

次から次へとなにかを思いつくボスから、また、新しいアイデアが出てきたわけだ。

数日メールで検討したが具体化にはいたらなかった。この件は、これでおしまいになっていてもおかしくなかったわけだ。その数週間後、ハートは、アマゾン本社、デイ・ワン・ノースの6階会議室でベゾスと会うことになった。TAの任期もそろそろ終わるので、ビデオのストリーミングや広告など、その後のポストについて話し合うためだ。選択肢をベゾスがホワイトボードにメモしていく。さらに、自分の考えをいくつか追加。そして、いつものようにメリットの検討を始めた。大きな事業に成長できるのか、いま積極的に推進しなければチャンスを失うのか、などだ。その結果、選択肢が次々に消され、残ったのはひとつだけだった。音声操作クラウドコンピューターの開発である。ハートは不安だった。

「うーん……私にハードウェアの経験はありませんし、ソフトウェアも40人ほどのチームを率いた経験しかありません」

ハートが不安を口にしたが、ベゾスは

「きみなら大丈夫だよ」

と背中を押す。ハートは信任票に感謝し、やってみることにした。

「わかりました。でも、失敗することがあったら、いまの言葉、思い出してくださいね」

この面談時、ベゾスはスクリーンのない音声操作コンピューターを描いた。のちにアレクサとして知られるようになるデバイスで、スピーカー、マイク、ミュートボタンを持つ。箱から出しただけの状態でコマンドを聞き取るのは無理なので、無線ネットワークにつなぐ方法が要検討であるとのメモもあった。この図はハートがスマホで記録した。

このあとエコーが製品として世に出るまで、ベゾスは、ほぼ一日おきに開発チームと打ち合わせをくり返す、細かな仕様を定める、総額で億ドル単位に上る投資を決断するなどこのプロジェクトに深く関わった。ドイツ語系の最上級を使い「ウーバープロダクトマネージャー」と社内で呼ばれるようになったほどだ。

チームを率いる実務を担当したのはグレッグ・ハートである。職場はベゾスのオフィスから通りを挟んだフィオーナ側、いわゆるキンドルビルだ。ハートは、まず、数カ月をかけて社内外から人を集めた。「私のプロジェクトに参加しませんか」と題するメールを送り、面接では「目の見えない人でも使えるキンドルをつくれと言われたらどうする?」などと尋ねるのだ。ただし、どういう製品を開発するのかは、ボス同様、絶対に口にしない。うわさのスマートフォンだろうと鎌をかけた人もいたが「電話は別チームが開発中だ。ぼくらがやろうとしているのはもっとおもしろいことだよ」と返されたそうだ。

開発の序盤にアマゾン社内で引き抜いたひとりがアル・リンジーである。電話会社USウェストで電話番号検索機能の音声対応化コードを書いたエンジニアだ。休暇中に転属となったリンジーは、そのまま3週間カナダの別荘で、社外のディベロッパーが音声操作アプリを開発しアマゾンのデバイスで走らせるシナリオを6ページにわたる物語形式で書くはめになった。エンジニアリングディレクターに就任したジョン・シムゼンも社内マネージャーからの転属組だ。企画の正式名称を「ドップラー」として、プロジェクトDと頭文字がそろうようにしたのが彼である。この企画について、シムゼンは次のように語ってくれた。

「正直な話、この企画が立ち上がったとき成功すると思った人はいなかったはずです。グレッグの名誉のために付け加えておくと、途中からは、みな、これは絶対うまく行くと信じていましたが」

開発チームは、当初、必死に先を急いだ。なにせボスがせっかちなのだ。ベゾスが設定した開発期間は6カ月から12カ月。どう考えても無理な話なのだが、急ぐべき理由はあった。ドップラーチームのメンバーがまだそろってもいない２０１１年10月4日、アップルからバーチャルアシスタントＳｉｒｉ（シリ）を搭載したｉＰｈｏｎｅ４Ｓが発表されたのだ。この翌日にがんで亡くなった共同創業者スティーブ・ジョブズが情熱を傾けた最後のプロジェクトである。復活したアップルも音声操作のパーソナルアシスタントを検討していたというのは、ハートらにとって、心強いと同時に心が沈む事態だった。市場の一番乗りをＳｉｒｉに奪われた格好だし、それなりの評価も受けていたからだ。自分たちの製品は特別だ、スマートフォンがなくても使えるのだから——開発チームは、そう自分に言い聞かせてがんばることにした。だが、おそらくはもっと大きな違いがあったのではないだろうか。Ｓｉｒｉはジョブズから積極的に支援してもらうことができないのに対し、アレクサはベゾスが偏執狂と言えそうなほど積極的に関与しているし、金銭的にも万全のバックアップが期待できるのだから。

開発スピードを高めてベゾスが設定した締め切りにまにあわせるため、ハートらは、スタートアップの買収も検討することにした。難問だった。アップルは、ボストンのニュアンス社から技術のライセンス供与を受けてＳｉｒｉを開発したのだが、ニュアンス社が音声認識技術の大手となったのは、競合他社を次々飲み込んできたからだ。しかたがないので、ニュアンス社が吸収しなかったところに声をかけ、どうすればキンドルを音声対応にできると思うかと尋ね、提案された方法やその結果をチェックするという方法で有望なスタートアップを探した。そして、２年間でたくさんの会社を買収し、その技術をアレクサの頭脳に組み込んでいった。声音（こわね）もこの流れで決まったもののひとつだ。

最初に買ったのは社員20人のヤップ社だ。海外の低賃金労働者に文字起こしを頼まなくてもいいようにと、ボイスメールなどの言葉をテキスト化できる技術を開発していたノースカロライナ州シャーロットの会社である。技術そのものはほとんど使い物にならなかったが、ユーザーがドップラーに語りかけた言葉をコンピューターが理解できる形に変換する技術の開発にはヤップ社エンジニアが大きく貢献している。

この買収交渉にはかなりの時間がかかったのだが、その間、アマゾン側はなにをつくって欲しいのか答えようとせず、ヤップ社幹部をやきもきさせたという。買収に合意した1週間後、イタリアのフィレンツェで開かれた会議にヤップ社のエンジニア数人とアル・リンジーが参加したときも、アマゾンが音声認識技術に興味を抱いていることを知られたくないからとリンジーが強く求め、互いに面識がない振りをしたらしい。

2500万ドルで買収成立後、創業者は解任したが、音声科学の研究班はマサチューセッツ州ケンブリッジに残し、MITそばのケンダルスクエアに新たな研究開発拠点を築く礎とした。

さて、ここにいたってようやくヤップ社エンジニアはシアトルに呼ばれ、フィオーナ1階の会議室に入った。ドアには鍵がかけられ窓にはブラインドが下りている。そして、グレッグ・ハートが、コーラ缶くらいの小さな装置をテーブルに置くなどして、それにふつうの言葉で語りかけるだけでスマートアシスタントとして機能するようにしたいと説明。音声処理に20年も関わってきたベテランで、ヤップ社では研究担当バイスプレジデントだったジェフ・アダムスによると、チーム全員、これは大変なところに来てしまったと思ったそうだ。

話が終わったあと、アダムスは、無理な目標であることをハートとリンジーにそれとなく伝えようとした。雑音の多い現実的な条件で10メートルほど離れたところから言葉を認識する真の「ファーフィールド音声認識」は、壁や天井などで音が反射するのでコンピューターが混乱してしまう、当時の情報科学で扱える技術ではないと考えられていたのだ。対してアマゾン側からは、ベゾスの決意が伝えられたという。

「『そんなことは気にしない。人が必要ならいくらでも集めろ。時間がどれほどかかってもいい。なにがなんでも実現しろ』みたいなことを言われました。まるで動じなかったんですよ」

足りない技術は買う

ヤップ社を買った2カ月ほどあと、アマゾンは、パズルのピースをもうひとつ購入する。ヤップ社は音声をテキスト化する技術を開発していたが、このとき買収したポーランドのスタートアップ、イボナ社はその逆、つまり、コンピューターで音声を合成する技術を開発していた。

イボナ社は、グダニスク工科大学情報科学科の学生ルーカス・オソウスキーが2001年に立ち上げた会社だ。TTSと呼ばれる音声合成技術が完成しデジタル形式のテキストを読み上げさせることができれば、視覚障害者も書かれた言葉が理解できるようになるとオソウスキーは考えていた。だから、年下のクラスメート、ミカル・カズザックに協力してもらい、俳優の言葉を録音すると単語をいわゆる2音素連鎖に分割。それをさまざまな組み合わせで連結すると、その俳優が実際には読んでいない単語や文をもそれなりに自然な形で読み上げることができるのだ。

この技術はなかなかにパワフルだ。創業者ふたりはまだ学生だったわけだが、ポーランドで人気の俳優ジャセク・ラビジャクに頼んで何時間分も録音してもらい、音声のデータベースを用意した。そうして生まれたのがスパイカーという製品で、これは、ポーランド語のコンピューター音声として一番人気となる。そしてわずか数年で、地下鉄からエレベーター、さらには自動音声電話のロボコールにいたるまで広く使われるようになった。元の音声を提供したラビジャクも驚いただろう。どこに行っても自分の声で話しかけられるし、電話がかかってきたと思えば、次の選挙ではだれそれ候補をよろしくと自分の声で頼まれるのだ。彼の声でよからぬことを言わせ、そのクリップをオンラインに公開するやからも登場した。それを子どもに聞かれる惨事も起きてしまい、怒ったラビジャクが自分の声を使うのはもうやめろとイボナに申し入れ、契約の見直しが行われるという一幕もあった。ちなみに、いま、アマゾンのＡＷＳで提供されているポーランド向けコンピューター音声サービスでは、「ジャセク」も選べるようになっている。

コンピューターによる自然な音声合成を競うブリザードチャレンジをカーネギーメロン大学が毎年開催しているが、イボナ社も２００６年からこれに参加し、優勝の常連となる。カバー範囲も拡大し、２０１２年には20言語、40音声以上を提供。そして、買収候補を探して欧州を巡っていたグレッグ・ハートとアル・リンジーがイボナ社のことを小耳に挟み、グダニスクを訪れた。

「事務所に入った瞬間、相性抜群だと思いました」

そう言うリンジーは、理由として、研究者の気位が高いせいで進展しにくい分野でイボナ社が成功していることを挙げた。

「寄せ集めで純粋学問以外にも目が向くし、科学で目が見えなくなったりしないのです」

３０００万ドルの買収は２０１２年に成立したが、それから1年、秘密にされた。

イボナ社チームとアマゾンが追加採用する音声エンジニアは、新しいグダニスク研究開発センターでドップラーの音声を合成する技術の開発を担当。もちろん、ベゾス自身が細かく管理する対象で、その好奇心にさらされるとともに彼らしい気まぐれに振りまわされることになる。

当初、ベゾスは、音楽を楽しむとか飛行機を予約するとか、タスクや目的ごとに違う音声を使いたいとしていたが、それは非現実的だとわかる。開発陣は、信頼感、共感、思いやりなど望ましい性格をリストアップし、そう感じてもらうには女声のほうがいいとの結論に達する。

なまりのないきれいな音声を開発するため、アトランタのボイスオーバースタジオ、GMボイシズに協力してもらうことにした。声優スーザン・ベネットの声をアップルSiriの音声に加工する際にも協力したスタジオである。人工音声をつくるには、まず、何百時間も声優にテキストを読み上げてもらう必要がある。内容は、本だったりなにかの記事だったりするが、とにかく、何カ月もかかる退屈な作業である。

GMボイシズが用意した録音をグレッグ・ハートらが数カ月かけて検討し、有力候補をベゾスに提示。それに順位を付け、追加サンプルを求めるといった手続きを踏んで最終候補ひとりに絞り込んだ。ベゾスの承認も得られた。

アマゾンは秘密主義で、アレクサの声もだれが元になっているのか公表されていないが、私は詳しく調査し、ボールダーに住むシンガー兼声優のニーナ・ローリーだと突き止めた。彼女の仕事用ウェブサイトからは、リンゴジュースやフォルクスワーゲン・パサートといった製品のラジオ広告へリンクが張られていて、これはアレクサに違いないと感じる温かな声音を聞くことができる。2021年2月、ローリーに取材を申し込んだが、断られてしまった。彼女に話を聞かせてくれとアマゾンにも申し入れたが、こちらも断られてしまった。

ポンコツのアレクサに「いっぺん死んでこい」

ドップラーチームがエンジニアをどんどん追加しスタートアップを次々買っているあいだに、シアトルのアマゾン本社で、また、シリコンバレーのラボ126で、他の側面について製品の検討が進められた。看板機能になると早い段階でグレッグ・ハートが提案したのが音声コマンドによる音楽再生だ。ハートによると、ベゾスも基本的には賛同してくれたが、音楽はたしかに51％くらいを占めるかもしれないけれど残りの49％がとても大事になるとも言っていたという。

基本的なところは合意している感じだが、その後この件は、音楽は実用的で市場価値の高い機能であるととらえるハートやエンジニアともっと大きなことを考えたいベゾスが、長期にわたって綱引きをする事態となってしまう。ベゾスは『スタートレック』のコンピューターを引き合いに出し、パーソナルアシスタントとしてなんでもしてくれる人工知能にしたいと言い始める。望むのは、タクシーを呼ぶとか食べ物を頼むとか、ユーザーの希望をなんでもかなえられるだけの力を与えられたアシスタントだ。大好きなSFの世界を現実にしろと求めることで、でっかく考えろ、いまある技術の限界を越えろとチームの尻をたたいているわけだ。一方チーム側は、そんな「全権大使」など無理だと考えていた。製品として仕上げ、発売しなければならないのだ。「魔法のようだがごく平凡な」機能に絞るべきだ、天気予報をたしかめる、タイマーやアラームをセットするなど基本的な機能を前面に打ち出すべきというわけだ。

アマゾンでは新企画を立ち上げる際、市場に与えるインパクトをプレスリリース形式にまとめ、6ページの物語で描くことになっている。イノベーションにおける神聖な儀式であり、これがあるから、アマゾンでは、必ず、ユーザーにとってどのようなメリットがあるのかから企画の検討が始まる。ドップラーではこの「PRFAQ」が山のように書かれ、プレゼンにかけられ、議論が行われ、これでなければだめなんだと言われ、書き直され、捨てられた。音楽再生を中心にすえると「ジェフが必ず大反対した。どうにも気に入らなかったようだ」と、当時、プロダクトマネージャーを務めた人物は言う。

ベゾスは音楽の趣味があまり高尚でないと言われていて、ああいう反応をしていた背景にはその問題もあったのではないかとの意見もある。プロトタイプの試験でも、ベゾスがかけさせたのは昔のテレビ番組『ＧＡＬＡＣＴＩＣＡ／ギャラクティカ』のテーマ曲だった。[2] グレッグ・ハートの上司、イアン・フリードも次のように証言している。

「ジェフは、単なる音楽以上のものにしようとやっきになっていました。間口がもっと広いコンピューターでなければならないと譲らないのです」

「ウェイクワード」も問題になった。どういう言葉をかければ、待機モードから復帰し、ユーザーのリクエストをインターネット経由でアマゾンのサーバーに送って回答を得られるようにするのか、である。横で話しているだけで起動されても困るので、音声科学の面から珍しい組み合わせの音素で3音節以上にしたい。同時に（「Ｓｉｒｉ」などのように）宣伝にも使える言葉であってほしい。何百もの候補を考えてカードをつくり、ベゾスに提出。ずらりと並んだカードを前にベゾスがじっと考える。

ベゾスは「甘やかな」響きのウェイクワードにしたかった。自分の母親の名前ジャクリンは音が激しすぎる。ベゾス自身、ジェフ・ヴァンダミアのファンタジー推理小説にちなむ「フィンチ」や『ロビンソン・クルーソー』であれこれ助ける役回りの「フライデー」、テレビ番組『奥さまは魔女』で顔をぴくつかせるだけでなんでもしてしまう魔女の「サマンサ」などを提案したが、いずれも早い段階で却下している。この製品に対して抱いたいい感情が会社本体にも好影響を与えるよう「アマゾン」にすべきだと主張したこともあった。

これには、実在する会社の名前を自宅で口にしたいとはふつう思わないと開発陣が反対し、対立がさらに深まる結果となった。ベゾスは知の宝庫と呼ばれるアレクサンドリア図書館にちなんで「アレクサ」も提案。アマゾンは、たまたま同じ名前のスタートアップを１９９０年代に買収している。ウェブトラフィックのデータを販売する会社で、そこは買収後も独立した形で経営されている。ともかく、ディベートと実験がエンドレスにくり返された。そして、一部のアマゾン社員が自宅で実機試験を行うことになった２０１３年、最終候補として残っていたのは「アレクサ」と「アマゾン」だった。

試験用の実機は、2年もたたず発売される初代エコーにそっくりだった。ラボ１２６の工業デザイナーが「プリングル缶」と呼ぶもので、頂部に用意された7個の無指向性マイクと底部のスピーカーとを離すため、かなり細長い円柱となっている。空気や音が出入りできるように、金属製の本体には穴が１４００個ほども開いている。頂部にはやはりベゾスの発案でＬＥＤのリングが用意され、話しかけられた側が光るようになっている。話しかけられた人が視線をそちらに向けるのを模しているわけだ。全体はエレガントと言いがたいデザインだが、これは、機能から形を決めろとベゾスが指示したからだ。

アマゾン社員何百人かが自宅に持ち帰った実験機は愚鈍でスマートとは言えないものだった。２０１３年の頭、このベータテストに応募し、実験機を自宅に持ち帰ったひとりがマネージャーのニール・アッカーマンである。試験に参加するにあたり、まず、夫婦とも、複数の守秘義務契約を結び、来客時には電源を切って隠すなどを約束しなければならなかった。また、毎週、表計算ソフトの質問票に回答しなければならなかったし、実験機になにを依頼し、どういう反応が返ってきたのかをリストアップしなければならなかった。アッカーマンの妻は、実験機を「例のもの」と呼んでいたという。感触はよくなかったとアッカーマンは言う。

「使い物にならないんじゃないかとふたりとも思っていました。なにか尋ねてもまっとうな回答はまず返ってこないし、選曲はいつもちぐはぐで、我々のお気に入りはかからないし」

言葉に障害を抱えている息子の言葉が一番理解しやすかったらしいのは不思議だとのコメントもあった。評価はほかもさんざんだった。ファイヤーTVの開発に最初から関わったエンジニアのパラグ・ガーグもこの試験に参加したが、屁の突っ張りにもならなかった、返したときは正直ほっとした、絶望的だと思ったと酷評している。ファイアフォンのマネージャーをしていた人物も、形は気に入ったけど実際に使われる様子が想像できなかった、くだらない製品だと思ったと話している。

ベゾス本人からも辛らつな評価が返ってきたとドップラーのエンジニアふたりが証言している。自宅で使ってみたがなにを言ってもちゃんと理解してくれないので、頭にきて「いっぺん死んでこい」とまで言ったらしい。製品レビューの会議でベゾスの口からその話が出たときには、このプロジェクトは終わった、少なくとも関係者の首がいくつか飛ぶのはまちがいないとみんな思ったそうだ。

数年におよんだアレクサのスマート化計画

脳移植が必要だった。そして、アレクサをスマートにしようとあがくうち、ドップラーチーム内で教義の争いが勃発し、大きな問題に発展する。

最初にトライしたのは、3社目の買収企業、英国ケンブリッジで人工知能を研究しているエビー社の技術を組み込むことだ。英国のアントレプレナー、ウイリアム・タンストールペドーが2005年に立ち上げたスタートアップで、もともとはトゥルーナレッジという質疑応答ツールを開発していた。当時、タンストールペドーはまだ学生だったが、アナグラムジーニアスなどのウェブサイトをつくった実績があった。単語を入力すると、そのアルファベットを並べ替え、別の単語やフレーズに変えてくれるサイトだ。『ダ・ヴィンチ・コード』に登場するパズルをつくるのに小説家ダン・ブラウンが使ったことで知られている。

　タンストールペドーは２０１２年、Ｓｉｒｉの登場をうけて方向転換。エビーというアプリをつくり、アップル用、アンドロイド用、両方のアプリストアで公開した。キーで入力するか話しかけるかして質問すると回答が得られるアプリだ。[3]質問に対してＳｉｒｉならウェブ検索が行われるし、グーグルの音声検索ならリンク一覧が返ってくるわけだが、エビーは質問そのものを解釈し、回答を用意してくれる。このアプリは、公開直後、1週間で25万回以上もダウンロードされ、サーバーがクラッシュしそうになるほどの大人気となった。Ｓｉｒｉに似すぎだ、ｉＯＳアプリストアから削除するとアップルに脅されたが、ファンから反対の声が強く上がって事なきを得たという逸話もある。こうして注目された結果、エビー社には買収の申し出が少なくとも２件入っていたし、ベンチャーキャピタリストから投資の申し出もあった。そんな２０１２年末、アマゾンが買収に成功したわけだ。金額は２６００万ドルとうわさされている。[4]

　エビーは、関連領域の概念やカテゴリーを組み合わせ、いわゆるオントロジーの巨大データベースを構築するナレッジグラフと呼ばれる技法を採用している。たとえば「クリーブランドの人口は？」と尋ねられると、ソフトウェアが質問を解釈し、人口データを確認するわけだ。実用的な事実を論理的につなぐ「巨大なツリー構造」だとワイアード誌は表現している。[5]

　エビーの知識ベースを組み込めば、あいさつなど、あまり意味のない言葉にも対応しやすくなる。「おはよう、アレクサ。元気かい？」と語りかけられてもうまく返答できるようになるのだ。そんなあいさつに対応できるようにすべきというのはＩＴ機器の開発においてすごく珍しい考え方であり、米国側の開発陣とせめぎ合いになった、「こんにちは」に返事をするようプログラミングするのはどうにも気まずいようだったとタンストールペドーも証言している。

エビーの技術により、太陽系に属する惑星の名前を答えるなど事実を尋ねる質問への対応はしやすくなり、スマートだという印象をアレクサに与えることができた。だが、本当のところはどうなのだろうか。エビーのナレッジグラフで真の知能は得られない、その方法では、ユーザーと対話し、どのような質問にも答えられる有能なアシスタントというベゾスの夢は実現できないとして、ディープラーニングによる自然言語理解を搭載すべきと主張する人々もいた。

ディープラーニングというのは、会話データを大量に与えて訓練し、質問にどういう回答を返すのが一番いいかを予想できるようにする手法だ。エンジニアリングディレクターのジョン・シムゼンによると、この手法を強力に推進したのはインド出身のロヒト・プラサードだという。

「彼が来てくれて本当に助かりました。彼が必要な人材を集め、ファーフィールド音声認識の研究を進めてくれなければ、成功はおぼつかなかったでしょう」

プラサードはインド東部ジャールカンド州の州都ラーンチーの出身だ。エンジニア一家で育ち、『スタートレック』にはまった。パーソナルコンピューターはまだ珍しかったが、父親の勤め先である冶金や工学のコンサルティング会社にあったＰＣでコーディングを学ぶことができた。大学院で米国に留学したのだが、そのとき、音声を圧縮して無線ネットワークに流す技術を研究テーマに選ぶことにした。インドは通信インフラが貧弱だし長距離通話の料金が高いしで、遠くとのやりとりに苦労するからだ。

1990年代末に卒業すると、ドットコム・バブルを横目にマサチューセッツ州ケンブリッジの軍需企業BBNテクノロジーズ（のちにレイセオン社に買収される企業）に就職。音声認識や自然言語のシステム開発要員の第一陣として、自動車用音声認識システムや電話番号自動検索システムなどの仕事に携わった。そして2000年に始めたのが、録音から自動で文字起こしを行い、裁判記録を作成するシステムの開発だ。法廷のあちこちにマイクを置き、会話を正確に記録するためには、ファーフィールド音声認識を実現しなければならない。当初は100単語中80単語がまちがっているレベルだったが、1年ほどでそれを33単語まで引き下げることに成功したという。

それから何年も後、アレクサの聞き取り能力を高めようとドップラーチームが四苦八苦していたとき、アマゾンボストン事務所のビル・バートンがプラサードをグレッグ・ハートに紹介。アマゾンについて詳しくなかったプラサードは、シアトルでの面接にスーツ・ネクタイ姿で登場する（小さな失策）、リーダーシップ原則14カ条など聞いたこともない（大きな失策）というていたらくだった。まどろっこしい大企業に勤めるつもりはないと言って面接を辞し、ホテルに戻ると、ハートからメールが届いていた。

「我々は実質的にスタートアップです。大企業の一部門ではありますが、そういう働き方はしていません」

この言葉に納得したプラサードはファーフィールド音声認識の担当としてドップラーチームに加わったが、その後、ディープラーニングに宗旨替えする。エビーのナレッジグラフはアレクサの基礎応答モデルにするにはきっちりしすぎていて、たとえば「スティングの音楽をよろしく」を「スティングによろしく言ってくれ」と頼まれたのだと判断し、困ってしまうおそれがある。統計的な訓練のディープラーニングなら、「見つめていたい」を再生してくれ、でたぶんまちがいないだろうとすぐに判断できるはずだ。

Every Breath You Take

エビー社のタンストールペドーは考えが異なり、ナレッジグラフこそが現実的だ、ディープラーニングは信用できないと反対した。ディープラーニングにはまちがいが付きものだし、訓練データを際限なく用意しなければならないというのが理由だ。

「機械学習の人は負けを認めることがないんですよね。どのような問題も、データさえ増やせば解決できると言って」

これは悔しさのにじむ言葉だと言うべきかもしれない。ウーバープロダクトマネージャーのベゾスにとって、未来がどちらを向いているのか明らかだったからだ。もちろん、機械学習でありディープニューラルネットワークである。またアマゾンにはAWSデータセンターがあり、音声認識モデルの訓練に高性能プロセッサーを大量動員できる。[6] これほどのクラウドを持つ企業はちょっとないのだ。主導権争いに敗れたタンストールペドーは、2016年、アマゾンを去ることになる。

ディープラーニングを主軸とするなら、AI開発のパラドックスをなんとかしなければならない。愚鈍な状態でシステムを提供してもユーザーが使ってくれず、サービスを改善できるほどのデータは得られない。だが、システムをスマートにするには、利用データが必要だ。ジレンマである。

グーグルやアップルは技術供与で乗り越えた。ニュアンス社の技術で自社の音声認識モデルを訓練し、軌道に乗ってから提携を解消したのだ。グーグルには番号案内のフリーダイヤルで長年集めた音声データもある。アマゾンはそういう資源を持っていないし、グレッグ・ハートは社外技術に頼るべきでない、技術供与を受けると柔軟性が失われかねないと考えていた。だが、ベータテストで得られたのは、わずか数百人の事務職が朝とか夜とか仕事以外の時間にノイズだらけの自宅で使ったデータだけだ。質も量も不足している。

しかもベゾスはいらついていて、２０１３年に入ると、使い物になりそうかどうかだけでもわからないのかとせっつくようになった。

ハート、プラサードら開発チームは、データ収集に応じてアレクサがどのくらい進化するのか、予想するグラフを作成してみた。３％の精度向上ごとに必要なデータは倍増するという結果になった。

その春、ロヒト・プラサードが入社してすぐのタイミングで、開発チームは6ページのシナリオをベゾスに提出。そこには、このような事実と並べて、音声科学班を倍増するとともに製品の発売を夏から秋に遅らせるべきだとの提案が記されていた。会議は荒れに荒れた。

発売延期の件を読むと、ベゾスは怒りをあらわにした。

「仕事の進め方からしてまちがってるぞ。まず、どこがどう魔法のような製品になるのかを語れよ。その上で、実現する道筋を語れ」

ベゾスのテクニカルアドバイザー、ディリップ・クマールから、データは十分にあるのかとの質問が飛んだ。ややこしいファーフィールド音声コマンドが数千時間分も必要だと、この会議のためにケンブリッジから呼ばれたプラサードが答える。ベゾスが切り込む。

「確認したいんだが……大きな要求が出てるよな？　それは、40年かかるものを20年ですませるのにそれだけ必要という意味なのか？」

研究員の増員要求などを瞬間的に暗算したのだろう。

「そういう風に考えているわけでは……」

プラサードははぐらかそうとするが、ベゾスは許さない。

「計算が違うのなら、どこがまちがっているのか教えてくれ」

ハートが割って入る。

「ちょっと待ってくれ、ジェフ。わかった。わかったから」

この会議を含め、アレクサ開発にまつわるベゾスの詰問については、プラサードをはじめ多くの人が覚えているが、人によって記憶が異なる。少なくとも、この会議に出ていた幹部のひとりは、ここでベゾスは「本気でこの製品をつくるつもりはないんだな」と吐き捨てて席を立ったと証言している。

ファイアフォン――アマゾン史上最大の失敗

シアトルとサニーベール、いずれもドップラーチームと同じ建物で開発中のスマートフォンは、このころ沈没しかけていた。

その何年か前にスマートフォン市場が生まれ、すぐ、アップル、グーグル、サムスンの3社がその大半を占有してしまったが、なんとなく、やり方次第で新規参入も可能だという雰囲気も残っていた。

一方、ジェフ・ベゾスには、デジタルは今後必ず発展していく分野であり、そこにおける戦略的ポジションを他社に譲るつもりなどなかった。うまく立ち回れば大丈夫だと思っていればなおさらだ。だから、ブレインストーミングで、その辺に置き忘れた電話をワイヤレス充電器まで持っていくロボットを提案したりした（冗談だと思った社員もいたが、ちゃんと特許も申請されている）[7]。タッチスクリーンをタップせず、人の動きそのものに反応する3Dディスプレイを提案したこともある。実現すればユニークなスマートフォンになる。ベゾスはこのアイデアにほれ込み、これを元にファイアフォンの開発が行われることになった。

当初案は、四隅に赤外線カメラを用意し、ユーザーの視線を追跡したりスクリーンの表示を３Ｄであるかのように調整したりするというものだった。カメラは背面にもあるので、全部で五つあることになる。電話のどちら側からも「見る」ことができるので、コードネームはメンフクロウの学名タイトだ。なお、このカメラは日本メーカーの特注品で携帯端末1台あたり5ドルものコストがかかる。それでも、ベゾスは、最高の部品を使ったプレミアムなスマートフォンにするのだと譲らなかった。

ベゾスは、３年にわたり、タイトの開発陣と三日にあげず打ち合わせを持った（並行してアレクサの開発陣とも同じくらい頻繁に打ち合わせをしている）。彼は新しい技術や事業に熱を上げるタイプで、開発陣に思いつきをぶつけたり、進捗を確認したりするのが大好きだ。アマゾンの事業では顧客からのフィードバックを極端と言えるほど重視するが、同時に、そこから画期的な製品が生まれることはないと考えており、クリエイティブな「さすらい」をしなければならない、それしか飛躍的な進歩をもたらす道はないというのが持論である。これは、次のような年次書簡を後に株主に送っていることからも明らかだ。

「顧客が存在さえ知らず、ゆえに求めることもないものこそが前進する力となります。顧客になりかわり、我々が発明しなければなりません。内省し、なにができるのか、自分たちの想像力に問わなければならないのです」[8]

タイト開発陣側は、ベゾスが掲げるスマートフォンのビジョンに納得していなかった。３Ｄディスプレイなど電気ばかり食う小細工にすぎない、それ以上のものにはなりえないと。「スマホのカレンダーなんて使う人、いるのか」とベゾスが聞くなど、スマートフォンが世間でどう使われているのか、ベゾスにわかるわけがない

と思わされることもあった。開発陣の答えは「もちろん使いますよ」だ。ベゾスと違い、ふつうの人は何人も

のパーソナルアシスタントがなにくれとなく世話を焼いてくれるなど考えられないのだから当たり前だ。

ドップラーと同じくベゾスに無理筋の期限を切られ、タイトも人を増やした。しかし、技術系プロジェクトがうまく行かないからと人を増やすのは大失敗の素にしかならない。しかも、当時、キンドルは戦略的に重要な製品と位置づけられていたのでそちらから引き抜いてくることはできず、モトローラやアップル、ソニーなど社外からハードウェアエンジニアを集めてくるしかない。業界で評判の人を引き抜くのだ。もちろん、なにを開発するのかは、初出社の日まで秘密である。

発売予定日は6カ月先。その状態が続いた。3Dディスプレイがなかなかうまくできず遅れに遅れたのだ。[9] そうこうしているうちに最新鋭だった部品が時代遅れになってしまい、プロセッサーとカメラを新しいものに換えてプロジェクトをやり直すことになった。コードネームはフクロウつながりでデュークだ。フクロウの一種、コノハズクを意味するオータスというコードネームで、基本機能に絞った安価な携帯端末の開発にも手を出して結局あきらめるという一幕もあった。製造は台湾の携帯電話メーカーHTC社で、アマゾン用にカスタマイズしたアンドロイドOSで動くはずだった。アップルのiPadより安くて使えると評判上々のFireタブレットと同じシステムだ。

オータス開発陣は奇抜な3Dディスプレイよりスマートフォンを安くかそれこそ無償で提供し、市場に波乱を起こすほうがアマゾンにとって利があると考えていたので、この開発中止に、みな、気落ちした。腹に据えかねた人もいて、反対であっても決まったことには従い、実現に向けて全力を尽くせというアマゾンのリーダーシップ原則第13条「反論と一意専心」が刻まれた軍用認識票をおそろいで買ったりした。

２０１４年４月に公開された株主への年次書簡にベゾスは「発明はやっかいなもので、大きな賭けに負けることもあるのです」と書いている。まるで予言だ。直後の夏には電話を発表することになっていたのだ。ベゾスの妻マッケンジーもリハーサルに参加し、なにくれとなく手を貸し、アドバイスもした。

そして２０１４年６月18日、シアトルのイベント会場フリーモントスタジオで、ベゾスがファイアフォンを発表。少し前に亡くなったスティーブ・ジョブズのカリスマ的魔法を再現し、３Ｄディスプレイやジェスチャー操作に注目を集めようとした。当時のＰＲ担当バイスプレジデントクレイグ・バーマンはこう語っている。

「ベゾス本人は成功を信じていたと思います。いや、本当に。少なくとも、信じていないと開発チームに気取らせるつもりはなかったようです」

評価はさんざんだった。ファイアフォンの開発に費やした４年間でスマートフォンの市場は大きく変化し、成熟してしまった。その結果、画期的なものを創ろうとしたはずなのに、ユーザーのニーズとかけ離れた製品となってしまった。グーグルが認証したバージョンのアンドロイドは使えないし、ＧｍａｉｌやユーチューブなどのＡ気アプリも使えない。次期ｉＰｈｏｎｅ６よりは安いが、実質本位として価格を抑えたアジアメーカーの端末に比べるとすごく高い。後者にいたっては、当時、２年縛りを条件に携帯キャリアから多額の報酬金が出ていたのだからなおさらだ。

「かなりの差別化ができていたのは事実ですが、顧客が求めるものではなかったということですね」

このプロジェクトを率いたバイスプレジデント、イアン・フリードはこう指摘する。

「これは私の失敗であり、ジェフの失敗であります。アマゾンというブランドにはすさまじい価値があるのに、ファイアフォンでは、それとうまくかみ合う形で価値を提供することができなかったわけです」

ベゾスからは「ファイアフォンで後悔の念を感じたりしないでくれ。眠れなくなることなどない――そう言ってくれ」と言われたそうだ[10]。

その夏、アマゾンがフェニックスに持つ物流拠点では、何千台ものファイアフォンがパレットに積まれたままほこりをかぶっていた。10月、1億7000万ドル分の在庫を特別損失として計上し、プロジェクトは終了。アマゾン史上最大の失敗である。

「関係者が口をそろえて警告していたとおりの理由で失敗したっていうのがなんともな点です」

プロジェクトに早い段階で参加し、当初から成功はおぼつかないと思っていたソフトウェアエンジニア、アイザック・ノーブルの言葉だ。

ファイアフォンの大失敗がドップラーにとって吉兆となったのは僥倖と言うべきだろう。スマートフォンの市場シェアを守る必要がなくなったので、アマゾンは、なにも心配せずスマートスピーカーという新領域の開拓に突き進むことができた。ファイアフォン開発陣の一部はグーグルやアップルに引き抜かれたが、ヒット商品ファイアーTVのほか、ドップラーの開発に異動したエンジニアも少なくない。なんと言っても大きかったのは、ファイアフォンの開発に携わったイアン・フリードら管理職をベゾスが罰さず、リスクを取れば評価される、少なくともベゾス自身のミスで失敗した場合はそうなるのだと社内にはっきりと示したことだ。

同時に、アマゾンが抱える問題もひとつ明らかになったと言える。ファイアフォンがうまく行くはずなどないと考えた関係者は多いのに、かたくななリーダーに立ち向かい、説得するだけの気概や力を持つ者がひとりもいなかったわけだ。

ギリギリまで製品名が決まらない

アレクサに話を戻そう。

ジェフ・ベゾスが席を立ったあと、ドップラー部門の幹部は傷だらけの誇りを抱えて近くの会議室に移り、データパラドックスの解法を改めて検討した。正しいのはボスだった。社内で試用していたのではデータがまるで足りない、世間に知られない形でベータテストを大きく拡大しなければならない。

ロヒト・プラサードと音声科学の研究員ジャネット・スリフカがわずか数日で対策を練り、これをグレッグ・ハートがすぐに承認。ドップラープログラムにステロイド剤を打つような企画だ。2013年春立案のこの企画でアマゾンは、音声操作のバーチャルアシスタントを開発する競争で先行するグーグルとアップルを追い越すことに成功し、まるで手品だ、どうやったんだと音声科学の世界で大きな話題を呼ぶことになる。

アマゾン社内でAMPEDと呼ぶこのプログラムは、豪州のアッペン社を通じ、アレクサを隠してデータの収集を行うものだ。一軒家やアパートをアッペン社が借り（最初はボストン周辺）、スタンドマイク、Xboxゲーム機、テレビ、タブレットなどをアマゾンがたくさん用意して部屋のあちこちに置く。アレクサも1軒あたり20台ほどを設置。音は通るが見えないように布でくるんでおく。高さはいろいろだ。さらに、アッペン社が人材派遣会社と契約し、1日8時間、週6日、iPadに記録された文を読み上げたり、「好きな曲をかけるよう依頼してください」「なんでもいいから、アシスタントにやらせたいことをリクエストしてください」といった自由回答の課題に答えたりするアルバイトを募集する。

アレクサはピーピー反応しないようにスピーカーが切られているが、発された言葉は1台あたり7個のマイクですべてとらえ、アマゾンのサーバーへ送る。そしてこのデータを人海戦術で確認していく。[11] たとえば『ハンガー・ゲームをよろ』のようにマシンには理解しづらそうな質問について、これはジェニファー・ローレンス主役の映画を見せてくれという意味だと注釈をつけ、次はアレクサがちゃんと理解できるようにするのだ。

ボストンで手応えが感じられたのでシアトルなど10都市以上に拡大し、6カ月間で数千人分の声やしゃべり方を集めることに成功した。機器の設置、音響環境、周囲の雑音、地域によるなまり、さらには、天気を確認したいといった簡単な願いからジャスティン・ティンバーレイクのヒット曲をかけてほしいといった願いまで、人はどういう表現を使いうるのかの実例など、データが山のように集まった。

ただ、一軒家にせよアパートにせよ、さまざまな人がひっきりなしに出入りするものだから、近隣住民に疑われ、警察に通報されることも多かった。たとえばボストンでは麻薬の密売か売春だろうと同じアパートの住民に疑われ、通報を受けた警官に中を見せろと求められる一幕があった。スタッフが適当にごまかして中も一通り見せ、直後に移転したそうだ。現場までは来ても、読み上げろと言われるのがわけのわからない文章だし、なんとなく薄気味悪いしで、アルバイトが仕事を辞退することもあった。誰かが隠れて聞いているはずだと思い、「なんなのこれ？　こんなことやらせるなんて、発注元は恥ずかしくないのかね」とささやく声が記録されていたこともあるそうだ。

もちろん、恥ずかしく思うなどあるはずがない。2014年には音声データを1万倍と、アップルやグーグルなど競争相手に迫る量まで増やすことに成功。ベゾスも大喜びだった。実はAMPEDそのものの承認はしていないのだが、開始直前にハートから見せられた例の6ページにAMPEDをやること、数百万ドルの費用がかかることは書かれていた。それを読んだベゾスは、少し前の不機嫌がうそのように満面の笑みとなった。

「やっと本気になったか。で？　次はどうするんだ？」

次はいよいよドップラーの発売だ。社員は週80～90時間の滅私奉公となった。家庭を顧みる暇などない。ベゾスが手を緩めてくれることもない。すべて自分で確認すると言うし、新しい注文も次々に出してくる。よく晴れたある日、夕日が射しこむ会議室で製品を確認していて、リング状のライトが暗すぎると感じてつくり直しを命じたこともある。アレクサに依頼したものが近くのFireタブレットに表示されるボイスキャストもベゾスが独り決めした機能だ。開発陣はこの機能をこっそり削除しようとしたがベゾスに気づかれ、製品版には必ず入れろと釘を刺されてしまった（発売後、この機能を使う人はいないに等しかった）。

多くの点でベゾスが正しかったのも事実だ。音楽を大音量で再生していたり周囲で何人もがしゃべっていたりするとコマンドがうまく聞き取れない、だから、ファイヤーTV用と同じようなリモコンを用意すべきだとの意見が開発陣の一部から出たことがある。[12]ベゾスはリモコンなど不要だと考えていたが、発売当初はリモコンも同梱し、ユーザーが使うか否かを確認することを許した（使う人がいなかったので、リモコンはすぐ廃止になった）。

名称についても悲惨なことになりかけたのをベゾスが救っている。開発に要した4年間、名前については、ついぞ、合意が得られなかった。そもそも、バーチャルアシスタントとハードウェアで名前を分けるべきか同じにすべきかさえ議論百出でまとまらなかったのだ。別の名前にすることになったらなったで、今度はスピーカーをどう呼ぶかがなかなかまとまらない。落ちついたのは「アマゾンフラッシュ」だった。発売に向け、その名前で箱も用意した。

だが、発売まで1カ月を切ったころ、いくらなんでもひどすぎるとベゾスが言い出し、最終的には、語った単語やフレーズをアレクサにオウム返しで言わせる機能、エコーを製品名に採用することになった（コマンドは「サイモン・セッズ（simon says）」に変更）。箱やマニュアルの印刷をやり直す時間がないので、最初は真っ黒な箱に詰めて出荷する。発売準備要員としてハートがリクルートしたディレクター、トニー・リードは、製品名を使わずにマニュアルを書くという芸当をしなければならなかった。

アマゾンエコーの発売は２０１４年11月６日。数カ月前に発売されたファイアフォンが大失敗になったのが効いたのか、記者会見なし、ベゾスによるビジョナリースピーチもなしだった。新製品の劇的な発表で知られたスティーブ・ジョブズのまねはやめたらしい。担当部署がプレスリリースで発表するとともに、家族がアレクサに語りかける２分の説明動画をユーチューブに投稿する控えめなやり方に転じた。また、あらゆることを言葉で処理できるコンピュータだなどと大きなことは言わず、ニュースや天気予報の確認やタイマーの設定、買い物リストの作成、音楽の再生など、まちがいなく使える機能を紹介するにとどめた。

なお、予約した顧客については、アマゾンミュージックの登録会員か、キンドルを持っているかなども確認。まったくの新市場であることから、数量も当初８万台に抑え、それを何カ月かかけて発送する形とした（ファイアフォンは30万台以上も用意した）。

「ファイアフォンの経験から、みな、少し慎重になっていました。どんなことも、もう一度考え直してみなければという感じで」

グレッグ・ハートはこうふり返っている。

開発に４年もかかってしまっているし、アマゾンエコーはファイアフォンに並んで消費者テクノロジーの世界にできた大きなクレーターとして記憶されるのではないかと心配した開発担当者も少なくない。だから、発売当日、フィオーナから数分のプライムビルに用意された新オフィスの「作戦本部」でノートパソコンを囲み、売れていく様子を固唾をのんで見守った。購入者は、だれの予想をもはるかに超える勢いで増えていた。

そして、これほどの成果をあげたのにお祝いもしないのかと、だれともなく言い始めた。アル・リンジーが言うように、新製品の発売日だというのに、それらしいことをなにも準備していなかったのだ。というわけで、あとは心配性の幹部やエンジニアに任せ、総勢100人ほどの大半が近くのバーにくり出して大祝賀会をした。

ベゾスは火にガソリンを注ぎ、制限を取り外す

アマゾンエコーは、それから2週間ほどで10万9000人が購入。疑いの目で見る人も当然にいたが、「未来と話ができた[13]」「アマゾンが開発した機器の中でダントツ[14]」などプラスの評価も返ってきた。アレクサ幹部、トニー・リードやグレッグ・ハートのところには、社員から、家族や友だちに頼まれたので回してほしいというメールが届く。

出荷後、エコーがオンになればわかるし、実際に使われていることもわかる。ベゾスの直感は正しかった。スマートフォンのガラスに触れなくてもなにか頼めるというのは魔法っぽい雰囲気がある、スピーカー自体が反応し、音楽をかけてくれたり、「1リットルは何カップ?」など意味のある問いに答えてくれたり、「アレクサ、きみは結婚しているの?」といった冗談に対応してくれたりすることには一定の価値があるのだ。

ここまで来れば一安心で、しばらくはたまりにたまった代休で骨休みができるとドップラー部門の社員は思っていた。だが現実は、荒海から浜に逃れて休もうと思ったところを大波に頭からさらわれるという状況だっ

た。有望な火花をみつけたら必ずやってみることをベゾスがした、つまり、そこにガソリンを注いだからだ。

「成功がしばらく続くはずで、ここで私の人生が大きく変わりました」

そうふり返るのは、のちにバイスプレジデントに昇進し、さらにSチームに加わって経営幹部となるロヒト・プラサードだ。

「アレクサとエコーを発売するまでのプレーブックならわかっていましたが、その後5年間のプレーブックは白紙でしたから」

わずか数カ月のあいだに、アマゾンは、音声操作に対応したアプリをサードパーティがつくれるアレクサスキルキットをリリースする、電球や目覚まし時計にアレクサを組み込んでもらうためのアレクサボイスサービスもリリースすると怒濤（どとう）の勢いで前進。ベゾスは、新機能を毎週リリースしろ、アップデートを機器に通知する方法がないのだから新機能紹介のメールをユーザーに毎週送れとグレッグ・ハートの尻をたたきまくった。

そしてベゾスの願望が製品計画となる。アレクサがいたるところに置かれ、あらゆることをこなす世の中をいますぐにでも実現しろ、だ。買い物をするなど、発売優先でとりあえず横に置いた機能も急いで開発しなければならない。ホッケーのパックくらいしかない小型・安価なエコードットをつくれ、バッテリーのもちがいいポータブルバージョンのアマゾンタップをつくれとの指示も飛んだ。

アレクサ発売翌年の夏の終わり、年次経営企画会議ＯＰ１でベゾスは、バーチャルアシスタントとスマートスピーカーの開発競争について次のようにコメントしている。

「他社に追いつかれても別に困ることはない。だが、この開発を先導するのが我々ではないという状況に陥ることはがまんならない。そう思わないか？」

プライムビルの中も、サウスレイクユニオンに増えていくアレクサの職場も慌ただしい空気に包まれていた。ユーザーからフィードバックが得られるように新機能を次々リリースする。シリコンバレースタートアップの世界で「実用最小限の製品（Minimum Viable Product）（ＭＶＰ）」と呼ばれる製品開発のスタイルだ。アマゾンでは、これをもじり、「どういうモノを市場に出せば誇らしく思うか」と問うジェフ・ウィルケの言葉「愛せる最小限の製品（Minimum Lovable Product）（ＭＬＰ）」が使われた。仕上がりがいまいちでほとんど使われない機能が多かったが、それはそれでかまわないのだろう。２０１５年の年末商戦でアマゾンは、１００万台のエコーを売り上げた。[15]

アレクサ部門は「早くでかくなる」が合言葉だった。創業期のアマゾンと同じだ。歴史はくり返すと言うが、展開も同じだった。数百人だった人数も1年後には１０００人、その5年後には1万人にまで膨れ上がる。その間ベゾスは放火魔のように火に油を注ぎつづけた。たとえば２０１６年1月には初めてスーパーボウルに広告を出稿。俳優のアレック・ボールドウィン、歌手のミッシー・エリオット、マイアミ・ドルフィンズのクォーターバックだったダン・マリーノを起用したもので、広告費は１０００万ドルだったと言われている。

それでもなお、アレクサは動きがにぶすぎると社内では評価されていた。ベゾスの電子メールとホワイトボードの絵だけの状態から製品まで開発を主導したグレッグ・ハートは、プライム・ビデオに異動。アレクサの開発は本当に楽しかったがアレクサ部門を大きくするためにはほかの人に代わったほうがよかったはずだ——数年後、ハートはちょっと残念そうな顔をしながらそう語ってくれた。

後任はベゾスのお気に入り、禿頭の「アマゾニアン」マイク・ジョージだ。カリスマ性があり、いつもカウボーイブーツを履いている。フェイスペイントをしていることも多い。会議には、いつも、小脇に抱えたアマゾンタップから音楽をがんがん鳴らしつつ登場する。

マイク・ジョージには、ベゾスが「なんにでも使える」エネルギーと呼ぶものがある。だから、人事、マーケットプレイス、支払い、のちにはベゾス個人の慈善事業デイワン・アカデミーズ基金にいたるまで、あちこちで混乱の炎を消し、秩序をもたらす消防士に起用される。仲間からは、親しみを込めて「悪役」とか「止まらず動きつづけるヤツ」「イブのようにベゾスの肋骨からつくられた男」などと呼ばれている。

マイク・ジョージがアレクサ部門を率いたのはわずかに1年間だったが、その影響は後々までさまざまな面に残っている。採用が追いつかない問題については、AWSや販売など他部門に採用された人も希望すればアレクサに行ける社内ドラフト的な制度を導入。いい人材を引き抜いたと喜んだのもつかの間アレクサに行かれてしまったと、あちこちのマネージャーが泣きを見る事態となった。

組織そのものも大きくつくり変えた。アレクサはもともと、エンジニアリング、製品管理、マーケティングと機能単位でまとめた組織だった。これではベゾスが望むスピードで成長できない。ジョージは速く動けてアマゾンでは理想型とされる「ピザ2枚チーム」に再編。アレクサの機能を音楽、天気予報、照明、温度調節、動画などに分割し、チームごとに1課題を割り当てるのだ。

チームを率いるリーダーは「シングルスレッド」とし、成功も失敗もすべて責任を取らなければならないかわり、やり方は自由に決められる（コンピューターの世界では、コマンドひとつの処理を始めたらそれが終わるまでほかのことはしないプログラムをシングルスレッドと呼ぶ。これにちなんだ呼び方だ）。アマゾン本体もそうなのだが、アレクサも、たくさんのCEOが自律的に動く組織になったわけだ。全体をまとめる「北極星」文書も用意した。音声操作プラットフォームの世界戦略を明快に記した文書である。

ベゾスはこのような変更をすべて承認した。また、製品レビュー会議に出席する、毎週金曜夜につくられるピザ2枚チームの進捗報告を読み、それに対して細かな点まで質問したり、週末になんとかしろと問題点を指摘したりと深く関わりつづけた。アレクサ幹部のところにも、しょっちゅう電子メールを送る。ユーザーからのクレームに疑問符をひとつ付けたもので、これを受け取った者は24時間以内に対応しなければならない。アレクサのエバンジェリストとしても積極的に動いた。ＡＷＳのときと同じように、アレクサ関連でなにかしているかと他部門の幹部に尋ねるのだ。ＯＰ1会議では翌年の計画を記しＳチームに提出する必要があるが、その資料に「アレクサ」の文字がないのはまずい状況となっていた。

２０１６年末、エコーとエコードットの合計８００万台を米国内で売り上げ、アマゾンは売上高で世界一のスピーカー会社になったことが社内で報じられた。必死の努力が実を結んだのだ。しかし、ベゾスが望むのは世界一のＡＩ企業になることだったし、そちらについては、手ごわい競争相手が登場しつつあった。

グーグルホームスマートスピーカーが発売されたのだ。「サボテンでも植えたら似合いそうだ」とワイアード誌が報じたほどスタイリッシュな製品だ。[16] 音もいいし、もちろん、ウェブを検索してしっかり回答を返してくれる。アレクサの元幹部チャーリー・キンデルによると、それまでアレクサチームはアップルかグーグルがなにか出すのではないかとおびえながら年末商戦に突入し、なにも出てこなかったとハイタッチしていたという。アップルもグーグルも二番煎じをよしとしないが、スマートスピーカー市場が急速に拡大しているのを見てそうも言っていられなくなったのだろう。

グーグルの参入を受け、もっとスピードを上げろ、機能やハードウェアの種類を増やせとアレクサチームに強いプレッシャーがかかった。２０１７年には、アレクサの各国語バージョンを用意してからでないと欧州各国でエコーが販売されないのはなぜなのかとスウェーデンのユーザーからベゾスに問い合わせが入った。とりあえず英語版を売ってくれればいいのにというのだ。製品ロードマップには入っているが、後回しになっていた対応だ。とある幹部によると、この電子メールをベゾスが受け取ったのはシアトル時間の午前2時で、朝には、アレクサの販売先を80カ国増やそうと数チームが作業を開始していたという。[17]

ジェフ・ベゾスが深く関わったせいで大変だったが、それが大きな成果を生んだのも事実だとアレクサ幹部は口をそろえて言う。トニー・リードの言葉を紹介しよう。

「ジェフは、スピードを上げたり規模を大きくしたりに必要なことをやれるようにしてくれました。人というのは、つい、手持ちの資源でできることを考え、自分で自分を制限してしまいがちです……どこまでやっていいのかわからなかったりもします。ジェフは、制限なんかないんだよと我々に示してくれたのです」

世界中のアレクサが突然笑い転げる

速さと成長の追求にはマイナスの面もあった。アレクサのスマホアプリは、デザインの勉強をしている学生が夜中にパーティをしながら思いついたような見てくれだった。エコーの設定や、エコー同士の連携は不要にややこしかった。サードパーティのスキルや特殊機能を起動するコマンドは難しく、また紛らわしかった。

シングルスレッドリーダーが率いるピザ2枚チームがそれぞれ勝手に開発を進める分散型アプローチは、いらないところが複雑になってしまう。その結果、最初の設定やスマートなホームアプライアンスとの接続といった基本がユーザーに大きな苦痛をもたらすものになってしまっていたとトム・テイラーも認めている。２０１７年にマイク・ジョージの後任としてアレクサ部門のトップに就任した人物である。小ばかにするような笑い方をするがバランスのいいジョージは、開発体制が原因でユーザーが困っている点を洗いだすことにした。

世間を騒がせる騒動も起きた。2018年3月、バグにより、世界中のアレクサが笑い転げる現象が発生[18]。その数カ月後には、オレゴン州ポートランドに住む夫婦の私的な会話をエコーが収録し、なぜかそれを夫のところで働いているシアトル在住の人（連絡先に電話番号が登録されていた）に送る事件が起きてしまった。アマゾンの見解は、ウェイクワードと会話を記録して送れというコマンドを受け取ったとアレクサが誤認したのだろう、だった。また、よほどでなければ起きないことであり[19]再発はまず考えられないが、その可能性をさらに低くする方法を検討するとのことだった。

この事件以降、問題が起きたらいわゆる「5回のなぜ」によって細かく分析し、大本の原因を明らかにする「エラー訂正」レポートの作成が義務づけられた。なにが起きたのか、また、その原因となったプロセスをどう修正すべきかが書かれたこのレポートは、ベゾスのところまで上げられる。

やり直しのきかない失敗もあった。アレクサは、子どもの心に住むサンタクロースを暗殺してしまいがちなのだ[20]。高度な会話ができるチャットボットの作成を競う大学対抗アレクサプライズもそうだった。「アレクサ、チャットしよう」と言ってチャットボットを起動し、会話に点数をつけるという形で評価が行われるのだが、2017年に行われたその第1回大会で、オンラインのディスカッションボード、レディットを参考に応答するワシントン大学のチャットボットがサンタは作り話だと子どもに伝えてしまったのだ。両親から抗議があり、一時このチャットボットを取り下げる事態となった（最終的には50万ドルの最優秀賞を獲得した）。

アレクサではおりおり問題が発生するのだが、それはつまり、アレクサがかなりのところまで来たこと、そして先がまだ長いことを示している。2019年、エコーの累計販売台数は1億台を突破した。ベゾスのSF

愛と発明愛から製品が生まれ、そのおかしな動作やプライバシーとの関係性などを大手メディアが取り上げるほど世の中で認知されるまでわずか10年で来たわけだ。

アレクサは、まだ、会話ができるレベルに達していない。ベゾスやロヒト・プラサードの夢はまだ実現していないのだ。また、音声操作のサービスや機器に賭けるスタートアップや会社は出ているがいずれも家内工業レベルだし、「スキル」と呼ばれるサードパーティ製アドオンはあまり普及していないし、だから、ディベロッパーはたいした収益を上げられていない。アップルやグーグルのアプリストアとは比べものにならないのだ。あと数年もしたら状況は大きく変わるとベゾスは信じているし、アレクサを夢想し、鉄の意志でそれを現実にする様を見てきた社員やアマゾンファンは、ベゾスには未来が正しく見えているのだと信じている。いや、少なくともある1点については、彼も、未来が見えていなかった。それはまちがいのない事実だ。

２０１６年、ベゾスは、スクリーンを持つエコーショーの開発を進めていた。そのころ、プロトタイプを試すにあたり、とある大統領候補をあざ笑う動画を再生しろとアレクサに頼むのが常だったという。「アレクサ、『ドナルド・トランプが中国は……』という動画を見せてくれ」と頼んだり、皮肉屋で知られるスティーブン・コルベアが前の晩に語ったモノローグを再生してくれと頼んだりしては、しばらく、腹がよじれるほど大笑いしていたというのだ。

事態がどう展開するのか、ベゾスはまったく見えていなかったわけだ。

第2章 アマゾンゴー

——つまらない名前で始めた極秘プロジェクト

アレクサ試作品の社内試験がそろそろ始まろうとしていた2012年11月、テレビに出演したジェフ・ベゾスは、あちこちで尋ねられる定番の質問を人気キャスターのチャーリー・ローズにされた。買収なり新規立ち上げなりでリアルなお店をアマゾンが持つことはあるのか、だ。回答は、「独自色が打ち出せるなら、ですね。[1]やるなら、アマゾンならではと言われるようなものにしたいですから。どうすればいいのかまだわかっていませんが、それさえわかれば、ぜひ、持ちたいと思っています」だった。

ベゾスは、半分しか本当のことを言っていない。社内では、ベゾスの肝いりでリアル店舗のチェーン展開を検討するチームが動き始めていたのだ。夢物語に近いプロジェクトで、アマゾンにとっても特大の賭けだ。

このころのベゾスは、このまま処理能力が高まり処理コストが下がればコンピューターが人の言葉を理解できるようになる日も遠くないと考えていたし、さらには、カメラを搭載して周囲の状況や動きを認識し、理解できるようになる可能性もあると考えていた。この少し前には、グーグルが1000万枚以上の画像をスーパーコンピューターに与え、猫を判別できるようにしたとニューヨークタイムズ紙が報じ[2]、ベゾスは、この記事をシニアエンジニアに回覧している。

そのころアマゾン小売事業の最高技術責任者だったジョセフ・シローシュは「重要な動きで注目すべきだとジェフは考えていました。コンピューターによる音声認識も熱心に進めていましたが、同時に、コンピュータービジョンにも心を奪われていたのです」と証言している。

コンピュータービジョンに惹かれていたこと、また、クラウド分野でアマゾンの優位性を強化しようとしていたことから、アマゾン創業者の頭にまたも電灯がともる。米国勢調査局によると、米国では小売りの90％以上がリアル店舗で行われている。最先端技術のコンピュータービジョンとロボット工学を活用してセルフサービスのリアル店舗をつくれば、そこに食い込めるのではないかと思いついたのだ。

２０１２年、ベゾスは、この大ざっぱなアイデアを社外研修でSチームに提示。Sチームというのはベゾス自身が選んだ幹部の会で、ブレインストーミングを通じて新しい企画を考え、「でっかく考える」の重要性を確認する社外研修を毎年、たいがいは近場で開いている。メンバーには、事業を拡大できるかもしれない画期的なアイデアを記したレポートを書くことが求められる。

セルフサービス店舗のフォローアップに指名された幹部を見ると、かなり有望なアイデアだとベゾスが思っていたことがわかる。プロジェクトのトップは、10年近く前、キンドル事業を立ち上げた側近スティーブ・ケッセルである。ダートマス大学出身でホッケーが趣味のケッセルは１９９９年の入社である。この異動の話を聞いたとき、ケッセルはサバティカル休暇で、フランス南部に家族と出かけていたという。今度の仕事は、アマゾン流に表現すると「画期的な店舗の構築にシングルスレッドで集中」するものだ。ケッセルは、バイスプレジデントとしてホームページとお勧め機能の開発をリードしたジョナ・プリーニーを呼び戻すことにした。

プリーニーはSチームのひとりブライアン・バレンタインの妻で、すでに退職し、シアトルの自宅でリフォームに励んでいた。生活は満ち足りていて、職場に復帰したいとも思っていなかったし、復帰しなければならない理由も別になかった。だが、ケッセルの話は魅力的だった。

「どうして私なのかと尋ねたところ、我々ふたりには共通点が多いけど、でも、違う角度から問題にアプローチするし、違う見方をするからみたいなことを言われたのです。多様な見方や考え方を重んじるのはいいなと思いました……その晩のうちに『やります』とメールを返したと記憶しています」

グレッグ・ハートの後任としてだれもが望む補佐官役に就き、ベゾスのテクニカルアドバイザーとなっていたディリップ・クマールも、2013年の初めに参画し、エンジニアリング面を統括することになる。

従来型店舗もその役割をきちんと果たしているとベゾスは考えていたので、そこに参入するなら高いハードルを越えなければならない。

「ふつうの店なんぞつくってもしょうがないとジェフは言っていました。つくりたいのは小売りの世界を変えるようなお店、いままでだれもつくろうとしたことのないお店、何百年もリアル店舗がしてきたやり方を変えてしまうようなお店だというのです」

エンジニアリング担当ディレクターとして立ち上げから参加したひとり、バリ・ラガワンはこう証言した。

このプロジェクトは、社内にも秘密とされた。だから、ウェストレイクアベニューに立つごくふつうの6階建てビルに店舗を構えた。スポーツ用品店のすぐ上だ。コードネームも、気にかける人がいないくらいつまらない名前にしなければならない。プリーニーが選んだのはIHM、在庫管理（Inventory Health Management）の頭文字だった。のちには全米の主要都市に展開する一風変わった店舗の名前からアマゾンゴーとして知られるようになるが、そうなるのは、意欲的な目標に向けて何年もがんばったあとのことである。

ブレインストーミングが始まった。まずは、メイシーズのような百貨店にすべきか家電量販店にすべきか、はたまたウォルマートのような大型ショッピングセンターにすべきかだ。ベゾスからは、小売りの世界を変えるものにしろという以外、これを売れといった指示はない。上層階の商品倉庫をロボットが走り回り、ベルトコンベアか別のロボットで客の車に商品を届ける2階構造の店舗などが検討された。

アマゾンの幹部は、顧客のニーズを起点にさかのぼる形で考えるのだと口癖のように言う。だからプリーニーらも、まず、リアル店舗での買い物を思い浮かべながらそのメリットを洗いだすことにした。欲しかったものを手にお店を出る瞬間に幸せを感じるなどだ。デメリットも洗いだした。一番は、やはり、レジの列に並んで待つフラストレーションだろう。みんな忙しいわけで、列に並んでいる時間があったらほかにやりたいことがあるはずだ。

こうして何カ月も顧客ニーズと使えそうな技術を検討した結果、レジ待ち問題は技術で解決できそうな感触が得られた。ＰＲ　ＦＡＱと呼ばれる企画案（余白にベゾス手書きのメモがあったという）には、まだ存在していないシステムの商標名が書かれていた――「そのまま立ち去れる技術（ジャスト・ウォークアウト・テクノロジー）」である。品物を棚から取るだけで買い物が終わり、列に並ぶことなく支払いまで終えられるシステムを開発しようというのだ。

これはいいとベゾスも大喜びで、このアプローチを承認した。実現まで5年も苦労し多額の費用がかかることになるとは思わずに。２０１３年のことである。北米の電子商取引を統括するシニアバイスプレジデント、ダグ・ヘリントンによると、当初は、本当に実現可能なのか研究員でさえも疑問に思っていたらしい。

最初に検討したのは、どの商品が棚から取られたのかわかるようパッケージにＲＦＩＤチップを仕込む方法や、商品のバーコードをスマホで読んでもらう方法だ。これは安直にすぎるとベゾスが却下。コンピュータービジョンでなんとかする方法を考えろ、それが将来につながるというのだ。最終的に落ちついたのは、天井に設置したカメラとアルゴリズムで客が手にした商品を判別し、その代金を請求する方法だった。商品棚にもはかりを仕込んでおけば商品が取られたことをまちがいなく判別できる。

このシステムを開発するため、ディリップ・クマールは、アマゾンの値付けアルゴリズムなど複雑な技術を開発してきた社内の人材を集めるとともに、社外からも、南カリフォルニア大学の有名コンピュータービジョン研究員、ジェラルド・メディオーニなどの専門家を引き抜いてきた。職場は好奇心の塊でむちゃを言うボスが目を光らせているジェフ・プロジェクト、アマゾンで一番熱いるつぼである。迫る期限と競争するように科学の限界に挑む日々で、週に70時間から80時間働くのがふつうだった。夜や週末もメールに答えたり6ページのメモをつくったり、さらには、並行して進められていたアレクサやファイアフォンの人々と同じくベゾスに進捗(しんちょく)を報告する会議の準備をした。エンジニアリングのディレクター、バリ・ラガワンは、洞穴にこもる生活だったと表現している。

2013年末、商品は食べ物に絞ることにした。服や家電の買い物は年に数回がいいところだが、食料品は平均で週に1・7回(米国の場合。2013年、米食品マーケティング協会調べ)と回数が多く、レジ待ち解消の効果が大きいからだ。当然、食品業界の経験を持つ人材も集めなければならない。リンクトインのプロフィールを書き換えるなと指示し、支給する携帯電話はプリペイドならクレジットカードもアマゾンと関係ないものにするなどの対策をして、だ。食品スーパー、アルバートソンズやスーパーバリューの実績を買われて引き抜かれたスティーブ・ラモンタインは、次のように語ってくれた。

「最初は007みたいでかっこいいし、すごいことをしてるんだと感じることもできました。でも、これは孤独なやり方です。長年培ってきた人脈が使えないのが特につらい点でした」

アマゾンゴーのチームとベゾスの打ち合わせは数週間に1回行われた。特筆すべきは2014年6月24日夜の会議だろう。この日はファイアフォンが大失敗し、売上もいつになく伸びがなかったことから四半期の決算報告がかんばしくなく、株価も10%とこの年最大の落ち込みを見せた。それでもベゾスは落ちついていた。ベゾスは期待に背いた社員が震え上がるほど冷厳なボスになることもあるが、発明という難関に挑戦する社員に対しては驚くほどの忍耐をもって接するのだ。ラモンタインは言う。

「あのときはさすがに動揺すると思ったんですけどね。そう言えば、打ち合わせで『これにはいくらかかるんだ?』とか『いついつまでに利益を出せるのか?』などと聞かれることはありませんでした。いつも、我々を見回すと、『みんな疲れているだろう。新しいものの発明は大変だ。でもとにかく、正しい方向に進んでいることはまちがいない』と言うんです」

店舗の規模は、当初、郊外型スーパーの3000平方メートルほどを想定した。だが検討を進めるうちにこれは広すぎる、半分程度がいいだろうという話になった。中規模スーパー程度だ。その手のお店には、包装された商品が並ぶ棚に加え、ふつう、チーズやコーヒー、肉類などの販売カウンターがある。温かい食べ物とコーヒーが買えたほうが、ああ来てよかったと思ってもらえるだろう。そう考え、プリーニーらは、会議室に模擬店舗をつくってみた。材料は、アマゾン標準の本棚にドア材の机、おもちゃのブロックだ。実際の空間で客がどう動くのかをつかむのが目的である。

開業目標の2015年半ばに向け、高級マンションの1階もひそかに借り上げた。場所はシアトルの富裕層が使うキャピタルヒル地区だ。市の使用許可証によると、生鮮品売り場が広く取られるほか、乳製品の保冷棚や生鮮食品を準備するキッチンも用意されることになっていた。

ここでベゾスから最終ゴーサインをもらわなければならない。典型的な「ジェフ会議」になるはずだ。いつ果てるともなく文章に手を入れて磨き上げる。最後の一歩以外、準備はすべて整っている。そして、おかしなことにならないでくれと、みな、息をひそめて祈る。そんな会議だ。

コンセプトを体感してもらえるように、スターバックスの本社にほど近いサウスシアトルの倉庫を借り、スーパーマーケットの実物大模型をつくった。広さは1500平方メートルで外壁はベニヤの合板だ。棚は規格品で位置を自由に変えられる。入り口では買い物客のスマホをスキャンするのだが、そこは回り木戸で表現した。

到着したベゾスとSチームは会議机を囲んで座り、まず、6ページ文書を読む。こういうとき、ベゾスはじっくり時間をかける。1文もおろそかにせず熟読するのだ。だが、このときは違っていた。途中で書類を放り出すと、実際に買い物をしてみようとSチームを引き連れ、模擬店舗に向かったのだ。カートを押し、缶詰、プラスチック製の果物や野菜などが積まれた棚のあいだを歩く。コーヒーや肉、チーズはゴープロジェクトの担当者が売り子になって注文を受け、請求の処理をする。

すべて順調だった。買い物体験が終わり、全員が会議室に戻る。ベゾスの評価は、みんなよくやってくれた、だが、複雑すぎる、だった。肉やシーフード、果物は重さを量って請求の処理をしてもらうあいだ、待たなければならない。列の待ち時間がないのが売りの店でこれはありえない。一番の魅力は待たずに店を出られること。有名なアマゾンワンクリックのリアル店舗版と言ってもいいだろう。品ぞろえは絞り、シンプルにして、そこを徹底的に追求すべきだ。

「いかにもアマゾンという瞬間でした。『これはいいねぇ。じゃ、全部やり直すぞ!』ですからね」

こうふり返るのは、ブランドデザイナーとしてプロジェクトに参加していたクリスティ・コールターである。

社に戻ると、スティーブ・ケッセルはチームを集めてジェフ会議の結果を伝えた。生鮮品、精肉、チーズの売り場はなくす、広さもコンビニサイズまで縮小する、である。それから5年、中規模スーパーを想定してキャピタルヒルに用意した店舗は、シアトルでも特に活気のあるところだというのに、窓に茶色の紙が貼られたまま空いた状態で放置されることになる。

成果が出ないなら別チームをつくって競わせる

2016年になる前に、アマゾンゴープロジェクトは大きな分かれ道にさしかかった。進むなら、道は険しいし費用もかかる。ケッセルはチームの幹部を招集すると、先に進んで実証段階に入るべきかここでやめるべきかと尋ねた。多少は疑問の声もあがったが、大方の意見は進むべしだった。

エンジニアの受け止め方はいろいろだった。ステーキなど量り売りの商品がなくなって少し楽になったと喜んでいる人もいた。だが大半は2年も働きづめで疲れ切ってしまい、マラソンの途中なのに期限を切ってはスプリントをくり返させる上司にとらわれていると感じていた。驚いたことに今回問題の「上司」はベゾスではなく、ベゾスの側近として働いてアマゾンで出世するタイプだと示した人物、ベゾスの元TA、ディリップ・クマールである。

クマールはインドのセーレム出身だ。父親はインド陸軍の三つ星将軍で、その関係から転勤が多かった。だからクマールは2年ごとにいろんなところで育ったという。一流大学のインド工科大学を卒業後、１９９４年に米国へ留学すると、ペンシルベニア州立大学でコンピューターサイエンスとエンジニアリングの修士号を取得、さらに、ペンシルベニア州立大学ウォートン校でＭＢＡも取得する。アマゾンには、ドットコム・バブルの崩壊から回復しきれていなかった２００３年に入社した。ストレス解消は、会議室にこもってジャグリングの練習をする、だ。最近は、オープンマイクと呼ばれる自由参加のステージでスタンドアップコメディも披露するようになった。

クマールはまだ若く、激しいＣＥＯだった時代にベゾスが培ったアマゾン型リーダーシップをいくつか体現している。要求が厳しい、顧客をなにより優先する、ＥＱよりＩＱを重んじる、リーダーシップは才能より意志力と考えるなどだ。同僚によると、記憶力に優れ、ややこしい技術も細かなところまで思い出せるという。成功する以外にありえない環境をつくることにも長けているそうだ。アマゾンのリーダーはみんなそうだが、彼も、14カ条のリーダーシップ原則をタイムリーに引いてくる。また、ベゾスは「合意と対立、どちらかを選べと言われたら、必ず対立を選びます。そうしたほうが最終的な結果がよくなるからです」とよく言うが、彼も、難しい問題について全力で議論することによってしかいい決断は得られないと信じている。

もちろん似ていない点もある。クマールは罵詈（ばり）雑言の名手なのだ。スティーブ・ケッセルが割って入らなければならないほどの言い争いをジョナ・プリーニーとしたこともあるという。もっともケッセルも、争い自体をやめろとは言わず、もっと静かにやれと諭したらしい。どなられないのは彼に認められていないことを意味するのだと言う人もいる。バリ・ラガワンの言葉を紹介しよう。

「彼と仕事をするのは大変で、やっていられないと思うことがよくありました。でも、彼は、人の力をめいっぱい引き出せるのです」

これは、ベゾスについてもよく言われる評価だ。

実現に向けて動くとなれば、クマールとしては前に進む力を集められるだけ集めるしかないし、やっかいであろうがなかろうが人材は使い倒すしかない。ベゾスとSチームに対する薄命のデモのあと、売り場面積をセブン-イレブンなどのコンビニサイズまで縮小し、技術の可能性を徹底的に追求することになった。

まず、フィフスアベニューとベルストリートの交差点に立つオッターというビルの1階を新たに借り、秘密の実験室を用意した。ビルの内側からしか入れないし、ドアは2重で開けるにはカードキーが必要だ。棚には、粘土や発泡スチロールなどでつくった模造食品が並んでいる。緑の色画用紙を裂いたものはレタスだ。

実験は、カメラやコンピュータービジョンアルゴリズムをだませるか、だ。分厚いコートを着ておく、松葉づえをつく、車椅子を押すなど、いろいろとやってみるわけだ。みんなで傘を差して入店すれば天井カメラの視界を遮れるのではないかと試してみたこともある。服の色も客の判別に利用しているので、フットボールチーム、シアトル・シーホークスのジャージをみんなで着ればアルゴリズムが混乱するのではないかと試したこともある。

そう簡単にだませはしないのだが、大規模に展開したら頭の痛いことになるだろうなと思う程度にはだませてしまう。なんとかしなければならない。光の当たり具合が変わる、影が動く、商品の置かれた場所が棚の手前なのか奥なのか、商品に貼った判別用ステッカーを手や体が覆ってしまうなど、さまざまな要因で判断が狂ってしまう。特にやっかいなのが幼児の扱いだった。体が小さいし、両親と区別しにくいし、ふつうならやらないようなことをあれこれやらかしてくれる。大人が肩に乗せたり抱っこしたり、ベビーカーに乗せたりしても、顧客判別アルゴリズムが迷い、だれに請求したらいいのかわからなくなるおそれがある。

このような問題の解決にクマールらエンジニアが苦労しているころ、ベゾスとケッセルはしびれが切れつつあった。3年かけて、まだ1軒もオープンできていない。どうしたらいいのか。ここで、リアル小売店の世界に参入することのみを目的としたチームを立ち上げるとなるのがアマゾンのアマゾンたるゆえんだ。「ビジョンは譲らないが、細かいことは気にしない」のがアマゾンだともベゾスはよく言っていて、このときは、2グループを競わせれば、レジ待ちなしに「そのまま立ち去れる」お店という課題を早く解決できると考えたらしい。

クマールのグループは、天井や棚から撮影したコンピュータービジョンによる未来的な技術をめざして開発を続ける。もうひとつのグループは、ボストン在住のテクノロジーディレクター、ジェレミー・デボネをトップとする社内スタートアップで、こちらもエンジニアやコンピュータービジョン研究員で構成されている。こちらは、コンピュータービジョンとセンサーをショッピングカートに組み込むことで問題を解決しようとした。ある意味、店全体をカバーするより難しいかもしれない。ゴーストアなら置かれた場所から商品を判別できるが、「スマートカート」の場合、たとえば生鮮品売り場で取り上げたオレンジの袋詰めが別のところに移動したあとカートに入れられるなどのケースにも対応できなければならないからだ。

こちらも、結局、何年もの時間がかかることになるが、最後は、いくつもの技術がゴーストアに採用されるだけでなく、アマゾンダッシュカートという大きな成果をあげることができた。コンピュータービジョン対応スキャナーとタッチスクリーンを備えたカートで、ふつうのスーパーでもレジ待ちなしを実現することができる。

ベゾスとケッセルは、もう1チームを立ち上げ、すぐにでも実現できる目標を与えた。ふつうのレジを持つ書店の開設だ。本はさまざまな面で食料品と大きく異なる。傷みにくいし売値の上下も基本的にない。置いておきやすい。アマゾンがオンライン化を推進した商品カテゴリーでもある。本は食料品に比べて買う頻度が低いので、レジで多少待っても気にならない。でありながら、それをエサに、ファイヤーTVや最新キンドル、新型アマゾンエコーなどへ客を引き込むこともできる。

2015年秋、シアトルでも高めのお店が並ぶモールにアマゾンブックス1号店を開店しようと準備が進められ、シアトルを拠点とするテックブログ、ギークワイヤの記者が長い棒の先につけたカメラで中を隠し撮りするという事件も起きるほど、世間の注目を集めた。[3]そのころベゾスも裏口からお忍びで現場を視察し、原点回帰だと大喜びしたらしい。

開店は、それから少しの2015年11月2日。「スタッフのおすすめ本」というコーナーには、プロジェクトに関係した社員が選んだ本を並べた。ベゾス自身が選んだのは、妻マッケンジー・ベゾスが書いた小説『トラップス（Traps）』、ロマンチックな関係を保つノウハウを記した『愛を伝える5つの方法』（ゲイリー・チャップマン著、いのちのことば社刊）、元セキュリティコンサルタントの友人、ギャヴィン・ディー・ベッカーが書いた『暴力を知らせる直感の力』（パンローリング刊）の3冊だ。その後の思いがけない展開を暗示すると言ったらうがち過ぎだろうか。

古くからゴープロジェクトを進めてきた中には、アマゾンブックスがたった数カ月で開店できたことに肩を落とす者もいた。それでも年明けには、ようやくプロジェクトのめどが立った。ここまで来れば名前も決めなければならない。その名前で世の中になにを訴えたいのか、ブレインストーミングなどを通じてブランディングしていく。最終的に選んだのは「アマゾンゴー」だ。決め手はスピード感。「2単語とごく短いのもいいし、文字どおり、『つかんで出る』の世界だしなので」とプリーニーも語っている。

オッターラボでは模造食品を本物に入れ替え、関係者が実際に買い物をしてみることになった。プリーニーによると「会議に急ぐ途中、お昼のサラダと飲み物を買う」とか「保育園のお迎えが迫っていて時間がない。翌日の朝ご飯に必要な牛乳とイチゴ、シリアルを買う」などのシナリオに合わせて買い物をしたらしい。幼児の問題については、小さな子どものいる社員には子連れで参加してもらい、実際に子どもがあれこれいじり回したり走り回ったり、棚の商品を手に取ってしまったりなどする中で試験を行った。

開発陣は複雑な気持ちだった。便利なのはたしかですごくいい。PR FAQに書いたときは夢にしか思えなかった「そのまま立ち去れる」魔法が現実となり、午後の会議が始まる直前、ぱっと行ってサンドイッチをつかんで戻ってくるなどができるのだ。だが、技術の完成度は低く、見えないところで人間が支えてやらなければならない。買い物がされたかどうか判然としない、いわゆる「自信の持てないイベント」があるたび人がチェックしなければならず、そういう処理をするチームを置かなければならないのだ。アレクサで応答を改善するため背後に外注コントラクターを置いたのと同じであり、そこまでしてやることなのかとの声もあった。デザイナーのクリスティ・コールターもそのひとりで「微妙でしたよ。たくさんの人が裏で確認しなければならないのでは、やり方そのものがまちがってるんじゃないかと思ってしまいます」と語っている。

人がやらなければならない仕事がもうひとつあった。ラムサンドイッチやカプレーゼサラダなどメニューを考え、そのレシピを用意することだ。だから、2016年、160平方メートルほどの1号店をアマゾンのシアトルキャンパスに開くために、セントラルキッチンやチェーンレストランからシェフを雇い入れた。キッチンは店内にはもちろん、サウスシアトルにセントラルキッチンも用意した。[4]ゴーストアを全米に本格展開するときにはそういうキッチンが必要になるからだ。1台数万ドルもするドイツ製の業務用オーブンをおごったのはアマゾンらしくなかったと言える。

ここでキッチンにはキッチンの問題がいろいろとあることが判明する。まず異臭。これはにおいの専門家に解決してもらった（ダイコンの漬物が原因だった）。寒すぎる、コンクリートの床にせめてマットを敷いてくれとの要望もセントラルキッチンで出たが、衛生管理が最優先だとアマゾンは当初却下。スタッフにパーカーなどの防寒着が支給されたりフロアマットが敷かれたりと多少なりとも対策が取られたのは、本社のシニアマネージャーが丸一日現場で業務を視察したあとのことだった。外食産業の人々がディリップ・クマールのアルゴリズムに負けず劣らず扱いにくいのもうれしくない発見だった。

２０１６年12月、アマゾンゴー1号店が社員に開放された。一般公開は数週間後の予定だったが、想定外の問題が次々と表面化し、結局、1年後まで延び延びになる。[5]ウォール・ストリート・ジャーナル紙によると、店内に20人以上入るとシステムがフリーズしがちだったり、手に取った商品を別の棚に置く人がいるとどの商品なのかわからなくなりがちだったりしたらしい。後者の場合、店員に通知して正しい棚に戻してもらう必要がある。条件をしっかり整えても精度は１００％にならないし、アマゾンとしては、システムのミスで買ってもいない商品の代金を請求し、顧客の信頼を失うわけにはいかない。

不慣れなやり方にとまどう客も少なくなかった。プリーニーも、出口で立ち止まり、本当にこのまま店を出ていいのかと、入口で説明している店員に尋ねる人がたくさんいたと証言している。だから、試験期間中には

「本当に、そのまま立ち去っていいんです」と大きく書いた看板を掲示していた（1号店に実物が残っている）。

2018年1月、アマゾンゴー1号店が一般に公開されると、未来をかいま見られる店だと絶賛された（CNETは「商品がただではないことを忘れそうになるほど簡単便利」と報じた）[6]。しかし、店舗の規模が小さく品ぞろえが限られるのに、店員や業務のコストはかさむわけで、財務担当役員にとっては悪夢のプロジェクトだった。ゴーストア1号店とセントラルキッチン、データセンターで総計1000万ドル以上もかかったとある財務担当役員は証言している。

別の財務担当役員も、ベンチャーキャピタリストの視点ではありえないプロジェクトだったと語っている。それでもベゾスは前進を選んだ。

「ジェフは『今日はだめだが、明日にはなんとかなるかもしれない』と言う人なんです。そして、顧客が気に入ることなら、その実現に必要なキャッシュフローを用意してしまうんです」

2017年の研究開発費は、グーグルの持ち株会社アルファベットの166億ドル、インテルの131億ドル、マイクロソフトの123億ドルに対してアマゾンは226億ドルも使っている[7]。ベゾスは税金に詳しいので、ゴーストアやアレクサなどの研究開発に多額の費用を費やすことはアマゾンの未来を拓くだけでなく、税額控除や償却を通じて納税総額を減らす効果もある点に気づいていたことだろう。

1号店から2～3年で、アマゾンゴーは、シアトル、サンフランシスコ、ニューヨーク、シカゴの各地に展開。食べ物は、そこそこのサラダやサンドイッチをつくってスターバックスやセブン-イレブンに卸しているところから仕入れ、自前のキッチンはあきらめることにした。1号店に置かれた高価なドイツ製オーブンは使われなくなり、キッチンスタッフは失職した。

これを不満に思ったスタッフからは、食べ物の質がどんどん落ちているとか、売れ残りは食糧支援のフードバンクやホームレス村に回されているなどの話が語られた。「新鮮だと言えるのは野菜くらい。せっかくのプロジェクトがだめになっていくのを見るのは悲しいですね」と肩を落とした元スタッフもいる。

ベゾスは、米国都市部に数千軒のアマゾンゴーを展開したいと考えていた。[8] だがプロジェクト開始から7年間で開店できたのはわずかに26軒で、売上は当初思い描いた額に遠くおよばない。政治的な問題も生じた。レジ打ちの仕事がなくなるからだ。米労働統計局の調査によると、米国で2番目に就労人口が多い仕事なので大きな問題である。クレジットカードにひも付けたスマートフォンを持っていない低所得層や年寄りが使えないのも問題になった。ニューヨーク、フィラデルフィア、サンフランシスコなどあちこちの都市で、現金も使えるようにしなければならないとの法律がつくられたりした。

私は、2019年、リアル店舗部門のトップに昇進したディリップ・クマールに話を聞いた。IHMを始めた3人のうちスティーブ・ケッセルもジョナ・プリーニーも退職していて、残っていたのは彼だけだ。クマールは、ゴープロジェクトの成否を判断するのは時期尚早だ、顧客は、レジで支払いをすることなく買い物ができるのはすばらしいと感じていると語った。そのおかげで、ほかのこともいろいろと試せる自由が得られている、と。

試みのひとつは、この技術を中規模スーパーに応用する、である。そして2020年、コロナ禍が始まる直前、シアトルのキャピタルヒルで塩漬けにしていた場所にアマゾンゴー・グロッサリーを開店した。チーズ、精肉、海産物の売り場も用意した。ウォール・ストリート・ジャーナル紙の取材に対し、もっと大きな店舗もレジなしにできるとクマールは答えている。

「たくさんのことを学びました。大きさに限界はありません。いまの5倍でも対応できますし、それこそ10倍でも大丈夫です」[9]

アマゾンゴーは赤字が続いているが、ベゾスは、コンピュータービジョンと人工知能の可能性に対する賭けだと見ている。長期的な実験であり、大企業の業績をも左右するほどの成果を出すために必要な大勝負である、と。２０１５年に彼が株主へ送った年次書簡から一節を紹介しよう。

フェンス越えを狙ってスイングすれば三振も増えますが、ホームランを打つこともできます。[10]そして、野球と事業には違いがあります。野球は、得られる成果に限界があります。すばらしいスイングができても、多くて４点しか得られません。対して事業の世界では、１打で１０００点を得ることも可能です。成果が長く伸びるロングテールでは、大胆な施策が重要となるのです。

企画から10年近くたつが、ゴーストアが１０００点の特大ホームランになるかどうか、まだわからない。だが、新しい方向に世間の注目を集めたのはまちがいない。コンビニや空港売店など、アマゾンからライセンスを受けて「そのまま立ち去れる」システムを導入するところも増えている。アマゾン４スターという店舗の全米展開も始まった。アマゾンで四つ星以上の評価を得た商品ばかりというのが売りで、データをもとに地域の売れ筋を充実させるなどの工夫がされている。２０２０年にはアマゾンフレッシュという大型スーパーも始めた。採用されたのはゴーテクノロジーではなく、同じく長期にわたって開発してきたアマゾンダッシュカートだ。歩きながら客が自分で商品をスキャンし、レジ精算をスキップできる技術である。[11]

米国の食品スーパー業界は年商７０００億ドルと言われ、ウォルマートやクローガーといった大手がしのぎを削っている。そこに本気で参入したいのなら、リアル店舗をもっと賢く展開しなければならないと気づいたのも大きな成果である。だからシニアバイスプレジデントのダグ・ヘリントンやゴーチーム、M&Aチームにスティーブ・ケッセルを加えたメンバーで、２０１６年頭、スーパーマーケットチェーンを傘下に収めるべきか否かの検討が始まった。

地域スーパー、地方展開のスーパーチェーン、全国展開のスーパーチェーンとすべてを検討した。そのひとつが、オースティンに本拠を置くホールフーズマーケットである。オーガニックが売りなのだが、高すぎると言われて既存店売上高はだだ下がり、株価も過去5年の安値に低迷という状況だった。ただ、創業者のジョン・マッキーは再建できると考えており、売る気がなかった。少なくとも、まだ。

第3章

インド、メキシコに進出

――カウボーイのように開拓せよ

ゴーストア、アレクサ、ファイアフォンなど画期的技術の後押しを通じて次なる成長の波をつかまえようとするかたわら、ジェフ・ベゾスは、13億人にスマートフォンやブロードバンドインターネットが急速に浸透しつつある国、インドにオンラインストアを開設した。それから数年で何十億ドルから何百億ドルも、かの国に投資すると決めたわけだ。この賭けはアマゾンが掲げる大方針、あらゆるモノをあらゆる場所で売る、を体現するものだ。

実は、インドは一度見送った投資先である。海外にソフトウェア開発センターを展開する一環として、2004年、バンガロールにも小さな事務所を構えたのだ。自動車販売会社の2階で、検索エンジンA9の開発やクラウド事業アマゾンウェブサービスの立ち上げなどが主な仕事だったが、オンラインストアの開設企画もくり返し提案されていた。だが、ドットコムバブル崩壊の痛手から回復しきれていないし投資は中国に集中していたしで、インドはできればやる程度の位置づけにしかならなかった。

2007年、業を煮やした現地エンジニアがアマゾンを辞め、自分たちで事業を立ち上げることにした。サッチン・バンサルとビニー・バンサルのふたりだ。同姓だが血のつながりはなく、ニューデリーのインド工科大学時代からの友人である。ふたりはフリップカート社をつくり、ベゾスが昔やったようにオンラインの書籍販売に乗りだした。お金もあるしネットも普及しつつあるインド上流階級を相手にする気がアマゾンにないのなら、自分たちでやろうというわけである。

バンガロール開発センターを立ち上げたのはベゾスの弟子で仕事の虫、アミット・アガーワルである（彼もインド工科大学の出身だ）。彼はその後2007年から2009年まで、シアトルでベゾスのテクニカルアドバイザーを務めている。グレッグ・ハートやディリップ・クマールの前任としてベゾスに影のように付き従い、あらゆる会議に出席したわけだ。そして任期が終わる前、次になにをするのかをベゾスと話し合った。アガーワルの希望は、国際部門に異動し、母国に参入する事業計画を書かせてほしい、だった。

アマゾンの国際消費者部門を率いるシニアバイスプレジデントのディエゴ・ピアチェンティーニは、インド参入を悩ましい課題と見ていた。IBMやマイクロソフトのようにしっかり食い込んで成功している会社もあるにはあるが、インドは、家族経営の小さな店を守る法の網が複雑に張り巡らされている。外国企業が小売店を所有したり直接運営したりすることさえ、海外資本の直接投資に関わる規制で禁じられているほどなのだ。国内総生産が大きい国を優先すべきだとの思いもあった。だから2010年、異動してきたアガーワルには、自分の母国イタリアへの参入を手伝ってもらうことにした（ピアチェンティーニはイタリア人で、2000年初めにアップルからアマゾンに転職した）。その1年後にはスペインにも参入。この成功体験により「世界展開を再始動する」自信が得られたとアガーワルは語っている。

2012年、アマゾンは、中国の教訓を生かしてインドに侵攻しようと準備を進めていた。中国には200

4年に参入した。いつものやり方が世界一の人口を誇る国にも通用すると信じ、書籍販売のスタートアップ、ジョーヨー・ドットコムを約7500万ドルで買収。じっくりと投資し、豊富な品ぞろえと安さ、頼れるカスタマーサービスで顧客を惹きつけていこうと考えていた。

たしかにしばらくは順調に思われたが、あるとき、状況が一変する。イーベイ型のCtoCサイト淘宝（タオバオ）で成功したアリババが資金力に物を言わせてBtoCのオンラインストア、天猫（テンマオ）を開設し、ほどなくアリペイによる決済も導入（アマゾンは着払いの現金決済のみ）。アリババも、同じく台頭してきたライバルのジンドン（JDドットコム）も、乱雑に見えるが中国ユーザーには魅力的なデザインとなっている。対してアマゾン中国のウェブサイトは他国のアマゾンサイトと同じつくりになっている。技術などさまざまな面がシアトル頼りなので、どうしても中国市場の変化に対応が遅れがちになってしまうのだ。

アマゾンは、この1年前の2011年、中国にマーケットプレイスを導入し、アマゾンを通じてサードパーティが商品を販売できるようにした。これもグローバルなプレーブックに載っているやり方だ。サードパーティの出品物を買おうとユーザーも増えるし、出品者から手数料も取れる。追加収入を値下げに回せば、ユーザーをさらに増やすことができる。アマゾンが必要としていた弾み車である。

ところが、これも、中国のやり方に合わせられず失敗した。中国のアリババでは、ふつう、売上の2～5％と広告費を売り手が負担する。アマゾンは広告モデルに懐疑的で、売上の10～15％を徴収することにした。結果、手数料が高すぎると言われて後れが拡大してしまった。

アマゾンのマーケットプレイスでは有名ブランドをかたった化粧品など偽造品が売られていると中国国営テレビのCCTVが報じるという追い打ちもあり[1]、成長が見込めない状況に追いこまれてしまう。当時のアマゾン中国幹部、複数の証言によると、ベゾスは中国政府の機微を理解しようとしないし、有力者と親しくなろうとも、また、アマゾンの中国進出には大義があると自分の名前を使って訴えようともしなかったという。上海にテスラギガファクトリーをつくろうといろいろ画策したイーロン・マスクと対照的だと言える。

中国共産党と親交を結ぼうとしなかったアマゾンは、さらなる後退を余儀なくされる。Sチームに提出された2014年の報告書には、中国事業はジョーヨー買収から10年で10億ドルの損失が出たと記載されている。赤字拡大を警戒したベゾスは競争力を保つためなら損失が増えることもやむなしとの姿勢を転じ、投資を切り詰めて黒字化を図ることにした。

これはのちにアマゾン財務役員が指摘しているように、自殺に等しい行為だった。2011年から2016年で中国におけるアマゾンのシェアは15％から1％以下まで下落。[2] のちにピアチェンティーニもこう証言している。

「中国にはいくら投資しても結局どうにもならず、損失が増えるだけなんじゃないかという懸念が常にありました。正面突破の気概がなく、おずおずと後ろをついていくことに終始してしまいました」

投資も革新も足りなかった。政府との関係強化も怠った。現地に十分な裁量権を与えなかった。中国では教訓とすべき失敗をいくつも経験した。インド侵攻の担当は母国にアマゾンを展開したいと願う元影法師のアミット・アガーワルだ。ベゾスに死角などあるはずがなかった。

狙って撃つな。撃って撃って撃ってからちょっと狙え

インド侵攻の初手は、卒業したふたり、ビニー・バンサルとサッチン・バンサルを呼び戻すことだった。4年前にふたりが立ち上げたフリップカート社はインド社会にしっかり浸透し、書籍に加えて携帯電話やCD、DVDなども取り扱うようになっていた。

買収交渉はデリー中心部に立つ高級ホテル、ITCマウリヤで行われた。バンサルふたりは強気で10億ドルを要求。[3]アミット・アガーワルはあり得ないとこれを一蹴し、買収は頓挫した。

交渉決裂を受け、アガーワルは、ふたりに対抗する人材を集めることにした。シアトル本社で候補者に声をかけ、アマゾンを変えられる一生に一度のチャンスだ、インドの民主主義さえも変えられると熱心に説く。狙いはインド系アマゾニアンである。会社のこともわかっているし、インドの文化もわかっているし、少数言語が乱れ飛ぶインド市場のこともわかっているからだ。

2012年には数十人のエンジニアがインドチームとして、バンガロール北部に立つ「世界貿易センタービル」なる高層ビルの8階で仕事を始めた。ガラスを多く使い、ゆるやかな曲面を描くビルで、名前に見合った外観だと言えるかもしれない。

どう進めればいいのか。それが問題だった。インドでは海外資本による直接投資が規制されており、ウェブストアを開設し、仕入れた製品をオンライン販売するといういつもの方法が使えないのだ。

アマゾン流の工夫をするしかない。というわけで、2012年2月、ジャングリー・ドットコムという価格比較のウェブサイトを開設した。オンライン販売サイトから情報を集め、商品とその価格をリストアップする

ものだ。実際に取引をするわけではないので法律違反にならないし、紹介料を受け取りつつデータを集められる。これにフリップカート社は強い警戒感を示し、自社サイトからジャングリーが情報を集められないようにした。ジャングリーは多少話題になっただけで、人気サイトにはなれなかった。

2013年、アガーワルらは別のやり方も試すことにした。いつものパターンではなく、サードパーティのマーケットプレイスのみという形でアマゾンインドを運営するのだ。こうすればさまざまな事業者に新設のアマゾンインドで品物を売ってもらえる。アマゾンは取引を仲介する立場になるので、在庫を抱えることなく手数料収入が得られる。ただし、価格を決めることもできなければ人気製品の入手性やその品質を保証することもできないとデメリットも大きい。

計画から何度も遅れたが、2013年6月5日、ついに、アマゾンインドが公開された。[4] その瞬間を手持ちのビデオカメラで撮影したぶれぶれの動画がユーチューブに上がっている。午前2時にスイッチを入れると、会議室に集まったインドの若者が激しい拍手と歓声で開設を祝った。「信頼の買い物を」――サイトにはそううたわれていた。

それからわずか数週間で、アマゾンインドは、書籍やDVDなどに加え、スマートフォンやデジタルカメラも取り扱うようになった。化粧品、台所用品、アマゾンのキンドルファイアタブレットもほどなく追加された。毎週カテゴリーを増やせとアガーワルは発破をかける。シアトルにいる上司と同じように、彼も、高い目標を掲げるのだ。新商品を追加できない週は反省会を開いたらしい。

アガーワルは、本部から1万3000キロも離れているアマゾンインドにもアマゾン文化を持ち込んだ。たとえばドア材の机。アマゾンに入社した1999年に自作したものをわざわざ運ばせている。家族全員の荷物をまとめてもたいした量がなく、運送会社に悪いと思ったからだと本人は説明しているが。

そのほかに、６ページの物語を書く、誤り訂正報告書でモンスーンシーズンの配送遅延といった問題を体系的に解消するなど、アマゾン流のやり方も導入した。ベゾスと同じように顧客からのメールに疑問符ひとつを付けてスタッフに回し、すみやかな問題解決を促すこともした。ベゾスの「ジェフＢエスカレーション」にちなみ「アミットＡエスカレーション」と呼ばれたやり方だ。

公開から数カ月後の２０１３年秋、年次経営企画会議ＯＰ１でベゾスとＳチームにロードマップを示すため、アガーワルは幹部数人を連れてシアトルに戻った。どうすればインド事業を拡大できるのか、どうすれば６年先行するフリップカート社に売上高などで追いつけるのか、投資額控えめの計画から意欲的な計画までを６ページの書類にしたためて。インドではなにが受けるのかを調べる実験的な広告キャンペーンも企画していた。

そのころ中国事業には暗雲が立ちこめており、ベゾスは、世界第２位の人口を誇る国はなんとしても手に入れると気合が入っていた。ＯＰ１では反対の意見が出にくくなるのを防ぐため最後に発言するのがふつうなのだが、このときは、アガーワルのプレゼンに割って入っている。

「そんなんじゃだめだ。インドに必要なのはコンピューター科学者じゃない。カウボーイだよ[5]」

出席していた幹部ふたりによると、ベゾスは次のように続けたという。

「このくらいしか投資してもらえないだろうという企画なんぞ持ってくるな。聞きたいのはどうすれば勝てるかだ。その上で、いくらかかるのか、教えてくれ」

同席していたインド側幹部のアミット・デシュパンデは「でっかく考えろ。リスクを取れ。なんとしても実現しろ。背中は任せろ」と言われたのだと感じたそうだ。

アミット・アガーワルはインド工科大学とスタンフォード大学で学位を取ったコンピューター科学者だったこともあり、そのときは、一瞬、あっけにとられてしまった。

だがインド帰国後は、ベゾスの言葉をスローガンに尻をたたきまくる。アマゾンインドでは、全社集会に幹部がカウボーイ姿で登場することさえあったらしい。ＯＰ１に提出した無難なマーケティング計画は捨て、タイムズ・オブ・インディア紙などの1面に広告を出す、プロクリケットのインディアン・プレミアリーグにキャッチーなＣＭを流すなどアマゾンインドの訴求に資金をつぎ込む。インド最大の広告主になってしまうほどに、である。とあるアマゾンインド幹部によると、ベゾスがインドに来ざるを得なくなるほどの勢いで成長することも目標のひとつだったという。

それから数カ月のことはだれもよく覚えていない。みな、朝から晩まで毎日休みなく働いた。出張もよくした。しかも、朝一の飛行機で行って最終の飛行機で戻るような出張だ。国内を飛び回らずにすむときは、インドと同じく激しい競争がくり広げられている中国に行き、アマゾン、アリババ、ＪＤドットコムの戦術を見て回った。業務マネージャーとしてインド各地に倉庫をつくる仕事をしていたビノス・プーバリンガムの言葉を紹介しよう。

「自室にも事務所にもスーツケースを置いていました。『ほとんど強制収容所だよな』という冗談が飛び交うような状況で」

インドではいつものやり方が使えない。西側諸国なら当然にある多車線の高速道路やクレジットカード決済といったインフラがなく、バイク便や現金着払いなど、インドならではのロジスティックスや支払い方法を用意しなければならない。ウェブサイトも他国と同じコードベースで動かすのが基本なのだが、インドはスマートフォンから不安定な無線ネットワーク経由でアクセスする人が多いので、メモリー消費が少ないスマホアプリやいままでと異なるコードを開発しなければならない。対応を迅速にするため、全部門をシアトル本社から切り離してアガーワル直属としたのも異例だ。根本的なレベルであらゆることを見直し「インドに適しているのか」を考えたとアマゾンインドのある幹部は語ってくれた。

価格を決めたり商品を確保したりできる小売部門が持てない状況でサードパーティのマーケットプレイスのみを運営するという難問は、アガーワルと国際部門チーフのディエゴ・ピアチェンティーニ、コーポレート・ディベロップメントのチーフであるピーター・クラビークが解決した。2014年の半ば、インドのアウトソーシング業界をぎゅうじる巨人インフォシスの共同創業者でビリオネアのナラヤナ・ムルティと合弁でプリオン・ビジネス・サービシズという会社を立ち上げたのだ。アマゾンの持ち分は49%。このプリオンの子会社、クラウドテールが最新のスマートフォンや消費者家電などを販売する。クラウドテールはあっという間に成長し、売上高の4割を取り扱うアマゾンインド最大のベンダーになった。[6]

海外資本の直接投資に関わる規制はあいまいなところがあり、プリオンはそこを突く見え透いたごまかしにすぎない(「法律的にどこまで許されるのかを試す」[7]と、アマゾン社内で当時用いられたスライドには書かれていたとロイターが後に報じている)。ともかく、これで、サムスンや中国ワンプラスの最新スマートフォンなど人気商品を独占的に提供できるようになった。フリップカート社も海外ベンチャーキャピタリストの資本が入っていて規制対象なのだが、こちらも同じように「WSリテール」という販売会社をつくり、モトローラ、シャオミ、ファーウェイの携帯電話を独占的に扱う体制を整えていた。両社は、このあと何年も、値引きや独占的取り扱いで争いをくり広げることになる。もちろん、これに家族経営の小さな店が対抗するのは夢のまた夢である。

２０１４年半ばには、トラフィックがアマゾンやフリップカートの予想を大きく上回る。ファッション用品のオンラインショップ、ミントラを吸収した数カ月後の7月29日、フリップカートは、ベンチャーキャピタルから10億ドルの資金を追加調達すると発表。[8]会社の時価総額は70億ドルと、インドのインターネット系スタートアップ全体の半分以上を占めるほどになった。アマゾンも負けていない。サイト開設からわずか1年で10億ドル近い売上を達成し、20億ドルの増資を高らかに発表した。インドにおける電子商取引の戦いは、中国のときと似た様相を呈してきたとも言える。金になるこの戦い、今回は絶対負けられないとベゾスは本腰を入れた。

9月にはインドを訪問し、産業界の有名人という立場を活用してアマゾンを盛り上げるなど、アガーワルとの約束を果たす。ベゾスのインド来訪をフリップカート社は全力で出迎えた。バンガロール空港やアマゾンインドの周りを自社の広告で埋めるとともに、ヒンドゥー教の祭り、ディワーリに向けて「ビッグ・ビリオン・デイ」なる一大プロモーションを展開したのだ。

インドでなにをするのかはベゾス自身が考えた。狙いはフリップカート出資者の気を引けるくらい派手にぶち上げること。20億ドルの巨大チェックは、インドで知と力の象徴とされる象の上からアガーワルに渡すのがいいだろう。だが宗教行事の最中で象は出払っていた。なんとかしろとごり押ししてもさすがにどうにもならず、花飾りを施したインドタタ社のトラックでがまんするしかない。服装はインド色を出して、クリーム色のフォーマルスーツ、バンガラに栗色のドゥパッタとした。

芝居がかったセレモニーも両社の対抗意識も、現地メディアに大きく取り上げられた。ベゾスは騒ぐほどのことではないとのポーズで、インドの雑誌、ビジネストゥデイの取材にこう答えている。[9]

「ほとんどの会社は、競争のことを考えている時間が長すぎると思います。そんなことより顧客のことを考えるべきでしょう」

もちろん、フリップカートをたたきのめすつもりで戦っていたわけだが。

ビッグ・ビリオン・デイに対しては、インドの探査機が火星の周回軌道に乗れたことを祝うセールをぶつけることにした。宇宙に惹かれているベゾスらしい選択である。こうしてアマゾンも大々的なプロモーションに入り、アマゾンインドもフリップカートもトラフィックが急増することになる。

対外的などんちゃん騒ぎをしていないときは、近くのホテルで現地幹部とミーティングだ。ここでも、カウボーイのように考えろ、インドは電子商取引の開拓最前線だ、とネジを巻いた。会議に参加した幹部3人によると、ベゾスはこう語ったらしい。

「事業の進め方には二通りある。ふつうは、狙って狙って狙って撃つ。でも、撃って撃って撃ってからちょっと狙う、というのもある。インドは後者だ。時間をかけて分析し、精度を上げようとするな。とにかくやってみろ」

ベゾス、ピアチエンティーニ、アガーワルと提携相手のインフォシス共同創業者、ナラヤナ・ムルティ（68歳）との会食も行われた。ムルティは大学卒業後に欧州を貧乏旅行した話や新卒入社の社員に実用的な技術スキルを学んでもらう研修制度、インフォシス大学の話などを語り、それをベゾスはじっと聞いていた。ふたりはとても相性がいいとピアチエンティーニは感じたそうだ。

その後、インドで事業の将来を握っている人物に会うため、ベゾスとアガーワルのふたりがデリーに飛んだ。インド首相のナレンドラ・モディだ。会見直前のインタビューでベゾスは、インドは起業家精神が旺盛ですばらしい、ＡＷＳデータセンターをインドに置くことも考えたい、さらには、先の選挙で誕生した新首相について、彼の役に立つことならなんでもする、[10] 彼は国際的にも高く評価されていると語った。

首相はこれに応えず基本的に沈黙を守った。連立政権を支える柱のひとつである国内商業がアマゾンを疑惑の目で見ていたからだ。支持基盤強化が必要だと外国資本による投資の制限に首相が乗りだすことがあれば、アマゾンが未来をかけている海外事業が一瞬で吹き飛んでしまう。

グーグル検索広告なしで苦戦したアマゾンメキシコ

インド事業の進展にシアトル側は沸いていた。インドで成功できるなら、ほかの発展途上国でも成功できる可能性がある。海外展開の次なるチャンスは、２０１４年、フランス系カナダ人アレクサンドル・ギャニオンがもたらしてくれた。Ｓチームメンバーであるディエゴ・ピアチェンティーニのテクニカルアドバイザーを務め、イタリアとスペインへの進出にも関わった人物だ。その彼が、カナダ北部への展開を担当した。ここで強みになるのは米国の倉庫に近いこと。カナダの物流拠点に在庫するほどの人気がない商品も取り扱えるのだ。ということは、大陸全体を覆うサプライチェーンを構築すれば、世界第15位のＧＤＰを誇るメキシコもカバーできる。彼はそう考えた。そしてその後数年、アマゾンは国際展開をとても奇妙な形で実験することになるし、その実験はアマゾン史上まれに見るほど評判の悪いものとなる。

そのころのメキシコでは、リアル店舗についても電子商取引についてもウォルマートのシェアが最大だった。アルゼンチンのスタートアップ、メルカドリブレも進出していたが、メキシコ事業は中南米全体の７％以下とふるわない[11]。ちなみに、メキシコの電子商取引は、インターネットの普及率が低い、無線ネットワークが不安定、クレジットカードの普及率が低いという制限があった。同じ問題をインドで解決してきたアマゾンに有利とも言える。

この企画をギャニオンがSチームに提出したのは2014年3月のことだ。6ページの企画書ではインドによく似ていると訴えた。また、富裕層はすでにインターネット経由で米国から通販購入していることも指摘。国境を越える費用がかかるというのに、だ。この日はベゾスの機嫌がとても悪いとささやかれていて、会議は大荒れになると心配する人もいたが、90分の予定が45分ですんでしまった。すごくスムーズに進んだ証拠だ。ギャニオンは言う。

「もっと早く参入していてもよかったはずだが、遅すぎるということもないなというのが彼の反応でした。いい企画だ、すぐ手を付けろと言われました」

インドへの投資額は何十億ドル、何百億ドルという規模で、それに比べればメキシコへの投資は微々たるものにすぎない。また、インド投資の大事なところはベゾスが決めていて、いかに大事なのかがはっきり示されていたが、ギャニオンはグローバルコンシューマー事業のトップ、ジェフ・ウィルケの部下だ。ちなみに、ウィルケの仕事は、米国西海岸を南北に貫くインターステートハイウェイI5が関わるモノすべて、である。

メキシコ事業を進めるためにまず必要なのが、現地の顔となり、進出の采配をふるうCEOだ。リードリクルーターのスーザン・ハーカーが何カ月もかけてようやくみつけたのが、ウォルマート・デ・メヒコの電子商取引を取り仕切っているホアン・カルロス・ガルシアである。贈収賄スキャンダルで同僚が相次いで辞任し、社内の士気が大きく落ちたところで、ガルシアとしても、ほかに移ればいいなと思っていたところだった。

電子商取引のスタートアップをいくつも立ち上げ、その会社を売ってきたベテランである。

ガルシアは10月にアマゾン本社を訪れ、丸二日ぶっ通しの採用面接に臨んだ。「一番画期的な経験」や「いままでの仕事で一番顧客を大事にしたと言えること」をテーマに6ページ書くよう求められたという。へとへとになりながらようやく終わったと思ったら、最後に驚きの展開が待っていた。突然、ベゾス本人と会うことになったのだ。ベゾスは「アントレプレナーに会うとついつい甘くなる」[12]とよく言うが、このときの面談も10分の予定が1時間に延びた。そして、ガルシアは、そこまでだれも口にしなかった秘密をベゾスの口から聞かされる。アマゾンはメキシコ進出を考えている、だ。

ガルシアは無事アマゾンメキシコのCEOとなった。事務所は富裕層が多いメキシコシティーのポランコ地区にあるコワーキングスペース、リーガスだ。

仕事は企画立案からで、まず、6ページの企画書を書き上げた。プロジェクト名はメキシコの画家ディエゴ・リベラにちなんでディエゴだ。方針は、イタリアやスペインと同じように段階的に進める、まずは商品カテゴリーを絞ってスタートし、その後品ぞろえを充実させるとともにサードパーティのマーケットプレイスを導入する、だった。これは慎重すぎるとベゾスに却下される。ベゾスは、中国とインドを教訓に、ウォルマートやメルカドリブレにすぐ追いつくべきだと考えていた。こうして、「全部入り」の企画書ができあがった。

アマゾンメキシコの本格稼働が近づいた翌3月、ガルシアは、バンクーバーの北側、ウィスラーマウンテンでスキーを楽しんでいたところ、緊急会議をするからとシアトルに呼び出された。議題はグーグル広告。グーグルには年間30～40億ドルの広告料を支払い[13]、検索結果の一番上に商品を表示してもらっている。これをやめたいとジェフ・ウィルケが提案したのだ。そのころグーグルは自前の通販サービス、グーグルエクスプレスを拡大するとともにさまざまな電子商取引スタートアップに資本を投入し、世界各地でアマゾンを脅かそうとしていた。だから、検索広告なしで他国に参入できるのかを試してみたい、どこからどう見てもライバルである企業に頼るという危険な状態から脱することができるのか否かを確認したい、メキシコをモルモットにすればそれができるというのがウィルケの考えだった。

ガルシアは渡された資料を読み込んだ。1時間ほどたったところでベゾスが登場し、この案に反対の者はいるかと尋ねる。手を挙げたのはガルシアひとりだった。メキシコでグーグルは月間2400万ユニークユーザー数を誇る圧倒的な検索エンジンだ。

私はこのときの企画書を後に入手し、内容を確認した。その分析では、グーグル検索広告をやめるとアマゾンメキシコへ流れ込むトラフィックの20%が消えると予想されている。通常の検索結果をクリックしてくれる人の割合も14%から11%に減るとも予想されている。

トラフィックが減る分は、値引きや無料配送、ブランド広告キャンペーンなどでユーザーを惹きつけ、買い物の検索をグーグルではなくアマゾンでするようになってもらって埋めあわせなければならない。

「程度の差こそあれ、どの国でもアマゾンはグーグルに依存しています。私は『広告に料金分の価値があるのか』と問いつづけたいのです」

ジェフ・ウィルケは、のちにこう説明している。

この会議でベゾスは慎重だったとガルシアは言う。ガルシアと同じで、企画にはむしろ反対していたようだ、と。だが、これは「ツーウェイドア」だとウィルケがベゾスを説得。ツーウェイドアとはベゾスの造語で、一度通ったら戻れない「ワンウェイドア」と違い、いつでもやり直しができる決断を指す。結果、いいだろうとベゾスも承認することになった。ガルシアとしては、反対であっても決まったことには従うしかない。アマゾン流に表現すれば「反論と一意専心」である。

アマゾンメキシコは2015年6月30日に公開となった。アマゾンが中南米に初めて開いた総合オンラインストアだ。サイトはすべてスペイン語。うたい文句は「無数の商品を扱うオンラインショップ」だ。

サイト公開のため、アマゾンメキシコチームはシアトルに飛んだ。リーガスの事務所はWi－Fiが不安定だったからだ。その夜、デイ・ワン・ノース1階ラウンジで軽くお祝いをした際、ガルシアはウィルケに紹介されて国際部門チーフのディエゴ・ピアチェンティーニに会い、栄光の5分を楽しめと言われた。本格的な祝賀会は、数週間後、メキシコシティーのセントレジスホテルで開いた。メキシコで人気のパーティバンド、モデラットも登場する盛大なものだ。

それから半年ほどはグーグル広告なしとした分を埋めあわせるため、ビルボード広告やラジオ広告、テレビ広告、値引きとさまざまな手段を講じた。だが、うまく行かない。ガルシアが恐れていたとおりになってしまった。オフライン広告は高いのに効果が薄い。検索広告は効果的であり、安めの費用でウェブサイトにユーザーを誘導できるからこそ、グーグルは年間700億ドルもの広告収入を上げているのだ。ウィルケは、のちにこう語っている。

「海外進出にあたり、グーグルなしでも十分に盛り立てられるか否かを知りたかったのですが、その答えはノーだったわけです……十分な訴求はできませんでした」

実験はここで終了し、膨大なグーグル広告を管理する社内システム、ヒドラを使うことにした（ヒドラとは頭がいくつもあるウミヘビの怪物だが、マーベルコミックスに登場するテロリスト組織も同じ名前だと笑うアマゾン社員が少なくない)。1年後の2016年、アマゾンメキシコの損益計算書は回復し、先行きに希望が持てるようになった。

だが、シアトルでガルシアの評判は右肩下がりだった。アマゾンの文化がわかっていないと批判する人もいたし、ジェフ・ウィルケや直属上司のアレクサンドル・ギャニオンとぎくしゃくすることも多かったらしい。アマゾンメキシコでは親しみやすいリーダーだと思われているし、夜遅くまで仕事をがんばるし対外的にもうまく立ち回れるしで基本的によくやっていると評価されているが、かんしゃく持ちなのがねと言う人もいる。2015年、年末商戦の始まりを告げるブラックフライデーの直前、60インチテレビの価格を他サイトと同じところまで引き下げるべきか否かを議論したときのことだ。あの値付けはまちがいだ、合わせたら損失が大きくなりすぎるとカテゴリーマネージャーは反対し、激しい議論になった。その最後、ガルシアはテーブルをたたくと「CEOはオレだ。言われたとおりにしろ!」と怒鳴りつけたらしい。値引いたテレビは数千台も売れ、大きな損失を出した。

のちにガルシアが語ったところによると、2016年末、取締役がプンタミタの別荘から靴を注文したところ一部配送されなかったことがあり、それをきっかけにシアトル上層部との摩擦が頂点に達したという。未配送の裏にもっと大きな問題があるかもしれないので、この件はジェフ・ウィルケに回された。これをウィルケはガルシアに投げ、会議でもただした。会議は紛糾。見下されている気がしたとガルシアはのちに述べている。そして、その少しあとの2017年2月、彼は失職した。

ガルシアには2019年9月に連絡をもらって会い、サンフランシスコのカフェに座って、また、街中を歩きながら話を聞かせてもらった。くだんの件については、メキシコとまちがえて米国のサイトに注文していたことを注文履歴で確認したという。首になる前にそれをウィルケに指摘したが、返事はこなかったそうだ。

ガルシアが去ったあとは、しばらくアレクサンドル・ギャニオンが埋めてから米国側の部下に任せる流れとなった。グーグル広告がフルに活用できたこともあり、アマゾンメキシコの業績は好調。年末にはわずかながらメルカドリブレもウォルマートも抜き、71億ドルと言われるメキシコ電子商取引の市場[14]をリードする立場となった。

この件には、ちょっと驚きの後日談がある。ガルシアとは取材後も連絡を取り合うことになっていたが、フォローアップのメールを若干やりとりした以外、特に話をすることなく何週間かが過ぎた。そして２０１９年11月、ニュースが飛び込んできた。元アマゾンメキシコCEOホアン・カルロス・ガルシアが妻アブリル・ペレス・サガオン殺害の容疑で指名手配されたというのだ。

話は私がガルシアに会う8カ月前の1月までさかのぼる。夫婦げんかのあげく、ガルシアは野球のバットで妻を殴り、ナイフで顔を切りつけたとされている。15歳の息子も現場を見ていたというし、妻のけがは同じくティーンの娘が写真に残している。回復した妻はガルシアに対する禁止命令を取得。一方、ガルシアは10カ月の公判前勾留となった。実際に勾留された期間は報道によって異なるが、ともかく、彼は9月にサンフランシスコまで来ることができたわけだ。そのころはまだニュースが報じられておらず、私は、そういう事件があったことを知らなかった。

一方、妻ペレスは、３人の子どもに対する監護評価を受けるため、２０１９年11月25日、メキシコシティーに飛んだ。評価後、空港に戻るため弁護士が運転する車の助手席に座っていたところ、オートバイに乗った暗殺者から窓越しに銃弾を2発撃ち込まれ、その夜に死亡した。なお、車の後席には子どもふたりも同乗していたという。

この殺人にメキシコも世界も大騒ぎとなった。「元アマゾンメキシコCEO、妻が殺害されたあと米国に逃亡[15]」などと報じた新聞もある。メキシコ各地で抗議の声が上がったし、家庭内暴力の被害を受けている女性を守れていないとか殺人という犯罪と真剣に向き合っていないとか政府を批判する声も上がった。アマゾンメキシコも、グーグル広告の購入をしばらく見合わせたそうだ。この事件の続報を求めて検索したときアマゾンの広告が出るのを避けるためだ。

2020年3月、ふたりの男が逮捕され、殺人の罪に問われた。だが警察もガルシアの子どもたちもホアン・カルロス・ガルシアがふたりを雇って殺させた、彼が筆頭容疑者だと考えている。メキシコ警察によると、彼は妻殺害の数日後にティファナ近くの国境を徒歩で越えたという。その後のゆくえは、本書執筆の時点で不明なままである。

アマゾンとウォルマートがインド企業をめぐって殴り合う

アマゾンとフリップカートがヘビー級タイトルマッチもかくやという殴り合いをくり広げていた2015年のインドに話を戻そう。スマホメーカーに専売契約を取り付ける、セールで大幅値引きを提供する、国内各所に次々倉庫をつくると両社ともやっきである。アマゾンは、小さなお店で客が「ほかのも見せてよ」と言うテレビ広告を大々的に展開。また、オンライン売買の方法を零細事業者に教えるため、チャイカート[16]と呼ばれる3輪の移動販売ワゴンを導入し、チャイや水、レモンジュースなどをそういう事業者に無料で配るなどもした。

ついでに電子メールやアプリを紹介し、アマゾンインドに登録する方法や商品をアップロードする方法を教えるわけだ。

秋になり、アガーワルらはまた年次経営企画会議ＯＰ１に臨んだ。計画が控えめにすぎると２年前に怒られたあと、アガーワルはベゾスの指導を我が物とし、慎重という言葉も営業利益といったやっかいな考え方も横に置くようになっていた。だから、糸目をつけずにお金を投入して売上を伸ばし、真っ赤な決算になる計画を提出。インドビジネスの活況を肌で感じてきたばかりのベゾスもやる気に満ちており「これからは米国、中国、インドの時代だ。真のグローバル企業となるには、この３カ国のうち少なくとも２カ国は押さえなければならない」とくり返したらしい。インドに関するこの議論はＳチームのスタンディングオベーションで終わった。厳粛な雰囲気がふつうなのに、である。

現場は拍手喝采などなく、ややこしい問題が山積みだった。たとえば物流。インドの国営郵便局インディア・ポストなど既存業者だけに頼るわけにはいかないと早い段階でわかった。だから、フリップカートと同じくアマゾンも物流ネットワークの構築を進めた。バン、自動二輪、さらには船まで駆使し、へんぴなところにも配達できるようにしたのだ。デジタル的な支払いに対する抵抗感をやわらげるため、現金払いの釣り銭をアカウントにチャージするオプションを用意するなども進めた。

たしかな手応えがあった。２０１６年夏には二日で届けるプライム配送が始められるし、売上でフリップカートを抜いて市場トップになれそうだった。６月、ベゾスもワシントンＤＣで開かれた米印ビジネス協議会に出かけ、モディ首相に会うとともに、インドに30億ドルを投資するとぶち上げた。海外からの投資を誘致するために来ていたこともあり、首相もビジネスリーダーと一緒に写真を撮るし、インドは単なる市場ではなく[17]信頼に足るパートナーであり[18]、事業がやりやすい環境を整えていくと語るなど、今回はベゾスの秋波を邪険に扱うようなことはしなかった。

勢い倍増で突き進むアマゾンに対し、フリップカートはトラブルが増えていた。まずグーグルのウェブ支配。アマゾンもメキシコでは検索広告を一時取りやめるなどしたわけだが、フリップカートも対処に苦慮していた。インドはPCの普及率が低く、広告料金がかさみすぎると考えたCEOのサッチン・バンサル（33歳）は、買収したファッションサイト、ミントラもフリップカートもスマホアプリに集中し、PC用サイトもモバイルサイトも全部やめるとぶち上げた。経営幹部は大半が猛反対したが、その首を切って改革を断行する。

これは逆効果だった。アプリのダウンロードが面倒だと顧客が離れてしまったのだ。そして新聞には、アマゾンがインドで一番人気の電子商取引サイトになった[19]、これは顧客のみなさんのおかげだとするジェフ・ベゾスのレターが全面広告で掲載される。

売上が低迷したフリップカートは人員削減に走った。それでも投資家は揺るがず、翌年には14億ドルの資金を提供。コンソーシアムには中国のテックジャイアント、テンセントのほか、イーベイやマイクロソフトが名前を連ねていた。ただし、評価額は前回の資金調達ラウンドより下がって116億ドルである。だが、その後も、とある取締役が指摘しているように、やることなすこと裏目に出てばかりだった。結局、この少しあとには、サッチン・バンサルがCEOから実権のない会長職に退き、同じく共同創業者のビニー・バンサルが舵取りをすることになる。

フリップカートの迷走はややこしい状況のひとつに過ぎない。ジェフ・ベゾスは、2017年、その業界事情をつぶさに観察していた。フリップカートの評価額は成層圏レベルまで上がっているが、アマゾンインドもフリップカートも、年10億ドルを優に超える赤字を出している。ダグ・マクミロンCEOが率いる小売りの雄、ウォルマートも電子商取引を見直し、アマゾンの世界的前進を食い止めたいと画策している。

2期目を狙うモディ首相が約束をほごにし、事業環境は厳しくなっていた。アマゾンインドなど海外資本のオンライン市場においてサイト総売上の25%超を1社が占有することを禁じる法案を政権与党のインド人民党が提出[20]。モディ首相の支持基盤である零細な小売業者が電子商取引の興隆に不安を感じていることを受け、形式的に独立した形でアマゾンやフリップカートが用意した子会社、クラウドテールとWSリテールを狙い撃つ法律である。

あちこちぴりぴりする状況で、サッチン・バンサルは、エンターテイメントやメディアで活躍するエンデバー社のアリ・エマニュエルCEOとグーグルのエリック・シュミット会長が呼びかけ、コロラド州アスペンで開かれたザ・ウィークエンドなる会議に参加し、そこでジェフ・ベゾスに買収の相談をもちかけた。合併すれば札束で殴り合うような争いをやめられる、ウェブサイトは両方とも残せばいい、というのだ。アマゾンインドでは食品雑貨や書籍など暮らしに密着した品物を取り扱い、高価な品物はフリップカートに集中すればスマホメーカーなどから好条件を引き出せるはずだ。モバイルのみにしようとして大失敗して閑職に追いこまれたバンサルにとってはトップに返り咲く手がかりにもなるだろう。若くて荒削りなアントレプレナーに甘いベゾスは、この提案に惹かれ、M&A統括のピーター・クラビークに話を進めるよう命じた。

クラビークは安めの数字を提示した。アマゾンインドのほうが大きくなっていると示す数字があったからだ。それは違うとフリップカートは反論。両社とも競争など気にもしていないと公言していたが、交渉の場では、優勢なのはウチだと譲らない。事実認識からして食い違っているわけで、交渉は遅々として進まなかった。

そして10月、この話がゴールドマン・サックス経由でウォルマートに漏れる。インドには大きな可能性があると考え、成長市場をアマゾンに持っていかれるのは避けたいウォルマートは買収交渉に割って入ることにした。そして、すぐ、フリップカートの幹部をアーカンソー州ベントンビルの本社に呼ぶ。こんどはそれがアマゾンの知るところとなり、交渉が激化した。

フリップカートの投資家と取締役はアマゾンに売却、ウォルマートに売却、独立を保つの3派に分裂した。サッチン・バンサルが支持するのはアマゾンである。トップ返り咲きの目があるからだ。

アマゾンには、両社合わせると電子商取引の80％前後を占めるため独占禁止法に引っかかるだろうという問題があり、フリップカートの投資家はこの点を心配していた。だがベゾスは仲よしのモディ首相がなんとかしてくれると自信満々だ。ブランドとしても異質で大赤字のサプライチェーンふたつを統合するという悪夢を背負うことになるアミット・アガーワルからは懸念の声が上がっていたが、それでもベゾスは買収を強力に押し進めた。

2018年3月、ベゾスはワシントン湖のほとりにある自宅のボートハウスにサッチン・バンサルとフリップカートCEOのカリアン・クリシュナムルシーを招いた。また、その少し後には、タイガーグローバルのパートナー、リー・フィクセルとソフトバンクの孫正義会長に電話をかけた。ふたりともフリップカートに大きく投資しており、かつ、アマゾン寄りでベゾスとも末永く協力関係を持ちたいと願っているようだったからだ。

交渉で大きな問題となったのがブレークアップフィーと呼ばれる解約金だ。フリップカートの投資家としては、規制当局がどう判断するかも不安なら、アマゾンは交渉だけして最後に手を引いたりライバルの買収価格を引き上げることを目的に交渉だけしたりといったことをすると言われているのも懸念材料だった。だから、

40億ドルの解約金を現金で先払いするよう要求した。こうすれば、当局による買収検討がたとえば18カ月もかかり、結局、認められなかったとしても、ライバルのじゃまができたというメリットをアマゾンが手に入れる事態にはならない。だが敵に資金を提供するに等しい提案にアマゾン側が賛同するはずがない。孫会長は最後までなんとかしようと動いてくれたが、フリップカートの取締役会によってこの話は破談となってしまう。

ウォルマートはうまく立ち回った。ダグ・マクミロンCEOとウォルマート・インターナショナルのジュディス・マッケーナCEO、グレッグ・ペナー取締役がフリップカート経営幹部と信頼関係を築くとともに、独占規定を持ち込まず（そんなことをしたらベゾスとブロマンスな関係になりたいという孫会長の願いが叶えられなくなる）、経営の独立性は担保するとニンジンをぶら下げるなどしたのだ。

数え切れないほどの電話会議に満ちた6カ月を経てようやく、フリップカートの取締役会はウォルマートに資本参入を許すことで合意に達した。当初、ウォルマートには少数株主になってもらうという話だったが、いいかげん疲れたのか、このころには投資家の大半が株式を売却したいと考えるようになっていた。また、ごたごたは最後の最後まで続いた。トップ返り咲きを保証しろとサッチン・バンサルがウォルマートに要求し、話が振り出しに戻りかけたのだ。サッチン・バンサルは、耐えかねたフリップカート取締役会から退陣を求められることになる。

最終的に、フリップカート社の株式77％を160億ドルでウォルマートが買い取るとの発表が2018年5月に行われた。この発表を受けてインドを訪問したダグ・マクミロンCEOは、フリップカート社員に「みなさんの手助けをしたいと考えています。大事なのは速さ。それに決断です」と語った。

上を下への大騒ぎが終わり、サッチン・バンサルとビニー・バンサルはふたりともビリオネアになったし、インド史上有数の成功を収めたアントレプレナーとしてもてはやされもした。だが、中年にさしかかった男が金と名声を手にしたらどうなるかわからないのが世の常だろう。ビニー・バンサルは元部下との不倫を隠そうとしたとのうわさをウォルマートが調査する事態となり[21]、2018年が終わらないうちにフリップカートグループのトップから滑り落ちてしまう。2020年には、離婚騒ぎが大きく報じられた[22]。

買収争いに破れたアマゾンインドは平常運転で忙しくしていた。手ごわいライバルが登場したとも言えるわけだが、ウォルマートにとってもインド市場はむずかしい、でこぼこのインド高速道路を走るのと同じくらい大変な思いをするはずだと考えてもいた。

「なにを買ってしまったのか、ほんとのところウォルマートにわかるはずがありません。7年から8年は住んで、仕事をしてみなければ理解できないほどここはややこしいところですからね」

アマゾンインドのベテラン幹部はこう語ってくれた。

モディ首相の変心で一気に規制強化へ

2018年秋、とある土曜日のお昼ごろ、エレクトロニクス系の商店が並ぶバンガロールのSPロードはわびしい雰囲気に満ちていた。小さなショップのほとんどは品物を並べ替える店員以外、人気がない。スマホやコンピューターはアマゾンやフリップカートで買う人が増え、このあたりでは買わなくなってしまったのだ。

この落ち込みに巻き込まれたサンライズ・テレコムなる店のオーナー、ジャグディシュ・ラジ・プロヒットに話を聞いた。彼が座るレジの奥には四角く細長い店がある。片側の壁にはさまざまなスマホの箱が並んでいる。逆の壁には低価格帯から中価格帯の携帯電話。Ｖｉｖｏ　Ｖ１１も置かれている。２万６０００ルピーもする中国製の高級品だ。

ヒンディー語でお決まりのあいさつ、「もうかりまっか」と声をかけると、電話が売れるとは思っていないと返ってきた。

「モバイル製品はオンラインでしか売れなくなってしまいました。フリップカートもアマゾンも割引販売の広告を出し続けているわけで、こんなところに電話を買いに来る人なんていませんよ」

関連商品の売上でしのいでいるそうだ。

同じ通りにあるラジ・シュリー・コンピュテックは、マヘンドラ・クマールら兄弟３人で10年以上もコンピューターや周辺機器を売っているという。だが最近は景気が悪い。理由は明らかだ。

「みんな、開口一番、フリップカートやアマゾンではいくらで売ってるんだけどと言うんですよ。あるいは、ヘッドフォンをあれこれ試聴するだけ試聴して、あとでまたとも言わずに帰って行くんです。もちろん、戻ってなど来ないわけで」

利幅は小さく返品に悩まされるのでアマゾンやフリップカートに出品する気にもならないしと顔を曇らせる。この通りに並ぶ店のオーナーに共通する反応だ。

インドにはこういう消耗戦を食い止める競争法がある。であるにもかかわらず、アマゾンとウォルマートはそれぞれ年に10億米ドル以上の赤字を出しつつパンチを打ち合い、アパレルから生鮮食料品、雑貨と取り扱いを広げていた。数え切れないほどたくさんある小さなお店の首には、世界に広がる資本主義という縄がかかり、締まりつつある格好だ。

2019年、猛烈な不景気のなか行われた選挙でモディ首相が再選を果たすと、振り子が反対側に大きく振れ戻る。予告どおり海外投資関連の法律が厳しくなり[23]、アマゾンもフリップカートも子会社の所有権を手放さなければならなくなった。メーカーと独占販売契約を結ぶことも大幅な値引きを提供することも禁じられた。

政府の方向転換を歓迎したのは小さな事業者やその業界団体だけではない。インドで一番の富豪ムケシュ・アンバニも海外投資規制の強化を政府に働きかけていた。自分にとってもそのほうが得だからだ。そして、インド最大の食品雑貨チェーンを展開するリライアンス・インダストリーズで電子商取引に乗りだした。そのサイト、ジオマートには、アマゾンやフリップカートのような制限が課せられない。モディ首相の支持者としても知られるアンバニは「データ植民地化にみんなで対抗しよう」と呼びかけ[24]、高まりつつあるナショナリズム的感情に訴えるなどもした。

この状況に対し、ベゾスは、デジタル決済サービスに投資する、キンドルやアレクサの販売に力を入れる、ボリウッド映画や現地のテレビ番組などをプライム・ビデオのサービスに加えるなど、投資の多角化でさらなる高みをめざした。これは大きな方向転換に感じられるが、それは違うとアミット・アガーワルは言う。

「ジェフに聞けば『まだデイ・ワンだ』と言うでしょうし、私としては、初日の初分もまだ終わっていないのがインドの現状だと思っています」

判断基準はいろいろだろうが、アマゾンがインドで大きな成果をあげていることはまちがいない。オンラインの買い物は都市部から国中に広がったし、デジタル決済も普及し、ジェフ・ベゾスが思い描いた技術的未来に向けて進みつつある。小さなお店がオンライン販売に乗りだし、百年一日のごとく続いてきた露天の商いでは売れなかった相手にも商品が売れるようになった。だが、まだ当分のあいだ、アマゾンインドは大赤字が続くだろうし、フリップカート相手の激烈な競争は社会や経済を急激に変えつつあり、その結果、ナショナリズムや不和の元となりかねないポピュリズムが台頭しつつある。そしてこのインドの物語は、ある意味、ベゾスが母国で直面する政治問題の予行演習なのだった。

第4章 AWSとプライムデーの躍進、そして過ちを認める

ジェフ・ベゾスがインド初訪問から帰国した直後の2014年10月、マイクロソフトの元CEOスティーブ・バルマーがトーク番組「チャーリー・ローズ」でアマゾンについてこう語った。

「どう言ったらいいのかなぁ。いや、ね？　アマゾンは好きだよ？　いい会社だ。でも儲かってない。儲けることができてようやく一人前だとぼくは思うんだよね」

このころのアマゾンはこう言われてもしかたのない状況だった。この年は2億4100万ドルもの赤字だったし、年末商戦の伸び率はドットコムバブルがはじけて以来の最低だった。2014年末の時価総額は1年前から20％も下がって1430億ドルとなった。

言い換えれば、2015年こそがアマゾンにとって、また、そのCEOにとって重要な年だった、時価総額1兆ドル超という高みに向けて上り始めた年だったわけだ。

バルマーのほかにも、この秋、アマゾンを「バブルバスケット株」だとしたヘッジファンド投資家デイビッド・アインホーンなど、アマゾンに疑いの目を向ける人は少なくなかった。懸念は、大赤字を出しながら新規分野に多額の投資をしている点。実は既存事業は好調だったのだが、それは表から見えないように隠されてい

た。そのころも、アマゾンは、米国・英国で書籍やエレクトロニクス製品の販売を中心にばく大な利益を上げていた。当時、マイクロソフトやアップルはそういう利益を社内留保して損益計算書に上げていたが、アマゾンは、ラスベガスでクラップスにつぎ込むギャンブラーよろしく全部使ってしまっていただけなのだ。

小売りの世界に年金的なものは存在しないとベゾスは学んでいた。顧客は移り気で、もっと安いところをみつけたら乗り換えてしまう。ついては、常に新しい技術を開発し、サービスを改善することでライバルの一歩先を行かなければならない。だからベゾスは、アレクサやファイアフォン、ゴーストアなどに信じられない額を投資してきたし、後々支配的な立場を確保すべくインドやメキシコにも投資をしてきたし、さらには社外秘のさまざまな企画にもお金を投じてきたわけだ。

ただ、当たりが引けていなかった。ようやく成果があがるようになったのは２０１５年になってからだ。４月の収益報告で、クラウド事業、アマゾンウェブサービス（ＡＷＳ）の財務状況を10年目にして初めて公開。成長率と利益率でウォールストリートに衝撃をもたらした。６月には中国のライバルをまねてプライムデーというビッグセールを導入。10年近く前から続けてきたプライム配送による成長を活用する動きである。ウォールストリートもメディアもがぜん注目するようになった。そして創業20周年の節目を迎えた直後、その大きさに比例するかのように大規模な詮索を受けることになる。８月、ニューヨークタイムズ紙にとある記事が掲載され、その攻撃的な企業文化に注目が集まったのだ。

このように２０１５年はアマゾンにとって波乱の年だったわけだが、その1年間で株価は倍以上にはね上がった。そして、18％ほどの株式を持つベゾスは、世界的な富豪ランキング、ブルームバーグのビリオネアインデックスでトップ５に数えられるようになる。ある意味、スティーブ・バルマーの悪口は逆張りのチャンスを示していた。あのころが大底で、そこから企業価値も個人資産も史上まれに見るほどの増加に転じたのだから。

発表者はルーレットで決める

もちろん、バルマーは、アマゾンの利益をたたき出すエンジンとなるＡＷＳについて知らなかったから、ああいうことを言ったわけだ。ジェフ・ベゾスの思惑にはまったと言える。ベゾスは、ＡＷＳのサービス開始から10年間、売上も利益もひた隠しにしていた。２０１４年の売上は46億ドル、成長は年率50％と驚くような数字だったわけだが、それ以前の損益計算書では、法人向けクラウドの魅力をマイクロソフトやグーグルなどのライバルに気づかれないようにとすずめの涙の広告収入などとまとめて「その他」に分類していた。オンラインショップのあれこれにまぎれこませてしまえば、社外のアナリストなどは推測以上のことなどできるはずがない。

２００６年にサービスを開始したＡＷＳは、しばらく、スタートアップや大学研究室が主なユーザーだった。クレジットカードで処理能力を追加できるし、インターネット経由でアマゾンサーバーにソフトウェアを置いて動かすことができるしで便利だったからだ。ふつうの企業や政府機関のエンジニアがＡＷＳで計算実験をしたいと考え、面倒な購買手続きをこっそり迂回(うかい)して使うケースも多かった。技術革新ではよくあることなのだが、クラウドもギークを皮切りに広がっていったわけだ。

ある意味ベータテスターとして早期に使ったところが伝道者となった。ウーバー、エアビーアンドビー、ドロップボックス、さらには写真共有サイトのスマグマグなどＡＷＳを採用したシリコンバレーのスタートアップは、急成長で必要になるたび注文を出すだけでさっとサーバーを増強。AWSは大不況後のテクノロジーブームを支えた柱の1本であるし、一般にはほとんど知られていないが、その功績はiPhone以上だとも言える。カリフォルニア州パサデナにあるNASAのジェット推進研究所も、2009年以来、キュリオシティ火星探査車から送られてくる画像のストリーミングや保存にAWSを使用している。

あのころは説明しても理解してもらえなくて大変だったとジェット推進研究所CTO（最高技術責任者）のトム・ソーダーストロームは言う。

「所内向けのプレゼン資料、いまも残してあります。あのときは、クラウドって雲のことだよな、なんで地球科学の話なんかしてるんだって思われましたからね」

担当者のなかにも、クラウドの可能性が見えていない人がいた。

「この事業は大きくなるぜ。10億ドルだって夢じゃない」

プロダクトマネージャーのマット・ガーマンは、少し早くアマゾンに入ったビジネススクール時代のクラスメート、マット・ピーターソンを昼飯に誘い、こう語ったという。2006年のことだ。ピーターソンからは、次のような言葉が返ってきた。

「冗談は休み休み言ってくれよ。10億ドルなんて無理に決まってるだろ？　どれほどの規模かわかってないだろ」

ガーマンは、いま、AWSのバイスプレジデントとなり、Sチームにも所属している。ピーターソンはアマゾンの買収部門ディレクターだ。そして、AWSの年商は、2020年現在、454億ドルに達している。

アマゾンのクラウド製品は2004年から2006年にかけ、ジェフ・ベゾスと技術系幹部が生み出したものだ。最初は、空調の整った巨大データセンターを各所に建設し、バックオフィスコンピューターの機能をリモートで実現するシンプル・ストレージ・サービス（S３）とエラスティック・コンピュート・クラウド（EC２）だった。21世紀のインターネット大躍進につながるものだ。さらに２００７年にはシンプルDBという基本的なデータベースの提供を始め、いわゆる構造化したデータ、つまり整理された形のデータを保存したり検索して取り出したりできるようにした。

事業用データベースは一見おもしろくもなんともないが、年商４６０億ドルをたたき出す優良事業であり、ここへの参入こそAWS成功を支えた柱である。アマゾン自身は自社サイトにオラクルのリレーショナルデータベースを採用していたが、増え続けるトラフィックに耐えられずサイトがおりおり不安定になるという苦労をしてきた。ベゾスはこれを嫌がり、フルフィルメントセンターでもオンラインストアでも他社への依存をできるかぎり減らしたいと考えていた。他社のデータベースではアマゾンの要求に応えられないからだ。だが自社開発のシンプルDBも複雑で鈍重すぎるとわかり、インターネット特有の膨大なトラフィックを処理できる高速・柔軟なデータベース、ダイナモDBを開発することになる。[2]

エンターテイメント商品のタイトルやサムネイル画像の記憶にアマゾン以外にもシンプルDBをいち早く使い始めたところがある。採用したのはネットフリックスだ。ネットフリックスはリード・ヘイスティングスがDVDバイメールという形で始めたスタートアップで、レンタルからストリーミングへ転換するにあたり、他の業務もクラウドに移したいと考えていた。そのためには、クラウドバージョンのリレーショナルデータベースも必要だしデータウェアハウスというツールも必要だ。だから２０１０年、AWS部門トップのアンディ・ジャシーとバイスプレジデントのラジュ・グラバニが率いる形で開発プロジェクトを始めることになり、Sチームに報告した。

この会議でグラバニは、リレーショナルデータベースの開発は10年かかるとした。それにベゾスが「賭けてもいいけど10年じゃきかないよ」と突っ込む。肝をつぶしたAWSのメンバーに、ベゾスは「だからすぐに始めろ」と追い打ちをかけ、予算を大幅に積み増した。タフなデータベースがあればクラウドの可能性が大きく伸びるとわかっていたからだ。

グラバニは同じくインド系の技術者アヌラグ・グプタをオラクルから引き抜くと、シリコンバレーに拠点を構えた。そしてそれから数年、グプタをトップとするチームでAWS用のデータベース各種をつくり上げていく。ベースとしたのは、MySQLやPostgreSQLなど無償で使えるオープンソースソフトウェアである。そして2012年にはレッドシフトを導入。クラウドに保存しているデータを分析できるデータウェアハウスと言われるものだ。さらに2015年には、リレーショナルデータベースのオーロラを展開。いずれもアマゾンらしくギークな名前で、ふつうなら知らなくてもおかしくない。名前はAWSが検討に検討を重ねて決めた。

「名前の重要度は3%というところだろう。でも、3%で成否が分かれることもある」

とベゾスが語ったことがあったからだ。

「レッドシフト」を提案したのはチャーリー・ベルだ。ボーイング社のエンジニアとしてNASAのスペースシャトルを開発した経歴をひっさげてAWSの業務担当シニアバイスプレジデントになった人物である。レッドシフトとは赤方偏移ともいい、恒星などの天体が遠ざかるときその光が変化する現象で天文学者によく知られている。であるのだが、オラクルのロゴも赤いことからCEOのラリー・エリソンに挑発だと思われてしまったらしい。

オラクルとアマゾンの関係はアマゾンのデータベース参入で険悪となっていたが、それが悪化した格好だ。

S3、EC2などにクラウドベースのデータベース各種を載せた結果、大小さまざまな会社が採用するようになった。いったんアマゾンのサーバーにデータを置くとあまりに便利で元に戻すことなどできないし、逆に、AWSが提供する他の製品も使ってみようとするケースが増える。そんなわけで、しばらくするとAWSは売上も利益率も上向きとなった。さまざまなサービスを提供したが、AWSの魅力を一番広げたのは各種データベースだったと元AWSマネージャーのタイマー・ラシッドは指摘している。

2010年代前半、高収益事業への進化もめざましかったが、それと同じくらい注目に値するのがアマゾンという氷山からの分離独立だ。2011年、AWSはサウスレイクユニオンのメインキャンパスを出ると1キロほど離れたところにある1918エイスアベニューに移った。150メートルの高層ビルでガラスが多用されており、アマゾン社内ではブラックフットと呼ばれている。その壁には称賛の記事ではなく批判記事の切り抜きが貼られている。「自社ウェブサイトを支える技術で他社の事業も運営したいとアマゾンCEOは考えた。対して自分の店に気を配れというのがウォールストリートの考えだ」という副題がついた2006年ビジネスウィーク誌の記事などだ。[3]さすがはベゾスの弟子、ジャシーである。

AWSの文化はアマゾンの縮図で、タフで厳しく、高すぎる目標の達成を第一義とする。ジャシーらマネージャーは手厳しい問いを部下に投げかけ、きちんと答えられない者や担当範囲の問題を放置した者は容赦なくたたく。日々の業務ではデータ満載の6ページメモが飛び交い、顧客のニーズを第一に判断が下される。成果が上がったら上がったで、もっといいやり方はなかったのかを検討する。金メダルをもらえる力があるのにメダルの輝きがいまいちだと不満を言うようなものだと元幹部は表現している。

エンジニアにはポケットベルが配布され、交代で待機が命じられた。その間、システムダウンにすぐ対応できる状態でなければならないわけだ。ＡＷＳの会議でポケベルをサイレントにしていても、深刻な問題が発生すればサイレントが強制解除され、いっせいに鳴り出す念の入れようである。

ジャシーの事業哲学はほぼすべてがベゾスから学んだものだ。ジャシーは１９９７年にハーバード・ビジネス・スクールを卒業してアマゾンに入ったが、数年後、マーケティング部門の人員整理に巻き込まれて失職しそうになる。これを救ったのがベゾスだ。Ｓチームのメンバーだったディエゴ・ピアチェンティーニによると「トップクラスの力を秘めている」と言ったらしい。そしてジャシーは影法師と呼ばれるテクニカルアドバイザーになり、18カ月にわたってベゾスに付き従った。テクニカルアドバイザーは彼が初代で常にＣＥＯに付き従うため、冗談でお前は金魚のフンかと言われることもあったらしい。

こうしてジャシーは倹約や謙遜などアマゾンの価値観を完全に吸収した。着ているのは安手のスポーツシャツだしひいきのスポーツチームはニューヨークだし、バッファローウイングも好きならデイヴ・マシューズ・バンドも好きという具合だ。ＡＷＳで個人資産が急増したが（２０１６年だけでも３５００万ドル分のストックオプションを得ている）、プライベートジェットで移動するといった派手なことはしない。シアトルにある自宅の地下室にはスポーツバーを模した部屋があり、毎年スーパーボウルの日にはそこでパーティを開く。２０１８年まではベゾスも参加していたパーティだ（２０１９年は現地に行き、コミッショナーボックスで観戦した。その後の劇的なあれこれを予感させる行動と言える）。

ベゾスは「意図がよくてもうまく行かない。仕組みがよければうまく行く」とよく言う。[4] ジャシーはこの言葉をAWSにびしばし適用した。AWSの1週間は研ぎすまされた手順や行事という形の「仕組み」を中心に回っていく。新規サービスのアイデア、その名称、価格の変更、マーケティング計画などはいずれも6ページのメモにびっちり記述し、20階の会議室でジャシーに報告する。ちなみに、会議室の名前はハーバード時代、ルームメイトと暮らしていた部屋と同じで「ザ・チョップ」である。欧州文学の講義で読まされたスタンダール『パルムの僧院』にちなむ名前だ。ともかく、報告会は幹部が技術的な問題をきっちりと詰め、ジャシーが最後を締めるのがふつうだ。その精神力は尋常ではなく、濃密で複雑な書類を読み込みながら1日10時間会議をしても疲れた様子さえないという。

AWSで特に重要なのは水曜日午前の会議ふたつだ。ひとつは90分で事業の現状を確認するジャシー主催の会議。主なマネージャー200人が集められ、顧客やライバル、さらには製品ごとの財務状況などが事細かに報告される。だが一番の目玉はこの会議の前に行うフォーラムだ。2時間にわたる業務報告会で、技術的なパフォーマンスをウェブサービスごとに評価する。3階の大会議室で、みんなに恐れられる元スペースシャトルエンジニアのチャーリー・ベルが取り仕切る。

このセッションについて尋ねると、AWSの幹部もエンジニアも感嘆とPTSD（心的外傷後ストレス障害）が入り交じった表情になる。会議室の真ん中に大きなテーブルが置かれていて、そこにバイスプレジデントとディレクターが40人以上も座っている。何百人もいるほかの参加者（そのほとんどは男性）は周囲に立つか、世界各地から電話で参加する。部屋にはカラフルなルーレットが用意されている。毎週、このルーレットでEC2、レッドシフト、オーロラなど各種ウェブサービスから議題を選ぶわけだ（2014年まではサービスの数が多すぎたのでソフトウェアで選んでいた）。わざわざそんなことをするのは、突然に詳しく説明しなければならなくなるかもしれない形にすることで、担当サービスの状況を常に把握するようマネージャー全員に仕向けるためだ。

ルーレットで選ばれるとキャリアが大きく変わったりする。自信を持ってしっかりプレゼンできれば明るい未来が待っている。逆に不明瞭だったりデータがまちがっていたり、わずかでもごまかそうとしたりしたら、チャーリー・ベルが割って入る。恐ろしい剣幕でのこともある。担当サービスの業務について現状をしっかり把握し、それを伝えることができなければ、マネージャーとしてのキャリアが終わりかねないわけだ。

いずれにせよ、サービス開始から10年近くがたち売上も利益も増えた結果、AWSはアマゾンのテックエリートが一番行きたいと思う部署となった。事業部のアイビーリーグとでも言えばいいだろうか。天才が集まるところでむちゃくちゃな儀式に耐え、花を咲かせるのは、名誉勲章に匹敵する栄誉なのだ。

AWSの成長率は驚異の70%

ベゾス自身がAWSに細かく関与した時代もある。最初の製品についてはウェブページの編集もしたし、EC2の収支報告もチェックし笑顔の顔文字を返信したりもしている。だが次第にアレクサやアマゾンゴーなどに打ち込むようになり、AWSはジャシーに任せる格好となった。業績などのチェックは大規模投資の判断を下すときのみとし、OP1やOP2などでAWSと他部門の連携を求めたりするくらいしか関与しなくなったのだ。AWSの元幹部、ジョー・デパロは次のように語ってくれた。

「AWSに対するジェフの関わり方は、投資家のような感じでした。いろいろ問いただしたりつついたり、点検したりするのです。日々の業務はジャシーが担当していました」

ベゾスは戦略的な忠告をジャシーらAWS経営陣に与える役割も果たしていた。グーグルやマイクロソフトがクラウドの可能性に気づき積極的な投資を始めた際には、有利な立場を守る方策を考えろとジャシーにアドバイスしたらしい。

「いいお城ができたと思ったら、そこに馬に乗った野蛮人が大挙して押しかけてくる話になったわけだ。堀が必要だ。我々の城にとって堀となるのはなんだろう？」

こういう言い方だったと元AWS幹部が語ってくれたが、ベゾスはそのようなことを言っていないというのがアマゾンの公式見解である。

2015年1月にジャシーが出した解答は、イスラエルのチップメーカー、アンナプルナラボを4億ドルで買収する、だ。目的は、高性能なマイクロプロセッサーを安く製造してサーバーに搭載し、ライバルがまねのできないコストメリットをデータセンターで実現することである。

AWSに対するベゾスの影響はもうひとつある。ジャシーと協力し、AWSの財務状況を表に出さないようにした点だ。2014年には業績不安から株価が低迷したが、それでも隠していた。だが2015年にはAWSが総売上の10%近くを占め、近々連邦法で報告義務が生じるのはまちがいないと財務部門に言われてしまう。残念だったとジャシーは言う。

「財務的な数字は公開したくなかったんですよね。ライバルに活用されかねない情報が混じっていますから」

そんなわけで、1月、AWSの財務情報を次の四半期決算で公開すると発表。投資家に緊張が走る。大方の見方はAWSもアマゾン一流の「科学プロジェクト」であり、好調な小売りからエネルギーを吸って生きる薄利の事業にすぎないだろう、だった。

現実は逆だった。その年、北米小売部門が成長率25%、利益率2・2%だったのに対し、AWSは成長率70%、利益率19・2%をたたき出していた。[5] AWSからはキャッシュが吹き出すように得られていたのだ。スナップチャットなど急成長を続けるインターネット企業から舞い込む注文をさばくため、そのほとんどを費やしてサーバーを増強しなければならない状況ではあったわけだが。

アマゾンに注目していたアナリストにとっても投資家にとってもこの数字は大変な驚きだったが、マイクロソフトやグーグルを初めとするエンタープライズコンピューティング業界にとってはさらに大きな驚きであったことだろう。アナリストのベン・トンプソンなど、2015年4月の決算報告は「規模においても重要度においてもテクノロジー業界でトップクラスのIPOだ」とまで表現している。[6] この発表から1日でアマゾンの時価総額は15%もはね上がり、創業以来初めて2000億ドルを突破した。アマゾンは儲からないという神話も、この日を境に聞かれなくなった。

初めてのプライムデーは史上最高の売上、それでもベゾスが怒りまくる

この発表の数カ月前、どうにもうまくない中国の状況とアリババが毎年行う独身の日セールの成功についてSチームで検討が進められていた。セールは中国で「独身の日」とされる11月11日に行われるもので、ブラックフライデーとバレンタインの合わせ技としてジャック・マーが5年前から大々的に展開していた。2014年には売上が90億ドルを超えたほどの人気で、[7] 毎年、メディアにも大きく取り上げられている。

この分析結果をプレゼンした国際部門トップのディエゴ・ピアチェンティーニはアマゾンも同様のセールをするべきだと指摘した。ジェフ・ベゾスも賛同。ただ、そのころ彼はプライムサービスとの連携を強く推進していたので、セールは世界で展開しそれをきっかけにプライムへの入会を促進する方向で進めることになった。責任者はプライム担当のバイスプレジデント、グレッグ・グリーレイ、実務は彼の側近で古株のアマゾン幹部、クリス・ラップが担うことになった。

アマゾンでは11月末のブラックフライデーとサイバーマンデーにセールを行っており、セールをもうひとつクリスマスシーズンに設定しても、買い物の時期が数週間ずれるだけに終わるだろう。夏の終わりもいわゆる新学期セールの時期で、ノードストロームなどが大きな成果をあげているが、アマゾンは苦戦していた。

だからラップは夏至のころを提案し、社内に激論を巻き起こした。夏は買い物をする気が顧客にある時期であること、また、年末商戦に耐えられる容量とした倉庫のスペースが余る時期でもあるとラップは説明した。だが、サプライチェーン部門は反対。比較的余裕がある夏場に年末商戦の準備を進めるのが例年のやり方であり、その時期に取扱量が増えるのは困るというのだ。

「あれもこれもみ〜んな反対されました。でも、やるべき理由ならいくらでもありましたから」

ラップは当時をこうふり返る。

2015年1月、グリーレイとラップはSチームに企画をプレゼン。ベゾスも承認してくれた。

「ややこしくしてくれるなよ？　プライムデーは評判になってくれなきゃいけないし、きっちりやらなきゃいけない」[8]

補足資料でベゾスは、プライムデーではブラックフライデーを超える1万種類をセール対象とする、というところにマーカーをつけていた。[9] これを実現するためには仕入れチームががんばり、売り手から値引きを引き出さなければならない。

3月に入り、実行担当はラップ配下のプロダクトマネージャー、メーガン・ウルフ（30歳）に決まった。プライムデーについてはウルフが「シングルスレッドリーダー」であり、全身全霊をもって（また、大失敗して首を切られるかもというアマゾンらしい心配をなるべく心から追い出して）推進しろということだ。世界展開であること、また、驚きに満ちたイベントを狙うことから、コードネームは「ピニャータ（Piñata）」とした。ピニャータには英語にないエニェという文字が入っているため、文書でもメールでも入力が大変だったらしい。エニェの入った単語をプロジェクト名に入れることは二度としないとウルフは笑う。

特大のセールを立ち上げるには、どう考えても準備の時間が足りない。アマゾン・ドット・コムで初めて商品が売れた日から数えて20周年となる7月15日にセールをするというのだ。

5月、ウルフは東京、ロンドン、パリ、ミュンヘンと強行軍で世界を巡り、仕入担当やマーケティング担当、サプライチェーン幹部に協力を要請した。どこに行っても疑いの目で迎えられる。プライムデーはまだ影も形もない状態なわけで、小売りや広告の部門からすればほかのすべてを犠牲にしてサプライヤーを説得し、支援を取り付ける必要などどみじんもない。ネズミ講かなにかをしようとしている気がしたとウルフは言う。やる気が出ないながらも協力を約束してもらえたのはベゾスのお墨付きだったからだ。

準備を進めるうち、ウルフもラップも、思っていたより大きな騒ぎになるのかもしれないと思うようになった。ベゾスも細かなところまで確認させろと言ってくるし、プロモーションもみずからチェックするという。人気の情報番組「グッド・モーニング・アメリカ」から取材の話も舞い込む。ラップたちも最初は喜んでいたが、次第に、想定以上の大騒ぎになりそうだと心配になってきた。

2015年のアマゾンは時代精神の一部になっていたが、それがなにを意味するのか、アマゾン自身もおそらくはよくわかっていなかったのではないだろうか。プライムデーのセールが最初に行われた日本ではアクセスが殺到してウェブサイトがダウン。その後、欧州、そして最後に米国とセールが展開された。米国では反応がすぐソーシャルメディアに広がった。思いっきり否定的な反応だ。アマゾンが提案した#Happy-PrimeDayというハッシュタグは無視され、ツイッターには、売り切れていた、食器用洗剤とかどうでもいいものを割引いてもらってもしかたがないとか割引と言うほど割引になっていないものばかりだとかの不満が次々と書き込まれていく。「今度こそ大丈夫なんじゃないかと思う恋人のように、くり返し、アマゾン#PrimeDayセールをのぞきに行っている」「一番いいのは、いまのところ、せいぜいがポップタルトの15%引きかなぁ」という具合だ。

ラップ、ウルフを含むチームはアマゾンのアリゾナビルにあるシアトル会議室を作戦本部とし、二日二晩、そこでトラフィックを見守り、できるかぎりのプロモーションを行った。自宅で2~3時間仮眠しただけで仕事に戻ったとウルフは言う。大混乱の現場である。ジェフ・ウィルケが激励に立ち寄ってくれる一幕もあった。

この日の売上はアマゾン史上最高となったが、仕入担当の協力を取り付けるのに苦労したことを考えれば、ソーシャルメディアの反応が否定的だったのは当然の結果だと言える。

この否定的反応でアマゾン社内は騒然となったとPR担当のシニアバイスプレジデント、クレイグ・バーマンは言う。ベゾスが怒り狂ったのだ。

「最低のセールなんかじゃない、それをはっきりさせろと私も部下も叱り飛ばされました。なんとかしろ、成功だったと示すんだと、もう手が付けられないほど怒りまくっていたんです」

バーマンは部下のジュリー・ローとともに売上の数字を精査し、どの商品が割引になっていたのか、そういう商品がどのくらいのスピードで売り切れたのかなど、できるだけ多くのデータを公開した。そんなことでソーシャルメディアの騒ぎは収まらなかったが、初のプライムデーに対するメディアの評価はかなり公平なものとなった。バーマンはこう指摘している。

「ジェフのために一言申し上げておきたいのですが、第一印象は変えられないものなんです。彼は我が事としてとらえていましたしね」

数日後、プライムデーチームはアリゾナビルのオフィスキッチンに集まると、本物のピニャータをひとりずつたたき割って苦労の日々の終わりを祝った。だが、のんびりと祝っているわけにはいかない。ラップとウルフには6ページのメモに成果をまとめる仕事が残っている。社内資料によると、販売総数は3440万点で、インスタントポット圧力調理器のように2万4000点売れた商品もあったし、プライム会員は世界全体で120万人増加したという。「米国を中心に顧客の一部およびメディアから、内容が行き当たりばったりでばらばらだ、楽しくなかった、残念なセールだったなど、さまざまな意見が寄せられた」ともあった。

後年、ウルフは当時をふり返り、リーダーは「自己批判を口にすべし」というリーダーシップ原則によるものだったのだろうと目を伏せた。

「アマゾン史上最高の売上を達成した場合でも、第一声は『しくじった』でなければならないとあのとき学んだのです」

夢から覚めたアマゾン社員たち

プライムデーの振り返りを終えたとき、クリス・ラップは疲れ果てていた。だから、先延ばししていたサバティカル休暇を取ることにした。そして、休んでいるあいだに声をかけてくれたマイクロソフトのＸｂｏｘ部門に転職。初のプライムデーについては「ただただきつかった」そうだ。

シングルスレッドリーダーとして世界中を駆け回ったメーガン・ウルフも疲れ果てていた。

「身も心もぼろぼろでした。なので、何週間か休んで気持ちを落ち着けることにしました」

こう語ってくれたウルフは、翌年の第2回に向けて動き始めたグレッグ・グリーレイ以下のプライムチームから距離を置き、別の仕事を社内で探すことにした。新任の人事担当シニアバイスプレジデント、ベス・ガレッティのテクニカルアドバイザーなど、さまざまな職務をこなしていく。

２０１９年、ウルフはサバティカル休暇を取り、ノースカロライナ州の実家に戻った。実家は兄が4人の貧しい家庭だ。そしてあるとき、ついうっかり、アマゾンスタイルの批判的なフィードバックを母に返し、「ここでそういうのはやめてちょうだい」と言われてしまう。

はっとした、それを契機にアマゾンでの仕事について考え直したとウルフは言う。いい経験をさせてもらっているが、葛藤も感じる。力を合わせてなにかを実現していくのはすばらしいし、実践的な力が身につくのもすばらしい。ずっと付き合いたい友だちもできた。だが同時に、得るより失うほうが多いと感じるし、リーダーとして、あるいは人として、自分がなりつつある姿がなりたいと思う自分と異なるのもまちがいない。

アマゾンは顧客を最優先に考えるが、その結果、地域経済や気候、倉庫作業員にさまざまな影響を与えている。そこまで顧客を優先すべきなのか。Ｓチームに女性やマイノリティが少ないのはなぜなのか。労働環境が劣悪なのはなぜなのか。それでも仕事を続けているのはなぜなのか。アマゾニアンである自分は、日々、仕事を通じて仲間や上司の信頼を勝ち取る努力をしなければならない。その逆は？　ジェフ・ベゾスは自分の信頼を勝ち取れているのか。

実は、少なくない人が彼女と同じように考えている。夢から覚めた元アマゾン社員、である。

「最初はりっぱなミッションだと思っていたのに、いつのまにか、ジェフ・ベゾスの決断はりっぱと言えないものが多すぎる、少なくとも私にはそう思えてしまうと気づいたんです。お金をあれほど儲けているのに、それを社会の役に立てようとはしていませんからね」

彼女は、立ち上げに関わった年に一度の一大セールにも疑問を感じたという。プライムデーはいらない物を買わせる仕組みだとする記事がファストカンパニー誌に載ったが、[10] そのとおりなのではないかと思ったのだ。

「なにせ、セール、ですからね。インスタントポットは買いだと思うように仕向け、アマゾンに落とすお金を増やしてもらうためのプログラムに入会するように仕向けたわけです」

ウルフは２０１９年、シアトルのオンライン不動産会社ジローに転職。その後、プライムを解約し、アマゾンエコーをリサイクルに出し、最後はアマゾンの口座も解約したという。

下劣でモチベーションが下がる人事制度を刷新

第1回プライムデーからわずか1週間の２０１５年7月23日、アマゾンは、今回もＡＷＳで勢いに乗って大黒字という驚きの決算を前四半期に続いて発表する。翌日の株価は18%も急騰し、ビジネス宇宙の地図が書き換わる事態となった。時価総額で初めてウォルマートを抜き、世界一の小売業者になったのだ。[11] 初めて商品が売れた日から数えて20周年ということもあり、また、この成功を祝うという側面もありで、決算発表の翌日、多くの社員がシアトルのスタジアム、センチュリーリンク・フィールドにくり出し、[12] シアトル出身のヒップホップデュオ、マックルモアーとライアン・ルイスのプライベートコンサートを楽しんだ。

いつまでもどんちゃん騒ぎをしているわけにもいかない。AWSの登場とプライムデーのすばやい実現は創意工夫に富む迅速な会社文化を示すものだが、その文化がもたらす悪影響もそこここに現れていたからだ。なかでも大きな問題は、すさまじいペースと自己批判に耐えられずやめていく社員が多く、離職率が高止まりしていろ点だ。そして8月、ニューヨークタイムズ紙が５８００ワードという長文の記事、「アマゾンの内情――傷だらけで大きなことをなし遂げる」を掲載。[13] 社内の不満が表に噴き出した格好だ。

記事はジョディ・カンターとデビッド・ストライトフェルドという記者ふたりが書いたものだ。けんか腰の会議、不合理なほど高い要求基準、週80時間の労働、机で泣く社員などが取り上げられた。重篤な病気になったり流産したり、さらには私生活で困ったことになったりすると仕事で不利な扱いをされることも紹介されている。生産性が一番低い社員を首にする「スタックランキング」なる慣習も描かれている。これは恐怖に満ちた環境を生む「意図的ダーウィニズム」に等しい。

このとき、アマゾンでポリシーとコミュニケーションの担当シニアバイスプレジデントを務めていたのは、バラク・オバマ大統領の報道官とジョー・バイデン副大統領のコミュニケーションディレクターという要職を歴任してきた大物、ジェイ・カーニーである。彼は、批判に表で戦うことはしないというアマゾンがそれまで守ってきた方針[14]を捨て、事実をゆがめる記事だと反論した。ジャーナリストとしての規範にも反していると記者も攻撃すれば、情報源となったのは不行状から解雇され会社に恨みを抱いている者だと職務記録の内容まで持ち出しもした。以降、アマゾンは報道から身を守る際、はっきりと挑戦的な物言いをするようになる。それまでは、「誤解なんだけどなぁ」と独り言をつぶやくくらいしかしなかったのだが。

カーニーが社外に反論の記事を書く前、正社員約22万人のところにはジェフ・ベゾスから電子メールが届いている。そこには、この記事は読むべきだ、ただし、その内容は私の知るアマゾンではないし[15]、私が毎日一緒に仕事をしている面倒見のいいアマゾニアンとも違っていると書かれていた。そういう冷酷な上司がいたら人事部か公開している自分の電子メールアドレス（jeff@amazon.com）に知らせろともあった。そういう報告、何百通かが回された先が、古参の人事担当幹部、デビット・ニーキルクである。

陸軍士官学校ウェストポイントから陸軍に進み、作戦にも従事したことがあるらしい（彼にその詳細を語る自由はない）。ともかく、問題の記事が公開されたとき、彼は、ブラジルアマゾンの立ち上げ準備で現地入りしていた。アマゾン社員の多くと同じように彼も拒否反応を示した。つまり、センセーショナルな扱いで、否定的な体験談を集めて不当な結論を導いていると考えたのだ。数年後の取材で、彼はこう答えてくれた。

「アマゾンの仕事はオリンピックに向けた強化合宿のようなものなのです。要求水準はとても高いし、すべてをこなせという圧力もかかります。常に、です」

だが同時に、おかしな処遇も山のように見てきたし、当たらずとも遠からずだよなと思うところがあの記事にないではないそうだ。

そのアマゾン文化を創ったベゾス自身は、どうしてあんなやり方をするのかと一般的な人事の進め方をいぶかしく思っている。シリコンバレーのCEOは人事や会社文化の醸成というどろどろした部分から距離を置こうとすることが多い。スティーブ・ジョブズも、アップルに復帰した1997年、きみたちは足を引っぱる存在だと人事部門を切り捨てている。[16]

ベゾスは違う。おもしろくもない細かなところまで人事に首を突っ込み、意識に頼らず狙いを実現できる仕組みをつくろうとする。組織、文化、イノベーションをとことん追求するのだ。優れたリーダーより頭の切れる社員を雇い、そういう社員を優れたマネージャーにするのがお前たちの仕事だとニーキルクら人事部幹部に言っていた時期もある。

勤務評定で社員をランキングし、最下層の首を切るスタックランキング制度も推進した。ニーキルクによると、ブラッドフォード・スマートの『トップグレーディング採用術』(ダイレクト出版刊)を読んで思いついたらしい。スマートは、採用候補者をAプレイヤー、Bプレイヤー、Cプレイヤーに分類する採用制度をゼネラル・エレクトリック社がつくった際、伝説的CEOと呼ばれるジャック・ウェルチに助言をした人物である。ベゾスはこれを採用だけでなく会社全体に適用しようと考えたわけだ。

「組織の空席ほどリーダーにとって痛いことはない。だれも手放したくないと思ってしまうからね」とニーキルクはベゾスに言われたそうだ。採用という面倒ごとをマネージャー連中が追加でやるはずがない、凡人が増えて創業時の「デイ・ワン・メンタリティ」がむしばまれてしまう。ベゾスはそれを恐れた。スタックランキングにすればチームの質はいやでも上がっていくとニーキルクは言う。

「下劣なやり方だとみんな思っていますし、そのとおりだとも言えます。でも全体としてアマゾンがいまも意欲的・革新的なのはそのおかげであることも事実なのです」

だが会社が大きくなると、成績の悪い社員を間引くだけでは足りなくなる。職場が快適すぎたり給与がよすぎたりするのも禍根になりうるとベゾスは考えるようになったらしい。社員は仕事に情熱を持てているのか。それとも約束された巨額の報酬をもらって悠々自適の生活に入る日をただただ待ち、会社のエネルギーを浪費しているのか。長く勤めるほどもらえる株が増えるといった金銭的インセンティブをベゾスがいやがるのは、やる気がなくなった社員が会社にしがみつくのを避けたいからだ。

アマゾンの報酬制度はそういう考え方を反映したものとなっている。年間15万ドルほどの基本給と入社のボーナス、株式（4年にわたり5％、15％、20％、40％が与えられる）という構造で、給与と付与株式の合計が各員の報酬目標値となる。

会社になじめずすぐに退職すると株式も全部はもらえないし、入社ボーナスも分割の未払い分はもらえない。アマゾン株価が年間15％以上上がると年間報酬が目標額を超えるのだが、その場合は勤務評定に応じてもらえる株式が減らされる。減らされた分は後年付与される場合もあるが、なくなってしまう場合もある。

実際には15％以上の上昇が何年も続いているわけで、その結果、多くの社員は報酬が「崖」にぶち当たってしまった。報酬が目標を大きく超え、付与される株数が急落しているわけだ。クリス・ラップなど優秀な幹部社員が他社に移籍するのは、そのあたりも理由だ。ちなみに、ベゾス自身は年俸8万2000ドル弱で、創業時の出資分以外、株式による報酬も得ていない。彼の富は、アマゾンの株価が上がりつづけているが故のものである。

このあたりからアマゾンでは働きたくないと思う人が一部にいるのはベゾスもわかっている。同時に、働きたい職場のランキングでは高額な報酬、取り放題の休暇、無償の食事やマッサージといった特典が結果を左右するが、社員が情熱と目的意識をもって仕事に打ち込むか否かには関係ないはずだとも考えている。ニーキルクは、「働きたい米国企業100社」にランクインするようなことがあったらおしまいだよとベゾスに言われたことがあるそうだ（残念ながら、この少し後からアマゾンはそういうリストの常連になる）[17]。

2015年、老兵ニーキルクはそろそろ引退するつもりだったが、すんなりと消えさせてはもらえなかった。例の記事がニューヨークタイムズ紙に載り、ベゾスが全社員にメールを送ったあと、250人ほどのアマゾン社員からCEOと人事部に直訴があり、その後始末をしなければならなくなったのだ。4カ月をかけて全員の訴えを精査し、報告書を作成。この報告書で、ニーキルクは、私生活の問題が仕事に影響している社員にどう対応すべきかを学ぶ「人生七転び八起き（As Life Happens）」研修をリーダーに義務づけるなど、10項目の再発防止策も提案している。創業20年のアマゾンが抱える文化的問題をこれほど上手に分析したものは読んだことがないと仲間に言われるほどのできばえだった。

だが、この報告書はお蔵入りとなった。社員はベゾスの求めに応じて体験談を語ったわけだが、いずれも一方的で、事実だと確認されてはいないと弁護士が待ったをかけたのだ。提案は「病気にかかった木の実」だそうだ。ニーキルクはここで退職し、報告書がSチームに上げられる日はこなかった。

いずれにせよ、このあと、会社の文化を変える試みがいくつも行われることになる（記事が出る前に始めていたとアマゾンは言うが、疑わしいと思う）。釈明に追われたベゾスも、身内には、批判にも一理ある、スタートアップが社員23万人の大会社へとすさまじいペースで成熟していくのに合わせて文化も進化させなければならないと漏らしていたらしい。

チームごとに損耗率を定めるスタックランキング制は基本的に廃止となり、だれの首を切るのかを決める会議を開く必要がなくなった。入社すぐの人も含めて異動願いが出せるようになり、おかしな上司がいたらいつでも逃げ出せるようになった。上司にとっては部下への心配りが求められるようになったとも言える。業務改善を命じられたり解雇に直面したりした際、不服の申し立てができる社内手続きも用意された。[18] ユニークな育児休暇制度も用意された。12カ月にわたり休みを分けて取れるもので、配偶者がそういう支援制度を使えない役職の場合は配偶者に休みを分け与えることもできる。小さな改善もいろいろと行われた。母乳を冷凍して自宅に送れるミルク・ストークというサービスを出張中に使った場合、費用は会社持ちとするなどだ。おかげで人間らしい判断をしやすくなったというのがとある女性幹部の感想である。

一番は10年来続いた勤務評定制度の変更だろう。それまでは、評価対象者の同僚全員が書いた長文の査定を参考にマネージャーが評価を定め一対一で面談を行う流れだったが、面談では評価対象者の欠点や弱点について大もめにもめることが多かった。例の記事が出た数カ月後、人事部のトップに就任したベス・ガレッティは、勤務評定制度を徹底的に簡素化してくれと言われたそうだ。

「社員に尋ねたところ、勤務評定でモチベーションが下がる社員が90%に達していました。優秀な社員にもそういう人がたくさんいたのです」

新しい勤務評定制度は、同僚とマネージャーが評価対象者の「特筆すべき点」とその後1年の「成長課題」を60語ずつにまとめるという形になった。ガレッティによると、前向きに、モチベーションが上がるようにがテーマだという。

大手出資者との非公開ミーティングでベゾスは、旧手続きはネガティブになりすぎたとその欠点を認める発言をしている。

「毎年1回、奥さんを前に座らせて話をするとします。こういうところがいい、こんなところが大好きだとたくさん語り、最後に一言『ちょっとだけ太りすぎな気もするんだよね』と言ったらどうなるでしょう。奥さんの記憶に残るのは最後の一言だけになってしまいます」

その場にいた出資者によると、ベゾスは大笑いしながら話を締めたらしい。

「太りすぎだと言わない勤務評定制度にしたいわけです」

年商10兆円企業に史上最速で駆け上る

2015年末、アマゾンの急成長は疑う余地がなくなっていた。3四半期連続で黒字を計上。アンディ・ジャシーのAWS部門にいたっては69％もの売上増を記録した。時価総額も3150億ドルと1年で倍増。スティーブ・バルマーらアマゾンに疑いの目を向けていた人々も誤りを認めるしかない状態だ。

こうしてアマゾンは、年商1000億ドルを史上最速で突破した会社となった。ベゾスとSチームが昔から掲げてきた目標が達成されたのだ。

翌4月、株主への年次書簡でベゾスはこの成果を高らかに宣言するとともに、アマゾンの文化にまつわる議論に終止符を打とうとした。

「企業文化を文書にまとめることは可能なわけですが、そのときしているのは企業文化の構築ではなく発見です。見える形にしているだけのことです。企業文化は社員が創るもの、さまざまな出来事を通じてゆっくり醸成されるものです。社内で言い伝えられるような成功や失敗を通じて醸成されるものなのです」

２０１５年の出来事も、多彩な歴史の一コマとなるものだ。この12カ月で世界に見えるアマゾンの姿は劇的に変化したし、創業者自身のイメージも同じくらい劇的に変化した。彼は最高の効率を誇る企業文化を創った現場監督としても、また、キンドルやアレクサを産んだ天才発明家としても知られるようになった。同時に、抜群の利益率を誇るエンタープライズコンピューティングのプラットフォームを構築した多才なＣＥＯでもある。アマゾンに対するメディアの姿勢にはあいかわらず眉をひそめつつ、思わぬ事態の展開から、このあとジェフ・ベゾスは出版の自由を守る闘士としても活躍することになる。

第5章 ワシントンポスト再建

――「民主主義は暗愚に死す」

ドナルド・J・トランプがワシントンポスト紙に弾劾演説を浴びせた原因などだれにもわからない。大統領選挙におけるトランプ陣営の戦い方を全米3位の大新聞、ワシントンポストが批判的に報道してきたからなのかもしれない。2015年12月7日に掲載されたグレン・ケスラーのコラム「ファクト・チェッカー」がきっかけだったのかもしれない。この日ケスラーは、オサマ・ビンラディンによる脅威を9月11日以前に予見していたとするばかげた共和党の主張を細かく吟味した。大統領候補のトランプがテネシー州ノックスビルで「テロが起きると私は予想していた。いい不動産がわかるのと同じように私にはわかるのだ」と言い切ったのだ。この発言に対し、ケスラーは、大嘘を意味する最悪の評価「4ピノキオ」を与えた。

この記事が出た朝、東部標準時の午前7時すぎ、トランプは、アマゾン・ドット・コム、ワシントンポスト、さらにはワシントンポストの所有者であるジェフ・ベゾスに対し、ツイートを乱射する。

ドナルド・J・トランプ（@realDonaldTrump)

大赤字の@washingtonpostを@JeffBezosが所有しているのは、利益の上がっていない@amazonの税金を減らすためだ。

7:08 AM

ドナルド・J・トランプ（@realDonaldTrump）

@washingtonpostは（控除の）赤字を出すことで、税負担の少ない@amazonを通じて国民から搾取する力をオーナーの@JeffBezosに与えている。税金逃れのぶっとい抜け道だ。

7:18 AM

ドナルド・J・トランプ（@realDonaldTrump）

まっとうに税金を払ったりしたら@amazonは株価が急落し、紙袋のようにずたぼろになるだろう。@washingtonpostを使ったペテンでそうならないようにしているだけだ。

7:22 AM

この主張も、ビンラディンに関する与太話と同じくらい根拠がない。ワシントンポストの決算がアマゾンの法人税に影響するなどありえない。ベゾスはワシントンポストを2013年8月に現金2億5000万ドルで買っているが、それはあくまで個人としてしたことだし、アマゾンとワシントンポストの利害が交わらないようにしているからだ。であるのに、その努力を節操のない共和党候補に踏みにじられてしまったわけだ。

米国の反対側シアトルにいたベゾスは、朝のうちに、グローバルな広報を担当するシニアバイスプレジデント、ジェイ・カーニーにメールを送った。顔文字をよく使うらしいのがわかるのもおもしろいが、注目すべきは、ここから始まる興味深いやりとりである（これを私は数年後に入手することになる）。

From: ジェフ・ベゾス
To: ジェイ・カーニー
Subject: トランプのたわごと

アマゾン／ぼく／ワポに対するトランプのたわごとなんだけど、あれ、おちょくり返すべきだと思う。スルーはしたくない。ひどい大統領になるだろうあいつをつぶすいい機会（憂国の義とも言う）だから。たわごとには慣れてないけどちゃんと学ぶから:) アドバイスよろしく。

戦術的な問題もある。ずいぶん前に設定されたドイツメディアの取材がもうすぐあるんで、今回の件についても尋ねられる可能性があるからね。

気に入らない記事がメディアに掲載された場合（ほとんどの場合と言える）容赦なくたたきつぶすのがカー

ニーのスタイルだ。批判に反応するのは火に油を注ぐだけだと考えるベゾスを説得し、アマゾンの企業文化を取り上げたニューヨークタイムズ紙などに反論する許可を取り付けたのも彼である。だがドナルド・トランプについてはシニカルな戦いになる、参戦すべきではないとした。政治の世界に明るいカーニーならではの判断である。

From: ジェイ・カーニー
To: ジェフ・ベゾス
re: Subject: トランプのたわごと

その件についてはすでに検討し、ワポとアマゾンはつながっていないことを記者に周知すべきとの結論になりました。あれは、メディアと大企業をまとめて攻撃することで不満に満ちた支持層にアピールしようとしているものです。政治家としてのトランプにとっては事実無根でもかまわないわけです。トランプをぶちのめしてもらえたらうれしいとは思いますが、実際には、たわごとを追加する機会を彼に与えることになるだろうと危惧します。彼の場合、けんかは陣営にエネルギーをもたらすものですから。

ドイツメディアから質問があった場合は「ご存じのように、アマゾンとワシントンポスト紙はまったくの別会社です。彼がなにを言っているのか私には理解できません」とお答えいただくのがよろしいかと。

いつもならカーニーのアドバイスに従い口をつぐむベゾスなのだが、今回は様子が違った。このころトランプは予備選挙を争う共和党候補のほか、高名ジャーナリストやバリー・ディラーなどの有名実業家も標的にしていた。自分もその一角に入りたい、そして、ずさんな主張に反論して新聞を守り、トランプをたたきたいと思ったのかもしれない。

From: ジェフ・ベゾス
To: ジェイ・カーニー
re: Subject: トランプのたわごと

すごくいいアドバイスなんだけど、今回ばかりは無視させてもらおうかな:) 具体的に検討したいので、よさげな選択肢をいくつか用意してほしい。

それから数時間、カーニーは、PR部門の副官、ドルー・ハードナー、クレイグ・バーマン、Ty・ロジャースとメールや電話でブレインストーミングを重ねた。アマゾンとワシントンポストは「トランプ候補の髪の毛と同じくらいはっきり分かれている」とたたき返す案も出たがそれは却下。バーマンは、ブルーオリジンの宇宙船にトランプの席を用意するとしたらどうかと提案。ベゾスが持つもう1社を巻き込むというあさっての方向にひねりが効いている。これはいいとカーニーがベゾスに上申。ベゾスからは、トランプは四方八方にかみついているのに自分は抜かされて残念に思っていた、そんな雰囲気も欲しいと返ってきた。

午後、文言のブラッシュアップとブルーオリジン発射動画へのリンクを入れるか否かの検討を経て、ベゾスのアカウントからTy・ロジャースがツイートすることになった。

> **ジェフ・ベゾス**（@JeffBezos）
> ようやく@realDonaldTrumpがたわごとの標的にしてくれた。ああでも、ブルーオリジンロケットの席はちゃんと用意するよ？　#sendDonaldtospace http://bit.ly/1OpyW5N
> 3:30 PM

混乱や衝突が大好きなトランプは当然に反応。テレビの取材に対し、ベゾスは政治的な力が欲しくてワシントンポストを買った、自分が大統領になったらアマゾンはいろいろ苦労することになるだろうとぶち上げた。[2]そして、それからは、ワシントンポストを否定する投稿には#AmazonWashingtonPostというハッシュタグを付けるようになった。

ジェフ・ベゾスも政治的な乱闘に公式参戦したわけだ。

ワシントンポストを2億5000万ドルのポケットマネーで買収する

「ワシントンポストを買う候補者にどうして私が入るのでしょう。新聞業界のことなんてなにも知らないのに」

関心などまるでない。ワシントンポスト紙の代理人を務める投資銀行の人間に対するこの一言から、ジェフ・ベゾスのキャリアに輝く1章を追加する道は始まった。ワシントンポスト紙の社主となったことで、当代随一の実業家である、組織論に優れ、急成長するテック企業以外にも対応できる経営手腕を持つ人物であるという評価が固まるのだ[3]。

ワシントンポストはグラハム家がオーナーで、名高い社主、キャサリン・グラハムの息子ドナルド・グラハムが発行人である。ただ、ここしばらくは財務状況がかんばしくなかった。国政の報道を強みとするワシントンDCの地域新聞なのだが、この地域の広告もウェブに流れ、求人求職などの三行広告もクレイグスリストといったウェブサイトに持っていかれてしまったからだ。加えて2008年にはリーマンショックに端を発する金融危機である。ドナルド・グラハムもよく言っているが、7年も続けて売上が右肩下がりとなれば視野が狭くなってしまいがちだ[4]。

ドナルド・グラハムは、親しみのある名前であること、また、報道というミッションと真摯に向き合う姿勢であることからニュース編集室で愛されていた。だが、慎重な彼のもと、ワシントンポストはにっちもさっちも行かなくなってしまった。2005年にはマーク・ザッカーバーグからフェイスブックへ出資の約束を取り付けたのだが、のちにこの話が流れ、ザッカーバーグはシリコンバレーのベンチャーキャピタル、アクセルからもっと高い企業価値評価で資金を調達してしまった。大金を手にできる歴史的な幸運を逃したグラハムはフェイスブックの取締役となり、ウェブコンテンツは無償であるべきだという託宣をザッカーバーグからくり返し聞かされることになる。２０１１年からはライバルのニューヨークタイムズ紙などメディア大手が記事の一部有料化を進めたが、ワシントンポストはこの流れにも乗り遅れてしまう。無料と有料を隔てるペイウォールが不完全で、簡単に迂回（うかい）できたのだ。

２０１３年、ワシントン中心部のＮＷ15番通り１１５０番地に立つコンクリート造りの古めかしいワシントンポスト本社には右肩下がりの憂鬱（ゆううつ）が満ちていた。営利を目的とした学校は詐欺的なことが多いと根本的な規制改革が行われた結果、かつてはかなりの利益を生んでいたカプランワシントンＤＣ校も瀕死（ひんし）の状態だ。ジャーナリストが１０００人からいたニュース編集室も度重なるレイオフの結果、６００人ほどに縮小。士気は地に落ち、編集部と営業部の関係は険悪とどうにもならない。全国的なニュースや国際ニュースを配信する資金もないし、収益悪化が続く地域ニュースという束縛を脱する資金もない。身売りする以外に道は残っていない。

ワシントンポストは、お金と技術力があり、社が掲げる報道ミッションを尊重してくれる人物を探した。その結果、イーベイ創業者ピエール・オミダイアなどのネットビリオネアを抑え、トップ候補となったのがジェフ・ベゾスだったというわけだ。

ベゾスの反応は、ワシントンポスト側投資銀行に対する言動も古い友人のグラハムとおりおり交わすやりとりも冷ややかなものだった。だから、２０１３年7月、アレン＆カンパニーがサンバレーで毎年開く会議のときふたりだけで話をしようと言われるまで、この件をベゾスが検討していること、実はかなり興味を抱いていることにグラハムは気づいていなかった。ベゾスはごく短い打ち合わせで買収に同意し、言い値の2億5000万ドルを現金で支払うことになった。そう、アマゾン経由ではなく、彼自身が新聞社を買うという形で。

ワシントンポストの社主としてベゾスは理想的だった。無尽蔵の資源を持つリーダーであり、デジタルイノベーターとして高く評価されている。信用の光冠を身にまとっていて、どんなものでも彼が触れれば信用される。編集部には独立性を認めると明言していたし、政治的に利用しようという意図も感じられない。社主の世界観を反映する社説があるのは当たり前だと、[5]オピニオンページの担当編集、フレッド・ハイアットが辞任を申し出たときも、ベゾスはその話を受けなかった。[6]

メディアに対するベゾスの見方は伝統的だ。9月、本社ビルで行った初の訓示でも、ニュース、文化、エンターテイメントをバランスよく盛り込む昔ながらの「バンドル」を推進すると宣言。逆に、ハフィントン・ポストなど他組織の成果をまとめるアグリゲーターの興隆は残念なことだと嘆いた。[7]同時に、地域的な野心は排する、今後は印刷物よりオンラインを優先していくなど改革すべき点はためらうことなく改革するという。「物理的な印刷物の事業は構造的に右肩下がりであることを認めなければならない。そう認めた上で前に進んだ。どれほどすばらしいものであっても過去の栄光は会社の死を知らせる鐘の音だ。ワシントンポスト紙のような組織にとっては特にそうだと言える[8]」

過去のやり方にはとらわれない。その秋、ワシントンポストの経営幹部をシアトルの自宅に呼んだときもベゾスは、レストランを改革するならシェフにも参加してもらわないとと知的支柱であるマーティ・バロン編集主幹も招いた。のちに映画『スポットライト』で描かれるボストングローブ紙編集局長だった人物である。

というわけで、CEOのキャサリン・ウェイマウス、プレジデントのスティーブ・ヒルズ、最高情報責任者のシャイレシュ・プラカシュとともにバロンも国を横断し、シアトルまで出向いた。到着した日の夕飯はユニオン湖の眺めがすばらしい高級レストラン、キャンリスでベゾスとともに。湖には二重の虹、ダブルレインボーがかかっていた（タブレットで雑誌のように読めるアプリ、レインボーの名前はここから）。翌日の朝食はワシントン湖のほとりにあるベゾスの自宅（敷地面積2700平方メートル）でだった。ベゾスの妻マッケンジーと4人の子どもも同席。朝食のパンケーキはベゾスが焼いた（ワシントンポストのリーダーシップチームが「パンケーキグループ」と自称しているのはこのため）。この日は丸一日をかけて編集戦略と事業戦略を検討したが、その間、ベゾスが携帯電話に目を走らせることはなかった。懸案はほかにもあったかもしれないが、そこはきっぱり切り分けていたのだ。

ベゾスの友だちは、ワシントンポストの買収をジョークのネタにした。高校時代からの友だち、ジョシュア・ワインスタインによると、ジェフ、新聞を買ってもらえないかしらというマッケンジーの言葉は、1部買ってほしいという意味だったんだぜ？という具合だったらしい。一方、記者や仕事仲間は、よりによってデジタル時代に乗り遅れた遺物、新聞を買ったのはなぜなんだと尋ねるのが常だった。

アマゾンの時価総額とともに自分の個人資産が増えていくのを見て、しっかりとした独立報道機関を守るなど、大事だと思うことに使うのもいいと思ったのかもしれない。ワシントンポストを助ければ友人ドナルド・グラハムを助けることになるし、米国報道業界に大きな恵みをもたらすことにもなる。さらには、米国に対し、また、民主主義に対し、象徴的な貢献をすることにもなるはずだ。だが、ベゾスはいつももっとわかりやすく、熱のこもった回答をしている。たとえば数年後、アクセル・シュプリンガーCEOのマティアス・デフナーとの対談では次のように答えている。[9]

「西側世界で一番重要な首都の一番重要な新聞ですからね。それを救わないなんてありえないでしょう。80歳になったとき、救うと決断してよかったなと思うはずです」

ベゾスは、共同創業者として政治ニュースのサイト、ポリティコを立ち上げたフレッド・ライアンからも、買収の1年後、デイ・ワン・ノースの朝食会で同じことを尋ねられた。ライアンはロナルド・レーガンの補佐官を務めたこともある人物で、ワシントンポスト称賛のメールをベゾスに送ったのがきっかけでシアトルに来ないかと声がかかったのだ。このときライアンは「情熱と道楽に走る金持ちもいるからな。メディアを持てばいろいろなことに影響を与えられると考えることもあるだろう」などと考えていたという。

ライアンはベゾスの返答に驚くことになる。

「あのときの言葉はしっかり覚えていますよ。なにせ、そのとおりのことを彼はしてきていますからね。独立でしっかりとした報道機関がなければ社会や民主主義がおかしくなってしまうと思うと言われたんです」

このあと、ベゾスは、ウェイマウスの後任としてワシントンポストのＣＥＯ兼発行人にライアンを採用する。

ジェフイズムの改革が成果をあげる

湯水のようにお金を使って救ってくれる――パンケーキグループのなかにはそう思った人がいるかもしれないが、それが幻想であることはすぐに明らかとなる。２０１５年の初め、彼らはまたシアトルに出向き、４年間で1億ドル以上の赤字となる事業計画を提出した。却下。即答だった。そういう話じゃないんだよとそっけなかったらしい。ベゾスはフレッド・ライアンとふたり、お金のかかる趣味ではなく、独立事業として採算の取れる計画を策定。そのあと数年、ワシントンポストでは印刷物による広告の部門でレイオフが静かにくり返された。同時に、数は少ないながらデジタルメディアのスペシャリストの採用が進められた。こちらは広報をしつつ、である。

ベゾスは、入るを量りて出ずるを為すに加え、磨きに磨いてきた自分の事業哲学もワシントンポストに適用した。技術は導入しろ、なんでもさっと試してみろという具合だ。インターネットについても、絶望の目で見るな、楽観的に考えろとした。

「インターネットについて痛みはいろいろと経験してきたようだが、そのメリットは享受できていない。インターネットなら受け取り手はいくらでもいるし、お金をかけずに配信ができる」

彼が発案したもののひとつが、他紙の購読者にもオンライン版ワシントンポストへの無料アクセスを許すプログラム、ポストパートナーシップだ。[10] トレドブレード、ダラスモーニングニュースなど２５０紙以上が参加した。購読契約の大幅増にはつながらなかったが、おもしろい試みだ、さすがはデジタルに強いベゾスだなどメディア各社が報じてくれるという成果はあった。

実質的な成果のあがったものもある。ベゾスは事業部同士を組み合わせて「縄をなう」のがうまい。ワシントンポストについては幹部をアマゾン幹部に引き合わせ、情報交換を勧めた。その結果、２０１４年、アマゾンＦｉｒｅタブレットのユーザーに対し、全国版ワシントンポスト６カ月無料購読の特典が与えられた（プリインストールのアプリで読む）。その翌年には、何千万人もいるプライム会員にも同様の特典が提供された。

ワシントンポストのウェブサイトやアプリを使うユニークユーザー数は、２０１４年から２０１５年で56％増えた。２０１５年10月にはニューヨークタイムズ紙を超える月間訪問者数を記録。[11] ライバルをたたき兵を鼓舞する絶好の機会とばかりに、ベゾスは、ワシントンポストは新記録を生む新聞になるべくがんばっているのだと情報番組CBSディス・モーニングでぶち上げるとともに「ワシントンポストが米国新聞の発行部数新記録を達成できたのはみなさんのおかげです」という広告を展開した。[12]

広告部門は縮小したが、ニュース編集室と技術部門については計画的に人員を増強した。買収から2年でマーティ・バロンのもとで働くフルタイムのジャーナリストは140人増え、スタッフは総勢700人ほどとなる。ちなみにタイムズ紙は記者と編集者合わせて1300人ほどだ。増員は経済・技術のほか、全国ニュースを扱う部門や政治部、調査部が中心だ。ワシントンポストの地位を支えてきた柱だが採算の取れない地域ニュースについては基本的に横ばいである。

ベゾスは常識にとらわれない考え方もいくつか提案した。そのひとつが、優秀なライターを使えば編集者を減らせるのではないか、だ。むしろ逆でおそらくは編集者を増やすべきなのだとバロンから反論があったがベゾスは納得しない。なにかというとこのアイデアを出すものだから、有名ジャーナリストが書いた原稿が編集者から送られてくるようになったらしい。そういうメールをベゾスが受け取ったことはなく、まして読んだことはないとアマゾンは否定しているが、ともかく、最終的にベゾスもバロンに同意したことはまちがいない。

ベゾスは予想を裏切る動きばかりだったとマーティ・バロンは言う。ワシントンポストのホームページを読者一人ひとりに合わせてパーソナライズするのだろうと思っていたら、読者が読みにくるのは新聞の編集判断を信用しているからだと言われるなどだ。ベゾスはワシントンポストをつくり直そうとせず、その特長を生かそうとした――バロンはそのように見ている。

もちろん、土台となるシステムはアマゾン流のやり方でつくり直そうとした。ベゾスは、2週に一度、東部標準時で水曜日の午後1時から1時間、パンケーキグループと打ち合わせを行う（グループには財務や新規読者開拓の幹部も加わることがある）。議題のひとつは「新しいこと」だ。価格の改定や読者の開拓、売上の拡大などあらゆる変化についてアマゾンスタイルの6ページメモで報告してもらい、それを熟読して細かな点まで追求する。

これが創造的・革新的な思考を部下に強制するベゾス一流の反復プロセスである。参加していた元幹部によると、ベゾスは事前にメモを読んで会議に臨む。一度だけは例外で、まだ読めていないと謝って会議冒頭に黙読したことがあるらしい。

ワンウェイドアとツーウェイドアの違いや、実験の倍増はイノベーションの倍増に等しい、「階級よりデータ」で「正解にいたる道はいくつもある」など、ジェフィズムとも言われる口癖の数々も健在だった。ちなみに最後のジェフィズムは、いいアイデアを上司に否定された場合、せっかくのコンセプトが形になる前に死ぬのを避けるため、ほかのマネージャーに話を持っていくべきだという意味である。

ワシントンポストの元社員や現社員から見て明らかなまちがいをベゾスが犯したのは一度だけだ。買収前のデューデリジェンス時に感じた懸念を解消しようと、２０１４年末、年金制度の凍結[13]、古参社員については退職金の引き下げ、勤続年数の少ない社員については企業負担の少ない確定拠出年金４０１（ｋ）に移行としたのである。

ウォーレン・バフェットのバークシャー・ハサウェイに資本参加していることなどもあって年金制度はしっかりしていたというのに、である。ともかく、この改革で勤続年数の長い社員に対する支払いは少なくなるし、定年まで勤める金銭的なインセンティブも小さくなる。年金基金の廃止もワシントンポスト・ギルドに対する敵意もアマゾン経営のやり方と方向性が同じなら、いかにもな特典の付与や労働組合に対する嫌悪もそうである。ワシントンポストで働くとある記者によると、辞めたあとのことまで会社が面倒を見る必要などないという説明しかなかったらしい。ちなみに、これはベゾスの考えを正しく表現しているとは言いがたいとアマゾンは否定している。

ともかく、この改革断行でベゾスとギルドの仲は冷え込んだ。数年ごとの労使交渉では、事務所の外にピケを張り契約変更に抗議する社員の姿を見ることができる。だが、不満の声を上げるのは少数派だ。多くは社の復活に感謝し、ベゾス教会の正式メンバーであり続けた。遠くからツイッター手榴弾を放ってくるドナルド・トランプはさすがでその不協和音に気づき、対立をあおろうとした。

ドナルド・J・トランプ（@realDonaldTrump）
ベゾ人が十分な給与を払わないからワシントンポスト社員はストライキをするらしい。どうせなら超長期のストライキがいいんじゃないか？　社員は実入りが増えるし、フェイクニュースもしばらくなくなるし。@WaPoはロビイスト登録してるのかなぁ。

ベゾスの魔法が老舗を3年でよみがえらせる

驚くには当たらないが、ベゾスが一番力を入れたのはワシントンポストのプロダクトであり技術である。ムンバイのインド工科大学を出たシャイレシュ・プラカシュCIO（最高情報責任者）とタッグを組むとともに、ワシントンポストには下手なシリコンバレースタートアップより優秀なエンジニアがいると気炎を吐いた。[14] そして、ウェブページや緻密なグラフィックスのロードにかかる時間をミリ秒単位で削減。読者が本当のところどの記事に興味を持っているのかを評価できる基準や本当に「釘付けにする」[15] ほどの魅力が各記事にあるのかを評価できる基準をつくることも求めた。

ベゾスがワシントンポストを買収したころ、プラカシュは、記事の掲載からブログ、ポッドキャスト、広告などのオンライン機能を一括管理できるコンテンツシステム、アークパブリッシングを開発していた。ベゾスはいかにも彼らしく、この技術は他紙にも提供すべきだ、放送業界などパブリッシング機能を必要とするところにライセンス供与すべきだとプラカシュに持ちかける。その結果、アークは、2021年現在、1400カ所ものウェブサイトで採用され、年間1億ドル近くを売り上げるほどに成長した。[16]

ベゾスとプラカシュはまた、タブレットで雑誌のように新聞を読めるレインボーアプリを8カ月かけて開発した。ワシントンポストのデジタル版はホームページに載せない。更新は1日2回。レインボーアプリを使うと、雑誌のようなレイアウトで記事が読める。記事が2本ずつ掲載されているページをめくっていき、興味を引かれた記事を選ぶと詳しく読むことができるのだ。

ベゾスはこのアプリの「最高製品責任者」だとプラカシュは表現している。一番大事なのは「ニュースの認知的過負荷」という問題を解消すること、空に舞い上がるグライダーのように読者を高いところに押し上げ、その日の出来事を上から眺められるようにしてあげることだとベゾスが目標を定めたというのだ。このアプリは２０１５年７月に公開され、アマゾンＦｉｒｅタブレットにプリインストールされるようになった。

ベゾスはプラカシュに同類のにおいを感じていた。あらゆることで意見が一致するのだ。いや、ほとんどのことでと言うべきか。アップルニュースプラスという新しいサービスを始めるので参加しないかと、アマゾンのライバル、アップルからワシントンポストに声がかかったとき、プラカシュらパンケーキグループのメンバーはみな、ｉＰｈｏｎｅとｉＰａｄで総計15億台という可能性に目がくらみ、参加のメリット・デメリットを洗いだして６ページのメモにまとめた。だがベゾスは猛反対。どこで読んでも購読料金は同じにするというワシントンポストの基本方針に反するというのだ。参加は見送りとなった。

２０１７年の初め、ウォール・ストリート・ジャーナル紙が最高技術責任者（ＣＴＯ）にプラカシュを引き抜こうとして、ベゾスが慰留する一幕もあった。このとき残留のメリットとしてベゾスが提案したのが、宇宙開発の会社、ブルーオリジンの諮問委員就任だ。というわけで、プラカシュは、土曜日にワシントン州ケントまで飛び、ブルーオリジンのサプライチェーンシステムに手を貸すことがあるようになった。

プラカシュもベゾスに心酔している。

「ジェフが持ち込んだもののなかで一番は実験の文化でしょう。大金をつぎ込んだあげくプロジェクトが失敗したら監査委員会の前に立たされるんじゃないかと心配する人はここにいません。みな、失敗を恐れなくなりました」

ベゾスをトップにいただいたことには、大きなリスクが取れるようになる以外にも効果があった。たとえば広告。とびきり有名なビジネスパーソンと近しいだけで光り輝くのだ。広告チームがつくった営業用資料の2ページ目では、光り輝くような笑顔と頭の経営者の顔写真に並べて大きく「ベゾス効果」がうたわれている。広告部門幹部だった人々によると、アマゾンの子会社ではないとくり返し説明をしているのだが、ベゾスが関わっているからとスポンサーが集まる状況だったらしい。事業系幹部も次のように述べている。

「これが最大のメリットだったかもしれません。これもジェフ・ベゾスという魔法なんです。彼がジェフ・ベゾスだからなんです」

ワシントンポストは株式が非公開となったので決算を公表していない。だが、財務の数字を知る立場にある幹部によると、2015年から2018年で広告収入は4000万ドル増えて1億4000万ドルになったし、デジタル版の購読契約は300%以上も増え、150万件を突破したという[17]（バロン編集主幹が引退した2021年1月には300万件に達する）。2015年は1000万ドルほどの赤字を出しているが、その後3年で1億ドル以上を稼ぎ出した。ベゾスが事業計画を却下したとき予測されていた数字から考えるとすさまじいばかりの回復だ。これほど速く再建が進むとは驚きだとベゾスもパンケーキグループに語ったらしい。

運もよかった。ドナルド・トランプ大統領がめちゃくちゃをしてくれたおかげで、政治ニュースへの関心がかつてないほど盛り上がったのだ。だがベゾス本人が、彼の経営手腕が、さらには、報道事業の変革期という現実を彼がきちんと見据えたことが、創業140年の老舗に明快な戦略をもたらしたのも、また、まちがいのない事実である。

世界の偉大なリーダー50人に選出される

ベゾスがワシントンポストを買った1年後、同社の記者、ジェイソン・レザイアンがスパイ容疑でイラン政府に拘束された。2019年に出版された回顧録『囚われ人（Prisoner）』で「故郷のように思っていた」と表現している街で逮捕され、その後18カ月を拘置所で過ごすことになったのだ。独居房に収監されていた期間も長いらしい。

逮捕直後、いやがらせが目的で拘束は短期間だろうとワシントンポスト上層部は楽観的に見ていた。だが数週間、数カ月と時間がたつにつれ、状況は思いのほか悪い、宗教色の濃い強硬な裁判所で裁かれ処刑されることさえあるかもしれないと心配がつのっていく。

レザイアンの家族もマーティ・バロン、フレッド・ライアンらワシントンポスト関係者も、つてをたぐって米国政府に働きかけた。ライアンなどは、訪米してくる外国首脳に面談を申し込み、レザイアンの件でイラン政府に働きかけてほしいとお願いしている。シアトルのベゾスもこまめに状況を確認するし、「ジェイソン（Free Jason）の釈放を求める」広告を2015年のスーパーボウルで流そうかと考えたこともある。その後、レザイアンら4人の釈放を含む複雑な経済合意にイラン政府と米国政府が達したと報じられると、ベゾスは、レザイアンを迎えに行くことにした。

2016年1月21日、ベゾスは、ドイツはラントシュトゥールにある米国陸軍病院までレザイアンとその家族を迎えに、6500万ドルで買ったばかりのガルフストリームG650ERプライベートジェットで飛んだ。[18,19] 飛行機のキャビンは色テープや#FreeJasonと書かれたバナーで飾り、ブリートとビールも用意した。拘束される前に出演したテレビ番組で、ブリートが食べられないのが残念だとレザイアンが語っていたからだ。米国への入国手続きは、メイン州バンゴールで。発着の少ない国際空港で便利だからだ。レザイアンもその妻も拘束でパスポートなど身分証明書の類いをすべてなくしていたが、すんなり入国することができた。米国人全員が相手だとイランに思い知らせなければならないと、担当した移民関税執行局の係官が粋な計らいをしてくれたのだ。そこからフロリダへもベゾスが付き添った。

数日ゆっくりしたあとワシントンDCへ戻ってワシントンポスト幹部と晩餐会。1月28日には新本社の開所式に出席した。場所はKストリート沿いで歴史的名所のフランクリンスクエアが見える。設備は最新で真新しいワークステーションが並んでいる。記者に並んでディベロッパーやデザイナーの席も用意されている。ケーブルテレビに映像を送れるビデオスタジオもある。レザイアンがこみ上げる思いを口にしたあと、ベゾスがあいさつに立った。襟には#FreeJasonのラペルピンが光っている。

「ワシントンポストほど重要な組織には心髄とでも言うべきものがある。心がある。核がある。マーティの言う魂があるんだ。それを変えようとするのは狂気の沙汰だ。それなくしてこの場はありえないのだから。それこそがここを特別な場にしてくれているのだから」

ベゾスはワシントンポストを救った。だが同時に、崇高な報道ミッションの輝きがベゾスの利となっているのもまた事実だ。フォーチュン誌が選ぶ世界の偉大なリーダー50人2016年版でベゾスは上位にランキングされた。ドイツのアンゲラ・メルケル首相、教皇フランシスコ、ティム・クックよりも上だ。紹介文は、アマゾンの勢いと同じくらいワシントンポストの立て直しにスペースを割いている。元幹部によると、ワシントンポストではこれを冗談のネタにしたらしい。

「ベゾスは小売業界を一変させたし、万年時計もつくったし、ロケットも宇宙まで打ち上げた。でも、新聞社を助けるまで、世界の偉大なリーダーだと言われることはなかった。そんな冗談を言い合いました」

ワシントンDCはベゾスの良さを理解してくれたようだし、ベゾスもワシントンDCが気に入ったのだろう。秋には、織物博物館だった建物とそのすぐ隣の邸宅を２３００万ドルで購入する。いずれもファッショナブルなカロラマ地区に立つワシントンDC最大級の豪邸である。すぐ近くには、バラク・オバマ夫妻の家や、敵対するトランプの娘イバンカとその夫ジャレッド・クシュナーの家などがある。総床面積２５００平方メートル、ベッドルーム11室、バスルーム25室のこの邸宅は3年で１２００万ドルを投じてリノベーションするという[20]。完成したあかつきにはワシントンDCですごす時間を増やし、前社主キャサリン・グラハムと同じようにパワフルでおもしろいお金持ちを集めて晩餐会を開くなどすることを考えている。

有名なワシントンポスト元編集主幹、ベン・ブラッドリーの葬儀で彼の妻に、「私にもやっとわかりましたよ」とベゾスは打ち明けたという。ワシントンポストという事業はアマゾニアン原則で再構築し、キンドルやプライム制度のエコシステムに組み込めばそれで一件落着といったものではない。守らなければならないミッションであり、自分を歓迎してくれたし、さらには敬意を払ってさえくれたコミュニティである。だから、攻撃してくる敵がいたら、それが米国大統領候補であっても、ベゾスは大事などとらずにやり返すのだ。

大統領選挙の途中、ベゾスは、ワシントンポストのミッションを一言にまとめ、米国全域に展開するブランドメッセージを用意してくれとパンケーキグループに指示した。フレッド・ライアンによると、そのスローガンについてベゾスは「ワシントンポストというクラブがあったとして、みんなそこに加わりたいと思うだろうか」「そのスローガンがプリントされたTシャツをみんな着たいと思うだろうか」などと語ったらしい。ベゾスが提案したのは、ウォーターゲート事件を報じたボブ・ウッドワードのスピーチで聞いた一言。大昔の上告裁判判決文に書かれていた1文――「民主主義は暗愚に死す（Democracy dies in darkness）」だ。

ワシントンポストも1年ほどもがいたがこれ以上の案は出せなかった。ブランディングを専門とする広告代理店に依頼もしてみたが、これというものは出てこない。最後の悪あがきと幹部が集まり、何時間もブレインストーミングを続けた。前向きで希望の持てる言葉がいい。だが、「自由は光のなかで生きる（Freedom moves in light）」などアイデアをいくつ出してもベゾス案ほどのリズム感もなければ心に訴える力もない。ドナルド・トランプの勝利という衝撃の前ではすべてがかすんでしまう。結局、ベゾス案で行くことになった。もちろん、完成したＴシャツはベゾスのところにも届けられた。

それから数年、なにかと大騒ぎばかりの政権に対してワシントンポストが鋭い報道を続けるものだから、ベゾスやワシントンポストに対するトランプ大統領のツイート口撃も苛烈になっていく。アマゾンに対してもやっかいな規制をつくるぞと脅したり、米国郵便公社との関係を口撃したりした。ワシントンポストは人権問題もよく報じた。ロシアやサウジアラビア王国など世界の独裁主義国家はこれにいらつき、怒りの矛先をアマゾンとその有名ＣＥＯに向けた。ベゾスは帝国を構成する企業ごとに分けて利害や課題を考えようと思っていたわけだが、それが不可能だと早々に突きつけられた格好である。

ワシントンポスト紙にとってベゾス一流の経営手腕と技術楽観論に大きなメリットがあったことはまちがいない。だがワシントンポスト紙の所有がアマゾンにとって、また、彼自身にとってどれほどの負担を強いることになるのかはベゾスも予想できなかったようだ。

第6章 プライム・ビデオの成功とハリウッドスキャンダル

2016年末、ドナルド・トランプ勝利という驚きを受け止めるのにワシントンポスト紙の記者や編集者が四苦八苦していたころ、アマゾンではテレビ・映画部門の広報担当も別の件で四苦八苦していた。オスカー候補になってもおかしくない映画『マンチェスター・バイ・ザ・シー』をアマゾンで配信するにあたり、どういうキャンペーンにしたらバズるか悩んでいたのだ。そして、ボスに映画プロモーションのパーティをロサンゼルスで開いてもらったらいいんじゃないかとのアイデアが出てきた。メールで問い合わせると、珍しくすぐに返事が来たという――「いいじゃないか。会場はウチにしよう」

というわけで、雲ひとつなく涼しい12月3日土曜日の夜、ビバリーヒルズにあるベゾス宅にセレブが大勢降臨した。1000平方メートルもあるスパニッシュスタイルの邸宅で、9年前に2400万ドルで購入したものだ。裏庭のプール脇には装飾タイルで飾られたパティオがあり、そこにテントを張ってパーティ会場がつくられていた。飲み物のカウンターには大勢の俳優、監督、エージェントが列をなし、プロデューサーのひとりマット・デイモンや主演ケイシー・アフレックの周りには人だかりができている。

Aリストなどと呼ばれるハリウッドトップクラスの人々が大勢集まっていた。[1] アマゾンの制作部門アマゾンスタジオと仕事をしていたり、映画芸術科学アカデミーの会員だったりで招待された人々だ。俳優はミシェル・ウィリアムズ(『マンチェスター』にも出演)もいればガエル・ガルシア・ベルナル、ジョセフ・ゴードン=レヴィット、アンディ・ガルシア、メーガン・ムラリーもいる。監督はジョエル・コーエン、ケネス・ロナーガン(『マンチェスター』の監督と脚本を担当)など。ハリウッドのレジェンドであるフェイ・ダナウェイ、ダイアン・キートン、ジョン・リスゴー、ベン・キングズレーの顔も見える。T・ボーン・バーネット、ベックなどミュージシャンも来ている。マリア・シュライヴァーも娘を連れて出席。とにかくすさまじいばかりの顔ぶれである。

その中心にベゾスがいた。オープンカラーのワイシャツにシンプルなチャコールグレイのスーツと、やはり、世界を変えるテクノロジーギークらしく控えめな装いだ。妻マッケンジーは欠席。こういう場は苦手なのだろう。珍しく受けたヴォーグ誌の取材にこう答えている。

「ジェフは私と違います。人と会うのが大好きで。人付き合いが上手なんですよ[2]」

たしかにこのパーティでもベゾスは笑顔で楽しそうだった。会場には光り輝くスターがあふれていたが、ホストでもあり依頼を受けた会社のCEOでもあるからかイベントカメラマンの目は彼に惹きつけられていたようだ。この夜に撮られたたくさんの写真のなかに、後々、大きな話題となる1枚がある。エージェント、エンデバーのパワフルな会長パトリック・ホワイトセルと一緒の写真だ。ふたりのあいだには、ホワイトセルの妻で元テレビキャスターのローレン・サンチェスも写っている。

会場では、ベゾスがひとりでも多くのゲストと話ができるようにと広報補佐が飛び回っていた。昔からの副官ジェフ・ブラックバーンも、おりおり、のしかかるようにベゾスに声をかける。身長193センチで学生時代はフットボールの選手をしていた男で、アマゾンでは動画ストリーミング事業のトップを務めている。早くに退席したが、アマゾンスタジオのトップ、ロイ・プライスもベゾスに付き従っていた。服装は、白いVネックのTシャツに黒いモーターサイクルジャケット、ジーンズとがっている。

さかんに取り上げられ、ハリウッドにおけるアマゾンの存在感を高めるというパーティの目的は十二分に達成された。エンターテイメント系コラムニスト、ピーター・バートがデッドライン・ドット・コムに「ベゾスは、自身のため、また、会社のため、ハリウッドで注目を集めようとしている」と書くなど[3]、たくさんの写真とともにあちこちが報じたのだ。昔の上流階級舞踏会さながらの取り上げ方である。

それから数週間、ハリウッドはベゾスで持ち切りだった。ゴールデングローブ賞の開幕でも司会のジミー・ファロンがジョークのネタにしたほどだ。

その夜、ベゾスは、ザ・ビバリー・ヒルトン最上階のスターダストボールルームで盛大なアフターパーティを催した。ケイシー・アフレックはこの日主演男優賞を獲得したし、翌月には、セクハラ疑惑という逆風のなかオスカーでも主演男優賞に輝くことになる。

アマゾンはエンターテイメント業界の未来を形づくるハリウッドのアップスタートとしてネットフリックスと同列に語られるようになった。だが、その光から遠く離れたアマゾンスタジオでは緊張が高まりつつあった。映画『マンチェスター・バイ・ザ・シー』やロサンゼルスに住むユダヤ系家族を題材にジェンダー問題を描いたニッチなドラマ『トランスペアレント』など、高く評価されさまざまな賞も獲得するヒット作を生み出すことはできた。だがいずれも多くの人を惹きつけるメインストリームな作品ではなく、ベゾスの電子商取引帝国に資することはできない。

だから、ロイ・プライス以下アマゾンスタジオ戦隊にベゾスから特命が下った。ダモクレスの剣のように頭上からみなをおびやかす特命だ。思いがけない展開をもたらし、アマゾンのハリウッド侵攻から輝きが失われ、それどころか一時期は物議を醸す原因になった特命でもある。「ゲーム・オブ・スローンズみたいなやつが欲しいな」である。

宿敵、ネットフリックス

アマゾンらしいと言えばらしいのだが、これから紹介する件もぱっと見ありえなくて社内に困惑を広げるベゾスの決断から始まった。あとにならないといい決断だとわからないやつだ。

2010年末ごろ、アマゾンは、映画やテレビ番組をオンラインで販売する会社のひとつだった。インターネットで1回だけ見るなら数ドル、「購入」して複数回見るならもう少し払う方式だ。ラインアップはどこも同じである。

そのなかでネットフリックスが新しいことを始めた。月8ドルで古いテレビ番組や映画が見放題になるプログラムだ。新しいものは基本的に対象とならないし自社制作のコンテンツもまだなかったが、ユーザーにやさしいホームエンターテイメントの未来に向けた一歩だとユーザーも投資家も好意的にとらえていた。

実を言うとアマゾンは、ネットフリックスの買収を何度も検討しては高すぎると見送っていた。そのカリフォルニア州ロスガトスのネットフリックスが手ごわいライバルになりつつあるわけだ。ここにいたっては、買うチャンスなどもうないだろう。

チャンスをライバルに譲るのをなにより嫌うのがベゾスである。だから、デジタル音楽・動画担当バイスプレジデントのビル・カーに対し、このサブスク型ビデオオンデマンド事業に対抗できる方策を考えろと指示。ふたりはその後何カ月か頻繁に打ち合わせを重ねた。そんなある日、ベゾス自身が名案を思いつく。Ａｍａｚｏｎプライムの会員を対象にサブスク型動画配信を無料で提供すればいいのだ。

カーら幹部は困惑した。プライムは追加料金なしですばやい配送を保証するプログラムで、導入時の年会費は79ドルだった。そのプライムを買物以外に拡大し、デジタルライブラリーにアクセスし放題のパスとしても使おうというのだ。理解不能だったとビル・カーは言う。

「なんの意味があるのか、最初は意味がわかりませんでした。ですが、アマゾンでずっと働いてきた経験から、ジェフがなにかいいことを思いついたときには話に耳を傾け、いろいろ質問してなにをどう考えればいいのかはっきりさせ、詳細を詰めた上でジェフのところに戻すべきなのだと学んではいました」

いまふり返れば、これは巧妙なやり方だとわかる。この部分についてはネットフリックスに一日の長がある。それに劣るサービスでお金を取ろうとすれば顧客の反感を買うこと必至である。だがストリーミングを「無償で」提供すれば――人はタダに引かれがちだ――年に数回しか買物をしなくても年会費を払う価値があると思う人もいるだろう。ちなみに、プライムの会費は、その後２０１４年には99ドルへ、２０１８年には１１９ドルへと2回値上げされる。

サービスの名前はプライム・ビデオで、立ち上げの予算は３０００万ドルほど。当時のアマゾンはまだつましく、これでもかなりの額だと感じられた。そのときのカーには想像もできなかったが、そのわずか4年後には、大ヒットテレビ番組『24』など20世紀フォックスのライブラリーを配信する権利を２億４０００万ドルで買うべきか否かを幹部が検討する事態になる。シアトルはデニー・トライアングル地区のサウスレイクユニオンから数ブロックのところに建設中の新社屋も含め、創業20年の歴史で前例がないほど高額の買物だ。

この契約は結局締結することになるし、さらにその先までも行くことになる。ソニー・ピクチャーズ社とは1時間枠のドラマ『ジャスティファイド　俺の正義』など、PBSとは『ダウントン・アビー』など、BBCアメリカとは『オーファン・ブラック　暴走遺伝子』などと人気番組多数の配信契約も締結。対するネットフリックスは、マーベルとピクサーの作品や昔の名作アニメーションを配信する包括的契約をディズニーと締結。さらに、ABCとも『スキャンダル　託された秘密』などの配信契約を、CWテレビジョンネットワークとも『ゴシップガール』の配信契約を結ぶ。結果、2014年の配信番組数はアマゾンが4万タイトル、ネットフリックスが6万タイトルとなった。リード・ヘイスティングス率いるネットフリックスが常に一歩先を行く状況だったとカーも認めている。

「戦略はネットフリックスに対応する形で決めていた面がかなりあります。実際、ずいぶんと学ばせてもらいましたよ」

このころ、デジタル動画部門のトップはジェフ・ウィルケから同じくSチームメンバーであるジェフ・ブラックバーンに代わっていた。ブラックバーンは体育会系だが芸術的なものの見方をするし、人当たりがやわらかい。アマゾンではM&Aと事業開発を統括している。動画については配信ライセンスを次々取得するとともに、Amazonプライム・ビデオのアプリをセットトップボックスやテレビゲーム機、スマートテレビに広めたりしている。2015年にはケーブルテレビ大手コムキャストと新発売のXfinity X1にプライム・ビデオをプレインストールする交渉を開始。成立すれば、米国の家庭数千万軒にサービスを提供できるようになる。だが、ブラックバーンの部下でかっとなりやすいジム・フリーマンというマネージャーはコムキャストのホームスクリーンに映るプライム・ビデオが気に入らない、「こんな契約、ネットフリックスだったら絶対にしない」とキレたらしい。複数の幹部がそう証言している。

結局、交渉は不成立となった。そして、その数週間後、コムキャストは同様の契約をネットフリックスと締結。[4] 2014年にコムキャストがタイム・ワーナー・ケーブルに買収を持ちかけたとき、競争をなくす問題提案だとリード・ヘイスティングスがコメントしたことから両者は不仲だったのだが。[5] ともかく、これでコムキャストはネットフリックスのプロモーションをマーケティングに必ず含めるようになった。アマゾンの負けである。アマゾンも、数年後に後追いでコムキャストと契約を結ぶことになる。[6]

人気番組の配信を巡る争いは費用がかさみ体力を削られる。しかも、そこまでしても、両社の力関係が変わることはなかった。映画やテレビ番組の配信契約に競って高額を支払ってもハリウッドの映画スタジオなどエンターテイメント業界の長老に儲けさせるだけ。現金はどんどん出ていくのにライバルとの差別化はできずに終わる。HBOやショータイムなどの有力テレビ局が10年も前に学んだのと同じことを両社は学んだわけだ。独自構成でユーザーを惹きつけたければ、おもしろいテレビ番組や映画を自分たちでつくるほうがいい。

思考錯誤の「科学的スタジオ」で賞を勝ち取る

両社とも、動画配信サービスの構築レースを始めてすぐ、この結論に達した。アマゾンでは、ビル・カーの指示でロイ・プライスがロサンゼルスに拠点を準備し、自主制作の検討を始める。

ビバリーヒルズ育ちのプライスにはハリウッド王族の血が流れている。母方の祖父ロイ・ハギンズは映画やテレビの脚本家として有名で、『逃亡者』や『ロックフォードの事件メモ』などの人気ドラマをつくっている。また1950年代には共産主義者としてブラックリストに載せられ、下院の非米活動調査委員会から証人喚問を受けるなどしている。プライスの父フランク・プライスは虚飾の町ハリウッドの巨人として知られる。1970年代末から80年代初めにかけてコロンビア・ピクチャーズの経営に携わり、『ガンジー』や『ゴーストバスターズ』といった名作をリリースした。またユニバーサル・ピクチャーズでは、『ブレックファスト・クラブ』や『バック・トゥ・ザ・フューチャー』、さらには大不評だった『ハワード・ザ・ダック／暗黒魔王の陰謀』なども手がけた。だから息子のプライスはセレブに囲まれて育ったし、シドニー・ポワティエとバハマに行き、『600万ドルの男』主演のリー・メジャースから泳ぎを習ったりしている。

プライスはディズニーとマッキンゼーで働いたあと、2004年にアマゾンに入り、以降、デジタル動画戦略を担当してきた。そして、昔から、提供動画を差別化するため番組や映画を自主制作すべきだとことあるごとに訴えてきた。アマゾンが掲げるリーダーシップ原則のひとつ「でっかく考えろ」を重視するタイプで、アイデアを6ページのメモにまとめて説得するのがうまい。その主張にはベゾスも興味を惹かれていたが、例によって例のごとく、今回もハリウッド型の制作プロセスを根底から見直すべきだとも考えていた。「ゲートキーパー」なるものに疑いの念を抱いていたのだ。人々がなにを読み、なにを観るべきかをゲートキーパーが個人的判断で決めるのはいかがなものか。実際、コンセプトがあやふやで失敗するテレビ番組が多いなど、必ずしも成功しているとは言いがたい。

ベゾスは「科学的スタジオ」と銘打ってまったく違うアプローチを提案した。あらゆる人から脚本を受け付ける。ロサンゼルスやニューヨークのエリートである必要はない。脚本やそこに添えられた絵コンテはユーザーや利害関係のない人に評価してもらう。そのフィードバックから客観的データを引き出し、それを参考になにをつくるのかを決める。このアマゾンスタジオ創立当時の方針について、プライスは、ベゾスらしい考え方だとコメントしている。

「ヒット率を10％から40％に引き上げられるくらいのデータが得られるはずだと言うんです」

そして2010年、脚本の募集を始めた。[7] 優れた脚本には総額何十万ドルもの賞金を出すという。当然のことながら、うまく行かない。実績のある脚本家が応募してくることはなく、全体的に質が悪かったのだ。アマゾンはこのやり方をあきらめるのに8年かかった。ちなみに、一応、『ゴーティマー・ギボン〜不思議な日常〜』という子ども番組1本と『できない人々（Those Who Can't）』というパイロット版1本が制作されたし、『できない人々』はワーナーメディアのトゥルーTVによってシリーズ化もされた。ともかく、有望コンセプトをみつけ、磨き上げるには専門家の力に頼るしかないと最後はベゾスも認めたらしい。

2012年、プライスはシアトルとロサンゼルスを行ったり来たりして、コメディ番組や子ども番組の制作やその戦略を統括する人材を集めることにした。まだカリフォルニア州に売上税を払わずすませようとしていたころなので、ピープルズプロダクションカンパニーなる独立子会社を設置。社員にはアマゾンと異なる電子メールアドレスを与え、名刺も専用のものとした。事務所はシャーマンオークスにあるファドラッカーズというレストランの上にあるIMDbに間借りとした（IMDbは映画やテレビ番組のデータベースを運営する子会社）。のちにウォーターガーデンというサンタモニカのオフィスビルに移転するが、ここもハイソな雰囲気が多少あるほかは特にどうということもないところである。

プライスとベゾスは当初のやり方に少し手を加えることにした。エージェントや脚本家に会い、脚本をチェックして、パイロット版に採用する作品を決めるまではアマゾンスタジオがやる。だが、パイロットからシリーズへ昇格させる作品は、視聴者の投票を参考にする。

制作にメディア・ライツ・キャピタル社を起用した政治ドラマ『ハウス・オブ・カード　野望の階段』でネットフリックスが大ヒットを飛ばした２カ月後の２０１３年４月、アマゾンはパイロットシーズンなるものを始めると発表した。パイロット版は14本提供する。政治コメディ『アルファ・ハウス』（のちにＨＢＯがリリースする『ヴィープ』と同じパターンだが『ヴィープ』ほどおもしろくない）、ドットコム風刺の『ベータス』（ＨＢＯ『シリコンバレー』とうりふたつ）などである。

このパイロットシーズン、メディアには取り上げられたものの、ユーザー側は盛り上がらなかった。なかなかよかったとのフィードバックがアマゾンからあったりしたらしいが、脚本家は、ニールセン視聴率も測られなかったし、プロモーションなども特になかったと不満をつのらせていたようだ。

ビル・カーの副官を通じてドラマ、コメディ、子ども番組の制作を管理するうち、プライスは、アマゾンスタジオはどういう特長を持つのか、自分なりの考えを持つようになった。強いのは単発より続き物。優れたインディーズ映画からインスピレーションを得て、テレビ番組ならすでにたくさん提供されていることを考慮して、複雑で独創的な番組、これなら観てみたいと思う番組をつくる。非日常のライフスタイルや世界がかいま見られる窓をつくる。『ＮＣＩＳ〜ネイビー犯罪捜査班』など人気番組の焼き直しばかりをつくる大手ネットワークが絶対に手を出さないところを追求する。アマゾンは小売りのブランドだからとプライスは言う。

「世間をあっと言わせなければならないのです。品質も重視する必要があります」

このアプローチは成果がすぐに出た。２０１４年に入ると、架空のニューヨークシンフォニーで起こるどんちゃん騒ぎを描く『モーツァルト・イン・ザ・ジャングル』、ロサンゼルス警察刑事の苦悩を描く『ＢＯＳＣＨ／ボッシュ』、トランスジェンダーの家長モーラ・フェファーマンを中心とした『トランスペアレント』などのパイロットが続々と登場。３月にはベゾスのところにアマゾンスタジオのチームが集められ、どのパイロットを選ぶのかを検討することになった。テーマが大胆だ、今後どうなるのかいろいろとあり得て楽しみだと高評価だったのは『トランスペアレント』だが、閲覧数トップは別のパイロットだった。だが、会議室に入ってきたベゾスの第一声は「まあ、『トランスペアレント』だろうな」だ。

このシリーズ化により、アマゾンスタジオは、ビジョナリーなクリエイターや見過ごされてきたテーマを取り上げるところというイメージを得る。２０１５年1月、『トランスペアレント』は、ストリーミングシリーズとして初めてゴールデングローブ賞を受賞[8]。獲得したのはミュージカル・コメディ部門の作品賞、主演男優賞（ジェフリー・タンバー）である。

この成功の顔になるのは自分だとプライスは思っていたかもしれないが、そうはならなかった。授賞式には妻マッケンジーを伴って自分も出るとベゾスが言い出したのだ。テーブルにはプライスのほか、コメディ部門統括のジョー・ルイス、生みの親であるジル・ソロウェイ、主要キャストの姿もあった。

授賞式のあとは、ＨＢＯとネットフリックスが主催のアフターパーティに出席。ベゾスは妻とふたり、ハリウッド流のおべんちゃらをたっぷりと浴びた。とあるアマゾンスタジオ幹部によると、ベゾスは大いに楽しんでいたし、マッケンジーもそれなりに楽しんでいたようだとのことである。

数週間後ベゾスはタンバー、ソロウェイ両名とともにＣＢＳディスモーニングに出演し、すばらしいストーリーテリングだったから『トランスペアレント』を制作することにしたのだと説明した。
「人と同じことはしたくないんです。ひねりを入れたいと思うんです。いいものにしたい、心が動くようなものにしたいと思うんです。『トランスペアレント』を観ればわかっていただけるでしょう」

絶好調のアマゾンスタジオ、くすぶる幹部トラブル

ベゾスは映画が大好きで、オリジナルコンテンツの制作という新事業にわくわくしていた。アレクサ、アマゾンゴー、インド・メキシコへの進出、アマゾンウェブサービスに並ぶほど大きく長期的な賭けになるだろう。そう思うからか、制作するショーを選びたいからシアトルに来てくれと声をかけることがあまりに多く、1000億ドル企業のトップならほかにやることがあるだろうとアマゾンスタジオに思われるほどだった。

2015年の頭、超一流の雑誌社コンデナストがプロデュースするドキュメンタリーシリーズ、『ニューヨーカー誌の世界』を取り上げるか否かの検討会でベゾスは「このパイロットの一番いいところは30分と短いことだ」と不満をにじませた。

ベゾスはいつも厳しい問いを発するが、プライスの判断そのものは反対のときでも尊重した。このときも「やりたいのならやってもいいけど、ぼくなら一晩寝てからもう一度考えてみるな」と譲っている。翌週、プライスとドラマ統括のモーガン・ワンデルが選んだのは、フィリップ・K・ディックの同名小説を元にしたディストピアなドラマ『高い城の男』などで、『ニューヨーカー誌の世界』も制作費が安めだからと選ばれていた。直命に逆らっていいのかと思った幹部もいたという。

このころプライスはロサンゼルスで仕事をするのが基本になっていて、ハリウッドのライフスタイルにどっぷりはまっていた。妻とは離婚したので、ダウンタウンのアパートで一人暮らしである。生活が変わったのははた目にもはっきりとわかった。シアトルにいたころはカーキパンツにスポーツジャケットが多く、ときおり蝶ネクタイをするというパターンだったが、ロサンゼルスに移ってからはスリムになり、ヴァレンティノの靴にレザージャケットといった装いになった。将来が楽しみなパンクバンド、ブラック・フラッグのロゴを右肩に入れ墨し、愛車もパワフルなマッスルカー、ダッジチャレンジャーになった。アマゾンスタジオのとある社員は、いわゆる中年の危機を経験しているように見えたと証言している。

仕事は勢いに乗っていた。『モーツァルト・イン・ザ・ジャングル』は高く評価され、コメディ部門で2年連続のゴールデングローブ賞獲得という業界初の偉業を達成する。ベゾスとプライスの戦略が正しいと証明されたわけだ。規模についてもスピードについても大きな裁量権が与えられたプライスはリアリティ番組を制作しようと、映画『サバイバー』のプロデューサー、マーク・バーネットのパートナーをしていたこともある友だち、コンラッド・リグスに来てもらうことにした。

リグスは２０１５年6月、ロンドンで行われたザ・フーのコンサートをジェレミー・クラークソンと聞きに行った。クラークソンはＢＢＣで『トップ・ギア』という車のリアリティ番組でホストを務めていたが、プロデューサーに対する暴力沙汰で降板したところだった。このときリグスは、大御所ロックバンド、ザ・フーのメンバーよりクラークソンのほうがスター性は上だと感じた。その後アマゾンは、同様のリアリティ番組『グランド・ツアー』をつくるため、アップルやネットフリックスと競りあった末、３年間２億５０００万ドルの契約で彼を獲得する。[9] 台本なしのテレビ番組としては突拍子もないほど高額の契約だ。だが、リグスによると、ベゾスからは15秒ほどで承認メールが返ってきたという。

このころのロイ・プライスはなにをしてもいい方にしか転がらない感じだった。この翌月にはサンディエゴ・コミコンに参加。ＳＦやファンタジーが大好きな人々が大勢集まるので、『高い城の男』の冒頭2話を上映してみることにしたのだ。この分野は高額予算の映画が多く、そのファンも増えていた。そういう人々に訴求できるかどうかの試金石である。結果は大好評。アマゾンスタジオ幹部はみな大喜びだった。

その夜はアマゾンスタジオ幹部とクリエイターが集まってお祝いの会となり、シャンパンの乾杯がくり返された。散会後プライスは同僚のマイケル・ポール、そして、この日初めて会った女性とともにウーバーでアフターパーティに向かった。女性はＳＦ界で知らなければモグリと言われる作家フィリップ・Ｋ・ディックの娘で、『高い城の男』ではエグゼクティブプロデューサーを務めたイサ・ハケットである。[10]

この道中そしてその後のパーティで本当のところなにがあったのかは人によって言うことが違い、判然としない。プライスは軽い冗談からときにはぎりぎりの冗談までよく言うのだが、お酒を飲んでいたのもよくなかったのか、このとき悪趣味な冗談やセクハラのコメントをハケットにくり返し投げかけたという点は全員の証言が一致している（ハケットが同性愛者で結婚していることはプライスも知っていた）。ハケットはあまりに不適切で下品だと思ったという。

車から降りると、今度は一緒にセルフィーを撮ろうとハケットに迫る。ふたりが付き合っているとうわさになれば『高い城の男』の宣伝にもなるから、と。ハケットにしてみれば、どうにもさばき方に困る話だ。パーティが始まってからも、容姿などをネタにしたセクハラが続いたらしい。

一方プライスはハケットの気分を害したなどと夢にも思っておらず、翌日、フェイスブックで友達申請を送ったりしている。ハケットは怒り心頭で、アマゾンスタジオの幹部に相談。そこからアマゾン法務部に話が伝わり、職場における不適切行為が専門の法律事務所に調査が依頼されることになった。そして、上司のプライスをどう思うか、ハリウッド関連の仕事をしているアマゾン社員に聞き取り調査が始まる。ハケットも話を聞かれたので、嘆かわしい事件だがアマゾンスタジオが大きく変わるきっかけになってほしいと語ったそうだ。

全体としてろくでもない話であることが明らかとなった。女性社員は、職場で不適切なジョークをよく投げかけられると不満を述べる人が多かった。会議であぐらをかいたり、目を閉じる、前後に揺れるなどするのも不快だという。管理職としての能力も疑問だ、仕事はほかの人にやらせて自分はセレブとご飯を食べてはその写真をインスタグラムに上げてばかりいるとの批判もあった。

このとき臭いものにふたでプライスを左遷すれば、その後の惨事を防ぐこともできただろう。だがアマゾンはそうしなかった。将来有望と思われるアマゾンスタジオの創設に功績があったからだ。新しいものを生み出す人にベゾスは甘いが、そのあたりは副官ジェフ・ブラックバーンなどほかの社員も同様らしい。プライスも謝罪したいと反省の色を示している（ハケットと直接話をするのは調査にあたった弁護士に禁じられていた）。だから、仕事関係のパーティで酒を飲むのはやめろ、ハラスメント研修や管理職研修を受けろと説諭するにとどめた。「この件については、第三者に調査を依頼するなど適切に対応した」というのがアマゾンの公式見解である。

調査の結果はどうなったのか、おとがめがないようなのはなぜかと法務部の友だちに尋ねたアマゾンスタジオの女性社員がいる。返ってきたのは、彼はそういう人物じゃないというのが会社の結論だ、だった。

テレビ・映画の転換点で巨額を投じて勝負に出る

ロイ・プライスはとりあえず失職を免れたわけだが、ある意味もっと危ない状況に陥りつつあった。映画やテレビの事業を確立し、成功させようとジェフ・ベゾスが本腰を入れたのだ。アマゾンCEOが乗りだすと、なんでも大きく、大胆に、意欲的にとなってしまう。たとえばプライム・ビデオ。2016年には32億ドル[11]、2017年には45億ドル近くを投資したと言われている[12]。あまりの増額に、たいがいのことは黙って承認する取締役会も懸念を抱き、厳しい言葉が飛び交うようになった。そうなったのはベゾスがコンテンツとプライムの関係についてはるか先まで考えていたからだというのがアマゾンの取締役を務めたこともあるベンチャーキャピタリスト、ビング・ゴードンの見方である。

メディア事業はAmazonプライムの魅力と「粘着性」を高め、アマゾンに落ちるお金を増やしてくれるとベゾスは考えていた。2016年にはとある技術会議で、ゴールデングローブ賞で靴の売上が増えたとコメントしている[13]。もちろんハリウッドで働く社員にしてみれば、それはこじつけにしか思えない。黒字の電子商取引会社が支えてくれるからクリエイティブなリスクが取れるわけで、そこは感謝しているが、別に靴を売るために働いているわけではないからだ。番組ごとに閲覧者数もチェックしているし、その中でプライムの会員資格を延長した人数や無料体験から有料会員に進んだ人数も把握している。だが、動画閲覧が購買行動につながる証拠は特にない。動画関係の膨大な支出を正当化できるような証拠はなおさらない。そもそもプライム自体が会員数を急速に伸ばしているので、なにか関係があるとしても見えにくいという問題もあった。

はっきり言ってしまえば、ベゾスがアマゾンでテレビ番組や映画をつくりたかったのだ。十年一日のごとしだったテレビ番組や映画の制作・流通が変わろうとしており、その先の未来でアマゾンが大きな役割を果たすようにしたいと思ったわけだ。アレクサもゴーストアもインド進出も当初そうだったように、いまは経済的に引き合うと思えなくても、そのうち儲けられる日が必ず来るはずだからだ。

そのころアマゾンはプライム・ビデオを242カ国に料金別立てで展開しようと準備を進めていた。マゼランというコードネームのプロジェクトで、対象にはオンラインショッピングさえ展開していない国も多数含まれている。かつての本のように、動画で新しい市場に参入しようというのだ。だが『トランスペアレント』のシーズン3は主役が自分の性的認識に体を合わせる手術を検討する話が主なテーマであり、名刺代わりにクウェート、ネパール、ベラルーシといった国々に持っていくのはどう考えても不適当だった。

というわけで、2016年半ばから2017年末にかけ、ベゾスとアマゾンスタジオチームは打ち合わせを重ね、激論を戦わせた。HBOの『ゲーム・オブ・スローンズ』に肩を並べられる大ヒット作が必要だ。だがプライスがつくるのは『ワン・ミシシッピ』『グッド・ガールズ』『マッド・ドッグス』などそれなりの評価しか受けない作品ばかりである。さまざまな賞を獲得し、ロサンゼルスのベゾス宅で盛大なパーティまで催されることになった『マンチェスター・バイ・ザ・シー』は大きな実績だが、この件も社内ではケイシー・アフレックに対するセクハラとひとくくりで語られることが多い。8000万ドルという驚きの値段で買ったウディ・アレン初のテレビシリーズ『ウディ・アレンの6つの危ない物語』も評判がよくない（プライスはアレンの大ファンで、長年アレンのエージェントを務めているジョン・バーナムとも昔から親しい。このプロジェクトはプライスにとって夢だったというのが周りの評価である）。のちに論議の的となる映画人と仕事をしているのも問題だが、加えて、一般受けのいい事業としてプライム・ビデオを世界展開したいとベゾスが方針を転換したのに権威ある賞にノミネートされるものをつくろうとしているのもプライスの大きな問題だった。

ベゾスの言いたいことはわかる、だが、そういう番組は制作に時間がかかるというのがプライスの考えだった。そして2017年1月には、イスラエル出身のシャロン・タル・イグアドを採用。人気のゾンビシリーズ『ウォーキング・デッド』の世界配信に力を尽くしたテレビ業界人だ。この採用は社内に説明せず発表したため、アマゾンスタジオ社内ではひと悶着あったらしい。いずれにせよ、タル・イグアドはベゾスと親交を結ぶ。ふたりとも『ザ・カルチャー』や『リングワールド』といった長編SFが大好きだったからだ。タル・イグアドは、J・R・R・トールキンの小説『指輪物語』でまだあまり利用されていない部分について世界的に活用する権利を推定2億5000万ドルで取得する契約[14]を年内にまとめるなど、さっそく手腕を発揮した。

それでもベゾスにとっては動きが遅すぎた。打ち合わせのたび、ぼくの『ゲーム・オブ・スローンズ』はまだか、ぼくの『ゲーム・オブ・スローンズ』はまだできないのかとせっつく。それほどの大ヒットは当分できない、次のはおそらく同じくらい斬新だと感じられるものになる――プライスはそう言ってベゾスをなだめようとした。もう少し時間をくれ、トム・クランシー小説の登場人物ジャック・ライアンのシリーズなど有望な作品をいくつもつくっているのだから、と。

いわゆるプレビューツールは活用しているのか、早い段階で観てくれた人をオンラインのフォーカスグループとしてタイトルやコンセプトの検討はきちんとしているのかと問い詰められることもあった。このツールは、ビリー・ボブ・ソーントン主演の番組を『世紀の裁判（Trial of the Century）』から『弁護士ビリー・マクブライド』に改名し、ヒットに導くなど、実際に役に立っている。だがプライスは、信頼できないツールだ、クラウドソーシングはどこまでも広がるバーチャルストアに並べられた台所用品の価値を評価するにはいいかもしれないが、物語の良し悪しの判断には使えない、と反論。番組制作の場合、他社に持っていかれる前に急いで売れっ子のテレビプロデューサーや映画人と契約しなければならないことが多い、データなど気にせず嗅覚に頼るしかないこともあるというのだ。クリエイティブなコンセプトをクラウドで判断するのは難しいとも考えていた。『となりのサインフェルド』や『ブレイキング・バッド』のように、最初はぱっとしなかったものが後に大人気となることもある。ストーリーテラーを信じるのか、それともデータを信じるのか。アーティストの才能か群衆の智慧(ちえ)か。

いろいろな方法で記事の人気度を測れとワシントンポスト紙で求めたときも同じ議論になり、ベゾスもそちらではニュース編集室にいる専門家の判断を尊重することにした。だがアマゾンは自分色に染められるキャンバスであり、情報科学、実験、大量データで各種産業をガシガシつくり変えていく場である。遠慮などかけらもあるはずがない。クリエイティブな意志決定にも科学的アプローチを適用したいし、成果はすぐにあがらなければ気がすまない。この点においてベゾスとロイ・プライスは方向性がずれつつあった。

不出来な作品、セクハラ騒動

2017年に入るとアマゾンは37階建て、全面ガラス張りの新社屋に動いた。移動は数百メートル。今回も名前はデイ・ワンである。企業はめだつべきでないとベゾスは考えているが、ここまで有名になるとそうも言っていられない。通りに面してアマゾンゴー1号店はあるし、東の公園側はビル側面に「Hello World」と情報科学で有名な一言が黄色い電飾で大きく描かれている。

ベゾスの社長室とたくさんの会議室は6階だ。階段で上がって運動不足の解消に役立てるためで、これも旧社屋と同じである。3月、そこにアマゾンスタジオ幹部の姿があった。通りの向かい側ではとんてんかんてんとまた別の社屋が建設されている。アマゾンスフィアと呼ばれる球体状の巨大構造物も三つつくられていた。社員の共有エリアであり、絶滅危惧種などの温室としても機能する予定だ。

ずらりと並んだ会議室のひとつで、ベゾスは、『高い城の男』のストーリーがお粗末だと大変な剣幕だった。

「あのできはないよ。なんで止めなかったんだ？　なんで撮り直さなかったんだ？」

怒りの矛先はプライスに向いていた。

「おまえ、なに考えてるんだよ。コンセプトを吟味する方法なら、なにがしかあるはずだ。なきゃいかん。1億ドルの決断をするのに、いい決断かどうかを検討する時間がないってどういうことだよ。目をつぶって決めるなんてありえない。うまく行くか行かないかを判断する手だてが必要だ」

議論が続いたが、最後はベゾスがまとめた。

「いい番組をつくるのになにが必要かなんてわかってるじゃないか。そんなに難しいことじゃない。すごい番組には共通点がある」

そう言うと、ストーリーの要点をささっとリストアップしてみせたのだ。いつものことながら、1日にさまざまな分野の問題を検討し、エッセンスを抽出する能力は驚くものがある。

ヒーロー的な主役の成長・変化
魅力的な敵役

願望の成就（たとえば主役がすごい力や魔法など秘められた能力に目覚める）
倫理的な葛藤
多彩な世界（風景が変わる）
続きが気になる仕掛け（はらはらする終わり方）
人類の危機（宇宙人が攻めてくる、疫病がはやるなどの世界的危機）
ユーモア
裏切り
正の感情（愛、喜び、希望）
負の感情（喪失、悲しみ）
暴力

プライスもリスト作成を手伝い、完成したリストはしっかりと書き留めた。そして、このあと、制作中の番組について定期的に状況を報告しなければならなくなった。リストの項目にどう対応しているのかを表計算ソフトでまとめて提出しなければならないし、対応していない項目についてはなぜなのかも説明しなければならない。だが、プライスの指示でリストの存在は社外秘となっていた。実績のある実力派監督に優れたストーリーとはどうあるべきか教えを垂れるなどすべきではないからだ。本当に優れた番組は守ではなく破から生まれるものだからでもある。

プライスは危なげな決断を重ねていた。セルビア出身の世界的テニスプレイヤー、ノバク・ジョコビッチのドキュメンタリーは、何百時間も撮影したあげくけがで中止となってしまった[15]。そのほか、デンマーク出身のニコラス・ウィンディング・レフン監督にお願いして暴力満載の犯罪物でゆったりした展開の『トゥー・オールド・トゥー・ダイ・ヤング』を、また、マシュー・ワイナーとは『ロマノフ家の末裔～それぞれの人生～』というとりとめのないドラマを制作。ロバート・デ・ニーロとジュリアン・ムーアを起用し、ニューヨーク州北部でワイナリーを営む家族を描くデビッド・O・ラッセル監督の作品にもゴーサインを出している。ちなみに、前2作はいずれも第1シーズンで打ち切りになったし、最後の1作にいたっては制作を担当したワインスタインカンパニーのプロデューサー、ハーベイ・ワインスタインが性犯罪を犯してきたことが明るみに出たことから制作開始前に空中分解し、タイトルが決まることさえなかった。

複数の元社員によると、ワインスタインはベゾス、ジェフ・ブラックバーン、ロイ・プライスと昵懇の間柄で、ちょくちょくシアトルに来てはハリウッド参入の手助けをしていたという。この件について尋ねても、関係者は一様に口を開きたがらないのだが、プライム会員に映画館のチケットを何枚か提供するプライム・ムービーなるサービスの準備が彼の協力を得て進められていた時期があるとの証言もある。のちに立ち上がりつぶれるスタートアップ、ムービーパスとよく似たサービスである。

ウディ・アレンやハーベイ・ワインスタインの起用は、のちに、プライスの判断が甘い証拠だと批判の根拠としてよく挙げられる。うろんな行動はほかにもあった。２０１7年に女優で脚本家のライラ・ファインバーグと婚約すると、彼女が温めていた『12パーティーズ』なるテレビシリーズを買えと社内を説得しようとしている。公私混同だとの指摘があり、最終的にはワインスタインカンパニーに引き取ってもらったが。『シャンハイ・スノー』なる脚本を自分で書くこともしている。これも性格描写は人種的なステレオタイプだしセックスや暴力が意味もなく出てくるしで評価はさんざんだった。

アマゾンスタジオの女性社員は、2017年も、上司や職場に対する不満をつのらせていた。ジェフリー・タンバー、ウディ・アレン、ケビン・スペイシー（アマゾン制作の映画『エルヴィス&ニクソン』に出演）のポートレートで壁が埋め尽くされた会議室なんてものもあったらしい。セクハラ糾弾の#MeToo運動に飲み込まれる俳優ばかりだ。この運動にはロイ・プライスも足をすくわれるし、アマゾンもとうに始末したと思っていたスキャンダルに改めて苦労することになる。

スキャンダル発覚、アマゾンスタジオ幹部も更迭

2017年10月、流行の仕掛け人、ソートリーダー、作家、ミュージシャン、俳優、プロデューサー、さらにはその家族まで何百人もの人がプライベートジェットに分乗し、ロサンゼルスのバンナイズ空港からサンタバーバラまで飛んだ。そこからは黒いセダンを連ねて近くのフォーシーズンズリゾートへ移動。五つ星のホテルも通りの向かいにあるコーラルカジノビーチ&コバナクラブもこの週末は貸し切りである。家族ごとに世話係がつく。子どもについては一人につき一人と厚遇だ。部屋には数千ドル分ものみやげが置かれている。持ち帰り用にりっぱなかばんまで用意する念の入れようである。

文学者や社交界の名士を集めて開かれるアマゾンのイベント、キャンプファイアである。2010年、ストーリーテラーとその家族を週末に集め、ニューメキシコ州サンタフェで開いたサロンが前身だ。会場が手狭になったので、2016年からはサンタバーバラに会場を移して開かれている。存分に楽しむイベントで、ベゾ

スなど毎年一番楽しみにしていると言うほどだ。会場を南カリフォルニアに移したのは、ちょうど、アマゾンが事業を書籍からエンターテイメント全体に進化させたころである。

費用はすべてアマゾン持ちだ。講演、おいしい食事、打ち解けた会話、ハイキングと内容は盛りだくさんである。おもしろい人物を世界中から招待していて、ベゾスも彼らとの同席を心から楽しむ。講演は最前列で聞く。妻や4人の子どもの肩に手を回し、輪の中心でだれよりも大きな声で笑う。ちなみに、キャンプファイアのことを記者に話してはならないことになっていて、秘密保持契約を結ばないと参加できない。

この年のゲストはオプラ・ウィンフリー、ションダ・ライムズ、ベット・ミドラー、ブライアン・グレイザー、ジュリアン・ムーア、さらにはインディーズの女優でミュージシャンもしているキャリー・ブラウンスタイン、小説家マイケル・カニンガム、元編集主幹のマーティ・バロン、ミュージシャンのジェフ・トゥイーディーなどだ。ニュルンベルク裁判の検察官で唯一存命のベンジャミン・ベリル・フェレンチによる講演もあった。婚約者のライラ・ファインバーグを伴って登場したプライスをはじめ、アマゾンスタジオの幹部も何人も招待されていた。

このころプライスは会社での地位が危うくなりつつあった。この直前に発表されたプライムタイム・エミー賞は全部フールーとHBOに持っていかれ、アマゾンは完敗だった。この件でウォール・ストリート・ジャーナル紙は『ハンドメイズ・テイル／侍女の物語』や『ビッグ・リトル・ライズ』などのヒット作を見送ったことなどを報じた。この記事に、『ビッグ・リトル・ライズ』や『弁護士ビリー・マクブライド』の生みの親デビッド・E・ケリーの言葉として、この年のプライムタイム・エミー賞は素人のど自慢かと思うようなところがあった[16]、アマゾンは本当になにを考えているのかわからない[17]とも記されていた。

プライスにはもっと大きな問題が迫っていた。2015年のコミコン後にプライスがイサ・ハケットに投げかけた不適切な言葉とその社内調査について、少し前からロサンゼルスの意欲的なジャーナリスト、キム・マスターズが改めて調べていたのだ。ただ、ニューヨークタイムズ、バズフィード、ハリウッド・リポーターなど#MeTooの報道を辞さないメディアも取り上げてはいない。プライスはハーベイ・ワインスタインと同じ弁護士に対応を依頼。8月に入るとオンラインの技術系ニュースサイト、ザ・インフォメーションにマスターズの記事の要約版が掲載される。この報道についてハケットは、プライスとの関わりは「やっかいなできごとだった」以上のコメントは遠慮したいとのことだった。

キャンプファイアのころ、#MeToo運動は大きく盛り上がりつつあった。直前には、ハーベイ・ワインスタインの行動を詳しく調べたローナン・ファローの記事をザ・ニューヨーカー誌が掲載(前年までワインスタインもキャンプファイアに参加し、講演したりしていたが、この年は「好ましからざる人」となっていた)。また前日午後には、ワインスタインの犯罪行為をロイ・プライスに伝えた、ペドフィリアとも言われる連中やレイプ犯、セクハラ男を使うのはやめろとも言ったなど、ワインスタインの被害者である女優ローズ・マッゴーワンによる@JeffBezos宛てツイートが始まった。この件は警察に相談しろとプライスはアドバイスしたそうだ。いずれにせよ、アマゾンは、ワインスタインカンパニーをはじめセクハラなどで指弾されているハリウッドの大物とよく仕事をしている。感情的に非難されて当然の事実であり、アマゾンにとって大事な週末の始まりにあたりなんともばつの悪い状況になっているのも事実である。

マスターズが遊軍記者のひとりだからかハリウッド・リポーターも方針を転換し、彼女の記事の完全版を掲載した。[18] 今回はイサ・ハケットも、2年以上前、コミコン後にウーバー車内でプライスに言われたひどいことや「現実とは思えない恐ろしい」体験について公式に語り、認めていた。キャンプファイアの週末、アマゾンスタジオ幹部は前日入りする決まりなので、この記事が公開されたとき、プライスはホテルのスイートにいた。他の幹部と階下にいた婚約者のファインバーグは携帯電話で記事を読み、泣き出してしまう。

やっかいなことになりそうだ。プライスとファインバーグには、すぐロサンゼルスに戻れとの指示が飛んだ。このときのことをプライスは「とにかく驚きましたしとても悔しい思いでした。当たり前じゃないですか」と語っている。ほかのアマゾンスタジオ幹部はジェフ・ブラックバーンと緊急の電話会議を開き、善後策を協議。とりあえず、他の幹部は現地にとどまることになった。

アマゾンは対応に苦慮した。ブラックバーンの判断でプライスは一時休職。今回も、オリジナルコンテンツの制作を始めた男、権威ある賞をいくつも獲得したチームを構築し、導いた男はそれなりの扱いを受けるべきだというのが理由である。ジェフ・ベゾスのためにハリウッドにいたる道を拓いた男なのだ。神聖なるリーダーシップ原則14カ条にも、リーダーとは「大いに正しいもの」とある。

ベゾスもそれでよしとしていた――これはいかんと思うまでは。いくら待っても『ゲーム・オブ・スローンズ』はできてこない。プライスは部下の信望も失っていたし、不穏当な言動やおりおり見せる不作法には眉をひそめざるをえない。ハケットのケースにいたっては不穏当である。そういう言動のある人物であることはわかっていたが、そのあたりはきちんと対処した――それがアマゾン幹部の認識だった。だが社会を揺るがす騒動になってしまったいま、総スカン状態の幹部をかばうべきなのか？　翌火曜日、プライスは辞任に同意した。

事態を収拾するため、ブラックバーンはイサ・ハケットに連絡を取ることにした。男ばかりのSチームを中心としたアマゾン経営陣が彼女の訴えにきちんと耳を傾けてこなかったのは疑うべくもない事実だからだ。ハケットは不快な体験をしたと社内調査の担当者になんとか伝えようと手を尽くしたがうまく行かず、結局、話をメディアに持ち込まざるを得なかったわけで、感情的に追い詰められていた。電話口で泣き出してしまう。

「ちゃんと話をしたじゃないですか。対策する時間だって何カ月もあったじゃないですか。ここまで私を追いこんだのはアマゾンです。そのせいで私や家族がどれほど苦しんできたことか」

ブラックバーンはじっと耳を傾けると、今度は彼女の懇願に向き合う、アマゾンの資源を活用してハリウッドや米国企業社会にはびこる性差別に対処していくと約束した。

数日後、ブラックバーンはサンタモニカに出向き、アマゾンスタジオ社員と面談した。２０１５年にプライスを首にしなかった理由を説明しろと求める社員がいた。今回首を切るのはハーベイ・ワインスタインなど＃ＭｅＴｏｏ渦中の人と距離を置くためかと問う社員もいた。スケープゴートにするつもりか、彼の指導のもと、アマゾンはほかのスタジオより多くの女性クリエイターと仕事をしてきたなど、ごく少数ながらプライスを擁護する人もいた。複数の出席者が証言しているのだが、ブラックバーンからは、もっと早くに対処すべきだったがこのたび新たな情報が明らかになったのでなどと説明があったらしい。なにをいまさらと思った人も少なくない。

ブラックバーンは、週をまたがずこの見苦しい事態に終止符を打とうとした。

「このところアマゾンスタジオの名前がおかしな形で報道されてしまっています。話題として取り上げられるべきは視聴者のために制作しているすばらしい番組や来年に制作を予定している新番組だというのに」

アマゾンスタジオ社員に宛てた彼の電子メールにはこう記されていた。

プライスは公に謝罪し、ハリウッドを席巻する非難の的からはずしてもらおうとしたが成功したとは言いがたい。私への電子メールには次のように書かれていた。

「2015年、すぎたおふざけでイサ・ディック・ハケットに不快な思いをさせてしまった件については心から申し訳ないと思っています。あのとき、彼女に謝罪をさせてもらえたらよかったのにと思います。謝罪したかったのに、会社が許してくれなかったのです……いずれにせよ、あのときパーティをはしごするのに数ブロックをウーバーで移動するにあたり、楽しい時間にしたいとそれしか考えていませんでした」

結婚式目前だったが婚約者はスキャンダルで去ってしまった。エンターテイメント業界からは追放。プライスという名前はワインスタイン、レスリー・ムーンベス、マット・ラウアーと並ぶ性犯罪者として語られるようになった。祖父は共産主義シンパとして魔女狩りにあっているわけで、プライスにしてみれば、歴史はくり返すといったところかもしれない。

プライスのところにベゾスから連絡などあるはずがないし、実際、なかった。アマゾンは成果を出す場所であって人と仲よくなるための場所ではないからだ。追放したプライスの後釜には、副官のCOOアルバート・チェンが昇格。暫定という扱いだったが、チェンは幹部人事の刷新を進める。『トランスペアレント』や『マーベラス・ミセス・メイゼル』などの人気番組に貢献したジョー・ルイスも降板させられたひとりである（ルイスは2年の有期契約で制作を担当して『フリーバッグ』を世に送り出し、アマゾンの受賞歴を増やす成果をあげる）。ほどなくNBCからジェニファー・サルケを引き抜いてCEOに据えるとともに、サンタモニカの味気ないオフィスパークから映画史上にその名を残すカルバーシティーの施設に本社を移転すると発表。『風と共に去りぬ』の撮影に使われた豪邸である。

こうしてアマゾンスタジオ経営陣の顔ぶれは一新された。『ザ・ボーイズ』や『ジャック・ライアン』など、スキャンダルにまみれた守旧派が制作を決めた番組の多くが世界的ヒットとなったのは皮肉な話と言うべきだろう。プライム・ビデオ関連の支出は２０１８年に50億ドル、２０１９年に70億ドルと動画に対する投資は高水準が続いている。本当のところどれだけのリターンがあるのかという疑問はときおり示されるが、取締役会からも投資家からも特に強い反対の声が上がることはない。ウォルマートやターゲットなどのライバルも２日配送を保証するようになっており、ある意味、プライムの特典として動画無料配信の価値は上がっていると言える。オリジナルの番組や映画があることで、アマゾンはネットフリックスを僅差で追う立場を確保し、ディズニー、アップル、パラマウント、ＨＢＯなどと並んでホームエンターテイメントの未来を形づくるレースに参戦できているという側面もある。

豊作の10年でジェフ・ベゾスが大きく賭けたひとつがプライム・ビデオである。進むべき道をくり返し示す、事細かに進捗を確かめる、世の中に知られるようになった自分の名前を活用して知名度を高めるという方法で、ベゾスは、将来有望な新技術や新産業への道をくっきりと描き出した。アレクサ、アマゾンゴー、アマゾンインド、プライム・ビデオなど、いずれも、投資額を考えればいまいちの結果に終わる可能性は否定できない。もちろん、逆に、予想をはるかに超える大成果となる可能性もある。

ベゾスは新しいなにかを生み出すことに集中しがちであり、商品の購入、販売、在庫管理、物流などの分野にはあまり注意を払わない傾向がある。そこがアマゾンの原点であり、最大の収益源でもあるというのに、だ。しかも、会社も経営者もどんどん有名になるのと歩調を合わせるかのように、その部分の回転もスピードが上がっていた。

第Ⅱ部

レバレッジ

2016 年 12 月 31 日時点のアマゾン

年間純売上高：135 兆 9870 億ドル
従業員数（正規・非正規の総数）：34 万 1400 人
時価総額：3554 億 4000 万ドル

ジェフ・ベゾスの個人資産：654 億ドル

第7章 マーケットプレイス
――品ぞろえマシン

2016年10月、雨の日曜朝、刑事事件を専門にマイアミで仕事をしている弁護士ビクター・ベドメドがガレージで車をいじっていると、玄関からノックの音が聞こえてきた。妻とふたりの子どもが居間にいるが――みんなパジャマ姿でテレビを見ている。しかたがないので手を洗うと家の中を通って玄関へ行く。霧雨のなか立っていたのは中年の男性ふたりとティーンらしい子どもがひとり。車は見当たらない。男性の片方はジョシュア・ワインスタインという名前で近くに住んでいるという。彼が連れを紹介しようとした瞬間、それがだれだかわかりベドメドは思わず口にしていた――あなたなら知ってます、と。

ジェフ・ベゾスだった。やっぱりわかりますかと言いながら軽く会釈をする。ベゾスが言う。実は35年以上も前、高校生だったころ、この家に住んでいた。ワインスタインとは子ども時代からの友だちだ。彼の父親が先日亡くなったこともあって、次男のジョージとふたり、彼のところに来た。そのついでにここまで雨の中を歩いてきた。思い出の家を見せてもらうことはできるか。

驚いた。自宅は300平方メートルもないバンガローで、ここに世界有数のお金持ちが昔住んでいたなど想像したこともなかったからだ。２００９年に買ったとき、前の持ち主から「運がつくらしいですよ」と言われはしたが。

カウチにいる妻のエリカは、入ってきたのがだれなのか気づかなかった。このころのベゾスはビジネスやメディアに興味がある人ならわかっても、ふつうの人にはまだそれほど知られていなかったのだ。地域の政治家かなにかを家に入れたのだろうと思ったエリカは硬い表情でそちらをにらんだ。一方ベドメドはと言えば予想外の展開にめんくらってしまい、お客がだれなのか妻や子どもに紹介もしなければなにが起きているのか説明も忘れていた。

玄関のドアを入って右にはキッチンとガレージがある。ガレージは天井が高く車2台が入れられる広さで、ベゾスが昔、友だちとホームカミングデーのパレードに使う科学クラブのデコレーションをつくったりした場所だ。左に廊下を進むと、ベッドルームが四つある。昔、ベゾス、両親、弟のマーク、妹のクリスティーナがそれぞれ使っていた部屋だ。正面のバスルームには裏庭に出るドアがついている。ティーン時代、父親のマイクと口論のあげく夜中にそこから抜け出し、母親のジャッキーを心配させたいわく付きのドアだ。ベゾスが使っていたベッドルームは家の正面側にある。高校卒業式の総代スピーチとして環境汚染をまき散らす工場をぜんぶ宇宙ステーションに上げ、地上はすべて自然保護区にするという大胆なビジョンをまとめたのもそこだ。

ベゾスはゆっくりと見て歩く。変わったところがある。変わらないところもある。裏庭に出るガラスのスライドドアから外を見ると、南フロリダでよく使われている虫よけの覆いがプールからなくなっていた。ベドメドが買ったときにはもうなかったのだという。

しばらくしてベゾスらが辞去するときが来た。わけがわからないままエリカもあいさつに出てくると、もしかしてマイアミ・パルメット高校の生徒かとジョージに尋ねた。ベゾスの出身校だ。ジョージはもちろん自宅に近いシアトルの高校に通っている。

別れ際には全員で記念撮影をした。

地に足がついていて如才のない人。それがベゾスの印象だったとベドメドは言う。ただ、夢のような15分を思い返してはもっとうまく対応できたのではないかと考えてしまうそうだ。

「あそこまでレベルが違うとどう応対したらいいものやら、わからなくなりますよ。彼のことを知らなければふつうにできたはずなのですが」

有名人には独特の雰囲気があり、近づいた人はついいつもと違う言動をしてしまう。このころジェフ・ベゾスは日に日にお金が増えていて、その状況が悪化することこそあれよくなることはありえなかった。

セルフサービスでレバレッジを効かせる

1兆ドル帝国の興隆とそれに伴い増大するベゾス本人の富を正しく理解するには、時計の針を巻き戻し、アマゾン電子商取引事業の加速とその意図せざる結果を見てみなければならない。米国事業の売上は、2015年、年率25%とかなりのスピードで伸びていたわけだが、それが2017年には年率33%に達する。売上が増え、利益も増え、いずれも自己最高を更新していた。北米だけでも年間1000億ドル以上を売り上げるほどになっていたが、その血管には若々しい会社のホルモンが流れているとしか思えない。

これは弾み車のおかげだ、事業の基本方針である良循環がうまく回っているからだとアマゾン幹部は言う。

低価格とプライム会員制度があるので利用ユーザーが増え、その結果、マーケットプレイスの出品が増える。品ぞろえが増えれば、また、ユーザーが増える。マーケットプレイスに出品する業者から手数料が入るのでさらなる値引きもできるし、お急ぎ便の対象商品を増やしてプライムの魅力を高めることもできる。そういう流れで弾み車自体が回転を速めていく。

大会社になっても火のように成長するアマゾンを理解するもうひとつの鍵は、業務レバレッジの追求に成功している点である。つまり、費用より速く売上が伸びている。業務レバレッジというのは、ある意味、ヨットが加速していくにつれ帆を調整するようなものだ。ベゾスもSチームの副官たちも発する問いは、古く成熟した事業部の幹部と変わらない。どうすれば売上を伸ばしつつ業務コストを削減できるのか。どうすれば社員の時間あたり生産性を高められるのか。どこに自動化やアルゴリズムを適用すれば人員増を抑えられるのか、あるいは人がいなくても処理が進むようにできるのか。

アマゾンは、毎年、少しでも効率を高め、レバレッジを改善しようとする。その結果、社員の仕事は年々難しくなる。２０１３年夏、アニメーション映画『怪盗グルーのミニオン危機一発』をリリースしたあとに始まったプロジェクトがそのいい例だろう。この映画を大いに気に入ったおもちゃ部門の社員が、ドーナツ棒によく似たミニオンのぬいぐるみなど関連グッズを大量に仕入れ始めた。ちなみに、このころ仕入れの発注は小売部門の在庫管理マネージャーが手作業で行っていた。

さて、映画はそれなりの人気を博したが、なぜか関連グッズは売れず、物流拠点で棚ざらしになってしまった。これには困ったとおもちゃ部門の元在庫管理マネージャー、ジェイソン・ウイルキーは言う。

「ライセンス商品が山と売れ残ってしまいました。値引きしてもだめ。だれも欲しがらないんです」

原因の究明が行われ、気分に左右される人間の感情が失敗の原因である、データに基づいて冷静に判断していれば発注量を抑えられたはずだとの結論に達した。

こうして始まったのがプロジェクト「弾み車にさわるな（Hands Off the Wheel）」である。数年後、小売部門の在庫管理マネージャーはほかの仕事に異動するか首になり、その仕事は自動処理システムが行うようになっていた。人ではなくソフトウェアが数字を基に発注をかけるのだ。アルゴリズムで映画関連グッズの需要を完璧に見積もることはできないかもしれない。だが、花火がたくさん打ち上げられる7月4日に向け犬用ベスト型ハーネスの需要が盛り上がるであろうことや中西部で大雪と予報が出れば雪かき用シャベルがよく売れるであろうことなどは十分に予想できる。

ベゾスも彼の副官もみな、そういう仕事は人間よりアルゴリズムのほうが速くて正確だと考えている。どの物流拠点に在庫するのが一番いいのかもアルゴリズムで判断できる。社員の手をわずらわせることなく自動的にメーカーと仕入れ価格の交渉をしたり、各種ブランドと独自プロモーションの交渉をしたりするシステムもアマゾンは用意している。

そういうシステムの開発はかなりの先行投資が必要で、固定費を押し上げる要因となる。だが何年かのうちに変動費の削減で十分におつりが出るほどの効果が得られる。これこそ究極のレバレッジだろう。小売事業をセルフサービス主体の技術プラットフォームという形に変換し、最小限の人手でキャッシュを生み出すマシンに変えてしまうのだから。

レバレッジの追求は、マーケットプレイスやそこで利用されるサービス、「フルフィルメント　BY　AMAZON」（FBA）についても徹底的に行われている。FBAとは、出品者から送られてきた商品をアマゾンの倉庫に保管し、売れたら顧客に送るという仕組みで、一見するとなにがいいのかわからないかもしれない。このサービスを使っても商品は出品者のものでその価格も出品者が決める。ただ、プライム会員には2日配送が保証される。アマゾンにもメリットがある。サードパーティの商品もサイトに掲載し、フルフィルメントセンターから発送できれば倉庫の取扱量も増やせるし固定費以上に売上を大きくすることもできるからだ。

「セルフサービス・オーダー・フルフィルメント」という名前でこのサービスを導入した2002年、アマゾンの都合に振りまわされるようになるのではないかと出品業者は疑心暗鬼だった。しばらくすると、自分たちの強みは商品の保管や出荷にあるのではないとの認識が広まる。FBAなら顧客体験がよくなるし、出品した商品をアマゾンで見る客が増えることも判明する。というわけで、数年もたつと、ボーリングのボールやホワイトボードといった在庫しにくいものを含む大小さまざまな商品がアマゾンの倉庫に流れ込むようになった。

自分にとっては悪夢だったと、ゼネラル・エレクトリックの幹部から転身し、2006年から2013年、アマゾンのワールドワイドオペレーション担当シニアバイスプレジデントを務めたマーク・オネットは言う。

「みんな、屋根裏部屋に置いていたものを私のところに動かしてくれましたからね。でも、もちろん、それをなんとかするのが我々の仕事だったわけです」

2000年代後半、ベゾスは、FBAに深く関わった。出品者の料率表といった細かな点にも口を出し、赤字になってもかまわないからサービスが一定規模以上になるまでとにかくシンプルに保てと言い続ける。黒字化をめざして一部在庫品についてアマゾンの取り分を大きくしたいとFBA幹部から申請があるたび、「そろそろだとはちょっと思えないんだが……」と返したらしい。

「なんだこれ?」

２００８年10月、社内で伝説となるＦＢＡレビュー会議の始まりだ。ベゾスが示しているのは海外ＦＢＡの経済性を記した６ページメモに添付されたエクセルの数字である。ベゾスがかんしゃくをときおりは抑えられるようになる前、ＣＥＯとしてまだ成熟中の時代で、痛烈なフィードバックで部下をこてんぱんにするのが通例だったころである。資料を用意したのはＦＢＡで財務を担当する幹部シンシア・ウィリアムズだ。分析をしているときなにかおかしいと感じたが、なにがおかしいのか、どうしてもわからなかったのだという。

「改めて見てみると、明らかなまちがいが……。それはもう、気分が足元まで落ち込みましたよ」

追い打ちが来た。

「ここの数字がまちがっていて、ほかの数字ならどうして信用できるのかぼくにはわからない。無駄な時間を１時間使わせてくれたわけだ」

ベゾスは資料をふたつに引き裂いてウィリアムズの前に投げると部屋を出て行く。残るは物音ひとつしない会議室だ。

「うん、この展開は想定外ですね」

努めて明るくそう言うと、立ち上げから10年、ＦＢＡを率いてきたトム・テイラーがベゾスを追った。

ウィリアムズは、その日のうちに訂正したデータを添えて謝罪のメールをベゾスに送ると、家に帰ってワインでやけ酒にした。ベゾスの返信は夜の８時だった。感情の暴発については触れられていなかったが、訂正に感謝する旨書かれていた。きみくらいきちんとしていてああいうまちがいをしたことがない人は知らないとの言葉もあった。ウィリアムズはこの返信には感謝している、提案そのものも書き直して数週間後に再提出したと語ってくれた。なお彼女はこのあと10年アマゾンにとどまり、最後はバイスプレジデントにまでなっている

（その後マイクロソフトに転進）。

この出来事は長年にわたりアマゾン社内で語り継がれていく。トップのかんしゃくに気をつけろという意味ではない。トップがレベルの高い仕事を要求し、部下は粘り強くそれに応える、アマゾンはそういう職場である、そうでなければＦＢＡなどの複雑なサービスを実現することはできない。そういう意味である。

ＦＢＡには成功の目があるし、成功すれば特大のインパクトを持つはずだ。ベゾスはそう考えていた。トム・テイラーによると、だから、ぜひともうまくやってくれ、そうすれば、やはり大きな可能性を持つほかの事業に資金を提供できるようになると言っていたらしい。そして、そのためには、ほかのチーム の３倍という速いスピードでＦＢＡは進まなければならない、とも。

ＦＢＡの進む道を決めた「ジェフィズム」はほかにもたくさんある。毎年恒例のＯＰ１企画会議でＦＢＡチームがメモしたもののなかからヒット級をいくつか紹介しよう。

「コスト削減に注力しろ。コストを回収するために料金を徴収するのではなく、コストを抑えた上で自分たちの価値を最大化するために料金を徴収するほうがいい」

「料率表がおかしいとおかしなことが起きる。料率表は価値にみあったものにしなければならない」

「コストを減らせないから値上げするなどもってのほか。コスト削減の方法は発明するものだ」

「サードパーティ事業は１００％実現すべきだ。異論は認めない。豊富な品ぞろえを低価格で実現する。それが大事なんだ」

「平均なんぞ目安にするな。大事なのは実際の数字、最高値であり最低値であり、なぜそうなったのかだ。平均なんかじゃない。平均はものぐさの証にすぎない」

歯に衣着せぬ指導が10年以上も続いた結果、2014年にFBAはようやく黒字化する。出品者の数もいいペースで増えていた。FBAの元幹部ニール・アッカーマンはこう語ってくれた。

「このプロジェクトにだれか天才がいたなどとは思わないでいただきたい。そういうことではないのですから。ジェフがみんなに発破をかけたのです。料金は安くしろ、売上は気にするな、気にすべきは売り手を集め、品ぞろえを増やすことだと。事業を大きくして儲けるにはそうすべきだとわかっていたのはジェフなのです。事業の入口に集中していれば、売上や収益といった出口は自然と落ちつくところに落ちつくといつもくり返していました」

ベゾスはFBAを軌道に乗せるのと並行して、これと連動する事業、アマゾンマーケットプレイスの育成に力を注いだ。サードパーティの売り手がアマゾンウェブサイトで新品や中古品を売れる仕組みである。導入から数年を経た2007年、マーケットプレイスに並ぶのはほこりっぽい古本ばかりで、取り扱いもサイト全体の13%を占めるにすぎなかった。歩みが遅すぎるといらだち、もっと意欲的なものを出せとOP1で企画書を破り捨てたこともある。また、マーケットプレイス部門のトップに据える人材を探す際には、どうすれば売り手を100万軒、マーケットプレイスに集められると思うかと候補者に尋ねたらしい。

2009年に入ってようやく適任者がみつかる。

プライム・ビデオがまだなかったこの年、シアトル中心部のベナロヤ・ホールで開く全社集会に俳優のトム・クルーズが登壇。この全社集会ではベゾスが飛行機や宇宙旅行について舞台裏でトム・クルーズと話し込んでしまい、社員と一問一答の時間に遅れるというハプニングが起きたりした。トム・クルーズを呼んだのは、順調な音楽や映画の事業を率いるピーター・ファリシーである。彼は、この少しあと、今度はSチームの昼食会に招かれる。音楽・映画の順調な業績を祝すからとベゾスから声がかかったのだ。さらに1カ月後、会社で一番振るわない部門を担当してくれないかとの話がベゾスから舞い込む。

ベゾスが面接で尋ねていた問いに対する答えはひとつしかない。ファリシーはそう考えていた。1カ所ずつ売り手に誘いをかけて100万軒を集めるのは不可能だ。集めるのではなく、逆に売り手がアマゾンに集まってくる仕組み、それもセルフサービスの仕組みをつくる以外に方法はない。

ファリシーらは、数年をかけてセラーセントラルの大改造を進めた。セラーセントラルというのはアマゾンに出品するサードパーティのためのウェブサイトで、商品の登録や価格の設定、プロモーションなどを簡単に行える。基本的にセルフサービスで、アマゾン社員による確認や監督は最小限に抑えられる。ベゾスはFBAと同じように今回もしばらく密接に関与した。ファリシーはこう語っている。

「最初の2週間でジェフから疑問符メールを7通、もらったと記憶しています。のっけから火の中にぶち込まれた感じで、またとない学びの機会になりました」

幸いなことに追い風が吹いていた。ライバルであるイーベイが、始末に負えない出品者が多いからと手数料の値上げや大手の優遇を打ち出す騒ぎになっていたのだ。だからファリシーは、2010年、シアトル・タコマ国際空港近くのマリオットホテルで、第1回アマゾンセラーカンファレンスでイーベイを主戦場としている人々に訴えた。アマゾンのマーケットプレイスは公平・公正で、販売業者は全員同じ条件になる、ぜひアマゾンでの販売に倍賭けしてほしい、と。スタンディングオベーションになった。だが、この友好関係は長続きしない。

ファリシーもアマゾン幹部らしくベゾス流の厳しい管理手法を使う。ファリシーはデトロイト出身で、マッキンゼーと書店チェーンのボーダーズでしばらく働いたあと、アマゾンに転職。水が合ったのだろう、すぐにアマゾン流を吸収した。評価週報の提出が遅れた部下に、きみ、給料もらいすぎなんじゃないのとか向いてないんじゃないのとか冗談めかして言ったりするのだ。

マーケットプレイスを担当してからは、なにかにつけ小売部門と戦うようになった。セラープラットフォームはだれでも自由に登録し、低品質・低価格の商品を売りはじめられるなんでもありの魔窟(まくつ)であるのに対し、小売部門は顧客にいい体験をしてもらえるよい商品を並べることが最優先だからだ。

質と量、どちらが大事なのか――アマゾンで昔から続く議論である。今回はいつも激戦となり、ファリシーの上司であるシニアバイスプレジデントのセバスチャン・ガニングハムかそれこそベゾスが出なければ収まらないことも多かった。このふたりは、いずれも、なるべく速く品ぞろえを増やすことを重視していた。

「ジェフもセバスチャンも、『多いことはいいことだ』が持論でした」

マーケットプレイスの幹部を長く務めているエイドリアン・エイゴスティーニはこう証言している。

「彼らも一定の決まりは必要だと考えています。法律に背くな。殺すな。毒を盛るな。これ以外ならなんでもありで、顧客に決めさせればいい、というのです」

2010年代初頭、アマゾンが主戦場とする米国と欧州では、これはチャンスだとたくさんのアントレプレナーが参入した。ほかにない製品を開発し、中国あたりにつくってもらえば、オンライン通販で百万人単位の人に売ることができるのだ。

一方、ファリシーらはセラーを自分たちの顧客と位置づけ、その便宜を図るため、ユニークな商品に光を当てるアマゾンエクスクルーシブや、ＦＢＡに置く商品を担保に融資をするアマゾンレンディングなどの制度を導入していく。おりおりフォーカスグループも活用し、なにか問題はないのか、どういうツールが欲しいのかなどをセラーにヒアリングするなどもした。

「あのころアマゾンは、たしかに、我々の事業が成功するように努力してくれていました」

こう語るのは、スタンドアップパドルボードをアマゾンで販売し、人気の起業番組『シャーク・タンク』でも取り上げられたステファン・アーストールである。2015年のアーストールはサンディエゴで10人の社員を雇い、年商400万ドルをたたき出していた。アマゾンの新しいプラットフォームで一財産を築いたアントレプレナーのひとりである。だが、マーケットプレイスに対する認識は少しずつ変わっていったという。

ベゾスはマーケットプレイスの発展に満足していた。この年、商品の売上総額でマーケットプレイスが小売部門を初めて抜いたのだ。しかも、セルフサービスに近い事業なので頭数の増え方より収益の伸びのほうが大きい。こんなにいいことはちょっとない。

「成功したらレバレッジが効く事業がようやくみつかったわけだ」

ＯＰ1企画会議でベゾスは大喜びした。マーケットプレイスの6ページメモを胸に抱いている。

「これは持ちかえって、今晩抱いて寝るよ」

今後、ＯＰ1への報告はアマゾンレンディングなど新構想だけでいい、マーケットプレイスそのものについては不要だとの指示もあった。ＣＥＯとして力を注ぐべきは新製品だということもあり、マーケットプレイスの事業は複雑になっていて大所高所からの指導でどうにかなる話ではなくなってきたこともありなのだろう。

ＦＢＡに対しても同じ指示が飛んだ。事業には今後も注目している。意見が対立した場合には自分が判断を下すし、なにか問題に気づけば例の疑問符メールを送る。だが、あれこれ細かなところまで企画段階から首を突っ込むことはしないというのだ。

このおかげで、ベゾスは、このあと起きる混乱から多少は距離を置くことができたと言える。

重視すべきは質なのか量なのか

アマゾンマーケットプレイスやＦＢＡが伸びてきたころ、波乱をもたらしかねないライバルが登場した。立役者はポーランドとカナダの二重国籍を持つ元グーグル社員、ピーター・シュルチェフスキーだ。シュルチェフスキーは、２０１０年、オンライン広告のスタートアップ、コンテクストロジックを立ち上げる。[2]これが鳴かず飛ばずに終わりそうだと感じると、地域的なさや取りとでも言うべき鋭いひねりを加えた電子商取引へと転進。このころのネット通販は、中国でつくった製品をまとめて西側に送り、自社のラベルを貼った上でお金にわりと余裕のある都市部に短納期配送で販売する形が主流だった。だが、配送に数週間かかってもいいから無印の商品を中国から直接安く買えたらいいと思う人もいるのではないだろうか。

シュルチェフスキーは社名をウイッシュ・ドット・コムに変え、[3]２０１２年末、中国から販売業者を集めるため、また、カスタマーサービスが行えるようにするため、中国系スタッフを雇い入れることにした。タイミングもよかった。アリババのおかげで中国でもインターネット商売が活発化しており、国外に販路を拡大したいと考える企業がたくさんあったのだ。実はアリババもシュルチェフスキーと同じことを考えていて、国境を越える販売を目的につくったアリエクスプレスというサイトがメキシコや欧州で話題になりつつあった。

ウイッシュ・ドット・コムもアリエクスプレスも商品が雑多に並んでいてオンライン通販の初心者にはハードルが高い。だが、次々買い換えても惜しくない衣料品など、宝探しがおもしろい。合皮のスニーカーが12ドルといった具合なのだ。そんなわけで、ウイッシュは、２０１４年、ベンチャーキャピタリストから６９００万ドルを調達し[4]、ウォール・ストリート・ジャーナル紙に特集記事が載るほどになっていた。

このスタートアップについて初めてベゾスと話をしたとき「これ、やる気なんだろう？」とこちらをじっと見て言われたのだとセバスチャン・ガニングハムは言う。「ウイッシュを見てこれだと思ったのです。びびっと来ましたから」

こういうときアマゾンは、買収の可能性をちらつかせるなどして注目したスタートアップに近づき、学べるかぎりを学ぶのがふつうだ。というわけで、シュルチェフスキーと共同創業者のダニー・チャンをシアトルに招待した。対応したのはマーケットプレイスの幹部連だ。ふたりはこのとき、自分たちのビジネスモデルは懐疑的に見られているのだなと感じたそうだ[5]。

だがその後も2年間、ウイッシュは資金を調達し成長を続けた。だから２０１６年、アマゾンはまたシュルチェフスキーに声をかけ、ベゾスを含む面談をセッティングしようとした。アマゾンの意図に疑念を抱くようになっていたシュルチェフスキーは、1対1なら会うと回答。結局、招待のカレンダーにほかのアマゾン幹部も名前を連ねていたので訪問はキャンセルしたという[6]。

このころアマゾンでは、変化への対応が急ピッチで進められていた。中国の販売業者が洪水のようにインターネットに流れ込み、安価な商品のカンブリア爆発が起きようとしていたのだ。どこがつくったのかもわからない商品で万人受けはしないかもしれないが、若者や低所得の人がオンラインショッピングを始めるきっかけにはなるかもしれないし、そういう人がのちにもっと高い商品を買うようになったり、それこそAmazonプライムの会員になったりすることもありうる。

アマゾンは、中国の販売業者が使えるオンライン市場を中国につくろうとしたが期待外れの結果しか出せなかった。今回の流れは、人口世界一の国に再進出するチャンスかもしれない。というわけで、アマゾンは、13世紀イタリアの探検家にちなんでマルコポーロと名付けた構想を新たに立ち上げ、販売業者を集める、セラーセントラルを中国語に翻訳するなどした。現地で販売業者にカスタマーサポートを提供する拠点も北京に設置。輸送費用の削減と輸出手続きの効率化を目的としたドラゴンボートなる構想も立ち上げた。上海や深せんといった沿岸部のハブに商品を集め、まとめて通関してコンテナに入れるとマースクなど海上輸送の会社からアマゾンが引き出した大口の割引料金で輸送するわけだ。[7]

このとき採用された社員には、ぐずぐずするな、早くでかくなるんだと発破がかけられた。社内文書を関係者に見せてもらったのだが、そこには、中国拠点の人員を急いで拡充しろ、中国のセラーを増やし、彼らにFBAの使い方を教えろなどと書かれていた。とりあえず米国でアリエクスプレスの人気はいまいちだが、アリババは手数料がアマゾンより安いし、CEOのジャック・マーはとにかく負けず嫌いなので西側諸国に足がかりをつくるためなら手数料の全額免除も辞さない可能性があるとの記述もあった。「中国系セラーのチャンスを生かせるだけのことを我々はしているのか」「品ぞろえの拡充を加速するため、登録許可の基準を緩和して中国系セラーがすんなり参入できるようにすべきではないか」といった文言も並んでいる。

本当に基準を緩和したかどうかは定かでないが、元の基準がそれほど高くなかったのもまちがいのない事実である。2015年から2016年にかけ、中国系セラーの登録件数は1日あたり数千件にのぼった。

「天文学的な数字ですよ。これほど大量の登録は過去に経験がありません」

ただし、当たり前ながら質はピンキリだったとセバスチャン・ガニングハムは言う。

「ある上着が米国で話題になったとするじゃないですか。すると、それこそ数時間で中国系セラーから同じ上着が売りに出されます。でも、買った人から、着てみただけで袖が取れたなどとレビューに書き込まれるわけです」

ガニングハムはFBAとマーケットプレイスのほか世界販売も統括するSチームメンバーである。アルゼンチンの牧場で育ち、スタンフォード大学で数理科学を修めたあと、ラリー・エリソンのオラクルとスティーブ・ジョブズのアップルで仕事をしてジェフ・ベゾスのアマゾンに転じた。ハイテク分野のハットトリックを決めたわけだ。クリエイティブで思いやりがあり、かつ、アマゾン語で言う「でっかく考える人」だと仲間は評価している。

中国製が増えれば、価格でかなうはずのない西側セラーが騒ぎ始める——ガニングハムは早い段階でそう予想した。とりあえずの対策は、若干不誠実ながら、たいした変化ではないとの姿勢を表向き保つことだ。彼がSチームに流したメールを紹介しよう。後に連邦議会で独占禁止法の公聴会が行われたとき証拠として提出され、公開されたメールである。

「この方針には、米国やEUのセラーが中国系セラーの殺到を歓迎しないというリスクがある。だから、世界中に売るんだと中国では発破をかけまくれ、でも、その商品を輸入する国々では気にすることはないと控えめな姿勢を示せと部下に指示している[8]」

安価な商品はアマゾン社内でも評価が二分した。だからガニングハムは、そのメリットと課題、両方を示せる方法を編み出した。ステンレスのくさりにフクロウがぶら下がったペンダントを身につけて出社するのだ。80セントで売られている安物である。だが、中国系セラーが郵送料金からごくわずかな利益を得る形で月に何万本も売れている。そういう安価な商品も排除すべきではない――それがガニングハムの考えだった。

「がらくたが山のように出品されているとみんな言っていましたが、そう思って見るからそう見えるだけで、世の中の人はファッショナブルだと思うことが多いわけです」

黒のカクテルドレスもマーケットプレイスでいろいろと購入し、会議室のラックに展示した。たくさん売れているが、聞いたこともないブランドばかりだ。サイズもスタイルもさまざまで、長いものもあれば短いものもある。値段も数百ドルからそれこそ20ドルで買えるものもある。しっかりした縫製のものもあれば、一度着ただけでチャックが取れてしまうようなものもある。展示は何カ月も行われた。1着1着違いがわかるようにならなければいけない、そして、顧客にも同じようになってもらわなければいけない、そうなればレビューシステムの効果で劣悪なセラーが淘汰されていく。カクテルドレスを見れば中国から入ってくる商品を中心としたジレンマが理解できる。ガニングハムとしてはそう言いたかったわけだ。

そのような工夫をしても、やはり、中国製品の流入はアマゾン社内でもよく議論になったし、アマゾンと社外パートナーの間でもよく議論になった。米国セラーと中国セラーも、ファーストパーティ（1P）と呼ばれるアマゾン自体の小売部門とマーケットプレイスに登録しているサードパーティ（3P）ももともと一触即発の関係なのに、そこに燃焼促進剤を吹きかけた格好だ。問題になったのは今回も質対量である。信頼できる有名ブランドの商品のみを並べた店、整然と落ちついた雰囲気の店にしたいのか、それとも質も価格もさまざまな商品が雑多に並ぶバザールのような店にしたいのか。

顧客が好むのは、まちがいなく、いろいろ試してみられる方だ。サードパーティが登録できてブランドものの靴もノーブランドの靴も売られているドイツのサイトと高価なブランドものの靴だけを選んで並べた英国サイトを比べると、安いものも含めて品ぞろえが豊富なドイツのほうがはるかに好調なのだ。

このデータは効果絶大だった。アマゾンという企業は顧客の好みをなにより優先するからだ。長持ちしないだろうと思いつつ激安スニーカーをネットで買う人がたくさんいることも確認できた。

それでも小売部門幹部は劣悪な中国製品の氾濫に異を唱えつづけ、Sチームでもおりおり質と量の議論が行われた。ジェフ・ベゾスに裁定を求めたケースもある。アパレルに対する基本戦略をどうするか、だ。慎重に商品を選んで専用のウェブサイトをつくり、有名西側ブランドを中心とする高級品の販売を推進するのか、それとも、低価格帯のノーブランド品やプライベートブランドのアパレルをマーケットプレイス経由で売るほうを選ぶのか。

みな、しんとして回答を待った。しばらく沈黙を保ったあと

「ぼくとしては、ターゲットにすべきは服を着る人全員だと思う。ここ数日を思い返しても、はだかの人はあんまり見た記憶がなくてね」

ベゾスはこう言うと、大笑いした。

「これからも、当分、人は服を着るはずだと思うしね」

中国系セラーの詐欺対策、安全対策が後手に回る

これはベゾスとしては答えたくない類いの問いだった。アマゾンではあらゆることをしたいと考えていたからだ。だが、答えをはぐらかしたのは、マーケットプレイスでは低価格商品を抑制しないに1票を入れたに等しかった。そしてさまざまな方面に多大な影響がおよぶことになる。

アマゾン・ドット・コムに登録する中国系スタートアップはどこからともなく現れるし、なかには実力派もいる。2011年、スティーブン・ヤングというソフトウェアエンジニアがシリコンバレーでもみながうらやむグーグルを辞め、深せんで立ち上げたアンカーというエレクトロニクス企業などそのいい例である。最初はノートパソコンの交換用バッテリーなどをつくっていた。[9] それが数年後にはあらゆる種類のケーブル、充電器、バッテリーを取り扱うようになったし、その多くがアマゾンのベストセラーリストにランクインするようになった。

深せん企業に太いパイプがあるので、アンカーは、市場の動きや顧客のフィードバックに応じてさっと製品を入れ替えたり改良したりできる。社員の給与は西側セラーに比べれば微々たるものだし、中国企業なので米国や欧州と異なり源泉税や付加価値税の納入義務もない。しかも、中国郵政と米国郵便公社の協定があるおかげで西側への輸送費には多額の助成が出る。[10] 米国の国内から発送するより中国から送ったほうが安くなるのだ。

要するに、アンカーのような中国系セラーは競争力がものをいうアマゾンなどの市場ではっきり違いが出るほど有利な立場にあるのだ。ヤングは、同じくコンピューターアクセサリーを売るシアトルのプラガブルテクノロジーズを創業したバーニー・トンプソンと仲がよい。ふたりは、これからの電子商取引は世界を相手に商

売する中国ブランドの時代だという点で意見が一致している。ちなみにバーニーは「悪いけど、ぼくはきみをひき殺すからね」ととある技術会議でヤングに言われたことがあるそうだ（そんな記憶はないとヤングは言っている）。

中国系セラーの多くはアンカーのように高品質の製品を魅力的な価格で販売している。だが、資本主義フロンティアには無法もはびこっていて悪人もたくさんいる。だからアリババやＪＤドットコムなど中国で電子商取引を展開するところは、安全対策として、また、詐欺防止策として、新規登録の際に保証金を求めたり場合によっては支払いを販売の数カ月後としたりする。特にひどい業者はおりおりまとめて排除する。対してアマゾンが米国に導入したマーケットプレイスのシステムにはそのような保護手段がほとんどなく、まっとうなセラーとあくどいセラーを区別できなかった。前回はそれをそのまま中国に持っていったのだから、当初、偽造品や劣悪な商品の販売、詐欺などの標的となってしまったのは当たり前だろう。

質を犠牲にする気などベゾスにはない。トレードオフなんてアマゾンでは言い訳にならない。質と量、両方とも大事であり、アマゾンのエンジニアなら危ない製品や偽造品を閉めだすツールくらいつくれるはずだ。ベゾスはそう考えていた。ただ、取り締まりシステムの開発より速く事態が進展するとは思っていなかった。

エブリシング・ストアのアマゾンにニセのビタミン剤、クリスマスツリー用ライトなどの危険な製品、誤植だらけの本などがなだれ込んだ。２０１５年のクリスマスシーズンにはホバーボードという二輪の立ち乗り電動スクーターが大人気となり、その結果、中国製が火を噴いて家が全焼する事故が相次いでしまう。12月12日、アマゾンはホバーボードの販売をやめるとともに安全性の問題を報じた記事を紹介し、全額返金するとしたメールを購入者全員に送った。ウォール・ストリート・ジャーナル紙が後に報じたところによると、ホバーボードに使われたリチウムイオン電池に問題があり、火災57件、総額230万ドルの損害が発生したという。購入場所はアマゾンが半分ほどと一番多く、アマゾンは多くの訴訟にさらされることになった。[11]

欠陥バッテリーを使った商品はほかにも携帯電話やノートパソコン、電子タバコなどがあり、その後も、アマゾンで買ったこれらが原因でけがが起きたなど、訴訟を起こされたりニュースに取り上げられたりが続いた。[12]こういう問題が起きたこと、悪い意味でニュースになったことにベゾスはかんかんだった。ベゾスが品ぞろえをしゃにむに追求し、レバレッジを得ようとしたこともその一因なのであるが。マーケットプレイスのバイスプレジデント、エイドリアン・エイゴスティーニによると、こういう事態になることをどうして予想できなかったのかと怒っていたらしい。高い勉強代を払わされたわけだ。対策として信頼・安全のチームを増強し、詐欺やポリシー違反をみつけるツールの開発を急ぐ。だが、その効果は限られていた。みつけて排除するころには、顧客に影響が出てしまっていることが多いのだ。

西側セラーは一線を越えてアマゾンと事を構えるのはいやだと考える。だが中国のセラーはどこにその一線があるのかわからないし、そもそもそんなことは気にもしないところが多い。一部の中国系セラーはサクラにレビューを書かせるなど、詐欺まがいの戦術まで使った。まだ検索結果に広告が出せなかった当時、検索結果の上位に入るにはこれしか方法がなかったのだ。ばれてアカウントを消されたら、登録しなおせばいい。

どういう事態になっているのかアマゾン側も把握はしていたが、なかなか混乱を収められなかった。マーケットプレイスのチームはセラーを顧客と位置づけているので、推定無罪が適用される。幹部として北京で仕事をしていた社員はこう感想を漏らしている。

「理想にとらわれすぎていたのでしょう。もっと速く動くべきだった、もっと強引にやるべきだったといまは思います。でも、セラーはみな善人というストーリーを捨てられなかったんです」

2016年、ファリシーは側近を伴って中国に出張した。ややこしい中国セラーの特質を把握するためだ。香港と上海を全員で視察したあと、エレクトロニクスとアパレルの二手に分かれる。前者は深せん、後者は広州、増城、北京などを訪問。その後上海に集まって情報を共有した。

驚きの結果だった。ファッション関係で視察した縫製工場はスポーツジャケットをつくり、アバクロンビー&フィッチに9ドルで収めている。小売価格500ドルのジャケットである。この工場はボタンだけ違うものにした同じジャケットをオンラインで直販もしていた。価格は90ドル。この値段で十分儲かるのだ。ザラ向けに女性のトップスをつくっている工場も視察した。縫製の現場を見下ろすと、ほかと仕切られた形で同じような服をつくっている作業員がいる。あの一群はなにをしているのかと案内役に尋ねると、プライベートブランドの商品としてアリババで売るものをつくっていると返ってきた。

エレクトロニクス側も似たような状況だった。あっちの工場もこっちの工場も小売店を中抜きして直接オンライン販売し、消費者に大きな価値を提供していたのだ。詐欺や偽造品、粗悪な品質といった問題はたしかにあるが、小売の世界が根底から変わろうとしていると言える。目からうろこだったとファリシーは言う。

「自分の目が信じられませんでした。ブランドにあぐらをかいて原価の10倍から50倍で売る商売は早晩終わり、消費者にいい世界が来ると思いました」

米国セラーや有名ブランドが猛反発

2016年の5月末日、100社ほどのアパレルセラーをシアトルに集め、アマゾンの第1回ファッションセラー会議が開かれた。新しいデイ・ワン・タワーから1ブロック、セブンスアベニューに同じく新築したイベント会場で1日半にわたり、講演やセミナー、打ち合わせが行われる。最初はセバスチャン・ガニングハムのざっくばらんな話だ。

中国系セラーの「なだれ」に米国販売業者が反発するのはガニングハムも予想していた。案の定である。質疑が始まると、ひとり、またひとりとセラーが立ち上がり、火のような問いを、そして批判を投げつけてくる。中国系セラーとなんかどう競えと？　ルールも守らない連中だぞ？　正規の代理店や販売業者を守り、他社の権利を侵害する連中は追放するのがアマゾンの仕事じゃないのか？　検索すると必ず連中が上に来るのはなぜなんだ？

15分もマイクを握って離さなかった女性もいたらしい。中西部でTシャツを売っているのだが、いいデザインを考えても人気が出るとすぐ中国系セラーがコピー品を安く売り始め、販売機会を奪われてしまうのだという。同じような経験をしている人はいないかと彼女がフロアに尋ねたところ、あちこちから声が上がり怒りのうねりとなって部屋を満たした。

壇上のガニングハムはじっと耐え、直せるものは直すと約束するなど不満の声に対応した。だが、国境を越える取引とグローバル化が容赦なく増えていく点はどうにもならない。

「緊迫の会議でした。相手が建てた会場で、かつ費用相手持ちで反乱を起こしたわけです。質問の矢を打ってこいと言ったのも向こうなんですけどね」

会議に出席していたトレンドネーションというオンラインショップのCEO、ブラッド・ハワードはこう証言している。

この会議は、あのときはすごかった、暴動が起きるんじゃないかと思ったと、参加したアマゾン幹部やセラーのあいだで長年の語り草となる。

販売業者と同じようにアパレルブランドも多くがフラストレーションを抱えていた。2016年7月にはサンダルメーカーのビルケンシュトックが製品をすべて引き上げる、正規代理店に対してもアマゾンでの販売を禁じると発表。[13] ナイキやイケアなど多くの会社がこれに続き、偽造品を取り締まれずにいるからアマゾンとブランドの関係にヒビが入りはじめたのだとあちこちでささやかれるようになった。

アマゾンのファッション小売部門はブランドから卸値で品物を仕入れて売るのが仕事であり、担当者は、怒り心頭の仕入れ先と急激に伸びていくマーケットプレイスの板挟みになってしまった。

ファッション部門を率いるのは、当時はまだ服を買う場所だとほとんど思われていなかったアマゾンでハイエンドファッションを取り扱えるようにしてくれと、2009年にジェフ・ウィルケがギャップから引き抜いたキャシー・ボードインである。彼女はブルックリンのウィリアムズバーグに4000平方メートル近い広大な撮影スタジオを用意し、そこで撮影したすばらしい写真をサイトに掲載。さらに、ベゾス夫妻にもメットガラ2012に参加してもらい、ミック・ジャガーやスカーレット・ヨハンソンとテーブルをともにするなどセレブと談笑する機会をつくったりした。ベゾス夫妻がトップセレブに会うのは初めてのことで、大きく報道されている。

このように細心の注意を払って関係を築いてきたというのに、えげつないマーケットプレイスのせいですべてが台無しになってしまう。ハンドバッグもジーンズもイブニングガウンも有名メーカーの製品に似すぎた商品がずらり並んでいるのだ。社内では激論が続いた。マーケットプレイスは顧客体験を引き下げる、サードパーティ製品のせいでアマゾンはチープな印象になっているし、このままではパートナーにそっぽを向かれてしまうとボードインは訴えたという。

彼女はアマゾンがアパレル小売りとして米国有数と言われるようになった2017年[14]、会社を去る。そう、低価格商品の充実によって米国有数となった年に。

成功したとは言えるが、問題は山積みだった。偽造品、危ない商品、期限切れの商品、いいかげんな造りの商品を放置すれば評判は落ちるし、ここまで培ってきた顧客の信頼も失ってしまう。対策としてアマゾンは、2017年、ブランド登録なる仕組みを導入した[15]。ロゴやデザインが登録できるし、権利侵害の疑いがある商品をアマゾンに報告することもできる仕組みだ。アマゾン幹部によると、この仕組みの準備は例のファッションセラー会議を開く前から進めていたらしい。いずれにせよ、あの大騒ぎのあと、新たにシニアマネージャーを置く、苦情対応の人員を増やす、不正から保護する各種ツールの改良を金に糸目を付けずに進めるなど対策が急ピッチで進められたことは事実である。ブランド登録の数は、数年で35万件を突破した[16]。

この戦いはまだ序盤だ。ブランド登録が動き始めると、今度は、対応に時間がかかりすぎるという新しい苦情が出てくる。アカウントを削除すると再登録してくる悪質な中国系セラーの問題はまだ手つかずだ。ブランド登録に一定の効果はあるがそのハードルはとても低いと、アマゾンを退職し、このような問題への対処方法をアドバイスするデジタル販売コンサルタントとして独立したラリー・プルイマーも語っている。

またこのころマーケットプレイス部門はSチームとのパイプを失っている。2016年に全社的な組織改編があり、ジェフ・ウィルケとアンディ・ジャシーが小売部門とAWS部門のCEOに昇進。その後、長年ベゾス直属だったセバスチャン・ガニングハムが以前は対等だったウィルケの下に入ることになったのだ。ガニングハムはビジョナリーなテクノロジーリーダーを総なめするかのように動いてきたわけだが、2018年にアマゾンを去ると運がいいとは言いがたいオフィスシェアのスタートアップ、ウィーワークに転じた。

最大のサードパーティセラー擁護者がいなくなり、ベゾスやウィルケとの直通パイプもなくなった。そして、ピーター・ファリシーらはダグ・ヘリントン率いる小売部門に組み込まれた。ファーストパーティ対サードパーティの議論でも質対量の議論でも言い負かしてきた相手の下につくことになったわけだ。ベゾスの方針で両部門は10年以上もそれぞれの道を歩いてきた。それがひとつになった——マーケットプレイスの上に小売りが来る形で、である。

秋にはファリシーが退社。ガニングハムを長年支えてきた社員も大半が去った。仕事がおもしろくなくなったというのだ。マーケットプレイスを育てるより飼いならすことに時間を取られるようになったし、こちらは自由に拡大を許したことの遺産ではあるのだが、訴訟の証言書をつくるのにも時間を取られてしまう。ベゾスのエスカレーションメールが次々降ってくるのもつらい。指摘された問題にはすぐ回答しなければならないからだ。セラーによる乱用を担当するチームのゼネラルマネージャー、エラ・アーウィンは、毎週のように疑問符がついたメールをもらったと証言している。

アマゾン幹部も苦しい立場だった。マーケットプレイスが成功し、膨大な数の零細アントレプレナーをアマゾンがどう支えているのか、大々的に宣伝したかった。だから2019年4月に株主へ送った年次書簡にジェフ・ベゾスは、アマゾンで売れた商品の実に58％がそういう業者によるもので、サードパーティのセラーが本体側ファーストパーティを圧倒しつつあると書いた。[17]

だが同時にマーケットプレイスを擁護しなければならないことも多かったとジェフ・ウィルケは言う。

「商品の大半は実際とてもいいものなのですが、ごく一部にシステムの裏をかいて儲けようとするセラーやはなから詐欺をもくろんでいるセラーがいるのです。だからこれからも顧客を守らなければならないし、不正はできるかぎりすばやく、できるかぎり完璧に排除しなければなりません。アマゾンの評価は顧客の信頼が基礎になっています。そして顧客の信頼は失いやすいものなので日々獲得の努力をしなければなりません」

2019年、アマゾンは詐欺的行為の防止に5億ドルを支出し、[18]悪意の業者が開こうとしたアカウント250万件を却下したという。プロジェクトゼロという偽造品対策も始めた。認証ブランドの偽造品と思われるものは、アマゾンに確認してもらわなくても自動的に削除される。ビデオ通話でセラーを1軒1軒確認していくシステムの試験も始めた。[19]手軽なセルフサービスの販売プラットフォームになるという考えはいつの間にか捨てたらしい。

アマゾンを継続的に調査している研究機関、マーケットプレイスパルスによると、販売量の上位1万セラーのうち49％が中国だという。[20]これは、二国間貿易という政治的に難しい状況のいま、アマゾンとしては表だって認めたくないことだろう。2020年4月には、偽造品や海賊版があまりに多い「札付きの販売サイト」であると5カ国のアマゾンサイトが米国通商代表部に指弾される事件も起きた。[21]アマゾンは、トランプ政権の怨念がこもった「政治的パフォーマンスである」と反論しているが。

このように苦労も多いが、マーケットプレイスという品ぞろえマシンはジェフ・ベゾスが掲げた高い目標を達成し、グローバル化が急速に進む小売業界の最前線にアマゾンを押し上げた。サードパーティのマーケットプレイスはアマゾン自身による販売の倍以上と利益率が高く、その利益は、プライム・ビデオの提供やフルフィルメントセンターの新設など事業帝国のほかの部分を育む原資となる。昔からベゾスが望んできたことがついに実現したのである。

アマゾンは年間７０００億ドルに達する米国の食料品市場に参入しようと何年も赤字でがんばってきているが、その原資もまかなうことができる。レバレッジが効くようになるとできることはとても多いのだ。そこまでの道のりは大変だし、社会に対する負担も意外なほど大きかったりするのだが。

第8章

アマゾンフレッシュ、プライムナウ

——アマゾンの未来はCRaP（がらくた）だ

ジョン・マッキーは困っていた。2017年、スーパーマーケットチェーン、ホールフーズの既存店売上高は2年連続で減少。株価も2013年の半分くらいまで落ち込んでいた。食べる物にもっと気をつけるべきだという当たり前の考え方を世の中に広めたとも言えるアントレプレナーなのだが、逆風ばかりのつらい状況にあった。

マッキーには、この何年か前に会い、テキサス州オースティンのホールフーズマーケット本社に隣接する7000平方メートルあまりのフラッグシップ店を案内してもらった。

創業者でCEOのマッキーは完全菜食主義のビーガンで、なにかというと頭をかきむしる癖がある。またジョギングやバスケットボールのやりすぎで変形性関節症を患い[1]、足を少し引きずるように歩く。

彼はこのころからいらだつことが多かったようだ。ちゃかすようなあだ名「散財マーケット（Whole Paycheck）」に触れたときなど、取材では1本400ドルのワインばかり写真に撮っていく、2ドル99セントのものもあるのにと口をとがらせた。

「幅広く取りそろえているのに、記事には高いものしか取り上げてもらえない。だからうちはそういうところだとなってしまった。あそこはおかしいって」

40年の長きにわたり、マッキーは、がちがちの自然食品派（アルコールや白砂糖が売られているだけで否定する人）とスーパー業界の現実派（有機ニンジンかどうかかじってもわからない人）のすき間を縫うように進んできた。何年にもわたってインターネット掲示板に偽名でメッセージを書き込み[2]、ライバル会社や批判する人を攻撃するなど、ＣＥＯらしからぬことをする場合もある。だがここだけは譲れないという信念もある。ダイエットコーク、オレオ、クールランチ味ドリトスなど世の中で人気だが健康によくないものは売らない、だ。そして、時価総額２１０億ドルに達したこともある会社を創り、一般向けに健康的な食べ物を売るという昔ならあり得ないと言われたであろう考えを現実のものとしたのである。

ウォールストリートは低迷する上場会社に冷たかったりする。マッキーが２０１３年に出した本『世界でいちばん大切にしたい会社』（翔泳社刊）で「ステークホルダー全員に価値を生み出すことを基本とする倫理的なシステムが基盤[3]」とされている会社であっても同じだ。問題のひとつはウォルマートもコストコもクローガーも有機食品や自然食品の棚を増やしていて独自性が失われたこと。もうひとつは、各地のチェーンを吸収する形で成長してきたため、バックエンドのシステムがつぎはぎで扱いづらくなってしまっていること。また、マッキーがかたくなに否定するのでお得意様向けの優遇制度も導入しておらず、一番の上得意と言える人々についてもなにも知らない状態でもある。嗜好（しこう）の変化に対応したりデリバリーサービスを始めたり、新登場のデジタル決済を導入したりとどんどん進化しなければならない時代だというのに、運営業務が分散されていてどうにも身動きしづらいという問題もある。

珍しいパターンなのだが、ホールフーズはマッキーともうひとり、日常業務を担当するウォルター・ロブの共同CEOという体制を取っている。前述のような問題があることはふたりとも気づいていて、オースティンのデータサイエンティストチームを雇う、食料品のデリバリーを手がけるサンフランシスコのスタートアップ、インスタカートと提携するなどさまざまな手を打った。だが、成果をあげられずにいるうちに時間切れとなってしまった。

2016年、経営がひとりよがりである、CEOがふたりもいるのはおかしい、また、よく買ってくれる人を優遇する制度がないのはいかがなものかなどと訴えるレターがニューヨークの投資銀行ニューバーガー・バーマンからホールフーズ経営陣や株主に送られた。だからどうということはなかったのだが、その11月、CEOをマッキーひとりとする新体制が発表される。これは失敗だった。

いわゆる物言う投資家であるヘッジファンド、ジャナ・パートナーズの注意を引いてしまったのだ。苦しくなった会社の株を買うと変化が必要だとあおりまくり、コストをむりやり削減させたりいい値段で買ってくれるところをみつけたりして儲けるところである。

ジャナは、マネージングパートナーのバリー・ローゼンスタインが「金のない負け犬」だと表現したホールフーズ株を一冬かけて買い集めると、2017年4月、2番目の大株主となった。そして経営陣と取締役会の刷新を要求。のちにローゼンスタインが語ったところによると、ジャナがみずから立て直すつもりだったらしい。だがホールフーズ側は異なるシナリオを予想した。うちは有機ものが売りなのに、ジャナが株主の巨大食料品会社アルバートソンズ・カンパニーズと合併させられ、セイフウェイやボンズのような従来型スーパーチェーンになってしまうのだろう。狙いはホールフーズというブランド名と負債少なめのバランスシートだろう。

また御しにくいジョン・マッキーは追放され、コーラやドリトスなど世間的に喜ばれる商品が入ることになるだろう。

それはいやだ。マッキーら経営陣は急いで防御態勢を整えようとした。5人の社外取締役を選任し、平均勤続年数が15年以上と大昔からの古い取締役会を刷新。[4] 元取締役によると、白馬の騎士になってくれないかとプライベート・エクイティ投資会社やビリオネアのウォーレン・バフェットに打診したりもしたらしい。だが収益が横ばいで借り入れが起こせるほどのキャッシュを得られてはいなかったことから、レバレッジドバイアウトは絶望的だった。

選択肢がもうひとつあった。ホールフーズの関係者ほとんど全員がありえないと思った選択肢である。実は何年も前からアマゾンと話だけはくり返ししてきていたのだ。またジョン・マッキーはアマゾンのファンで、この前年にはアマゾンに買収されることを夢見た時期もあったという（「正気？」と妻のデボラに一蹴されたらしい）。だから、そのアマゾンがホールフーズの買収を考えているというブルームバーグニュースの報道[5]を見ると、だめでもともとアドバイザー経由で連絡してみることにした。

アマゾンフレッシュはゆっくり熟成

ジェフ・ベゾスは事業になりそうな企画をふたつに分ける。片方は「ランドラッシュ」と呼ぶ案件だ。機は熟していてライバルも複数が虎視眈々（たんたん）と狙っているので、急いで動かないと手遅れになってしまう。もう片方はそれ以外だ。つまり、あわてる必要はなく、じっくり時間をかけて実験することができる。

マーケットプレイスやキンドル、アレクサはランドドラッシュだった。だから急げ急げと社員の尻をたたき、傷が残るほどの戦いをしたのだ。一方、生鮮食品のホームデリバリーサービスは何年も割合にのんびりと進め、手ごわいライバルが登場したところで方針を転換した。急激な転換で食品業界に重大な影響を与えてしまい、顧客やライバル、規制当局のアマゾンを見る目も大きく変わってしまったりしたが。

アマゾン幹部のなかで、食料品事業について一番長く考え、もっと積極的に進めるべきだと一番強く主張したのは、消耗品担当シニアバイスプレジデントのダグ・ヘリントンである。プレイドシャツにパタゴニアのベストで出社することが多い人物で、声が小さく、聞き取ろうと会議などで相手が身を乗りだすことも少なくない。失敗に終わった食料品デリバリーの第一世代、ウェブバンで働いた経験もある。ドットコム・バブルの時代に10億ドル近くを私募・公募で調達し、2001年に倒産した会社である。

ウェブバンは、世の中が望んでもいない未来をしゃにむにつくろうとする傲慢(ごうまん)なシリコンバレーの象徴としてインターネットの歴史に刻まれるだろう。だが、プリンストン大学とハーバード・ビジネス・スクールで学び、ウェブバンで製品開発とマーケティングを統括したヘリントンは、そんな単純な話ではなかったと言う。倉庫の運用コストがかさみ注文を受けるたびに赤字が出る状態だったのは、たしかに、大手書店チェーンの共同創業者でもあるルイス・ボーダーズCEOら経営陣の失敗だ。加えて、利益の上がっていないスタートアップに対するウォールストリートの資金供給が2000年代初めの不景気で止まってしまった。失敗を修正する時間もなければ、それこそ、準備を整えたあちこちの都市で実際に事業を始める時間さえもなかったのだ。売上もユーザー数も伸びていたので資金調達で負った義務の免除を試みたがまにあわず、結局、破産するしかなくなってしまった。ヘリントンはこう語っている。

「辞めるときに言ったんです。理論的にはうまく行く方法だと。判断ミスもありましたし、効率の悪いこともしてしまいました。でも、ユーザーは大いに気に入ってくれてましたから」

２００５年、アマゾンに入ると、洗濯洗剤や食べ物など日々なくなっていく消耗品を取り扱う部門を率いるかたわら、通常業務を終えたあと夜の時間を使って意欲的なプロジェクトを推進するチームをつくった。目標は生鮮食品サービスを全米展開する企画の立案である。生鮮食品のホームデリバリーという難問を解決し、ウエブバン倒産の苦い後味を洗い流したいと思ったのだ。それから1年ほどがたち、２００６年も半ばが過ぎたころ、６０００万ドルの先行投資が必要な企画を古いパシフィックメディカルセンターの本社でジェフ・ベゾスに説明した。回答は却下。「ビジョンはいい。数字はだめだ」と言われたそうだ。だが、シアトルで試験的なサービスを展開することは許可されたし、予算も７００万ドルもらえた。当時の最高財務責任者トム・スクータックから、他部門の足を引っぱるなよと釘は刺されたが。

こうして、２００7年8月、アマゾンフレッシュが開業した。場所はシアトル東部のベルビューにある旧セイフウェイ物流センターである。不動産市場の低迷で放置されたままになっていて、フレッシュ初のゼネラルマネージャーに就任したイアン・クラークソンが「ホラー映画にでも出てきそうな怖いところ」と表現するほどの状態になっていた建物だ。

フレッシュはなにもかもアマゾン本体と異なるやり方をしなければならなかった。倉庫の部屋には古いウォークイン冷蔵庫を置く、ウェブサイトは1ページに1商品ではなくたくさんの商品を並べる、配送も時間指定を可能にするなどだ。ベゾスもちょくちょく進捗を確認した。配送コストの増大に対し、「夜明け前に置き配」という選択肢を増やしたらいいのではないかと提案したこともある。早朝はゴミ収集車くらいしか走っていなくて道路が空いているからだ。朝起きると玄関先に生鮮食品が置いてあるのは便利だと評判も上々だった。フレッシュには解決が難しい課題も多かった。アマゾンのサービスは全米やそれこそ世界中に届くのがふつうだが、フレッシュは配送できる範囲が郵便番号のここからここまでという具合に制限されてしまう。ほかにも、期限切れの食品をどうすればいいのか、どうすればバナナの追熟がうまく行くのか、変なものが混じっていたと苦情が来たらどう対応すればいいのかなど、やっかいな問題が山積みだ。それでも6年間ゆっくりとではあるが着実に改善を進め、黒字に向けて歩んでいった。

その間へリントンは、他の都市にもフレッシュを展開すべきだとくり返しSチームに訴えた。だがそのころはアマゾンもまだ小さく、結局は失敗に終わるわけだが中国参入やファイアフォンといったランドラッシュ案件以外には手が回らなかったし、ベゾスも、生鮮食品のホームデリバリーが世の中に浸透するには時間がかかると考えていた。へリントンにしてみれば、いつまでたっても地域限定の足かせを外してもらえずいらだつことこの上ないのだが、しかたがない。

2012年4月、ベゾスは毎年恒例の社外研修を行うため、シアトルから北東に30分ほどのところ、ワシントン州ウッディンビルのウィローズロッジにSチームを集めた。宿題が出ていた。新規事業の企画案を1～2ページにまとめて持ってこい、だ。この1年ほど前Sチームに加わったへリントンも当然参加したわけだが、彼が持参した歯に衣着せぬメモはそれから何年もSチームの語り草となる。標題からして挑発的だ。「アマゾンの未来はCRaP(がらくた)だ」である。

アマゾン語でCRaPとは「Can't Realize a Profit」の略で、脚立やホワイトボードなど箱に入らない商品や配送しにくい商品などさまざまな意味に使われる。へリントンのメモでは、水のボトルやダイエットコーク、さらには袋詰めのリンゴなど、スーパーで売られている安くてかさばる商品を基本的に指して使われている。ウェブバンの大失敗をうけ、オンラインショップはこのようなタイプの商品を経済的な流砂だと考えるのがふつうになっていた。とはいえ多少は売れるので、アマゾンは負の影響を抑える「アドオン」制度を用意した。本やエレクトロニクス製品など、他の商品と抱き合わせならCRaPを注文できるようにしたのだ。

このメモでヘリントンは、当時、小売企業として世界のトップ5だったウォルマート、カルフール、テスコ、メトロAG、クローガーについて「食料品で顧客との関係を築いている」と指摘。総売上高4000億ドルをめざすのであれば、値段が高めの品物をときどき買ってもらうことを狙った現行モデルを捨て、低価格の必需品をしょっちゅう買ってもらうモデルにしなければならない。言い換えれば、小売りの上位に食い込みたければ、スーパーが扱う品物を売って儲けがでる仕組みをなんとか用意しなければならない。それができなければ、買物の頻度やコストの面で有利な食料品モデルをすでに活用しているライバル企業にしてやられることになる。

結論では、容赦ないレベルで大胆だと自負するベゾス以下、アマゾンの同僚にちくりと針を刺した。

「この未来に向けた投資について、もう少し臆病でなくなるべきだ。我々ならもっと大きく賭けることができる。その気になりさえすれば」

ベゾスはこの手の話が好きで、特に積極的な拡大策が一緒に提案されていると好意的な反応を返すのがふつうだ。自分自身がそういう考え方をするからだ。みんなで互いのメモを何時間か黙って読んだあと、ベゾスは「大いに考えさせられた」とヘリントンのメモに言及した。数カ月後、ロサンゼルスとサンフランシスコにもフレッシュを展開してよいとゴーサインがヘリントンのもとに届く。

この戦いには勝った。だが、戦争そのものの戦い方はまだわからない。それが問題だった。2013年6月にカリフォルニアで食料品の配送を始めたときは、メディアも大々的に報じてくれた。だがそのあとがかんばしくない。少なくともヘリントンが思い描いていた規模にはならなかった。

仕組みは以下のようになっていた。配送費用を捻出するため、年間299ドルものサブスク料金を顧客から徴収。食料品は痛みやすいので、ロサンゼルスとサンフランシスコから1時間ほど東のサンバーナーディーノとトレーシーにあるフルフィルメントセンターに冷蔵室を設置した。そこからは1日2回、トレーラーで現地集積場に荷物を運び、明るい緑色のフレッシュバンに積み替えて家庭に配送する。[6]

配送担当者によると、このハブアンドスポーク方式は効率も悪ければ信頼性もなかったという。注文ひとつに配送費が10ドルから20ドルもかかっていたという話もある。「完璧配送率」という数字で注文された品物すべてをすばやく配送できたか否かを評価していたが、これも70％に満たないというさんざんな状況だった。

食品業界のベテランは、この様子を遠くから冷ややかに見ていた。ホールフーズを創業したジョン・マッキーも、2014年、私とのチャットで次のように語っている。

「アマゾンフレッシュはワーテルローですね。なにが求められているかと言えば、利便性です。物流センターとトラックでは利便性なんて提供できません」

カリフォルニア州における試行のあと、1年後にニューヨーク市ブルックリンの一部地域にひっそり導入したが、それ以外、フレッシュの展開は大きくスローダウンした。食料品のオンライン販売を成功させるには物流を工夫することと住宅地にトラックを送り込んで利益がでるほど注文をたくさん取ることが肝要だ。倉庫が遠すぎる、会費が高すぎる、配送のたび大きくて置き場に困るトートバッグとドライアイスの袋が届くというのではどうにもならない。小売事業を根本的に考え直す必要がある――ダグ・ヘリントンの意見にベゾスも賛同した。新しいやり方を工夫しなければならない。

グーグル、インスタカートとの競争にプライムナウで参戦する

そして、アマゾンではよくあることなのだが、ライバルの登場でベゾスとSチームの計算が大きく変わる。即日配送サービスの会社が2社登場し、食料品をオンラインで注文すればさっと届く、そういうサービスの構築レースは注目すべきもの、投資すべきもの、つまりランドラッシュとなったのだ。

片方はサンフランシスコのスタートアップ、インスタカートである。立ち上げたのはレベル5のシニアエンジニアとしてアマゾンの物流部門で昔働いていたアプールバ・メータである（入ったばかりの倉庫作業員がレベル1、ベゾスがレベル12なのでわりと下層の社員だと言える）。

ウェブバンの立ち上げにも資金を出したセコイアなどベンチャーキャピタルから大量に資金を調達し、ホールフーズマーケット、コストコ、セイフウェイなどのチェーンスーパーと提携。商品は提携店の店頭でスマホ片手のピッカーが集め、ドライバーが自分の車で顧客の家に届ける。在庫のリスクもなければ収益を圧迫する雇用契約もない。すべて委託なのだ。ウェブバンが沈む原因となった固定費がほとんどないレバレッジの塊だと言える。

２０１２年にインスタカートが降って湧いたように登場し、各地に進出を始めたので、どういう会社なのか急いで調べようとアマゾンはあわてて連絡を取ろうとした。だがアプールバ・メータはアマゾンのやり方をよく知っているので、電話を折り返したりしなかった。

もう1社はインスタカート以上に危ない雰囲気が漂っていた。宿敵グーグルがグーグルショッピングエクスプレスなるサービスを始めたのである[7]（のちにグーグルエクスプレスと改称）。コストコ、ターゲット、スマートト&ファイナルといったお店の商品を即日配送するサービスで、回数などは無制限、年会費は95ドルである。2014年にはシカゴ、ボストン、ワシントンDCでサービスが始まり、その少し後にはベゾスのお膝元シアトルにも進出する。検索の巨人がなぜ小売りに参入するのか不思議に思うかもしれない。参入の意図は、その秋、エリック・シュミット会長がベルリンにおける講演ではっきり述べている。

「グーグルの敵と言えばビングかヤフーだとふつうは思うでしょう？　違います。検索関連で一番のライバルはアマゾンです。アマゾンと検索は関係ないと思われがちですが、なにかを買おうとしたときアマゾンで探す人が多いはずです[8]」

この2社のどちらがより大きな脅威であるのかは、人によって意見が異なる。たとえばジェフ・ウィルケは、ふつうのお店もスーパもカバーするグーグルエクスプレスのほうが対象商品が多いとしつつ、その真価は「配送は速いほうが好まれると証明した」ことにあるとしている。いずれにせよ、両社とも危険である。過去、ザッポスやクイッドシー（ダイアパーズ・ドット・コムというサイトの運営企業）など、カテゴリーを絞って豊富な品ぞろえとすばやい配送を実現した企業があったが、そのときは買収で対応した。今回のインスタカートとグーグルは買うことも無理ならすぐに消えてなくなるとも思えない。

このころベゾスはアレクサなどの新規事業に集中しており、日常業務は小売部門のトップ、ジェフ・ウィルケに任されていた。そのウィルケは9月、Amazonプライムについて四半期ごとの業績評価をしているとき、拡大を続けるグーグルエクスプレスという脅威にどう対処すべきかを腹心の部下に尋ねた。追加料金をもらってプライム会員に即日配送できる品物を増やすというのが彼らの意見だった。だがそれではライバルに対抗できない。そう思ったウィルケはこれを却下。これで会議が紛糾したそうだ。

まったく違うやり方で対処する――それがウィルケの結論だった。具体的には特別チームを編成し、超高速配送に特化したサービスをアマゾン本体から独立した形で構築する。目標は100日以内の立ち上げだ。指揮は業務トップのデイブ・クラークとヘリントンに頼む。

このときウィルケの隣では、彼のテクニカルアドバイザーを務める勤続10年の古参、ステファニー・ランドリーが議事録を取っていた。そのスクリーンにチャットウインドウが開く。向かいに座るクラークからだ――「このプロジェクトで一番槍を務める気はないか?」とある。実はそうしたいと思っていたところだった。

ランドリーは期待の星で、管理能力もあるようだった。細かい点までおろそかにしない、意志が強く、部下の尻をたたくことには容赦しないベゾス星における典型的なリーダー像を体現する人物である。ニューヨーク出身。ウェルズリー大学で女性学を勉強した。卒業すると大学からグラントをもらい、1年間、なぜか木製ボートをつくる。その後はドットコムバブルがはじけて苦しくなったインターネット企業に就職。そしてミシガン大学でMBAを取得して、2003年、アマゾンに入社した。担当は書籍、DVD、小型家電以外の製品も倉庫に置けるようにするなど業務畑である。最初の社員証は、モホーク族のコスプレ姿だった。

ランドリーはシアトルに試験導入した最初のチームからフレッシュに参画しており、ヘリントンが苦労したもうひとつのCRaP問題、プライムパントリーも担当している。プライムパントリーというのはシリアル、パスタ、水のボトルといった重たい常備食品をまとめて安く買えるサービスで、赤字続きだった。

今度の仕事では、まず、ウィルケが考えているのがどういうサービスなのかがわかるプレスリリース、いわゆる「ＰＲ　ＦＡＱ」を書くことになった。できあがったのはスマホのアプリを基本とするサービスで、ランドリーはアマゾンマジックと名付けた（最終的にはアマゾンＡＳＡＰとする）。超高速配送については三つのチームで異なるアプローチを試すことを提案。各チームにはマジックをテーマとした名前を付ける。マジシャン、フーディーニの名前を冠したひとつ目のチームは、戦略的に都市部に置いた倉庫からアマゾンの一部人気商品のみを取り扱う小売サービスの構築を試みる。この形なら、頻繁に買われるものだけという制限はあるが、注文から数時間で届けられるはずだ。

同じくマジシャン、コッパーフィールドの名前を冠したふたつ目のチームはマーケットプレイス型だ。小売店や食料品店と提携し、棚にある商品をスマホアプリに登録してもらう。グーグルエクスプレスやインスタカートと同じアプローチだ。

三つ目のチームは、マジシャンがよく言う言葉プレスト（あ〜ら不思議）なるアイデアを追求する。対象を本当によく売れる商品だけに絞り込み、トラックやバンに積んで街中を走り回らせておけば注文から10分で届けることさえできると考えたのだ。だがこのアプローチはややこしく、複数回届けてしまうなど混乱を招きかねないことが判明し、すぐ棚上げとなった。

ベゾスは企画を承認はしたが、アレクサなどの新技術プロジェクトほど身を入れはせず、ランドリーからＳチームに送られる週報はチェックしたりたまには質問を投げたりする程度だった。それでも大きな貢献がひとつある。２０１４年11月の会議で名前をアマゾンＡＳＡＰからプライムナウに改称したのだ。好調で会員数も増えているプライムサービスとのつながりを強調するのが狙いである。大詰めでブランド名が変わったわけでランドリーらは大慌てしなければならなかったが。

このころチームは100日以内という目標に向けたラストスパートで、週7日、1日18時間働いていた。シアトルでは、プライムナウアプリとセットで使うラビットが急ピッチでつくられていた。ラビットとは配送ルートをドライバーに示すスマホツールである。ドライバーについては正社員で事業を始め、のちに、ウーバーやインスタカートで広まったフリーランスコントラクター型のモデルに移行する計画だ。

フーディーニ型プライムナウを導入する予定のマンハッタン中心部では、エンパイアステートビル向かいのオフィスタワーに用意した4500平方メートルの倉庫にビーツのヘッドホン、コーヒーミル、トイレットペーパー、炭酸水のボトルといった人気商品を積み上げる作業が始まっていた。12月に入ると、サービスの導入が予定されている地域のあちこちから注文してみる試験だ。パートナーと2歳の息子とともにブルックリンのエアビーアンドビーにほとんど引っ越した状態のランドリーはハワイアナスのビーチサンダルを頼んでみた。ペディキュアを塗り終わるより早くサンダルが届いたそうだ。

導入のプロモーションとしてエンパイアステートビル全体をラッピングする案はさすがに実現しなかったが、ともかく、2014年12月18日、プライムナウがスタートした。土壇場でいろいろあったせいで目標からは11日遅れだ。もちろん特に意味があって期日が切られていたわけではなく、遅れたからといって罰が下ることなどない。せいぜいが軽く冷やかされるだけだ。ウィルケは上機嫌だった。マンハッタンの一部地域を対象に、プライム会員なら追加料金なしで2時間配送が受けられるし、7ドル99セントを払えば1時間配送も受けられる。またエリアは少しずつ広げていくことになっている。サービスのスタートをうけ、ベゾスも、セントラルパークウェストに持つアパートの前でプライムナウの茶色い紙袋を持って記念撮影をしたりしている。ちなみに、一緒に写っている配送のドライバーはなにが起きているのかわからずとまどっているように見える。

だがフーディーニはまだしも簡単な部分だ。提携食料品店の商品をオンライン販売するコッパーフィールドのほうがおそらくは大事である。ビーツのヘッドホンやサンダルなら届くのに数日かかっていいと思う人も食べ物はすぐ欲しいと思うからだ。だから、プライムナウや事業開発部門の幹部がシンシナティのクローガー、カリフォルニア州プレザントンのセイフウェイ、ロサンゼルスのゲルソンズマーケットに行き、提携を申し込んだ。反応はかんばしくなかった。どこもアマゾンを恐れているし、プライムナウなどどうでもいいと思っている。アマゾンフレッシュを懸念する声も強かった。ごくわずかな都市にしか展開できていないというのに、である。

ベゾスが提携を熱望するスーパーチェーンがあった。トレーダージョーズである。プライベートブランドの品ぞろえと品質がすばらしいと絶賛していたらしい。というわけで、ドイツのカントリーマネージャー、ラルフ・クレバーがチェーンのオーナー、アルブレヒト家のところに派遣された。欧州でスーパーのコングロマリット、アルディノルトを立ち上げた一家だが、表舞台に出てくることはほとんどない。ともかく、クレバーは、アマゾンと取引する気はないとすぐに追い返されてしまう。

最後に訪問したのはホールフーズマーケット。コッパーフィールド担当の幹部がオースティンに飛び、プライムナウを説明して提携を求めた。この打ち合わせにジョン・マッキーの姿はなかったが、お断りしますとその場ですみやかに回答があった。インスタカートと独占的な提携関係にあるからだ。さらに、いい機会なのでとアマゾンフレッシュについて根掘り葉掘り聞いてくる。フレッシュの配送車をホールフーズの駐車場で見たと言われるのは不快だ、宣伝のためにわざとそうしているのではないかという苦情も出てきた。こうしてここも提携の話は不調に終わった。どこに行っても敵視されるのはなぜだろうと首をかしげつつ、アマゾン側は辞去。さまざまな業界に参入してはそこの経済性をぐちゃぐちゃにしてきたらそうなるのが当然なのだが。ともかく、この訪問はまったくの無駄骨ということにはならなかった。準備の段階でホールフーズが持つ不動産をチェックしたところ、プライム会員が多い地域に必ずと言っていいほどあったのだ。

コッパーフィールドは、２０１５年3月、フーディーニを補完する形でニューヨークに導入する計画だった。だが大手パートナーが得られなかったこと、また、お店の棚から商品をピックアップするのが意外にややこしかったことからどんどん遅れていく。数カ月後、ようやく導入されたが、参加してくれたのはほとんどが地元商店で数も少なく、全国展開のスーパーはホールフーズのライバル、スプラウツ・ファーマーズ・マーケットだけだった。それでも、まがりなりにもニューヨーク全域でプライムナウが使えるようになったのは事実だし、その後、ロンドン、ロサンゼルス、サンフランシスコ、アトランタ、ダラス、マイアミにも拡大していく。

プライムナウは拙速だった。関係者もそう認めている。たとえば導入当初、返品のようにあって当然の仕組みがなかったりした。問題があれば無条件で返金し、苦情は甘んじて受ける状態だったのだ。短時間配送のコストもすさまじいものがあるし、地価が高い都市中心部に倉庫をリースし、運営するコストもすさまじいものになる。このためプライムナウは何年にもわたって赤字が続くことになる。

それでもこれで陣形の穴がふさがり、インスタカートとグーグルエクスプレスの脅威に対処できたわけだ。難しい状況でよくぞここまでできたというのがアマゾン社内の評価であり、シアトルのキーアリーナで年に2回行われる全社集会でステファニー・ランドリーが報告する運びとなったりした。大手スーパー各社がみんなけんもほろろでまっとうに話もできないとわかったのも収穫だ。提携でどうにかできる可能性はあまりなく、日用品や食料品というとにかく厳しい業界で勝ちたいのであれば、そのサプライチェーンをアマゾン自身が構築しなければならないとわかったからだ。

プライベートブランドで競合の売れ筋をパクった疑い

次から次へと新しい街にプライムナウで猛攻をかけている真っ最中の2015年秋、ダグ・ヘリントンは、食料品事業の次なるフェーズとなる企画をジェフ・ベゾスに上申する。ヘリントンと側近がデイ・ワン・ノースの会議室でベゾスに説明する様子は、3ブロック離れたロクサーナビルの事務所にいる他の社員にも電話で伝えられた。企画はプライベートブランドの構築だ。フォーカスグループによる市場調査をしっかりした上でコーヒー、スナック菓子、ワイン、かみそりなど幅広い食料品・日用品をつくる。ブランド名はブルームストリート。最終的には、コストコのストアブランド、カークランドシグネチャーに匹敵するところまで育てたい。カークランドシグネチャーは幅広い商品展開で年間300億ドルも売り上げている。

ヘリントンらは何カ月もかけて準備をしてきた。商品企画を立てる、つくってくれる工場をみつける、価格の交渉をする、ラベルをデザインするなどだ。試作したサンプルも持参。ブルームストリートコーヒーである。ベゾスのところまで企画を上げるならここまでするのが当然なのだ。打ち合わせに参加した社員ふたりによると、ベゾスは別室でコーヒーを試飲すると、これはいい、気に入ったと言ってくれたそうだ。だが、ブランドのコンセプトは気に入らないと続いた。

のちにアマゾンが出した声明には「ブルームストリートが成功するとは思えない、もっとおもしろくてもっとクリエイティブなものがなにかあるはずだ。ジェフはそう考えた」とある。プロジェクト関係者によると、話はもうちょっと複雑だったようだ。ブルームストリートはにっこり笑うアマゾンのロゴや各種商標がパッケージに印刷されていて、会社とのつながりが明示される。それではアマゾンの名前や評判がある意味ごくふつうの食品ブランドひとつに左右されることになりかねない。それは避けたいということらしい。一から考え直せ、アマゾンの名前が入っているものや入っていないもの、さまざまなストアブランドを試してみろと指示が飛んだ。めだつ領域なので、以後、進捗は細かく報告するように、とも。ベゾスはブレーキを強く踏んだだけだとプロジェクトの一員、ＪＴ・メンは言う。

　こうして、消耗品部門によるプライベートブランドの投入は6カ月後ろ倒しになった。ここはがんばる意味のある分野である。ストアブランド品の販売額は米国で小売業界の20%前後、英国、ドイツ、スペイン、スイスなど欧州各国では40%以上を占めているからだ。[9]メーカーとの緊密な協力で価格を抑えて利益率を上げられるし、ほかで買えない商品となるので顧客のロイヤルティが高まる効果もある。もっと早くに始めてもよかったくらいだとヘリントンは言う。

「どの仕入れ先からも『いつ始めるんですか』としょっちゅう聞かれるような状態でしたから。ほかはみんなやっていると言えるくらいで」

　実はアマゾンも、生活雑貨や衣料品などはプライベートブランドをすでに展開していた。成績はものによる。アマゾンベーシックと称して販売しているバッテリーやＨＤＭＩケーブルなどのエレクトロニクス系アクセサリーは大成功している。だが惨事も起きている。たとえばピンゾンというプライベートブランドで販売しているベッドシーツにラベルを貼り忘れ、リコールになったことがあるという。返品・廃棄が相次ぎ、品質に問題ありとして廃番になったアウトドア家具もある。なかでも有名な失敗例は、２０１４年12月に鳴り物入りで発売したアマゾンエレメンツの紙おむつとお尻ふきだろう。紙おむつは収まりが悪くてよく漏れると発売直後から一つ星のレビューが相次ぎ、数週間で販売をやめる騒ぎになったのだ。この大騒ぎも、ひとつの消耗品ブランドを大々的に押し出すことにベゾスが消極的だった理由のひとつではないかとの意見もある。

ブルームストリートの企画をベゾスに説明したあと、ヘリントンらはプライベートブランド戦略を練り直し、アマゾンとのつながりをぼかしたものも含めて複数のブランドを用意することにした。そして２０１６年夏、一風変わったブランド名の商品がサイトに登場する。ハッピーベリーブランドのコーヒー、スナック菓子、スパイスにプレスト！ブランドの掃除用品といった具合だ。赤ちゃんがいる家庭向けのブランド、ママベアでは、紙おむつにふたたびトライ。ただし今回は大手メーカー、キンバリークラーク製だ。

ヘリントンや彼の副官サニー・ジャインとともにベゾスも開発に関わったグルメブランド、ウイックドリープライムも２０１６年末に登場した。ココナッツタフィーローストのカシューナッツ、バナナチップなどのスナックである。この数カ月後にはアマゾンエレメンツも復活。原材料の透明性確保というブランドの画期的な方針はそのままだ。ビタミン、サプリ、プロテインなどのパッケージに「真正性コード」なるものが印刷されていて、それをスマホのアプリでスキャンすると、原材料や生産地などが詳しくわかる。もっとも、活用する人はほとんどいないのだが。

いずれにせよもっとスピードアップしなければならない。ベゾスら幹部はそう考え、「Ｓチーム目標」なるもので品ぞろえをこれだけ増やせなどと求めることにした。年末ごとに５００件ほども設定しＳチームが承認する目標で、各事業部にとって一番重要な評価基準になる。担当チームは進捗を細かく報告しなければならないし、遅れている場合には理由の説明が求められる。関係があるようなないような形でたくさんの事業が四方八方に広がっていく会社を経営するにはうまい方法だと言えよう。

意欲的な目標が掲げられたことで、プライベートブランド担当チームの責任は一気に重くなった。新製品を次々追加しなければならないが、品質は落とせないし、会社の評判を落とすような事態も招いてはならない。さまざまなブランドのチームが競い合い、それぞれが自分のところの損益に責任を持たなければならないわけで、そのプレッシャーはすさまじいものだったという。しかもベゾスからはデザインにいたるまで細かくチェックが入るし、急げ、もっと急げと常に尻をたたかれるのだ。

大勢の担当者がのちに認めているのだが、この苦境に彼らは手っ取り早く成果を出せる方法で対処した。アマゾンが持つ膨大なデータという宝箱を活用したのだ。数年後、米国および欧州の規制当局が着目したのもこの点だ。小売業者ならではの独自ツールと蓄積情報を活用したから、不公平なほど有利にストアブランドを展開できたのではないか、と。要するに、仕入れ先や登録販売業者との競争でずるをしたのではないかということだ。

たとえばハートビートというデータベースにはカスタマーレビューがすべて記録されている。ここからパターンを抽出すれば、定評ある製品をさらに改善するヒントが得られたりする。イヌのうんち袋は売れ筋の重要カテゴリーなのだが、そこのカスタマーレビューを見ていくと、袋のどちら側を開けばいいのかわからなくて困る人が多いことがわかる。だからアマゾンベーシックの製品は「open this end（こちらを開く）」という文字と青矢印が印刷されている。バインプログラムも頼りになるツールである[11]。有力なレビュアーとして認められると、評価を書面で提出することを条件に製品サンプルが無料で提供される制度で、詳しい評価が得られることが多いからだ。

複数のプライベートブランドマネージャーが名前が出ないならと語ってくれたところによると、製品レビューより貴重な資源も活用したという。ママベアの紙おむつなど新しいブランドを投入するとき「検索の種をまく」のが慣例だった。最初の数日間だけだったりするが、パンパースなどの人気商品との関連スコアを高く設定することができたというのだ。新しい商品はだれも見ない検索の最終ページからスタートしなければならないのに、こうすると、検索結果トップのめだつところに表示される。

自社ブランドの商品について検索結果をいじったりするのかと尋ねたところ、そんなことはまったくないとダグ・ヘリントンは否定した。「顧客にとっていい買物になる」場合、自社ブランドの商品を検索結果でめだつ広告スロットに加えることはあるが、顧客の反応がかんばしくなければすぐ外されるのだとも言われた。物理的な店舗を持つ業者とアマゾンでは戦略が違うという話もあった。リアル店舗ではタイレノールやアドビルのすぐ隣にジェネリックの鎮痛剤が置かれていて、限られた棚スペースを取り合う形にならざるをえない。対してアマゾンは「通路が無限にある」ので豊富な品ぞろえから自由に選んでもらえる。

だが実際にそうしていたと何人ものブランドマネージャーが語っているし、その効果は絶大だったとの証言もある。プライベートブランド部門で昔働いたJT・メンによると、アマゾンエッセンシャルのお尻ふきがカテゴリー全体の20％以上とばか売れしてしまい、あわてて検索の種まきをやめたことさえあるという。プロクター・アンド・ギャンブルやキンバリークラークから苦情が入りかねない状況だったというのだ。プライベートブランドのチームにいたエコノミストも「ブランドマネージャーはものすごく高い目標が与えられていましたし、ブルドッグかと思うほど勇猛で粘り強い人ばかりでした。担当商品を売るためならなんでもする。さすがはアマゾンという感じです」と言う。

ほかにも不正があったとの批判も一部セラーなどから出ている。マーケットプレイスの販売データを見れば、消費者の好みがどちらに向かっているのか、どういう製品がよく売れているのか、すなわち、どの商品をコピーすればいいのか、簡単にわかるというのだ。アマゾン側は、そのようなデータののぞき見はできない仕組みにしてあると言う。私の取材に対し、ジェフ・ウィルケは「プライベートブランドでどの商品を取り上げるのか各セラーに関するデータを使って決めることはありません」と語っているし、2019年の議会証言でも、アマゾンの弁護士ネイト・スットンが「個別セラーのデータをそのまま競争に使うことはしていません」と同様の見解を示している。

だが、それは事実と異なるとの証言もプライベートブランドの戦いに加わったマネージャーのうち3人から得られた。

そのひとりはソリモというライフスタイルブランドを担当した人物（匿名希望）である。2016年、アマゾンに入社しプライベートブランドの仕事を始めた当初、彼女は、サードパーティのデータは見られないのだと思っていた。だがその1年ほどあと、上司から、どうすれば販売データを見られるのかを教えられ、また、よくわからないことがあったらデータアナリストに尋ねろとの指示を受ける。そのようなわけでサードパーティの販売データからどういうビタミン剤がよく売れているのか、その販売数量や平均販売価格、利益率などを確認したという。

その証拠として、サードパーティセラーによるプロバイオティクスの販売データが記された表計算ソフトを見せてくれた。当時使ったものだそうだ。マーケットプレイスセラーとその製品、さらには、月単位の売上や平均価格1年分がまとめられている。

「商売敵がなにをしているのかを確認し、同じことをしたりちょっとだけカスタマイズしたりしてそこに自社のラベルを貼るということをしていたわけです。そういうことができないように防壁がつくってあるとどこに行っても言われていましたが、それは『その先は言わなくてもわかるよな?』ということだったわけです」

2020年にウォール・ストリート・ジャーナル紙が報じたところによると、プライベートブランド部門で働く社員のあいだでこのやり方は「柵を乗り越える」と表現されていたらしい。[12] この記事では、ブルックリンにある社員4人の小さな商店の苦労が紹介されている。車のトランクを整理する折り畳みコンテナを売る会社だ。これがよく売れていたので、アマゾンが似たような製品を用意し、アマゾンベーシックで販売したという。なお、ウォール・ストリート・ジャーナルの取材に対しても、アマゾンは「どういう製品をプライベートブランドで取り上げるのかを決めるにあたり、セラーごとの非公開データを使うことは厳に禁じている」と回答している。この報道も、米国や欧州で独占禁止法関連の調査が進むきっかけとなった。

規制当局が問題にするのは、アマゾンが甘い汁を吸ったのか否かである。ダグ・ヘリントンが必死になってプライベートブランドの拡充に努めていた2017年ごろには、たしかに、意欲的なSチーム目標の達成などにおいてもこのようなデータやツールがかなり役に立ったはずだ。だが、このデータのほとんどはだれでも簡単に手に入れられる。アマゾンをスクレーピングするなり、ニールセンなど消費者トレンドのデータを収集している調査会社に頼むなりすればいいのだ。

ハッピーベリーのピーナッツグラノラバーやウイックドリープライムのローストアーモンドなど、少なくとも消耗品については、プライベートブランド品の投入で競合他社が不利益をこうむることは特になかったようだ。少なくとも、大手小売各社による同じような行為以上のことはなかったはずだ。アマゾンも公式見解として「自店ではどのブランドや製品が売れ筋だったり問い合わせが多かったりするのか小売業をしていればわかっているのが当然であるし、その知識はどの製品をプライベートブランドに取り上げるのかにも使うのが当然である」と語っている。

アマゾンが悪戦苦闘している家庭向け食品販売、プライムナウとアマゾンフレッシュの人気や利益率がプライベートブランドで上がったという話もない。大手スーパーのプライベートブランドに比べると、その魅力も収益への貢献度もないに等しいくらいなのだ。たとえばホールフーズマーケットが展開する365エブリデイバリューというブランドは牛乳から肉類、メープルシロップなどあらゆるものをカバーしていていいものが安く買えるというイメージがあるし、売上もチェーン全体のかなりの部分を占めているというのに、である。アマゾンは基本的にエンジニア、MBA、そして意欲的な発明家を自認するCEOの集まりであり、そういう魔法を使いこなすところまでいたれていないのだ。

奇想天外なプロジェクト

だが努力は続ける――ベゾスはそう考えていた。食料品を買う人々とのつながりを強化する方法とCRaP問題を解決する方法も腹案があった。いずれもアマゾン史上でも奇想天外と言えるプロジェクトであり、これを見るとアマゾンがいかにおかしな会社であるのかがわかるだろう。

前者は2014年にブレインストーミングのセッションで提案した「ステーキトラック」なるものだ。バンやトラックにステーキ肉を積み、ライトやホーンで注意を引きながら住宅地で売り歩く大人向けアイスクリームトラックのようなイメージだったとダグ・ヘリントンは言う。売りに来てもらえれば便利だろう。塊で売るので安くもできる。最終的には需要を予測して廃棄というスーパーの非効率をなくせる可能性もある。

かなり奇抜だがPR FAQを書いてみることになった。新企画の立ち上げにあたりそのプレスリリースを書いてみるのがアマゾン流なのだ。このとき正式名称も決まった。トレジャートラックだ。シャボン玉とデジタルディスプレイでカーニバルっぽい雰囲気を醸す。顧客にはセール内容などをテキストでスマートフォンに流す。

ヘリントンの下にピザ2枚チームをひとつ用意し、2014年秋、プライムナウやプライベートブランドと並行して推進することになった。アイデア自体もかなり異色だが、近くの顧客にのみ来訪を告げる方法や肉類や魚介類をきちんと冷蔵しておく方法など、その背景に隠れた技術的問題もまたかなり挑戦的である。2015年春には特許を2件出願したが、サービス開始にはほど遠い。昼夜兼行で準備を進める。プロトタイプを設計し、シカゴのカスタム車メーカーに発注。巨大な段ボール箱のようなトラックで、トランスフォーマーさながらにそれが開くと巨大なスクリーンやぴかぴかの電飾、プラスチック製のサーモンが回るホイールなどが出てくる。プロトタイプ1台に25万ドルほどもかかったらしい。納入されたプロトタイプはサウスレイクユニオンのガレージに隠し、6月のサービス開始に向けて詰めの準備を進める。デビュー時にはステーキより傷みにくいものを販売する、スタンドアップパドルボードを99ドルの割引価格で売ることにした。

ところがサービス開始の前日、報道関係者に通知を出したあとに、商品を買ってくれた顧客に売り切れだとあらぬ通知を出しかねないバグがみつかってしまう。しかたがない。リリースは延期し、土曜日だというのに関係者が集まって原因を探る。プリンシパルエンジニアも参戦した。10人あまりのエリート集団で高い技術力を持ち、問題をつぶして歩く遊撃部隊だ。

プリンシパルエンジニアはトレジャートラックの社員を2週間にわたって質問攻めにして過ち修正（correction of error）報告書を作成。略してCOE報告書と呼ばれるこの文書は、問題が起きたときアマゾンがつくる極秘資料である。

この原因究明だけでも頭が痛いところへさらなる災厄が降りそそぐ。パドルボードを99ドルの割引価格で売るなどセールの情報を、トレジャートラックの利用登録をした顧客のところへ準社員がうっかり送ってしまったのだ。アマゾン史上最高にやり損なった製品発表だと、このプロジェクトを熱心に追っていたシアトルのテクノロジー系ブログ、ギークワイヤに書かれるほどの失態である。[13]

結局プロジェクトマネージャーの総入れ替えをして、7カ月後、トレジャートラックはシアトルの丘陵地帯を走るようになった。積まれていたのは64%引きのゴープロカメラである。それから数カ月、トレジャートラックはシゴクオイスター、天然物のキングサーモン、感謝祭用のターキー、アマゾンエコーの新製品、『ハリー・ポッターと呪いの子』などを売り歩いた。またトラックもプロトタイプに比べれば若干地味でコストも抑えた形で増やし、米国の主要25都市にサービスを広げた。

だがこのサービスは、ジェフ・ベゾスやダグ・ヘリントンが思い描いたほど普及もしなかったし愛されもしなかった。ネットには、なにがしたいのかわからないという声や、ビデが33%オフの19ドル99セントなどセールのなかにはわけのわからないものがあるといった批判が流れる。ウェストフィラデルフィアの駐車場で夜中1時半に空荷のトレジャートラックが炎上する事故も起きた。[14]ベゾスはこのプロジェクトを簡単にながら2017年の株主宛年次書簡で取り上げたが、財務部によると成績はかんばしくなく、とても採算が取れるレベルではなかったそうだ。世の中の話題となり、食料品はアマゾンで買おうという機運を盛り上げるには、まったく違うなにかが必要だった。顧客が思わず入れあげるほどの商品かなにかが。

実はこちらについてもベゾスに腹案があった。これまたかなり怪しげなアイデアなのだが。

２０１５年８月、ハンバーグは牛１００頭もの肉を混ぜていたりするという食欲が湧くとは言いがたい記事がワシントンポスト紙に掲載された。１頭の肉でつくればすばらしくおいしいハンバーグができるはずだが、「それは難しいし高くもなる」[15]という卸売業者の言葉も紹介されていた。

これがベゾスの目にとまる。ベゾスはのちにニューヨークのエクスプローラーズクラブでイグアナを食してみるなど[16]、食についてだんだんと冒険的になっていた。そのせいか、ヘリントンとのブレインストーミングで「シングルカウバーガー」をつくれる牧場をみつけろ、アマゾンでしか買えない商品をつくるんだと提案した。

「これはぜひやってみるべきだと思う。難しいと思うかい？」

ヘリントンは、最初、冗談だと思ったそうだ。

担当はアマゾンフレッシュに新設した料理イノベーションチームだ。Sチーム目標もすぐに設定された。ベゾスとSチームが細かくチェックする優先企画というわけだ。実際にどうつくるのかは、プロダクトマネージャーのミーガン・ロセターが検討することになった。食肉の業者に問い合わせてみると、そんなものは非現実的だし、実際のところ業務に支障が出るやり方だとけんもほろろである。ロセターは、不可能としか思えないクレイジーでやっかいな目標を与えられてばかりだと思ってしまったそうだ。

それでも、そういうハンバーグをつくってくれる牧場を最後はみつけることができた。メキシコ国境近く、サンディエゴカウンティの牧場だ。そして、輸送用に冷凍する方法や解凍したときドリップが漏れないパッケージなどを牧場と協力して開発。２０１６年６月には、フレッシュのウェブサイトとスマホアプリでシングルカウバーガーのプロモーションを始めることができた。赤身80％、脂身20％の和牛ハンバーグで大きさは200グラムあまりだ。シングルカウバーガーとはなんだとアレクサに聞かれたときには「シングルカウバーガーとは、1頭だけの牛の肉でつくったビーフハンバーグです」と答えられるように準備も整えた。

滑り出しは上々で、「このハンバーグは大きいしジューシーでとってもおいしい」といったレビューがアマゾンサイトに書き込まれたりした。だが数カ月後、フレッシュ幹部のところにベゾスから電子メールが届く。パッケージが開けにくいし、肉も脂が多すぎてグリルで焼いたらしたたり落ちる脂で炎が上がったというのだ。

高級和牛の肉は鉄のスキレットで焼くべきものでグリルで調理するものではない。ロセターはそう考えたが、尋ねられてもいないのにCEOにアドバイスするほど命知らずではない。ベゾスがすごく気にかけてくれていることに驚きもした。まさしく、こんなことが起きるとは想像もしていなかったと思った瞬間だったと彼女は言う。

だからロセターはサプライヤーに相談した。ハンバーグそのものは別の牧場が下請けでつくっているのだが、そこは赤身が91％で脂身は9％しかないヘリテージアバディーンアンガス牛でつくることもできるという。何度も現地に足を運んで味を確かめた結果、新しいシングルカウバーガーができた。パッケージも簡単に開けられるものに改良した。発売は2017年1月の予定だ。新製品をベゾスに送ったところ、これはいいとの感想が数日後に戻ってきた。

このプロジェクトもまたアマゾンにおけるイノベーションの1スタイルだと言える。今回は理想の顧客を起点に「さかのぼる」形で仕事をしたわけではない。もともと、こういう商品が欲しいと顧客が要望したわけではないからだ。そうではなく起点はベゾスの直感で、そこからさかのぼる形で彼の文字どおり幅広い味覚を満足できるものをつくった。ベゾスは正しいことが多い。特に最先端技術が絡むものについてはそうだ。だが、シングルカウバーガーなどアマゾンフレッシュに登場した料理系のイノベーションは、結局、人気になることもなければ事業に貢献するほどになることもなかった。

ロセターは数カ月がんばったわけだが、その努力が認められたとは感じられなかった。一方職場環境は「ストレスが多く楽しくない」と感じた。だから退職の準備をしていたところに爆弾が落ちてきた。

個性的で有名な食料品店、ホールフーズを手に入れる

２０１７年４月21日、物言う投資家の攻撃をどうすればしのげるのかホールフーズにアドバイスしていたタスクベンチャーズで規制関連の部門を率いるマット・エールは、オバマ政権時代に知り合った友人ジェイ・カーニーに電話で尋ねた。戦略的な取引の相談をホールフーズとしてみるつもりがアマゾンにあるだろうか、と。その話はカーニーからベゾス、ジェフ・ウィルケ、さらにコーポレート・ディベロップメント担当バイスプレジデントのピーター・クラビークへと伝えられた。こうして４月27日、両社は厳しい機密保持契約に隠れて交渉を始めた。

アマゾンにとっては渡りに船で、前向きに応じるとすぐさま決めたようだ。会社は大きく成長した。プライムナウは全米33都市に展開しているし、海外にも一部展開している。[17] アマゾンフレッシュは米国の都市部14カ所とロンドン、ドイツに展開している。だがいずれも儲かっていないし、レバレッジもスケールも思うような結果になっていない。値段は高いし、品ぞろえもぱっとしない。検索ツールやデータの活用もあってエレクト

ロニクスとファッションでプライベートブランドが気を吐いているが、珍妙な名前で消耗品部門が展開しているものは本格化できていない。ウイックドリープライムもトレジャートラックも、シングルカウバーガーもだ。

インスタカートとグーグルエクスプレスのほかにも心配すべきライバルが登場していた。きっかけは電子商取引のスタートアップ、ジェット・ドット・コムを2016年にウォルマートが33億ドルで買収した件だ。その後米国におけるウォルマートのネット通販を指揮する立場についたジェットの創業者マーク・ロアは、ダイアパーズ・ドット・コムを運営していたクイッドシーの買収に応じたのは失敗だった、してやられたとアマゾンに恨みを抱いていた。そして、ウォルマートが全米に展開する4500軒あまりの店舗を配送のハブやピックアップ場所として活用し、アマゾンがうまく立ち回れていない食料品のオンラインで大きな成果をあげつつあった。

だから2017年4月30日の日曜日、ホールフーズ創業者のジョン・マッキーは側近3人とともにオースティンからシアトルへ飛び、ワシントン湖ほとりに立つベゾス宅のボートハウスでベゾス、クラビーク、スティーブ・ケッセル、ダグ・ヘリントンに会った。みんながケールを食べるようになったのはホールフーズの手柄であるなど、会社の歴史を誇らしげに語ったあと、物言う投資家に食い物にされそうだと訴える。

「自分の会社は大好きですし、独立を保ちたいとも思っています。ですが、それは無理らしくなってしまいました。どこかの傘下に入らなければならないのだとしたら、敬意と称賛の念を抱いているところがいいと思うのです。つまりアマゾンです」

マッキーはこのように語ったとダグ・ヘリントンは言う。

このミーティングについてマッキーは「恋に落ちた感じだった……ミーティングが終わるころには途中まで

聞けば相手の言いたいことがわかるようになったほどです」と語っている。[18] ベゾスはいつもどおりアントレプレナーに対するひいき目が前面に出ていた。マッキーは細かく突き詰めるところやビジョンについては譲らないところ、世間の批判にすぐ食ってかかるところなどベゾスによく似ていると言える。違いは、テクノロジーに精通しておらず、再発明をくり返す才がないところだ。だからホールフーズは十年一日のごとしで企業の一貫性や理想など彼が大事にするものが危うくなってしまった。

食品会社アルバートソンズの申し入れに応えつつ、ホールフーズは、アマゾンと秘密の交渉を進め、次々と舞い込む情報開示の求めに対応。そして5月23日、市場の取引価格に対して27％近いプレミアムとなる1株41ドルの買収提案がアマゾンから出てきた。交渉はなし、話が漏れたら白紙に戻すとの話もあった。ホールフーズは45ドルを要求。回答は多少の色をつけただけの1株42ドル。最終提案とのことだった。

そして両社は137億ドルで買収が成立したと2017年6月16日に発表し、世界を驚かせた。もっとも有名な電子商取引の会社が個性的で超有名な食料品チェーンを買収したというのだから驚くのは当然だろう。発表当日、ジェフ・ウィルケはオースティンに飛び、大講堂で開かれたホールフーズの全社集会に会社幹部と並んで参列。この集会でマッキーは、アマゾンに買収されたあとも自分はCEOにとどまる、「死が我らを分かつまで」とどまると誇らしげに語った。雑穀のキヌアを野菜だと思っていたらしいとウィルケをいじることも忘れない。

このころのウォールストリートはベゾスがなにをしても信任票を投じる。この買収についても発表を受けて株価が急騰し、1日で時価総額が156億ドル増えて4750億ドルを突破した（食料品販売のライバル企業各社は一時的ながら株価が下落。逆にインスタカートはその余福にあずかったと言えるだろう。オンライン化を急いでアマゾンの脅威に対抗しようと考える人々が向かう先となったからだ）。手紙攻勢でこの連鎖反応の引き金を引いたと言える投資銀行ニューバーガー・バーマンのマネージングディレクター、チャールズ・カンターは、ロイターの取材に対し、あの株価評価なら「アマゾンはホールフーズをただで手に入れたようなものだとも考えられる」と語っている。[19]

世の中からは見えなかったりするが、払わなければならない代償もあった。10年ほど思いつくままに進めてきた食料品関係の企画を整理し、リアル店舗465軒とそのサプライチェーン、時代遅れの技術によるシステムとすりあわせなければならない。この大変な作業をだれに任せるのか。マッキーらの監督もしなければならない。ベゾスとウィルケは、アマゾンゴーと書籍の担当で、組織的に一番身軽なスティーブ・ケッセルを選んだ。

8月には連邦取引委員会もこの買収を承認。この買収で競争が大きく減退することはない、両社のライバル関係はそういうものではないというのが委員会の判断だ。

ケッセルは改革を次々打ち出した。ホールフーズの店舗にはプライム会員向けの割引価格、アマゾンロッカー、キンドル、アレクサを投入。アマゾン側ではプライベートブランドの足りないところを品ぞろえ豊富なホールフーズの365エブリデイバリュー製品が補う形とした。ホールフーズ側では価格の引き下げも断行。価格引き下げはジョン・マッキーがずっと杞憂（きゆう）を抱いていたので、これはホールフーズにとって史上初のできごとかもしれない。サプライヤーに対してはアマゾンと同じ規範と厳しい取引条件を適用した。[20]

何日でベゾスがジョン・マッキーを首にするか賭けようぜなどのブラックジョークが物言う投資家のあいだでは飛び交っていたが、ホールフーズ経営陣の更迭はなかった。ザッポスとその創業者トニー・シェイの例を見てもわかるように、実際のところベゾスは、会社を買収してもエキセントリックなCEOに経営を任せ自由にやらせることが多い。[21] 彼らの経験から学んだりデータや教訓を収穫するほうがいいと考えているのだ。

この買収を生かすためには、アマゾン史上最高にやっかいな製品カテゴリーで手当たり次第に進めてきた企画同士のすりあわせもしなければならない。だから、プライムナウとアマゾンフレッシュの権限もスティーブ・ケッセルに移した。[22] 数年後、このふたつは不思議な形で統合される。一部ファンのためにプライムナウアプリを残してはいるが、ウェブサイト、スマホアプリ、ブランドは基本的にアマゾンフレッシュに統一。新しいフレッシュは都市部に置かれた倉庫と柔軟な契約ドライバーによるプライムナウのサプライチェーンを使う形となっている。ホールフーズの店舗や倉庫にある商品も買えるようにした。何年も前からコッパーフィールドでめざしてきたことがついに実現できたわけだ。アマゾンほど大きく、おそれられている会社にとっては提携より買収のほうが現実的だと今回も証明されたと言っていいだろう。

食料品関係は異質なチームがいくつもあり、たがいにけんかすることもよくあったのだが、これも、プライムナウの立ち上げで手腕を示したステファニー・ランドリーがまとめて面倒を見る形で整理した。

2012年、ダグ・ヘリントンは、人々がふだんの生活で買う安くてほとんど儲からない商品にアマゾンの未来があると訴えた。そのとき彼は、いまのビジネスモデルでは年商4000億ドルという大願は成就できないし、実現に必要な転換もできないのではないかと懸念も表明している。だがそれは取り越し苦労だったらしい。それから5年でアマゾンはたくさんのCRaP(がらくた)を売るようになった。ということは、かつてない人数の作業員とドライバーに低賃金でがんばってもらい、それだけのものを在庫し、顧客のもとに届ける大変な仕事をしなければならなくなったわけだ。

第9章 物流
——ラストマイルの支配から脱却せよ

アマゾンの物流・配送は世界最大級の精巧なものである。なぜそうなったのかを理解するためには過去にさかのぼってみなければならない。今回はドットコム・バブルがはじけ、社の存続をかけて必死だったころまで戻る必要がある。

中学でバンドの指導などをしてきたデイブ・クラーク（26歳）が入社した１９９９年、アマゾンが持つ倉庫は米国に7カ所、欧州に3カ所のみで、クリスマスに向けた狂乱セールのピークをかろうじてさばけるかどうかというレベルだった。その彼がグローバルオペレーションのトップに就任した２０１２年には、全米40カ所、海外20数カ所のフルフィルメントセンター（ＦＣ）を運営するようになっていた。[1] ただし場所はへんぴなところばかり。労務費を抑えるにはいいが、顧客にとってベストとは言いがたい場所だ。また、作業員は棚から商品を集めるため、低賃金なのに平均して1日20キロメートルほども歩かなければならない。

米国拠点のほとんどで売上税の徴収に同意し、ホールフーズマーケットの買収もすませた２０１７年8月、アマゾンのサプライチェーンは様変わりしていた。物流拠点のＦＣが米国１４０カ所ほど、海外数十カ所と増えたし、その多くは都市部にあった。また、倉庫の中はオレンジ色の平べったいロボットが走り回り、商品の詰まった黄色い棚を作業員のところに届けてくれる。倉庫のほかにも、郵便番号で荷物を仕分けるソートセンターや食料品のプライムナウセンター、顧客への配送を担当する契約ドライバーが荷物をピックアップするデリバリーステーション、輝く白い機体に青字で「プライムエア」と描かれた貨物機が集まるエアポートハブなど小規模な拠点を何百も運営している。

運営施設がどんどん増えたこともあり、倉庫作業員の待遇にも注目が集まるようになった。メディアが描くアマゾンは安全より利益を優先する酷薄な雇い主で、作業中にけが人やそれこそ死人が出た場合もその責任を逃れようとする、といったものだった。クラークはSチームに属する幹部としては珍しくこういう批判にオンラインで反撃するタイプで、アマゾンは安全を最優先しているなどとことあるごとに反論した。たとえば2019年9月には、アマゾンのやり方は国民の安全をないがしろにする「冷酷で」「道義的に破綻した」ものだと批判してきたコネティカット州選出の上院議員リチャード・ブルメンタールにツイッターで「上院議員どの。あなたの情報はまちがっています」と言い返すなどしている。[2]

デイブ・クラークはジョージア州ダルトンの出身だ。ラグ工場が多く「世界的なカーペットの中心地」を自認する小さな町である。父親はなんでも屋で、ラジオの修理をしたり9ホールのゴルフ場をつくったりしていた。家もたくさん建てていて、基礎工事にひとり息子をかり出すこともあったという。クラーク家はデイブが9歳のとき、全長16メートルの大型トラックいっぱいのカーペットを持ってフロリダ州ジャックソンヴィル郊外に引っ越し、ラグのお店を始めた。

高校に入ったころ母親ががんで死期を宣告されたこともあり、クラークは、多少なりとも気が紛れるかとスーパーマーケットのパブリックスで買ったものを袋に詰める手伝いのアルバイトを始めた。いまはなきサービスマーチャンダイズのチェーン店で品出しの仕事もした。後々ホールフーズマーケットのリアル店舗を監督する役割に就くクラークにとっていい職業訓練になった経験だと言える。その後は音楽学部で設備管理の仕事をしながらオーバーン大学で音楽教育の学位を取得すると、出身中学でマーチングバンドの指導を1年経験する。なかなかに大変な仕事だったらしく「楽器の演奏など初めてという中学1年生250人に教えると、人生、たいがいのことはなんとかなると思えるようになりますよ」と語ってくれた。

クラークは、ノックスビルのテネシー大学ビジネススクールでジミー・ライトに出会う。カリスマ的なウォルマート幹部として鳴らしたこともある人物で、1990年代末にはジェフ・ベゾスに請われて新しいタイプのアマゾン物流センターをつくる仕事をしている。そのライトに勧められ、クラークはクラスメートとともにシアトルまでアマゾンの入社面接を受けに行くことになった。当時のアマゾンはエンジニアの楽園であってMBAなどお呼びじゃないという雰囲気で、ロビーで待つあいだに採用担当者から「きみらがここに来る理由なんてわかってるさ。気に入らんね。だから今日の面接、うまく行くとは思わないでくれ」などと言われたそうだ。

それでもクラークは、卒業したらアナリストとして業務部門で働くことになった。最初の仕事はアルバイト時給の検討。次は、初めて東京に倉庫をつくる手伝いだ。このために生まれて初めてパスポートをつくらなければならなかったそうだ。そして、次の異動先、ケンタッキー州キャンベルスビルのFCが彼にとって転機となる。その後の私生活もアマゾン業務の未来も、ここでつちかった人脈で形づくられることになるのだ。

所長はアーサー・バルディーズ。彼の母親はベゾスの父マイク・ベゾスと同じく、ピーターパン作戦でキューバから移住してきたそうだ。両親ともにUPSで配送の仕事をしつつ副業として医薬品の配送もしていたので、バルディーズはコロラド・スプリングスの子ども時代、物流の世界にどっぷり浸っていたと言える。

そんなバルディーズにとっても洪水のような注文で狂気に満たされるホリデーシーズンのアマゾン倉庫は想像を絶する世界だった。トラブルがあまりに多くて派遣会社にアルバイトの賃金を送るのにも手間取ってしまいベゾスに頼んでお金を個人口座に振り込んでもらって、パーソナルチェックで支払うしかなかったこともあった。出荷が遅れれば、その原因と対策を書いてベゾスとウィルケに送らなければならない。あまりの忙しさに耐えかね、サブジェクト欄に一言「お手上げです」と書いただけのメールを送ったこともあったという。

さすがにウィルケが増援を送ってくれた。そのひとり、出荷担当がデイブ・クラークである。サプライヤーからの入荷については、ライプツィヒのアマゾンで物流を監督していたマイク・ロスをウィルケが引き抜いてきてくれた。ふたりともバルディーズ直属の部下だ。

3人は一丸となり、不可能としか思えない状況でなんとか仕事を回していく。2000年には財務体質の健全化を狙い、トイザらスのオンライン販売をアマゾンが一手に引き受けることになった。荷物はすべてキャンベルスビルに送られてくる。翌年にはターゲットとも同様の契約が成立。7万平方メートルもの倉庫も過剰在庫で満杯だ。このときは、トレーラートラックを600台ほどもリースし、あふれた荷物を積んで小さな町(人口9000人)の周りに駐車させてしのいだ。サバイバルゲームでしたねとバルディーズは言う。

2002年にはクリスマス直前の大事な時期に中西部を暴風雪が襲う事態となった。アマゾンFCからルイビルのUPSハブまで150キロメートルはターミナル間輸送の会社に委託してある。その会社のドライバーは近づく暴風雪を心配して予定より早く出発してしまい、たくさんの箱が積み残されてしまった。しかたがない。ライダーというバンを借りると荷物を積み、凍った道をクラークが運転する。バルディーズは助手席だ。食事はバーガーキングのドライブスルーですませた。

そんなこんなでようやくルイビルに着くと、今度はUPSがゲートを開けてくれない。施設の管理はトラック運転手の労働組合チームスターズが担当しており、組合員以外の積み下ろしは認めないというのだ。しかもアマゾンは反労組で知られている。会社と作業員の間に労働組合を割り込ませても神さまであるお客さまにとっていいことはなにもないというのがアマゾンの考え方なのだ。それでも、クリスマスに間に合わせるにはなんとかして荷物を降ろさなければならない。バルディーズは所長に電話をかけ、中に入れてくれと頼み込んだ。

所長は折れてくれたが、同時に、作業は短時間ですませたほうがいいとの警告もあった。クラークがライダーをバックで荷下ろし場につけ、組合に入ってないマネージャーらが荷物を降ろしはじめると、チームスターズの組合員がわらわらと集まってきた。みな怒り心頭で、バンに飛びつき窓やボンネットをたたく、出て行けとわめきちらすと大騒ぎである。

のちにクラークはこの顚末(てんまつ)をくり返し語るようになる。「顧客最優先」というアマゾンの姿勢を示す好例として語るのだが、この話はまた、アマゾンがなぜ労働組合を毛嫌いするのか、その理由を示す好例でもある。顧客との約束を守ろうとすると臨機応変な対応が必要になることも少なくないのだが、組合員はなにも考えずそういう対応に反対することが多い。

結果論ではあるが、バルディーズ、クラーク、ロスの3人にとってキャンベルスビルFCにおける経験は学びの多いものとなった。全倉庫を視察するツアーがあるので、毎年秋にはベゾスやウィルケと一緒の時間をかなり持つこともできた。ベゾスに葉巻とバーボンを試させたこともあったらしい。クラークはのちに妻となる女性レイ・アンにもここで会っている。ゴルフクラブでレストランを経営している一家の娘である。

キャンベルスビルのあと、3人はそれぞれにさまざまな仕事を担当し、出世していった。彼らがシニアリーダーへと成長していく様はアマゾンにおける業務の歴史そのものだ。難問を創意工夫で解決していくのだが、ちょっとした恨みつらみもあれば会社にも社会にもさまざまな波紋を投げかけることになる教養も登場する人間くさい物語である。そしてその中心を15年にわたる親交が貫く。2008年5月、シアトルのフェアモントオリンピックホテルでクラークとレイ・アンの結婚式が執り行われたときも、マイク・ロスは参列者の案内役、アーサー・バルディーズは花婿の付添人とふたりとも大事な役割を任されている。

エアコンをケチるなど倉庫作業員を厳しく締めつける

キャンベルスビルのあとロスはFCネットワークの問題を解決するため英国に転勤となった。一方バルディーズはダラスに転勤し、家具やテレビなど大きくかさばる商品を取り扱うFCネットワークの管理を担当する。デイブ・クラークは、上司バルディーズの評価が高かったこともあってフルフィルメントセンターの所長に昇進。フィラデルフィアから45分ほど南に行ったデラウェア州ニューキャッスルにあるセンターである。

管理者としてのクラークは荒く怒りっぽく、部下が指示に従わないと叱りちらしたりするという。ついたあだ名はスナイパー。いいかげんなことをする部下がいるとどこからともなく見ていて撃ち抜くからだ。部下を軽く扱うことも多い。たとえば全社集会で質問を受けると「あとで答える」と言うだけで実際にはなにもしなかったりする。腹を立てた社員が「あとで答える」とプリントしたTシャツを着て集会の前のほうを埋め尽くしたことさえある。ちなみにクラークは、そういうフィードバックを返してもらえることはありがたいと言い、そのTシャツも1枚持って帰ったという。

いずれにせよデラウェアFCは成績がよく、このとき気にかけなければならないたったひとりの人物にはいい印象を与えていた。その証拠に業務のトップ、ジェフ・ウィルケは次のように述べている。

「勤続年数が長く頑固な人を含む大集団に言うことを聞かせられる、それだけのリーダーシップを発揮できると彼は証明したわけです」

クラークの担当範囲は東海岸からだんだん広がり、２００８年にはシアトルに転勤してアマゾンカスタマーエクセレンスシステム（ＡＣＥＳ）のディレクターに就任。トヨタが採用して世の中に普及したリーン生産方式を推進し、無駄をできるかぎりなくして生産性を限界まで高め、社員の自主性を活用することが仕事となったわけだ。ＦＣネットワークが急拡大していくなか、そこで働く人々の暮らし向きを左右する哲学的議論が巻き起こるのだが、最前列でそこに参加するのも役割のひとつだ。

クラークの上司でリーン手法推進の旗頭はゼネラル・エレクトリック社から移ってきた陽気なフランス人、マーク・オネットである。ジェフ・ウィルケが米国国内における販売全体を見る立場に昇進したあとを受け、業務部門のトップとなった人物だ。オネットは荷造りテープなど必要なものを作業員に届けるヘルパー「ミズグモ」を導入したり、配膳トレイをまちがって捨てないよう開口部を小さくしたゴミ箱をカフェテリアに置くなどうっかりミスを防ぐいわゆる「ポカヨケ」という考え方を推進したりと、リーン手法に心酔していた。

そんなオネットが目標として掲げたのが思いやりとチームワークの醸成だ。このころの業務部門は冷たく締め上げがきついとシアトルのマネージャー連中が心配する状態になっていた。というか、どういう方法でもいいから生産性を高めろと会社全体に発破がかけられており、毎年、成績が一定レベル以下の社員を首にするスタックランキングが猛威を振るっていた。だがトヨタのリーン手法は終身雇用が基本となっている。この部分に対してジェフ・ベゾスは猛反対の立場であり、哲学やスタイルの違いからベゾスとオネットはこのあと激しい衝突をくり返すことになる。

２００９年、オネットの下で人事を担当するデビット・ニーキルクが「人間尊重」と題するペーパーを書いてSチームに提出した。リーンというトヨタで実証された概念をもとに人は公平に扱うべきであり、マネージャーと部下が信頼しあう関係をつくらなければならない、また、部下を取り締まるのではなく激励し、鼓舞するのがリーダーの役割であると論じたものだ。

ベゾスの逆鱗(げきりん)に触れるペーパーだった。会議でぼろくそに言うだけでは気が収まらず、翌朝も電話でニーキルクを脅し上げる。人を尊重しない職場であるかのような言い方をしてはならん。だいたい、アマゾンが抱える大きな問題は時給で働く人が自分のことしか考えず不満ばかりであることだ。作業員が労働組合をつくり、ストライキや手間のかかる契約交渉をするからうまく回らない自動車業界と同じだ（労働組合うんぬんの部分は言っていないとのちにアマゾンは否定している）。そして、FC作業員は昇進しないかぎり勤続３年を上限にするようニーキルクとオネットに求めた。

この方向でさまざまな変更が行われていく。５年間は半年ごとに多少ながら時給が上がっていたがそれを３年間に短縮し、その後は昇進するか、あるいはFC全体の給与水準を高めるという話になるかでないかぎり時給は上がらないことになった。この少し前に買収したザッポスの制度を参考にペイ・トゥ・クイットという早期退職制度も制定。やる気を失い退職したいという社員にひとり数千ドルを渡してやめてもらう制度である。

ベゾスはほかの面でも厳しく締めつけた。オネットとニーキルクが4年制大学の学費を年間5500ドルまで補助するなどの幅広い社員教育制度を提案してきたときにも「どうしてそう社員に失敗してほしいとしか思えないことをするのかな」と却下している。ほとんどの米国人は芸術や文学の学位を取ったからといって倉庫以外の職場でペイのいい仕事ができるようになどならないというのだ。結局、最終的に用意されたプログラム、キャリアチョイスは職場研修が中心で、IT、ヘルスケア、輸送など特に必要な技能につながる場合にのみ会社が学費を負担する形となった。

このあと、マーク・オネットの周りでは波風が立つことが増えていく。Sチームの会議で彼は有名CEOジャック・ウェルチの下で働いたゼネラル・エレクトリック時代の話をよくしたのだが、この会議では体験談や自慢話は御法度というのが暗黙の了解だ。そんなこんなでベゾスの覚えがあまりに悪くなってしまい、最後は、自分たちがプレゼンをする会議では口を開かないでくれ、できれば欠席してもらえるとありがたいと部下に言われるようになってしまった。

オネットが限界だと思ってしまった事件は、ペンシルバニア州アレンタウンのモーニングコール紙が2011年9月に報じた記事に始まった。[3] リーハイバレーのアマゾン倉庫で気温が上がりすぎて倒れる作業員が続出し、会社が手配して待たせていた救急車で近くの病院に運ぶ事態になったのだ。作業環境が劣悪すぎると救命救急医から連邦政府に報告も行った。

防げたはずの惨事だった。その少し前、エアコンを屋上に設置する提案を含むホワイトペーパーをオネットがSチームに提出していたのだ。だがニーキルクによると、コストがかかるとベゾスは問答無用で却下したらしい。そして、モーニングコール紙の報道で世間の風当たりが強くなったあと、ようやくエアコン設置費用5

200万ドルを承認（このあとはメディアに批判されてようやく改善に乗りだすというパターンがくり返されることになる）。さらに、惨事を予想できなかったのはお前の責任だとオネットを叱り飛ばした。

腹にすえかねたオネットは、事前に提案していたことをベゾスに突きつけることにした。周りからはやめておけ、流してしまえと言われたがどうにも気が収まらなかったのだ。もちろんいい結果になどならない。予想されたとおりだ。ベゾスの反応は、正直なところそのペーパーなら記憶にある、ただ書き方が下手すぎてなにをすべきだと言いたいのかだれにもわからなかった、だった。Sチームのメンバー全員がすくみ上がる中、ベゾスは、データで裏打ちする形で考えを明快に書き記すことができない人間が幹部になるとなにが起きるのか、今回の件を見ればよくわかると言い放ったそうだ。オネットは2012年に退職を決意する。

オネットには何年もあとに話を聞いたのだが、彼は、どこまでも礼儀正しく落ちついた様子でベゾスとの確執について覚えているかぎりを語ってくれた。アマゾンで仕事ができたことを誇りに思うという言葉もあった。

「業務には厳しい瞬間が付きものなんです。なにせコストセンターですし、うまくできて当然、失敗すれば自分が悪いという仕事ですから。ベゾスになにか提案し、柔らかい言い方をすれば喜んでもらえなかったなんてこと、もちろんありましたよ。ですが、それをとやかく言うつもりはありません。彼が正しかったことも多いのですから」

このころデイブ・クラークは、北米のFCを統括するバイスプレジデントになっており、オネットの後任としてアマゾン倉庫における仕事を根本的につくり変えるのは自分だと考えていた。

キーバのロボットで荷物量を5割増しに

オネットの後任について、ベゾスは、相手の身になって考える哲学者は避けたい、加速度的に高まる売上の増加率よりFCコストの増加率をなんとか低くして業務レバレッジを実現できるやり手が欲しいと考えていた。FC関連の支出は2011年には58%、2012年には40%と急激に増えている。また米国内のFCを合計すると2012年のホリデーシーズンだけで5万人ものアルバイトを使っているし、売上の増加に伴ってこの数字もどんどん大きくなっていくはずだ。オネットの後任は冷徹にサプライチェーン全体を切り盛りできる人でなければならないし、技術を活用して効率を高められる人でもなければならない。

最有力候補はやはりクラークだ。マサチューセッツ州ノースレディングでルンバに似たロボットをつくっているロボット工学のスタートアップ、キーバシステムズの買収が彼の大きなセールスポイントである。商品の入ったコンテナをキーバのロボットで動かす形にすれば巨大な倉庫の中をピッカーが毎日20キロも歩き回って商品を集めなくてもよくなる。大量動員もロボットならソフトウェアという姿なき働き手の指揮で可能だ。

キーバのアイデアは、ダグ・ヘリントンのアマゾンフレッシュと同じくウェブバンの大失敗から生まれた。ウェブバン倒産後、時給の3分の2はアルバイトが歩くことに払っているようなものだ、ロボットが棚ごと商品を持ってきてくれればアルバイトの生産性も上がるし倉庫通路が渋滞することもなくなるはずだと幹部のひとりだったミック・マウンツが考えたのだ。そして立ち上げたディスロボットシステムズが数年後に名前を変え、キーバとなった。ちなみにキーバとは、アリの巣などを意味するホピ族の言葉である。

マウンツらはプロトタイプをつくる、ベンチャーキャピタルから資金を調達する、完成したロボットをステープルズ、デル、ウォルグリーンなどに売ると事業を展開していく。

アマゾンにも何度か売り込みをかけたし、ヘリントンのアマゾンフレッシュで試験運用したりもしたが、成約にはいたらなかった。2009年と2010年にはキーバを使うザッポスとクイッドシーがアマゾンに買収されたが、ロボットはお蔵入りにされてしまう。アマゾンはスタートアップに対する不信をテクノロジー業界に広めようとしているのではないか――マウンツはそこまで考えたという。ところが2011年春、一転して買収したいとの提案が舞い込む。ただ、あまりに安い。回答は当然にノーである。

このころアマゾンでは、可動式の倉庫ロボットをつくれるところがないか、ほかのロボット会社についてもひそかに検討が進められていた。これがみつからなかったので、アマゾンはキーバ買収の提案を増額。キーバ側の代理人としてこの交渉に関わった投資銀行によると、細かなところまで徹底的に議論するアマゾン流のおかげで経験したことがないほどきつい交渉になったそうだ。2012年に入って7億7500万ドルで妥結したあと、キーバがシアトルを訪問すると、アマゾン自身が開発した失敗作が会議室に置かれていたという。

キーバシステムズ買収はデイブ・クラークの発案であり功績だ。彼は、ロボットがあればFCをつくり直せる、手が付けられない勢いで増えている労務費という変動費をロボット工学とソフトウェアに対する固定投資という先が見通せるものにできるはずだと信じていた。ブルームバーグが後年報じたところによると、買収交渉でクラークはチップの山を前に押し出すかのようなしぐさをしながら「ポーカーのやり方はこれしか知らなくて。全賭けのオールインだ」と言ったらしい[4]。

交渉でマウンツは他社にもロボットを売ってキーバを大きくしていくことにこだわった。クラークの回答は

「別にいいんじゃないか？　ウォルマート・ドットコムにだって売りたいなら売ればいい。その金で我々はもっと成長するから」だった。マウンツはだから安心してくれとこれを顧客各社に伝えたが、この約束を書面で確認するのは忘れてしまった。だから、買収の2年後、ロボットがもたらす戦術的優位はあまりに大きいと判断したクラークとウィルケに提供を1社、また1社と切られることになる。マウンツはがっかりした。

「長年つちかってきた業界の人脈を焼き捨てたんですよ。たまらない想いでした」

ベゾスへ直訴もしたが流れは変えられなかった。

直訴したときベゾスはFCにおけるロボットアームの可能性ばかりを気にしていたとマウンツは言う。これを受け、キーバの共同創業者ピーター・ワーマンがアマゾンピッキングチャレンジなるイベントを提案。品物を棚から取り出す作業を人間よりうまくできるロボットの大学対抗コンテストをすればCEOの好奇心も満たせるし研究の刺激にもなるはずというわけだ。[5]　コンテストは優勝賞金が2万ドルと少なかったからか3年で打ち切られ、ロボット工学を大きく前進させるにはいたらなかった。メディアも仕事がロボットに奪われるという取り上げ方ばかりだった。

アマゾンはじっくり時間をかけてキーバロボットを改良する、ソフトウェアをAWSに移すなど作業を緻密に進めた。そして満を持して新築のFCに導入し、大きな成果をあげる。クラークが期待したとおり作業員の生産性は上がったし、労務費の季節変動を売上の増大に比べて小さく抑えることもできたのだ。保管密度も上がった。棚を載せたロボットなら床に加えて中二階にも通路が用意できるからだ。２０１４年のテレビ取材でクラークは、単位床面積あたりの荷物量を50％増やすことができたと語っている。[6]

ロボットの導入で仕事は大きく変わり、ひたすら歩き回って体が疲れるものから、立ったまま動かず同じ動きをひたすらくり返し精神が疲れるものになった[7]（調査報道センターの２０２０年版レポートによると、ロボットによって作業員はくり返し動作のストレスや1日10時間立ちっぱなしによるストレスなどの「人間工学的リスク」にさらされるようになったと指摘する文書を連邦労働安全衛生局がアマゾンに送っている）。またロボットの群れは有無を言わせぬ力でソフトウェアが従えているわけだが、その力は作業員にものしかかる。さまざまな側面で生産性が測られ、パフォーマンスが落ちると改善を求められたり首になったりするのだ。

キーバの買収でクラークこそベゾスが業務に求めるリーダーだとの評価が固まった。クラークは２０１２年にマーク・オネットの後任に収まり、翌年にはシニアバイスプレジデントに昇進。Ｓチームの一員となったクラークの隣にはキャンベルスビル時代の仲間、マイク・ロスとアーサー・バルディーズの姿があった。またこの3人でジェフ・ベゾスの大胆不敵なビジョンを実現していくわけだ。

物流ネットワークもぜんぶ自前でつくる

アマゾンのマネージャーはいかにもベゾス星のリーダーという感じのことが多い。クラークもそうで感情より理性の人である。家族やオーバーン大学フットボールの話もよくするし、顧客を大事にするというアマゾンのミッションについても熱心に語ったりそれこそ夢見るような雰囲気を醸し出すことさえある。だが部下からは、きつい人だ、同席者がいても知らん顔だ、部署が大きくなってからはバイスプレジデントより下の人に会いたがらなくなったといった話ばかりが口をそろえたように出てくる。

オネットの後任に就任してまもなく、クラークは、直属の部下との電話会議で東海岸ＦＣ時代のニックネーム、スナイパーを持ち出したことがある。[8] みな、「芸術系の学位なんぞここでは意味がない」などの言葉を思い出してぞっとしたという（クラーク自身、音楽教育が専攻なのだが）。パレットやパッケージの動きが追えるようにＲＦＩＤチップを付けたらどうかと検討した会議もみなの記憶に刻まれている。クラークは鼻先で笑うと「ここにいる全員をいますぐ首にすべきじゃない理由があるなら聞かせてくれ」と言ったのだ。

こういうあれこれを補って余りある力がクラークにはあった。鋭い分析力を持ち、こんごらがった問題に分け入って解決すべきポイントをみつけたりネガティブなトレンドに気づいたりできるのだ。アマゾンではとても大事なスキルも身につけていた。ベゾスのむちゃなビジョンを受け入れそれなりにまとめると、アマゾンほどのサイズでもおかしくはならない形でシステムに組み込む能力だ。このあとすぐ、過ぎたるは及ばざるがごとしであることがわかるのだが。

オンラインショッピングがぐんと普及したこともあり、天気の悪い日が続いたこともありで２０１３年のクリスマス直前はアマゾンで買い物をする人が急増し、一番の配送パートナーであるＵＰＳが圧倒される量になってしまった。ＵＰＳがルイビルに持つワールドポートセンターは47万平方メートルほどと世界最大級の荷さばき施設なのだが、押し寄せる荷物をさばききれず、クリスマスにまにあわない荷物が何十万個も出てしまう。[9] クラークは激怒。電話でＵＰＳを叱りとばし、クリスマスにまにあわなかったお詫びとしてギフトカード20ドルの配布と配送料の返金をするからおまえのところでも負担しろとごり押しした。[10]

業務部で「クリスマスの大失態」と言い伝えられるこの事件は配送会社ひとりの責任とは言いがたい。実は、起こるべくして起きたのかもしれないのだ。

その原因をここでじっくり探ってみよう。

ホリデーシーズンのたびにプライム会員が何百万人も増えるし、サードパーティの商品もFCに続々と流れ込んでくるしで、このころのアマゾンは弾み車の回転がどんどん速まっていく状態だった。

とぎれなく続く顧客の注文に対応するため、アマゾンはFCを休みなく動かしている。だが、UPSも、同じく配送パートナーのフェデックスも日曜日や国の祝日はお休みだ。ふつうならこのくらいの違いなど問題にならないのだが、ブラックフライデーの大売り出しなどもある感謝祭シーズンが終わるころには、UPSもフェデックスも未処理の荷物が山と積まれた状態になってしまう。

両社に対してアマゾンは、週末も配送しろ、荷物は増えているのだから処理能力を引き上げろと口を酸っぱくして言っていた。だが両社が心配していたのは別のことだ。このままではアマゾンだけで限界が来てしまう、配送能力のぜんぶをアマゾンにつぎ込まなければならなくてほかの仕事ができなくなりかねない。何年かごとに厳しい値引き交渉があるのもつらい。売上は増えるが、投資家が喜び株価を高くしてくれる二桁の利益率はだんだん下がってしまう。

だからホリデーシーズンは料金を割り増すとともに航空便に占めるアマゾンの割合を一定以下に抑えることでそのような悪影響を小さくしようとUPSもフェデックスも考えた。アマゾンにとってはうれしくない話だ。フェデックスはどういうつもりなんだ、創業者のフレッド・スミスはご機嫌取りに囲まれて桁外れにおごり高ぶっているなどとクラークらがぼやくのを聞いた社員が少なくとも4人いる。同じことがアマゾン側にも言えるのは、関係者全員にとって皮肉な話だと言えよう。

そこへもってきて2013年のホリデーシーズンにUPSが大失敗したわけだ。堪忍袋の緒が切れてもしかたがないだろう。配送会社が成長を支えてくれないのなら物流ネットワークを自前で用意するしかない。商品をサプライヤーの倉庫から受けとり、FCを経由して顧客の家に届けるまでぜんぶを自分たちでやるのだ。

「クリスマスの大失態」の翌日、クラークは、フェデックスからアマゾンに移って物流担当ディレクターをしているマイク・インドレサーノに連絡を取り、翌年のホリデーシーズンまでにソートセンターをいくつつくれるかと問うた。郵便番号で荷物を仕分ける施設で、そこから配送先までは米国郵便公社（USPS）にお願いする。

16カ所くらいならできると思うと言われ、クラークは「全部つくれ！」と即決する。このあとアトランタ、マイアミ、ナッシュビルなどにソートセンターが次々つくられていくのだが、アマゾン社内ではこの建設ラッシュを「スイート16」と呼んだ。バスケットボール全米大学選手権のトップ16校をスイート16と呼ぶのにちなんだ名前である。

ソートセンターの建設が進んでいるころ、日曜にもアマゾンの荷物が届くようになる。週末配送をしないUPSやフェデックスにベゾスも業を煮やしていたが、安息日の配送をUSPSにもちかけるという意表をつく方法でクラークらが解決したのだ。[11] この結果、USPSは数量ベースでアマゾンのトップキャリアとなり、アマゾンはアマゾンでUPS・フェデックスのみとの取引では達成できなかったレベルまで1配送あたりのコストを引き下げることに成功した。

アマゾン自前のソートセンターと日曜配送でプライム会員の体験は大きく変わった。それまでは金曜の午後になるとアマゾンで買い物するのはあきらめてモールまで足を運ばなければならなかったが、その必要がなくなったからだ。ベゾスはカリフォルニア州サンバーナーディーノにつくったソートセンターの見学ツアーに取締役を招待すると、大きな成果をあげていると胸を張った。

だが、自前の物流ネットワークをめざす道は始まったばかりだ。ＵＰＳやフェデックスを信じていないのと同じようにＵＳＰＳに頼るのもどうかとアマゾンは昔から思っていた。政治の力で思わぬ影響を受けることがあるし、一般に信頼性が低いと見られているのも問題だ。だからクラークらは、さらに意欲的な企画をぶち上げた。顧客の家まで届けるいわゆる「ラストマイル」ネットワークの構築だ。大手配送業者が頼りないなら配送の全行程を自社でやればいい。

この企画を検討するにあたり一番の問題となったのは、複雑なネットワークを構築できるか否かではなく、配送に乗りだすと労働組合と関わらざるをえなくなるのではないか、だった。デリバリーステーションは顧客が多い都市部につくることになる。ニューヨークやニュージャージーなど組織労働運動が活発な地域に、だ。

ＵＰＳは労組の力が強いが、フェデックスグラウンドやＤＨＬをはじめとするほかの陸送会社は労組なしでＵＰＳと競っている。これが心の支えだった。配送部門のアマゾンロジスティックスも同じような形でつくればいい。直接雇用はせず、デリバリーサービスパートナー（ＤＳＰ）などと呼ばれる独立系の配送会社と取引関係を結ぶ。こうすれば労働組合に入っていないドライバーになるので料金はＵＰＳより安くなる。ドライバーが値上げを要求して団体交渉してくる悪夢も避けられる。ホームデリバリーはそうでなくてもぎりぎりなのだ。値上げなどしたら倒れかねない。

配送の不手際やドライバーの不始末、さらには自動車事故や死亡事故など配送事業にはさまざまなトラブルが付きものだが、ドライバーと距離を取れば巻き込まれずにすむ。このように専門的な仕事を下請けにアウトソースするのは「職場を割る」行為である、賃金差別を合法的に行い不平等を悪化させる行為で労働基準法の精神に反すると経済の専門家には評判が悪い[12]。だがこのやり方は古くからあるもので、最近は、フェデックスやウーバーなど輸送系の会社だけでなく、ホテル、ケーブルテレビ会社、さらにはアップルといった会社などにまで広がっている。もちろん、アマゾンほどの巨大企業が加わればその流れが一段と加速することになる。労働者を守ることが仕事の政治家に衝撃が走った。

裏切り、そして15年の友情に消えない傷

ホームデリバリー参入に向けた歩みを続けるかたわら、クラークらは、別な側面からもサプライチェーンに手を入れることにした。大手貨物輸送会社に頼ってきたサプライヤーからアマゾンFCまでの輸送やFCからソートセンターまでの輸送だ。あちこちにソートセンターをつくり、アマゾンロジスティックスの支店を開く作業が続く2015年12月、アマゾンは数千台ものトレーラーを購入したと発表する。[13] モザイクというプログラムで、トレーラーの側面にはAmazonプライムのロゴが描かれている。なお今回も、運転は社内で行わず、トラクタートラックを持つ長距離輸送業者にお願いする。たくさんの零細業者をモザイクのように使うわけだ。

このプログラムにはマイク・ロスも関わっている。ふつうならチェッカーやチェスで遊ぶのにロスはさすがで囲碁をたしなむなどと言われるくらい、ロスは戦略家として社内で高く評価されている。会議でつらい思いをすると大丈夫かと声をかけてくれたり長期キャリアの相談に乗ってくれるなど、思いやりのあるリーダーとしても評判だ。輸送部門の古参幹部によると、デイブ・クラークの罪を年上のマイク・ロスがいろいろカバーする形になっているという。

「人を大事にしてくれるんですよね。クラークにずたずたにされると、影でこっそり抱きしめ、なぐさめてくれる。そういう人なんです」

とはいえ、彼ができることには限界がある。モザイクのドライバーが酔っ払ってサプライヤーのところに行ってしまったときには、苦情メールがベゾスの公開アドレスに直接送られてしまった。当然、疑問符付きで担当に回されるわけだが、今回は特別に「WTF」の3文字も追加されていた。激おこ(What the fuck)というわけだ。

転送先の幹部がマイク・ロスにこれを見せると、強いドイツ語なまりでこう言われたそうだ。

「そんな来ちゃいましたか。しかもジェフから。うわ、『WTF』なんて書かれてる。うーん、ジェフだ。いかにもジェフだ。がんばってくれとしか言いようがないなぁ」

キャンベルスビル時代にロスの上司だったアーサー・バルディーズは、このころ大変なことになっていた。英国から帰国したあと、バルディーズは、新設されたアマゾンロジスティックス部門のトップに就任した。そして2013年、欧州のフェデックスから物流に詳しいベス・ガレッティを引き抜き、フェデックスグラウンドと同じような配送の仕組みをつくろうと考えた。ところが役員面接でクラークが彼女を気に入り、デビット・ニーキルクの後任として人事のディレクターに据えてしまう。

ガレッティはのちにアマゾン全体の人事を統括する立場となってSチームにも加わる。だからクラークの直感は正しかったと言えるのだが、それでもバルディーズにしてみればおもしろくない越権行為だ。ふたりとも自宅はシアトル東側の郊外で1~2キロしか離れておらず、家族同士も仲がいい。だがこの一件以来、ふたりの関係はぎくしゃくすることが増えていく。

さて、バルディーズの指揮でアマゾンロジスティックスが始動したわけだが、最初はとにかく大変だった。

デリバリーステーションという新しいタイプの小さな施設を都市部につくり、荷物を仕分けて配送業者に渡す。言うは易く行うは難しだ。実際にやってみると大混乱になるしとにかく費用がかさむ。ドライバーがあてにならないのも問題だ。配送先の人とけんかをする、遠くから玄関ポーチに荷物を放るなど粗雑なふるまいも多い。この類いでベゾスから回ってくる疑問符付きメールも数が多すぎてわけがわからなくなりかけたほどだ。

ベゾスはラストマイル配送の料金体系にも異を唱えた。新聞配達やピザなら1回せいぜい5ドル、その何倍も払うケースがあるのは信じられないというのだ。

「ややこしいことでまちがうのならしかたない。でもこれじゃ単なるアホだよ」

これほどの言葉が出たこともあると業務のとある幹部が証言している。

それが正しい評価であるかどうかは議論の余地があるだろうが、バルディーズは配送事業が出だしでつまずいた責任を取らされることになる。２０１５年の頭、クラークの指示でブラジルやメキシコといった新興市場の業務に異動。上司はマイク・ロスである。要するに降格だ。それも大幅な降格だ。キャンベルスビル時代とは逆にクラークやロスの上司だったのだから。アマゾンにおけるキャリアは終わったと言っていいだろう。

その1年後、ターゲットの最高執行責任者ジョン・ムリガンからエグゼクティブ・バイスプレジデントとしてサプライチェーンを統括してくれないかとの提案が舞い込んだ。バルディーズは死ぬその日までアマゾニアンであり続けるつもりだといったんは断るが、ここしばらくつまずき続きであることを思い出し、最後は移籍を承諾する。

バルディーズの引き抜きは、業界の会議にブライアン・コーネルＣＥＯが登壇するのに合わせて2月末日に発表されることになった。移籍の話をロスに言うのがためらわれたバルディーズは、ふたりだけで会えないかとクラークに打診。だがその日クラークは子どもが通う学校に行かなければならなくて休むという。しかたがないので、その電話で退職すると伝える。「どこに行くんだい？」と軽い感じで聞き返された。

ターゲットだと答えると様子が一変。クラークが烈火のごとく怒ったのだ。ライバルからは容赦なく人材を引き抜くくせに幹部社員が他社に移籍するのは裏切りだと決めつける。これもまたひとつのアマゾン流である。「そんなつもりなら覚悟しろ」と吐きすて、クラークが電話を切る。

数分後、今度はベス・ガレッティから電話が入り、ターゲットに移籍すると大変なことになると言われる。「向こうに行って私がするのは、１８００店舗とごくわずかなＥコマースに対する品物の供給管理だよ？」バルディーズはそう言って理解を求めたが、アマゾンの見方は違うと言われてしまう。「お話を聞いていただければ幸いです」とジェフ・ウィルケに送ったテキストメッセージには返信ももらえなかった。

バルディーズの行為は競業禁止に違反し専有情報をライバル社にもたらすものだとして、アマゾンはキング郡高等裁判所に提訴する。[14] ターゲットで仕事を始める1週間前というタイミングで、ターゲットにおける就労を18カ月禁じるよう求める訴えが起こされたわけだ。アマゾンが起こす裁判ではよくあることだが、このときも、契約にどうでもいい変更をいくつか加えることにターゲットが同意し、和解することになる。

だが、15年にわたる友情には消えない傷が刻まれた。あの電話が、結婚式で付添人をしてくれた人物とデイブ・クラークが交わした最後の言葉となったのだ。

飛行機40機をリース

個人的な友情より会社への忠誠を優先することで、また、自前のサプライチェーンを用意するというベゾスのビジョンを追求することで、クラークは掛け値なしのアマゾニアンだと示したことになる。なお、後者については車やトレーラーを走らせるだけでは足りず、飛行機も飛ばす必要があった。

プライム会員が珍しい買物をして、トラックで配送できる範囲のFCに在庫がなかった場合、国の反対側からでもさっと運んで届けなければならない。だからアマゾンのFCネットワークでは、UPSネクストデイエアやフェデックス・エクスプレスによる空輸が大事な役割を果たすことになる。その両社が取引に慎重となったわけで、アマゾンとしては心配になるのも無理はない。

その心配が2014年末、現実になる。ワールドポートの大失態から1年、UPSはまたも処理能力を割り当て制として、航空便に載せるアマゾンの荷物を制限した――よりにもよってシアトル便で、である。このままでは、ホリデーシーズン最後のタイムセールだというのにキンドルの翌日配送無料サービスがシアトルでは使えなくなる。あってはならないことだ。だからクラークは物流担当バイスプレジデントのマイク・インドレサーノに電話をかけ、飛行機を用意できないかと問うた。

「飛行機を用意しろとはどういう意味でしょう。上に荷物棚がある飛行機の席を取れということでしょうか。それとも飛行機そのものを1機用意しろと言うことでしょうか」

「飛行機だ。飛行機を用意しろ」

クラークが本気であることをマイク・ロスに確認すると、インドレサーノは、ソートセンターチームのスコット・ラフィンに手配を命じた。ラフィンは昔のつてをたぐり、飛行機チャーターが仕事の古い友人に連絡してボーイング727を2機借りることに成功。カリフォルニア州南部・北部のFCから出荷できずにいた品物をこの2機に満載してシアトル・タコマ空港へと運んだ。このときインドレサーノはカリフォルニア州オンタリオのFCに在庫されていたサンタの帽子をギフト設定で買い、クリスマスプレゼントとしてクラークの自宅に配送してもらっている。なかなかのジョークである。

のちにプライムエア、さらにはアマゾンプライムエア、そして最終的にアマゾンエアとして知られるようになるサービスが非公式ながら生まれたわけだ。なおアマゾンプライムエアについては、2013年にテレビ番組60ミニッツでドローン配送の準備を進めるとベゾスがこの名前でぶちあげ、あちこちで混乱が生じる事件があった。こういうスタンドプレーをされても困るというのが業務部の本音だ(7年たってもドローン配送は社内テスト以上に進んでいない)。実際にはまだやってもいないのにやっているとぶちあげ、話題になればこっちのもの、まねされなくなるという手口で「つばをつける」にすぎないというのだ。[15]

ドローン配送と違い、飛行機のリースは効果がはっきりしている。だから、空輸ネットワークのビジネスケースをつくろうという話になった。サウスレイクユニオンはルビードーソンビルの奥、窓もない小さな会議室にラフィンを中心に数人が集まり、作業を進める。クラークもちょくちょく顔を出した。

完成したホワイトペーパーには、みずから空輸することができれば配送時間も短縮できるし、UPSやフェデックス・エクスプレスの顧客向け料金ではなく空輸そのものにかかる費用だけ負担すればよくなるなどと書かれていた。ベゾスは渋い顔だ。飛行機を買ってしまうのもどうかと思うし、貨物便の運行でアマゾンらしいことがなにかできるのかもわからない。航空会社を持てばお荷物が増えるという懸念の声もあった。パイロットの組合とやりあわなければならなくなるかもしれない。規制だらけの業界だし監督官庁の連邦航空局(FAA)がシリコンバレー流の合理化やイノベーションをこころよく思っていないのも問題だ。

クラークがSチームの承認を取り付けた提案には、そういった障害を避けられる対策も用意されていた。陸上輸送と同じように、必ずしも所有するわけでなく、また、やけどをしかねないしがらみにわずらわされることなく航空輸送ができる方法だ。アマゾンほどの大きさと力があれば強みが強みを呼ぶことがわかる。

2016年春、アマゾンは、40機のボーイング767貨物機をオハイオ州ウィルミントンのATSGとニューヨーク州ウエストチェスターカウンティのアトラスエアからリースすると発表。航空機の保守や運用は変わらずATSGとアトラスエアが行うが、機体にはプライムエアのロゴを描き5年から10年はアマゾン専用機とする。

また取引の一環として、アマゾンは、ATSG株式の19・9%を1株9ドル73セントで買えるワラント債とアトラスの親会社の20%を1株37ドル50セントで買えるワラント債を購入する。電子商取引の巨人との提携は株主にとって大きなプラスであり、その波に乗りたいと投資家は思うはず――アマゾンはそう考えたのだ。

そのとおりだった。発表から1カ月で49%と14%と両社とも株価が急上昇する。これをSチームに報告すると、ベゾスから「すばらしい。そうでなきゃ」と大喜びの返信が来たそうだ。両社が証券取引委員会に提出したフォーム8Kを見ると、2年間の運用でアマゾンは空路確保という当初目的の達成に加えて5億ドル近いリターンを得たことがわかる。

胴横にプライムエアの文字と尾翼にスマイルのロゴが描かれたアマゾン専用機が初公開されたのは、2016年夏のシアトルエアショーである。電子商取引の国内配送はフェデックス、UPS、USPSが一手に引き受けてきたが、その業界地図をアマゾンは書き換えられるのかとメディアは大騒ぎになった。ちなみに、フェデックスCEOのフレッド・スミスは収支報告の席でそれは「突拍子もない的な」話だと切り捨てた。言葉は十分に吟味して選んだそうだ。[16]

アマゾンの見解はフェデックスもUPSも「すばらしいパートナー」であり、プライムエアは補助的なものにすぎないであり、メディアに問われるとクラークもそう答えた。[17] だがこのころあつれきがあったのは事実でクラークも内心はフレッド・スミスに反感を抱くようになっていたし、クリスマスツリーをバックにしたプライムエア機の写真を添えて「ホー！　ホー！　ホ～！　みんな、突拍子もない的なクリスマスだよ？」とツイートするなど、それを隠そうともしなかった。

アマゾン専用機は、その後、２０１８年に10機、２０１９年に20機、２０２０年に12機、そして２０２１年1月に11機と増えていく。かさばるけれども軽い品物を運んでもらうと高くつきがちなのだが、自前の飛行機にめいっぱい積んで運べばそうでもない。[18] 販売量がどんどん増えるアマゾンならではのメリットだ。日曜日の午前2時にソートセンター発で飛行機を飛ばすなど、あまり例のない24時間操業体制に合わせられるのもいい。対してUPSやフェデックスなどはたくさんの顧客を抱えているため、1社だけ特別扱いするわけにはいかない。

飛行機を持てば欲しくなるのがハブ、荷物の積み下ろしをする設備だ。２０１７年1月、アマゾンは、シンシナティ・ノーザンケンタッキー国際空港にプライムエアのハブを建設すると発表。[19] ここにはDHLの国際貨物用ハブがあるので、施設完成まではそれを使わせてもらう。費用は14億９０００万ドル。これを取りまとめた経済開発担当ディレクターのホーリー・サリバンは、４０００万ドルに上る税制上の優遇措置を州政府などから取り付けた。

これだけできればまたベゾスからお褒めの言葉をもらえそうだがそうはならなかった。このハブが生み出す新規雇用は2000人だ[20]。これに対し、民間宇宙開発という面でも世間の評判という面でもベゾスが一番のライバルと考えるイーロン・マスクの電気自動車メーカー、テスラは、数年前、ギガファクトリーなるバッテリー工場をネバダ州に建設するとして、13億ドルに上る優遇措置を勝ち取っている。新規雇用も6500人とのこと。雇用ひとりあたりの優遇措置で13倍ほどもの開きがある。

この違いをベゾスが見逃すはずがなく、「政府からでっかい優遇措置を引き出す力がイーロン・マスクにはあって我々にないのはなぜなんだ?」などとメールに書いたらしい。2年近くもあとにHQ2なる構想を進め、あちこちの地方政府を巻き込んで大騒ぎになるのだが[21]、このニュースもその遠因なのではないかと3人の社員が証言している。

行き過ぎた効率重視、続く悲劇

アマゾンロジスティックスをどんどん拡充しつつ、政府から支援をもっと引き出せと発破をかけるのはどうにもちぐはぐなものが感じられる。ドライバーの健康保険は負担していないし、FCやソートセンターにいたる道は大混雑するがその保守もしないし、ホリデーシーズンだけアルバイトを雇ってFCで使い、それ以外の時期に仕事がなくて公的支援に頼っていても知らん顔をしているしと、アマゾンは、すでにかなりの費用を公的システム側に押し出しているからだ。輸送ネットワークの構築を急ピッチで進めるにあたり、アマゾンは、品物を動かすという泥臭い事業によくあるリスクの大半から上手に逃げたわけだ。

だが逃げたらリスクがなくなるわけではない。少なくともメディアや世論という法廷で知らぬ顔は通らない。

2016年12月22日、シカゴに住む84歳のテレスフォーラ・エスカミーラが日産NV1500貨物車にはねられて死ぬ事故が起きた。車のリアドアにはアマゾンのロゴが描かれていて、運行していたインパックス・シッピング・ソリューションズはアマゾンの荷物を運ぶためだけの独立系運送会社だった。その後メディアが報じたところによると、インパックスはかなりブラックな会社らしい。賃金は安いし、超過勤務手当も払わないと労働法に違反していたことも労働省の調べで明らかになる。事故を起こしたドライバー、ウラジミール・グレイ（29歳）は、のちの法廷文書で「防げたはずのひき逃げ」と表現されたことをしたとしてやはりアマゾンの荷物を配送する別会社を首になっている。事業用車の運転免許は持っていないが、それでもインパックスには採用され、この事故を起こすまで2カ月働いていた。

グレイは危険運転致死容疑で裁判にかけられたが、こちらは事故であるとの主張が認められて無罪となる。[22] 民事訴訟もエスカミーラの遺族から起こされた。こちらでは、指定された時間に遅れず配送しろとドライバーに過大なプレッシャーをかけたことが死亡事故につながったとしてアマゾンもインパックスとともに訴えられることになった。事故の1週間前、インパックスなどこの地域のデリバリーサービスパートナーのところに「ここ数日、配送ルートのカバー率やパフォーマンスに若干の難が見られる」「荷物を顧客のところまで必ず時間どおりに届けること。それが最優先だ」などと書かれたメールがアマゾンから届いていたのだ。[23] 民事についてはアマゾンとインパックスが合わせて1400万ドルを支払うことで2020年3月に和解が成立した。

このあとも同様の悲劇が続き、2019年にかけてプロパブリカやバズフィードニュースが調査報道でその多くを報じている。それによると、アマゾンの荷物を配送しているあいだに大きなものだけで60件以上も事故が起きており、少なくとも13件で死者が出ている。[24] たとえば2018年には、レターライドという会社にアマゾンの荷物を届ける途中の車に61歳の弁護士秘書ステイシー・ハイス・カリーが職場の駐車場ではねられて死亡する事故が起きている。[25] 運転していたドライバーは、カリーの姿は見えなかった、車が揺れたのはスピードバンプのせいだと思ったと警察に語っている。プロパブリカによると、彼女の息子は、結局出しはしなかったがジェフ・ベゾスに手紙を書いたそうだ。そこには「こういうスピードなど出し過ぎてもかまわないという姿勢はトップに始まり、下へと広がっているものだと思います」と書かれていたという。

関係者に取材すると、みな一様に、安全最優先だ、安全関連の法律や規制は十二分にクリアしていると言う。たとえばジェフ・ウィルケは、アマゾンのパートナー各社を合計すると２０１９年の走行距離は11億キロメートルに達するし、安全に関する成績は国の平均を上回っていると言っている。この言葉が正しいか否かは事故率の数字を出してもらわないと判断できないのだが、残念ながらそれは提供してもらえない。

「安全の文化が衰えているようには見えません。むしろ逆でしょう。こういうことをしたいなら安全を犠牲にしなければならないなどということはないと思いますよ」

ウィルケはこうも述べている。

業務部で働いたことのある社員もほとんどは、安全基準をわざと甘くしたりすることはないと言う。どこがやっても配送は危険な仕事なのだとの指摘もあった。ただ同時に、配送業者を傘下に置いたりドライバーをみずから雇ったりするのではなく配送を委託する形とした結果、路上のできごとを管理しにくくなっているのはたしかだとの話もあった。

世界に展開するＦＣについては絶対的とも言える権能を持っているし、事故防止にその力を使うこともできる。たとえば、ＦＣでは作業を始める前に、必ず、安全の訓示と体操がある。だがドライバーに対してはそのような支援がない。そんなことをして社員とみなされるようになっては困るからだ。

「おかしな話なのですが、FCとラストマイル配送を担当するコントラクターとで安全性という言葉の意味が違うんです」

業務部でシニアマネージャーを3年務めたウィル・ゴードンの言葉である。

安全性と効率性の文化をデリバリーパートナーにまで広げられない中、せめてもということで、アマゾンは道案内のアプリを配ることにした。社内でラビットと呼ばれているもので、荷物をスキャンすると住所が表示されるとともに、最短時間で配送できる走行ルートを計算してくれる。

ラビットはもともと、アマゾンフレックスというウーバー型サービスに使うために開発されたものだ。フレックスは個人がオンラインで登録し、荷物をピックアップして配達する。[26] 広告によると18ドルから25ドルくらいの時給になるらしい。いつ働くかは各自が自由に決められるが、車と燃料、保険、スマートフォンは自前となる。フレックスはプライムナウの配送用として考案されたので、そのアプリも、ステファニー・ランドリーらしくマジックをテーマにラビットと名付けられたわけだ。そんな経緯のアプリがアマゾンの荷物を配送するドライバーの必携品となってしまった。

ラビットの開発は行き当たりばったりの急ごしらえだったらしい。だから、休憩を提案する機能や、右側通行の米国で事故が起きやすい左折が少なくなるルートを優先する機能など、UPSやフェデックスではとうの昔に導入された安全機能が最初のころなかったりした。

「アマゾンらしいと言えばアマゾンらしいのですが、構え、撃て、狙え、なんですよ」

ラビット開発チームのトップだったトリップ・オデルもこう認めている。

「いろいろ詰め込めるだけ詰め込んで、そのうち機会があれば直してもいいかという感じです」

このアプリにドライバーが気を取られると都市部では危ないことになりかねないとオデルらは心配し、上司に訴えたこともあるという。表示される情報が多すぎるし日の光が当たると読みにくい。仕事が入ったという通知もひっきりなしに出る。だから、目の前の道路に集中すべきなのに、ついスマホを注視してしまいかねないのだ。

アプリはあらゆる面に問題を抱えていたとオデルは言う。ルートの選定機能は貧弱だし、配達を終えたとき次の配達に切り替えるのも簡単ではない。してもいない仕事でお金がもらえてしまう抜け道がいくつもあり、ごまかしが日常茶飯事だった。iＯＳ版とアンドロイド版をシアトルとオースティンのピザ２枚チームが競う形でつくっていたのも混乱を大きくした要因である。

「あれもこれもすべてまちがいばかりだったんです。まっとうなアプリとは言いがたいものでした」

だが、社員の証言によると、クラークは、トラック１台あたりの配送個数を最大化する、ドライバーへの支払額をちょうどいいレベルに設定するなど、アマゾンロジスティックスの経済性というややこしい問題をどう解決するかばかり気にしていたという。だから、情の混じらないデータだけを見て決断を下していった。配送時間を守るため、食事を抜く、一時停止を守らない、画面が見やすいようにスマホを足にテープで止めるなどドライバーが無理をしていることはラビットのチームも気づいてはいた。気づいてはいたが、問題の広がりを数字で示すことはできなかった。だから、クラークら上層部は取り合ってくれなかった。

「安全を最優先すべきという認識ではなかったと思います。一番は生産性であり、コスト効率だったんです」

前述の元シニアマネージャー、ウィル・ゴードンはこう指摘している。

プロパブリカとバズフィードにさんざんたたかれたあと、アマゾンは、インパックスをはじめ事故を起こした配送業者と縁を切り、「安全や労働条件などについて我々の高い基準をパートナー各社に求めることも我が社の責任であります」とのコメントを出した。つまり、委託先のなかにそのような安全規範を満たしていないところが混じっていたと言外に言っているわけだ。わが過失なりと認めたに等しいとも言えるだろう。

アマゾンエアも似たり寄ったりの状況だったが、こちらについて過失を認めるような言葉はない。2019年2月23日、アマゾンとUSPSの荷物を積んでマイアミを発ったアトラスエアの貨物便がヒューストンのジョージ・ブッシュ・インターコンチネンタル空港近くの沼地に墜落、パイロット2名と乗り合わせていた旅客1名が亡くなる事故があった。アトラスはアマゾンとの取引などによって3年間で大きく成長していた。会社が公開している資料によると、パイロットの人数も1185人ほどから1890人と59%も増えている。

実はこの事故の何週間か前、ビジネスインサイダーがアマゾン便を運行するアトラスのパイロット13人に取材をしてウェブ記事にまとめている。[27] 13人全員が給与や福利厚生が平均以下であると回答したし、12人がアトラスエアのパイロットは他社より経験不足の傾向にあると回答したそうだ。みな働きすぎていて、時限爆弾のような状況だとの指摘もあった。

物流業界が大きく変わる

2017年秋、アマゾンロジスティックスの配送シェアは約20%とフェデックスを上回り、そろそろUPSをも追い越しそうな勢いだった（ラクテン・インテリジェンス調べ）。数年ふんばった結果、小さな配送会社がたくさん生まれた。混乱もかなり起きた。メディアには批判もされた。そして、ようやく、経営陣の狙いが実現できそうなところまで来た。

だが、かき入れ時のホリデーシーズンを中心に、まだまだドライバーを増やす必要がある。クラークの応手はふたつ。ひとつ目はバン40台以下と小規模な配送業者に対してアマゾンのロゴなどが描かれた車両、制服、燃料、保険を割り引く制度で、2018年6月に導入した。なお、経営は独立のままで、健康保険や超過勤務手当などは各社持ちである。この制度に惹かれて小さな会社がたくさん参入してくれればパートナー不足を心配しなくてもよくなる。さらに、おかしなことをする会社や成績の悪い会社があればサービスの低下を心配せず切れるし、各種条件も飲ませやすいなど、レバレッジが効くようになる。

数カ月後、クラークは、メルセデス・ベンツのスプリンター、2万台の購入を承認し、ふたつ目の応手、新規参入の配送業者に対する割引リースを始めた。[28] ダークブルーに塗られたバンとともに青と黒を基調としたアマゾンの制服と帽子も提供する。

この策が功を奏し、1000社以上が新たに立ち上がった。そして2019年の前半には自社配送がUPSも米国郵便公社も抜き、取扱量トップとなる。[29] かなりのコストがかかったが、これは大きな成果である。

クラークが10年からの時間をかけてFCとラストマイル配送のネットワークとをつくり変えた結果、アマゾンの小売事業は根本的に変わった。大手運送会社に高い料金を払う必要がなくなったので、人口密度が高い地域の近くに商品を置いて輸送費を抑えることが可能になった。配送費と成長の関係もよくなった。Amazonプライムや食品配送サービスのプライムナウやアマゾンフレッシュの会員が増えれば増えるほど、各地域にドライバーを行かせるコストが相対的に下がり、配送効率がよくなるのだ。

ラストマイルのネットワークを自前で用意した結果、UPSやフェデックスの事情に悩まされることもなくなったし、USPSに対する政治の影響を心配する必要もなくなった。アマゾンが米国郵便公社を食い物にしているのは許せん、配送料金を引き上げるぞとドナルド・トランプが脅し、アマゾンが反論するといったことも過去にあったが[30]、いまは、その結果なにがどうなろうがたいした問題にならない。その分を自社やUPSに回してしまえばいいのだから。そのくらいのレバレッジは十分にある。

アマゾンで業界は変わったと運送会社側も認めざるをえなくなった。UPSは2019年、ついに日曜配送を始めると発表。アマゾンの24時間操業が電子商取引のライバル各社に与えるプレッシャーと顧客の期待に耐えきれなくなった格好だ。何年か前にUPSもしたことなのだが、UPSもチームスターズと契約交渉を行い、週末に安めの給与で配達をするドライバーを募集できるようにしなければならなかった[31]。

アマゾン荷物の配送に占める割合が一桁まで落ちたフェデックスも日曜配送を始めた。同時にアマゾンの配送から手を引く選択をする。デイブ・クラークとフレッド・スミスは冷戦状態が変わることなく続いていて[32]、はたから見ている分にはおもしろい。フェデックスは、空輸も陸送もアマゾンとの契約を終了すると大々的に発表。ウォルマートやターゲットなどほかの顧客に全身全霊を傾けるという。さらに、アマゾンの台頭でフェデックスが揺らぐことはない、それは「突拍子もない的な」話にすぎないとウォール・ストリート・ジャーナル紙の取材に答えるなど追い打ちをかけた[33]。これにクラークは、サードパーティの出品者にフェデックスグラウンドの利用を当分禁じる措置で応じた[34]。シアトルの彼のオフィスには、「突拍子もない的な」と印刷されたゴルフボールが置かれていたりする。

アマゾンロジスティックスはアマゾニアンが一番望むものももたらした。レバレッジだ。ベゾスはこれを顧客に還元し、競争力の堀として活用する。

２０１９年４月、アマゾンは、プライム配送を２日から１日に短縮すると発表。[35]かなりの費用がかかる話だが、ＦＣや輸送ネットワーク側の下準備はクラークがすませているわけで、十分に対応可能だ。また年内には食料品配送の会費15ドルも廃止し、プライム会員なら追加費用なしでアマゾンフレッシュやホールフーズの配送が使えるようにした。[36]最高のタイミングだった。この翌年、コロナ禍で家から出られなくなった人がオンラインの食料品配送に群がる事態が起きるからだ。

クラークはサプライチェーンを他社の支配から解放するというベゾスのビジョンを実現し、最高のアマゾンリーダーであることを示した。でっかく考え、筋道を立てた上で長期的な賭けに打って出るのだ。短期的な成果を求める会社の役員なら待ちきれないだろうし、世間の評判が気になる慎重なビジネスリーダーにはまずまちがいなくできないであろう長期的な賭けに。どういうスキルがあったからキャンベルスビルＦＣからＳチームまで上り詰められたのだと思うかと問うと、クラークは次のように答えてくれた。

「私はシンプルにしていくタイプなんです。状況がややこしくても、結局のところなにをすれば大きくできるのか煮詰めることができるわけです」

その過程で中学のバンド指導者だった人物はあらゆる種類の障害を突破し、親友との友情を損ない、低賃金労働者の尻を限界までたたき、負担すべきばく大なコストを社会に押しつけたわけだ。それでもアマゾンの評判にはわずかな傷しかつかなかった。

言い換えれば、デイブ・クラークは、ジェフ・ベゾスその人と同じくらいクリエイティブで無慈悲だと証明したわけだ。

第10章 アマゾン内広告

――裏庭に金鉱をみつける

アマゾンの進む道を決める大事なOP1企画会議が開催される2017年秋に向かい、古参社員のあいだには恐れが静かに広がっていた。敬愛するリーダーが会社と距離を置きつつあるようなのだ。アレクサやアマゾンスタジオ、アマゾンゴーなど、自分のアイデアや支援が大きく物を言うと判断した新企画にあいかわらず深く関わっている。だが出社は減っているし、小売りやAWSなどどんどんややこしくなる中核の事業については副CEOのジェフ・ウィルケやアンディ・ジャシーにかなりの部分を委譲してしまった。

ワシントンポスト紙や民間宇宙旅行をめざすブルーオリジンに時間を割くことも増えていた。増え続ける名声や富の影響と戦わなければならないというベゾスならではの問題もある。たとえばこの年の5月、妻マッケンジー、両親、兄弟のマークとクリスティーナにその結婚相手まで含めてイタリア旅行に出かけたときにはパパラッチにつきまとわれる騒ぎになった。[1] 稼いだ富は社会に還元すべきだとメディアで批判されることも増え、6月15日には、慈善活動の「アイデア募集中」とツイートして時間稼ぎをしなければならなかった。[2] 7月に毎年アイダホ州サンバレーで開かれるアレン&カンパニーの集まりに出かけたところ、黒のポロシャツとダウンベストから出ている二の腕が太いとネットが大騒ぎになり、「ムキムキ・ベゾス」なる香ばしい呼び名が広まる始末となった。[3] 発泡スチロールの梱包緩衝材と一緒に「今年の人」としてタイム誌の表紙を飾ったところからここまで来てしまったわけだ。

創業した会社の日常業務から退いて骨を休めたり体を鍛えたりしてもバチは当たらないだろう。直近2年で株価は3倍になり、夏には時価総額が５０００億ドルを突破したほどなのだ。弾み車も勢いよく回っていて、ベゾスは８９０億ドルの資産を持つ世界第２位の金持ちになった。

日々のスケジュールや対外的な活動については、アシスタントやＰＲの専門家、セキュリティコンサルタントなどのスタッフに管理してもらっている。その様子は国家元首さながらであり、スピーチもソーシャルメディアへの投稿も必ず当たり障りのないものが用意される。10月にはアマゾンがテキサス州につくった風力発電所の開所式に出席。シャンパンを風車で割ったり空撮の動画をツイートしたりした。その翌月には、サミットＬＡなるイベントでかつてないほど優しい相手との対談に臨んだ。ＴＥＤトークで戦闘機乗りに志願するという話をしたこともある投資家でブルーオリジンのアドバイザーでもあるマーク・ベゾス。弟である。内容は創作カクテルや宇宙開発、祖父母など。ジェフ・ベゾスとマッケンジーがニューヨークから車で大陸を横断し、シアトルでアマゾンを起業した話も登場した。

口に出す人はいないが、勝手にやらせてもらえるならそのほうがいい、創業者の鋭すぎる問いや過酷な注文は少ないほうがいいとアマゾンのシニアリーダーはみな思っている。ベゾスが絡むと斜め上に話が進み、プロジェクトがやり直しになってしまったり社員の士気が下がったりしかねない。どうでもよさそうな一言であってもそれが賢明なるトップの言葉となれば、みんな右往左往してホワイトペーパーを書きまくることになる。

ベゾスとの打ち合わせが減ってみなほっとしていたし、ベゾスはアマゾンに対する興味が薄れてきているのではないかとあちこちでささやかれるようになっていた。一息入れられるのかもしれない。

そんな思いが渦巻くなか、夏の終わり恒例の企画サイクル、OP1が始まると、重圧のCEOが隠居してくれるのかもしれないなどと少しでも思った自分がばかだったと思い知ることになる。少なくともまだ当分は。

先行きがなんとも心配になる事態が最初に起きたのは北米小売事業のレビューだった。会場はデイ・ワン・タワーの6階にある西向きの大会議室で、四角くテーブルが並べられている。その中央にベゾスが座る。左にCFO（最高財務責任者）のブライアン・オルサフスキー、右に現行テクニカルアドバイザーのジェフリー・ヘルブリングを従えている。

レビューの当事者となるダグ・ヘリントンはベゾスの正面だ。その左には、財務関係でずっと彼を支えてきたデイブ・スティーブンソンが座っている。映画『ゴッドファーザー』で首領（ドン）の脇に控える法律顧問さながらである。ジェフ・ウィルケらSチームのメンバーや小売り、マーケットプレイスといった各部門の幹部もテーブルにずらりと並んでいる。ほかにオンライン会議アプリ、アマゾンチャイムで話を聞いている人々がいる。始まりはいつもどおりで、みな黙って小売部門から提出された報告書を読む。山のような図表を使って財務状況や今後の事業計画が記されたものだ。

このあと思わぬ突っ込みがベゾスから入るのだが、この事件は最初からそのつもりだったのかそれともその場の思いつきだったのかと後々まで社内でささやかれることになる。ともかく、ページをめくっていたベゾスの眉根にいつのまにかしわが寄り、目が細くなり、首がかしげられていたという。そして一言。

「広告をのぞいたら２０１７年の部門収益はいくらになるんだ？」

アマゾンのホームページには昔からバナー広告が掲載されている。さらに最近は、商品を検索するとプロクター・アンド・ギャンブルなどのメーカーやマーケットプレイスの零細セラーが出している広告がトップに表示され、その下に検索エンジンが生成したリストが続く形になっている。このような広告は２０１７年に28億ドルを売り上げており、年率61％で伸びていると推測されている。ただ、小売部門にとって広告は売上の一部であり、そこを外して損益を計算するという考えはなかった。

「ちょっと待ってください。いま計算しますから」

応じたのは小売部門の財務を預かるスティーブンソンだ。簡単に出せる数字ではない。山のようなバインダーに埋もれ、勤続17年の古参がスマホの電卓をたたく。会議室は重苦しい雰囲気に包まれていた。

結果は5分ほどで出た。部屋の緊張は和らいだが、ベゾスは、真向かいに座るヘリントンとスティーブンソンをにらみつけたままだ。

「２０１６年は？」

スティーブンソンがバインダーをひっくり返す。酸欠なんじゃないかと感じる5分がまた過ぎた。２０１６年が終わると、今度は２０１４年だ。この状況をその場にいた幹部は次のように表現している。

「ベゾスがなにか大事なことに気づいて頭をフル回転させているなんて、もうもう、生きた心地がしませんよ。座っているだけで神経がすり減る思いでした。落ちついて対処したスティーブンソンは本当にすごいと思います」

広告をのぞくと国内販売が色あせて見えた。本体部分の経済性はむしろ少しずつ悪化していたのだ。ベゾスがほつれに気づき糸を引いたら縫い目全体がほどけ始めた格好だ。ベゾスは糸を引き続ける。議論は何時間も続いた。ベゾスは、広告収入の伸びがオンラインショッピングそのものの停滞を隠していると強い口調で指摘する。将来有望なら事業立ち上げから10年赤字続きでも気にしない。だが小売りはそういう段階をとっくに過ぎている。このトレンドがいつからなのか、まずはそれを確認しなければならない。どれほど時間がかかったものでも知ったことではない、いまのＯＰ１用書類はすべて捨てて書き直せ。採用などの投資は大幅に縮小し、昔の利益率を取り戻すことを優先しろ。広告というセーフティネットがなかった昔には実現できていた利益率を取り戻すんだ。

小売部門にしてみれば、これは青天の霹靂（へきれき）以外のなにものでもない。財務の古株は、いきなり歯根をえぐられたと表現している。ライバルが安くしたら対抗しろ、儲からない商品も取り扱えと言ってきたのはベゾス自身だ。顧客向けのサービスや特典を充実させるのはお金がかかるが、その分は儲かっている部門から引っぱってくればいい。そういう話だった。だから、広告収入を除いて収支を計算するなど考えたこともなかった。

リスクというボードゲームで領土を獲得するのと同じだ、市場シェアを高めろ、そのためには価格を下げ、利ざやを小さくしたほうが戦術的に有利だと、ベゾスは20年以上にわたって言い続けてきた。それが急転直下、小売りが儲かっていないのはなにごとか、ジェフ・ウィルケとダグ・ヘリントンという側近中の側近が担当業務で十分なレバレッジを得ていないのはなにごとかと言い出したわけだ。なにがなんでも業務のパフォーマンスを上げろと命じてきたのに、数字から判断するかぎり後退しているかもしれない、ベゾスがデイ・ツーだとけなす企業にアマゾンはなりつつあるのかもしれない、と。

「デイ・ツーは停滞で、その先は的外れ、もがき苦しむ下り坂と続いてついには死にいたる。だから、デイ・ワンであり続けなければならない」

この年の全社集会でもベゾスはこう述べていた。

Sチームはスティーブンソンのせいにしたい様子だった（スティーブンソンは1年後、エアビーアンドビーのCFOに転じる）。関係者のひとりは次のように述べている。

「どうして気づかなかったのかという雰囲気でした。でも、見落としていたのは全員同じなんですよね」

その後のレビューも、小売りのOP1と同じような展開だった。海外の小売事業は広告収入を除いた業績がさらに厳しい状況で、担当のシニアバイスプレジデント、ラス・グランディネッティにもほぼ同じ指示が飛んだ。英国などかなり前に参入した国については業績をもっと上げろ、今後も大きくなりそうにない投資は厳しくチェックしろという具合だ。特に、10年以上もアリババとJDドットコムにしてやられていて赤字が続く中国は目の敵にされた。OP1のあとしばらくはフォローアップに来いという話もあった。

法務、人事、総務をまとめてレビューした際には、増員要請をひとつずつ取り上げ、理由を問いただした。なんとなくの増員と思われるものは徹底的にたたく。小売部門から出された広報の増員計画など、書籍販売については支配的とも言える優位に立っているのにいまさら広報など必要なのかとつぶやき、関係者の度肝を抜いたほどだ。

厳しい吟味を免れたのはAWSだけだった。成長率40%、営業利益率30%を誇るAWSは、たいがいいい雰囲気のレビューになるのだ。それでも今回は、小売チームと同じようになにも考えずに財務予測を出しているのか、それとも人間の感情という役に立たないものが左右しているのかとアンディ・ジャシーと長年CFOとしてジャシーに仕えるショーン・ボイルをつつく場面もあった。

この秋のOP1も、組織図の書き換えにつながるその後の指示も、意味するところは明らかだ。個人的な富が増えようが有名になろうが、ジェフ・ベゾスにとってアマゾンが自分の会社であることは変わらない。そして彼は、10年ほども続けてきた広告事業については、ほかの事業部のぼろを隠す以上の役割を果たしてくれるはずだと考えていた。

制約は多く、データは出さないアマゾン広告

広告というものに恐れを抱いていたからなのではないかと思われるが、ベゾスは、2000年代半ば、どういう広告を掲載するかではなく、どういう広告は掲載すべきでないかを考えることにした。銃、アルコール、出会い系サイト、サプリ、高金利のローンに誘い込む金融サービスなど、掲載すべきでない商品のリストを渡されたとSチームのメンバーも証言している。Sチームでは、このリストをもとに広告事業に参入するメリットやデメリットなどの検討を進めたそうだ。

不安を抱きつつも、広告の掲載そのものについては価格の引き下げに利用できるとベゾスも前向きだった。広告のおかげで安いサイトと広告なしで高いサイトがあれば、人は安いほうに群がるものだ、だから「やらない手はない」わけだ。[4]

アマゾンは、早い段階でオンライン広告の巨人になることもできたはずだ。グーグルは人々がなにを検索するのかを知っているしフェイスブックはなにが好きなのかを把握しているわけだが、アマゾンはその上を行くデータを持つ。実際になにを買ったのか、だ。であるにもかかわらず、本格的に参入するのは、ヤフー、グーグル、フェイスブックがオンライン広告で歴史的な高みまで上ったあとのことだったし、その際にも、慎重の

上にも慎重を期しつつ、失敗をくり返している。

2000年代後半、アマゾンは、広告の中心ニューヨークで人材を集めはじめた。アドジニアという子会社をつくり、名刺や電子メールアドレスもアドジニアのものを支給。売上税の徴収を免れるためだ。事務所は6番街にあり、55丁目の歩道にある巨大なLOVEの彫刻を見ることができる。

だが、ニューヨーク広告業界という華やかな世界はアマゾンと相性が悪い。さすがにドラマ『マッドメン』ほどのことはなくなっているが、いまも仕事を回すのは人脈と会社持ちのランチだ。幹部クラスになれば人気のスポーツイベントにクライアントを連れていったり、毎年南仏で行われるカンヌライオンズ国際クリエイティビティ・フェスティバルなどの業界イベントに参加したりするのが当たり前だ。

倹約が骨の髄まで染みこんでいるアマゾンはこのあたりをよしとしない。海外に飛ぶときもエコノミークラスで、いい席に座りたければ自費でアップグレードしなければならない。飛行機代が一定額以上になると待たがかかるのだと5年間アカウントを担当したアンドリュー・ジェームスも証言している。グーグルもフェイスブックも盛大なパーティで顧客をもてなしているわけで、アマゾンは不利な条件で戦わなければならなかったとの指摘もあった。

広告営業の増員もためらいがちだった。問題解決には人ではなく頭を使えと考えるからだ。OPIレビューで広告チームの補足資料を見たジェフ・ウィルケが「アカウント管理職のかばん持ちをする営業の人間を来年は何人雇うことになるんだ?」と口にしたこともある。

そのほかも業界慣行は無視しまくりだった。プロクター・アンド・ギャンブルなどのCEOやCMO(最高マーケティング責任者)は、広告費をつぎ込む先の経営幹部に会いたがるものだ。大手広告主なら、ふつう、フェイスブックCOOのシェリル・サンドバーグとの会食などができる。ところがベゾスは、年1回の朝食会くらいしか広告主や広告代理店とのつきあいをしない。ウィルケも、広告担当のSチームメンバー、ジェフ・ブラックバーンも、そういうことをしたがらない（ウィルケは一度だけ、ブルーのバーバリー・ブレザーを着てバーバリーCMOを出迎えたことがある）。

消費財メーカーの世界的大手ユニリーバ社のマーケティング幹部が大勢の部下を引き連れてシアトルを訪れ、アマゾンとの関係強化を相談したいと言ってきたことがあった。２０１３年のことだ。だが、ベゾスもウィルケも面談はご遠慮申し上げると回答。「がっかりしていましたね」と当時アマゾンで広告部門の幹部をしていたシベン・ラムジは言う。

「人数もパワーポイントも写真もいっぱい用意してきてくれたのに、こちらはこんなことができますよというペラ1枚ですからね」

広告主と直接会うことはしなかったが、ベゾスの存在感はしっかりあった。広告を導入したころ、大規模キャンペーンはベゾスもできるかぎり確認していたのだ。特に、２０１１年発売のキンドルファイアタブレットに流すフルスクリーンのカラー広告は入念にチェックした。広告の技術面を担当するジェフ・ブラックバーンとポール・コータスも確認しては口を挟む。細かなところまでこうでなければならないと厳密なことを言うし美的感覚も独特だったので、アマゾンの広告担当もクライアントもたまったものではなかった。もちろん、そうする理由があってやっていたことだ。そのころの収益源は商品の売上であり、そこを損なったり顧客の信頼に傷をつけたりする可能性は排除しなければならない。回答がだめだの一言ということも多かった。

だめだ、あやふやなことを言ってはならない。[5] 感嘆符は使うな。それは顧客に向かって叫ぶに等しい。けばけばしい色使いは買い物客の気がそれるからいかん。肌が見えすぎている写真もだめ。例を挙げていくと切りがない。

シリコンバレー企業はふつう購買層の詳しいデータを提供するが、アマゾンはその期待も裏切った。顧客の年齢、民族、購買傾向などのデータは広告主に渡さない。広告にタグをつけ、その効果を測定することがウェブでは一般的になっており、アドビ社やアクシオム社など多くの会社がしているが、それも許さない。広告の効果はアマゾンからの報告だけでよしとしなければならない。

広告部門で語り草となっているものをいくつか紹介しよう。たとえば、フォード・モーター社の広告に使われている青の色味がよくない、ホリデーキャンペーンが日曜版の折り込みチラシかなにかのように見えるとポール・コータスが却下したことがある。携帯電話のTモバイルが商標登録しているマゼンタピンクのロゴについて、ぎらぎらしすぎていて顧客の気がそれると文句を言ったこともある。ジェームズ・ボンドの映画『007スカイフォール』のバナー広告に武器が写っている、ポリシー違反だとソニー・ピクチャーズ社に通告したこともある。スタジオからは「どあほう！」みたいな罵声を浴びせられたと広告部門の幹部が教えてくれた。

「だって、ねぇ、銃を持たないジェームズ・ボンドのシルエットなんて、かっこつけてるだけの男でどこの誰だかわからないじゃないですか」

こういうときはアマゾンが折れることが多く、007も最後はトレードマークの銃を持っていてもいいことになった――理由は、だれかを狙っているわけではないから、だそうだ。でも、アマゾンは傲慢(ごうまん)だ、広告がわかっていないとの評価が生まれてしまった。最初はいい感じに迎えられるのに、最後はもういいよと言われてしまうのだとクリエイティブディレクターを5年務めたスティーブ・スーシーは悔やむ。

このあたり融通が利かないのは、肯定と否定、両方の感情をディスプレイ広告に抱いているからであり、買い物客の信頼を損なうようなことはなにがなんでも拒否するのが常だからである。このあたりがフェイスブックなどほかのシリコンバレー企業と根本的に違うところだ。広告参入当初、ベゾスにとって、顧客体験は聖域であり、取引関係がどうなろうが貸借対照表が多少よくなろうが関係なく守らなければならないものだったのだ。

クリックするとほかのサイトに飛んでしまう広告はアマゾンでの買い物を妨げるものだという意見もあった。買い物客の選択肢が増えるように、また、価格を比べられるようにと、昔から、ノードストロームやメイシーズなど小売りを生業とする他企業に対し、アマゾンのサイトで商品を紹介するサービス、プロダクト広告を提供していた。これも目的が社内で誤解されることが多く、評判がよくない。小売チームはアマゾンに流れ込むトラフィックを増やそうとやっきになっているのに、我々は外に流れ出すトラフィックを増やしていたわけだからと、パフォーマンスアドバタイジング担当バイスプレジデントのコリーン・オーブリーは苦笑する。

「小売部門との会議では『なんてことをしてくれてるんだ？　一度じっくり話し合う必要があるな』みたいなことをよく言われました」

広告に対する熱も次第に冷め、２０１４年にはプロダクト広告もやめようという話が出るまでになった。収益はそれなりに上がっているがそれなりでしかない。小うるさいガイドラインはあるし経営陣とは会わせてもらえないしで広告主の評判はよくない。広告部門は予算もなかなか確保できないし、週60時間も働いているのに評価されない、むしろ目の敵にされていると不満がつのっていく。広告は悪だ、お前らが悪いといつもつるし上げられたと広告部門の幹部は言う。

ベゾスの決断で検索広告に乗り出す

その夏の人事異動でポール・コータスはシニアバイスプレジデントに昇格し、広告部門のトップとなった。Sチームのジェフ・ブラックバーン直属として広告営業のグローバルバイスプレジデントを長年務めてきたリサ・ウッツシュナイダーはこの人事が不満で、6カ月後、ヤフーに去る。生まれたばかりだというのに、アマゾンの広告事業は早くもぼろぼろの状態だったと言える。

コータスは、ベゾスがオンライン書店を思いついたとき働いていたウォールストリートのクオンツヘッジファンド、D・E・ショーから1999年にアマゾンへ移籍した。1997年にベゾスから声をかけられた話を彼はよく語る。荷造りもしてシアトルに行く準備が整ったところで、やはりヘッジファンドに残ろうと決断。何百万ドルももらい損ねることになる決断だった。

コータスはパンクやニューウェーブが好きで、そのほか、ご多分に漏れず広告が表示されるまでの時間といった評価基準も気になってしかたがなければ倹約などのリーダーシップ原則も大がつくほど好きだ。報告を受けると「費用に上げられているこの夕食はなにかな?」と問い返すことが多い。ホリデーシーズンが始まるとき、広告キャンペーンの効果をチェックするため広告関係者が「作戦本部」に集まったときも、「連絡が来ないように携帯を切っておばあちゃんちにでも行こうかなと思っているヤツ、もしいたら覚悟しろよ?」と容赦のない言葉を飛ばしたことがあるという。

広告部門の単独トップという座に彼が就いたころ、ずっと悩みの種だった問題の解決策が向こうから歩いてきてくれた。このころマーケットプレイスが急速に伸びていて、どんどん長くなる検索結果ページで自社の商品をなんとかめだたせようと中国のオンライン業者などサードパーティのセラーがやっきになる状態になっていた。であれば、なにをすべきかは明らかだろう。そう、めだたせてやるから金を払え、である。検索エンジンでめだたせる対価をグーグルが徴収しているが、それと同じことをすればいいのだ。

アマゾンのグーグル型検索広告オークションは「スポンサープロダクト」と呼ばれている。たとえばベッドシーツを売っているサードパーティセラーが申し込めば、ユーザーが「寝具」などを検索したとき自社商品がめだつところに表示されるようになるわけだ。導入当初は検索結果1ページ目の最後に表示される形だった。そのリンクをユーザーがクリックすると商品ページが表示され、広告料金が発生する。

対象の製品カテゴリーが増えるとページ右側に検索結果と並んで表示される形に進化する。必要な技術をタイミングよく開発するのがとにかく大変だった。申し込みを受け付ける検索オークションシステムもつくらなければならないし、広告の効果を追跡し、結果を報告するツールもつくらなければならない。早い段階で使ったユーザーによると、初期バージョンはぼろぼろだったらしい。広告の成否についての報告がなんともお粗末で効果があったのかなかったのか判断するのは不可能に近かったと、文房具などのメーカー、ニューウェルブランズのグローバル電子商取引担当バイスプレジデント、ジェレミー・リーボウィッツも証言している。

広告と検索語の関連性を正しく判断するのも難しい。グーグルには20年もの蓄積があるがアマゾンは複雑なこの分野に手を染めてからまだ日が浅い。表示がおかしいと気づくたびベゾスやウィルケからコータスのところにメールが送られてくるので、どんよりしているエンジニアにそれを転送するということがくり返された。子どものおもちゃを検索したらスポンサープロダクトとして大人のおもちゃが表示されたときは上を下への大騒ぎになったという。

アマゾン社内では検索広告に賛否があったし、実は広告部門でも賛否があった。ニューヨーク、ロサンゼルス、ロンドンにいるバナー広告の営業には、毎年、厳しい目標が課せられている。であるというのに、広告費の使い道をもうひとつ増やそうというのだからだ。シリコンバレーに置かれた検索部門、A9のエンジニアも検索広告を嫌っていた。自分たちの仕事は客観的に有益と思われる商品を検索結果の上位に持ってくることで、一番たくさん広告費を払ったセラーを優遇することではないと考えたからだ。

だがスポンサー広告が効果的なのも否定できない事実だ。ユーザーがよくクリックするのだ。スポンサー広告なのか客観的な検索結果なのか気にかけない人が多いというのもあるだろう。セラーやブランドもぶつぶつ不平は口にするが、検索広告はグーグルで慣れているので、アマゾンでめだつにはしかたないと考えた。そして2016年、スポンサー広告の人気が高まったことを受け、通常検索の結果に混ぜる形でページの上半分に検索広告を表示すべきか否かの検討がSチームで始まった。

検索結果のスクロールなしで見える部分、いわゆるファーストビューは重要だ。議論は神聖なる顧客体験と有望な収益源の戦いで、熾烈(しれつ)をきわめた。広告部門は、検索結果の最初に広告の商品を置くほうがセラーやベンダーの利益になると押した。対して小売部門は、広告に惑わされて質の悪い商品を買ってしまい、アマゾンでの買い物自体を減らすユーザーが出かねないと心配する。

米国小売部門をたばねるダグ・ヘリントンはサソリとカエルの寓話(ぐうわ)を持ち出した。背中に乗せて川を渡らせてくれとカエルに頼んだのに、サソリはがまんできずに途中でカエルを刺し、両方ともおぼれて死んだ話だ。広告部門はサソリである、悪ということでは別にないのだが、広告が絡むと純粋な検索結果という平等な場がどうしても歪んでしまうというのである。

最後はベゾスが裁定を下すしかなかった。彼の考えはよくも悪くも当たり前で、ごく一部で検索結果の頭にスポンサー広告を表示して様子を見る、だった。その程度ではっきりとしたデータなど取れるはずがないと疑問を呈するエンジニアもいたが、かなり安定した結果となった。スポンサー広告をめだつところに置くと、小幅ながら統計的に違うと言えるくらい、実際に購入するユーザーの数が減るのだ。ただし、長期的にどうなるのかはわからない。ぶっすり刺されはしないが軽い傷は負わされると言えばいいだろうか。そして、その傷から毒が入ってくるのかどうかはまだわからない。

探していたものをみつけられるユーザーが減るのはまちがいなくて付随的損害はあるわけだが、収益は上がる。ばく大な収益が。だから、すべての検索で結果のトップに広告を出すようにすべきか否かに対するベゾスの最終決断は、一言、やれ、だった。スポンサー広告を表示する検索結果の割合を大きくしていけ。1ページに表示する広告の件数も増やせ。ユーザーのクリックが多少減ってもかまわない。そう判断したのだ。

ディスプレイ広告のとき、ベゾスは、顧客体験を犠牲にしたくないと抵抗した。だが今回は、広告を増やしすぎてユーザーに嫌がられたりしないよう注意しつつ、攻めるほうを選んだ。うまみがすごくある仕組みだし、そこで得たお金は投資に活用できるしで、そのうまみを打ち消して余りあるほど長期的なマイナスが大きくないかぎりやるべきだ、と。

検索広告は、いかにもベゾスが好きそうな特徴をすべて備えている。クリックしてもユーザーがアマゾンの外に出ることはなく、商品ページに飛ぶだけだ。そして、その商品を買ってくれれば弾み車が回る。ほぼセルフサービスなのでコスト管理の必要もほとんどない。仕組みさえ用意できればばく大なレバレッジを生んでくれるし、そうして吸った甘い汁は次の発明に使える。広告部門の仕事をしていた技術者はこう証言している。

「検索ページのトップに広告を置いたことで状況は一変しました。あの決断がなければスポンサープロダクトはいまのようにならなかったはずです。そして、そうしたのはジェフ・ベゾスなわけです」

広告を出さないとアマゾンで商品をみつけてもらえない

相対的な評価が高いものから順に並べるよりアマゾンが儲かることに重きを置くというのなら、やれることはいくらでもある。実はこの何年か前、フロリダに住むユーザーからメールが送られてきたことがある。自撮り棒が買いたくてアマゾン・ドット・コムにアクセスしたのだが種類が多すぎて選べず、結局、近所のお店で店員にアドバイスをもらって買うことになった、そういうお勧めの機能がアマゾンにないのはなぜなのか、というメールだ。

これをベゾスが転送したとき、Sチーム側では、すでに、対策の検討が行われていた。担当は当初小売部門だったが最後はアレクサによる音声ショッピングを開発している部門に移る。そうしてできあがったのがアマゾンズチョイスだ。似たような商品が並ぶカテゴリーで買物をしようとアレクサに声をかけると、カスタマーレビュー、価格、配送に要する時間などを総合的に評価してお勧めを出してくれる機能である。

アレクサの音声ショッピングは人気が急上昇し、２０１６年には検索結果でスポンサープロダクトと並ぶ位置にもアマゾンズチョイスが表示されるようになる。ただ、それがなにを意味しているのかはよくわからない。[6] アマゾンも特に説明していない。それでも知識豊富な販売員のような役割を果たしているように見える。アマゾンズチョイスのバッジがついた商品はよく売れるし、[7] そのおかげで売上が3倍に伸びたアカウントもある。高評価のレビューを増やしてシステムをだまし、このバッジを手に入れようとしたり、いくら払えばこのバッジを付けてもらえるのか知ろうとしたりする売り手が出てきたのも当然だと言えよう。だがバッジを売る話はなかったと音声ショッピング担当バイスプレジデント、アサフ・ローネンは言う。

「特別なことはなにもありませんとお答えしました。いい商品を安く提供し、顧客に喜んでもらえばいいだけのことですから」

アマゾンにとっては別の意味もあった。アマゾンベーシックのバッテリーなどプライベートブランドを提供している部署から、デュラセルなど別ブランドの商品ではなくこっちにバッジを付けろよと抗議の声が上がったのだ。結果、プライベートブランドのチーム、A9の検索技術者、そしてポール・コータスら広告チームまでも巻き込んだ大論争が巻き起こった。広告チームにしてみれば、検索結果で自社製品を優遇するなどバッジの効力も落ちてしまうだろうし、広告主の機嫌を損ねるだろうしでたまったものではない。いずれにせよアマゾンズチョイスはアマゾンベーシックなどに付くことが多く、検索結果で自社製品が優位に立ちがちとなった。2019年にウォール・ストリート・ジャーナル紙が報じたところによると、アマゾンズチョイスが一番多く付されたブランドは540個を獲得したアマゾンベーシックだったという。[8]

ベンダーから不満の声が上がったのは当然と言える。グーグルが行っている同様の措置が欧州などで独占禁止法に触れるおそれがあると調査が進んでいたこともあり、やらないように弁護士から釘を刺されていたのだが、それでも、プライベートブランド部門の幹部はばつが悪そうだった。消費財部門の元マネージャー、JT・メンは言う。

「みんな、アマゾニアンらしくないと考えていました。客観的に見たらどうだろうというケースで我々の商品にバッジが付くというのは顧客のためにならないし、競争抑制的でもあると思うのです」

アマゾンの検索結果は該当する商品を単純にアルゴリズムで並べただけのものから進化し、スポンサー広告、アマゾンズチョイス、サードパーティウェブサイトのお勧め、アマゾンのプライベートブランドがずらりと並ぶ商売っ気にあふれたものになった。通常検索の結果は2商品のみという製品カテゴリーもあったほどだ。[9] こうなると検索エンジンでふつうにみつけてもらえるとは思えないので、検索広告の出稿が増えていく。のちに連邦議会下院の反トラスト小委員会が超党派の報告書[10]で、検索結果は最初の1ページしか見ない消費者が多く、アマゾンは「広告サービスを買わなければ商品が売れない状況をつくったと言えるかもしれない」と結論づけた状況が生まれたわけだ。

2017年には売上でスポンサープロダクトがバナー広告などのディスプレイ広告を抜く。この年、損益計算書で広告収入が算入されている「その他」欄（昔AWSが置かれていたところ）は46億5000万ドル、対前年比58%と急増した。裏庭に金鉱をみつけたわけだ。

絶大なる効果を上げたコスト削減

だがまずは、スポンサー広告事業の利益を小売事業がかすめ取る状況をどうにかしなければならない。だから2017年秋のOP1レビューでベゾスは、アマゾン最古の事業が広告でごまかしているようではいかん、自立しろと力説し、昔から続く基本方針の大転換を図ったのだ。売上と市場シェアを伸ばすことが至上命題だったが、これからは利益を追求しろ、と。ここまではとにかく種をまけだったが、これからは大木にのみ意味がある（ベゾス自身がまいた種から育ったものが多い）という感じで、金食い虫は切れ、と。

このあと数カ月、アマゾンはらしくないことを進める。[11] 後退したのだ。コンサートなどのチケットを販売していた米国と英国のサイトを閉じる。展開中だったアマゾンレストランというサービスも、グラブハブやドアダッシュ、英国ではデリバローなどのスタートアップと競わなければならない都市への参入をスローダウン。[12] 2年後にはアマゾンレストラン自体をやめてしまう。アリババとJDドットコムに水をあけられ、追いつける見込みのない中国市場も投資を減らし、[13] 2019年には撤退する。

小売部門の新規採用も基本的に凍結する。それまでは有能ならあれこれ気にせず採用してきた。2010年に5000人だったシアトル本社が2017年には4万人に膨れ上がるほどに。それが2018年はほぼ横ばいだ。ずっとがんがん投資して固定費を増やしてきたわけで、1年くらいスローダウンして変化をなじませ、効率が落ちていないか確認するのは道理にかなったことだとジェフ・ウィルケは言う。

収益性や採算は気にもせずにきたわけで、新しいスーツと同じで身になじむのに時間がかかる。小売部門の幹部には、コカ・コーラ社やユニリーバ社といった大手ブランドとの関係を見直せとの指示が飛んだ。[14] ペットボトルの水など配送に費用がかかる製品について、もっといい条件を引き出してこいということだ。ここで活用したのも検索エンジンだ。アマゾンズチョイスを選ぶにあたり商品の収益性も考慮に入れればいい。人手を廃してソフトウェアに置き換えるプロジェクト「弾み車にさわるな」もさらに突き詰め、[15] 商品のプロモーションから販売までブランド自身が管理できるツールを用意してアマゾン社員が手をわずらわせられないようにした。大手ベンダーには至れり尽くせりのサービスも提供するが、そちらは有償とした。

事業の再編と並行してベゾスは、別の形でも固定費の削減に乗りだした。時代遅れの「デイ・ツー会社」になってしまう悪夢も避けられる一石二鳥の対策、組織のフラット化である。指令を全社に発する(アマゾンで技術者をしていたスティーブ・イエギが2011年、ブログに書いたように「ベゾスはいつもそうする。そのたび、社員はゴムハンマーでたたかれたアリのように走り回る」のである)[16]。今後は、直属部下が基本的にマネージャーであるマネージャーは、部下が6人以上いなければならないことにする、である。

特にどうということもない条件のように見えるが、「管理範囲」と社内で呼ばれるようになるこの指令は中性子爆弾のような効果を発揮した。3人とか4人、5人しか直属の部下がいないシニアマネージャーは、この条件をクリアするため、部下の部下を何人か直属にしなければならない。そのとき、部下を取られた方は6人の条件がクリアできなくなったりする。連鎖反応が起きるわけだ。そうなると、順調だった人もそれ以上の出世が難しくなってしまう。

この組織改革で社員の多くはアマゾンの文化に残酷な面があることを思い出した。スタックランキングの時代が心によみがえった人も少なくない。AWSなどこの指令を免除された部署もあったが、ほとんどの部署は厳しい現実に直面した。小売部門では、直属の部下が足りずマネージャーを解任された人など10%から20%がいなくなったという。行き先はAWSやアレクサなど急成長している部門か退職である。

「組織の士気という意味ではこれ以上の悪手はないでしょう」

靴やアパレルのチーフマーチャントだったスタン・フリードランダーは言う。アマゾンで働いた10年は、総合すれば悪くなかったそうだ。

「大会社がこういうことをするときは、ふつう、レイオフをすると言うんです。そのとき道は残れるか首を切られるかです。でもアマゾンは、少なくともいまのところ、何人減らすつもりなのか明らかにしたことがありません。だから、みんな、戦々恐々になるんです。たぶん、そういう文化にしたいのでしょう」

椅子取りゲームのような形で組織を再編すれば、社内外から批判を浴びるレイオフ発表を避けられる。組織のスリム化である、停滞の「デイ・ツー」を退けるという目標を達成するためだと大義名分もたつ。無慈悲ながら効果抜群。ベゾス一流のやり方だと言える。

この指令を出すのと一緒にベゾスは、Sチームに対し、ベイン・アンド・カンパニーが制作した19分のユーチューブ動画「創業者の考え方」を見るように命じている。[17] 官僚主義を排する、日常業務の判断に顧客の声を反映する、荒々しいスタートアップ時代の意識やモチベーションを維持するなどが大事なのだと訴える動画である。この中でベインのディレクター、ジェームズ・アレンは次のように述べている。

「成長すれば複雑になり、複雑になるといつしか成長は止まる。これが成長のパラドックスだ」

ここまでかき回すのはなにか考えがあるからだろうとベゾスの頭の中を推しはかろうとする人も多かった。リスクを取るのは自分ひとりでいいと思っているのではないか、部下があれこれ適当に手を出しすぎていると感じているのではないかと考えた人もいる。古参幹部だったがこの大改造で会社を去った人物は、ロサンゼルスの王でありたいと思っただけだろう、収益性を求めたのはオリジナルの番組や映画を制作するアマゾンスタジオにつぎ込むお金が欲しかったのだろうと語ってくれた。株価が伸び悩んでいて、株式中心の報酬に悪影響が出そうだと心配し、利益を増やせばウォールストリートが歓迎してくれると思ったのではないかという人もいる。

真意はわからないが、効果は絶大なものがあった。大もめにもめたOP1レビューと「管理範囲」発令のあと、プライム会員が世界全体で1億人を超え、ＡＷＳが野火のように拡大していく中、増員のスピードは下がり利益率は上がった。そして、純益は２０１７年から２０１８年で30億ドルから１００億ドルに急増。株価もはね上がり、時価総額は同じく２０１７年から２０１８年で５５００億ドルから７３００億ドルとなった。

ここまで変化すれば影響も大きい。古参社員が長年にわたるグラントで手に入れた株式はその資産価値が大きく膨れた。ジェフ・ベゾスも２０１７年秋、世界一の富豪という肩書をめざすレースでついにビル・ゲイツをとらえた。[18] インフレ調整をした比較で、ウィンドウズ一人勝ち時代に記録したゲイツの記録も、ウォルマートが米国小売をがっちり握っていた時代のサム・ウォルトンももう少しで抜くところまで来たのだ。

20年ほども世間の目にさらされてきたベゾスだが、世界一の富豪という肩書がつけば改めて感嘆の目が注がれることになるし、メディアにはいろいろと詮索されることになる。

「世界一の金持ちにジェフがなれば、なにがテーマであってもアマゾンに関する記事の冒頭にその肩書きが登場することになります」

広報担当のジェイ・カーニーがこう言えば、子ども時代に住んでいたマイアミの家をベゾスと一緒に訪れた高校時代からの友だち、ジョシュア・ワインスタインもこう指摘する。

「世界一の金持ちになると、周りの見る目が変わります。つまり彼にとっては世界が一変するのです」

この変化をもたらしたのはベゾス本人だ。検索広告という金鉱をみつけ、その広告を松葉づえにするなと社内を叱咤（しった）激励するとともに官僚主義の広がりと戦うことで史上最高に豊潤な時代をアマゾンにもたらした。少なくとも地上におけるビジネスの世界では、小売りや技術で右に出る者がいないほどの権勢を持つようになったのだ。

第11章 ブルーオリジン

——一歩ずつ貪欲に

官僚主義との戦いが始まる1年ほど前、新しいデイ・ワン・タワー6階で珍しいミーティングが何度も行われていた。２０１６年秋の何週間か、ベゾスがアマゾンとは別に経営する会社、ブルーオリジンの幹部がワシントン州ケントの事務所からウーバーに乗り、30分ほど走ってシアトル中心部にやってくることがくり返されたのだ。目的は創業者と1対1の昼食会だ。議題は、航空宇宙スタートアップが創業から16年、どうにもうまく行っていないのはなぜなのかである。

アマゾンはきらびやかなまでの成功を収め、ワシントンポスト紙はだれもが驚く復活を遂げた。だがブルーオリジンだけは落ちこぼれで思うような成果があがっていない。ニューシェパードというくり返し使えるロケットに乗客を乗せて弾道宇宙飛行をするプログラムは、無人機を2機、爆発で失うなどで遅れに遅れている（ロケット分野の専門用語で爆発は「予定外の急速分解」という）。ニューグレンという大型ロケットで乗客と貨物を地球の周回軌道まで運ぶ意欲的なプロジェクトも進めているが、こちらは先行きがもっと不透明だ。

一方、テスラ共同創業者のイーロン・マスクがブルーオリジンに遅れること2年で立ち上げた民間宇宙会社スペースXはちゃくちゃくと成果をあげ、歴史にその名を残しつつあった。スペースXのファルコン9ロケットは安定しており、商用衛星や軍事衛星を何機も周回軌道に運んでいるし、国際宇宙ステーション用補給機の打ち上げにも使われることが決まっている。２０１６年4月には、大西洋に浮かべたドローンプラットフォームにファルコン9ブースターを軟着陸させることにも成功。[1]これは技術的にとても難しいことであり、宇宙企業2社の違いが浮き彫りになったと言えるし、さらには両社の後ろ盾であるビリオネアふたりの違いが浮き彫りになったとも言える。

だからベゾスはアマゾンの仕事をしているはずの時間を一部使い、ブルーオリジンの問題を理解しようとしたのだろう。2時間におよんだものもあるランチミーティングで、ブルーオリジンの幹部は状況をできるかぎり説明した。社内の風通しが悪い、会議に時間を取られすぎる、なぜそういうものにお金を払うのか説明がつかないものがあるなどなど。外観は立派だが内情はお寒い、勤勉なふりはするがまっとうな仕事などできていないと語ったエンジニアもいる。早急にどうにかしてもらえなければ自分はやめると宣言した幹部もいる。ところが根本的な原因はという話になると、みな、一様に口をにごす。目標を増やしつつ増員は抑えるベゾスのやり方には触れない。自分が言ったとばれるのを恐れ、13年前からブルーオリジンで働き、ベゾスの代理として会社を切り盛りしているプレジデントのロブ・メイヤーソンについても語ろうとしない。

それでもベゾスはメモを取りながらよく耳を傾け、言わんとするところは理解したようだ。昼食会を全部終えたあと、彼は、ブルーオリジン初のCEOを置くつもりだとメイヤーソンに伝える。人材捜しはアマゾンでリクルートを担当するバイスプレジデントのスーザン・ハーカーが進めた。スペースXで精彩を放つ最高執行責任者兼プレジデントのグウィン・ショットウェルにも来てくれないかと頼んだが、事情に詳しい人物によると、「していいことだとは思えない」とにべもなく断られたらしい。

結局、CEO探しは1年以上もかかった。メイヤーソンも候補者の面接をしていたことから自分の首を守るためにわざと時間がかかるようにしているのではないかとのうわさが出たりした。ベゾスが決めきれないからではないかと言う者もいた。それでも話はだんだんと煮つまっていく。候補は、ハネウェルエアロスペースで機械システムと部品の部門を束ねるボブ・スミスだ。NASAが昔推進していたスペースシャトル関連の仕事をしていたユナイテッド・スペース・アライアンスでエグゼクティブディレクターを務めた経験もある。

ベゾスと同じようにスミスも米国の宇宙飛行士が月面を歩く様子を見ながらテキサスで育ち、アポロに憧れた口だ。ブルーオリジン幹部との面接は丸1年、30回近くも行われた。冗談で「歯の治療記録も必要ですか」と尋ねたことさえあるという。

ちょうどベゾスがビル・ゲイツを抜いて世界一の金持ちになるころ、ブルーオリジンのスタッフと昼食会をくり返した1年ほどあとの2017年8月、スミスがCEOに決まる。セレモニーも大々的な発表も特になかったが、ベゾスがスミスになにを求めていたのかは明らかだ。成果をあげられていない研究開発機関を世界一の金持ちが支え、自慢するに足る成熟した事業にしろ、である。のちにボブ・スミスが取材にこたえて語っているように、ブルーオリジンは厳しい転換点を迎えた。「もっと大きなドアを通る」ときが来たのだ。

カメであれ。ウサギになるな

ジェフ・ベゾスが宇宙旅行に情熱を燃やしていることは、その生い立ちを見れば明らかである。ベゾスの祖父、ローレンス・プレストン・ガイスは50年代から60年代にかけ米原子力委員会関係で航空宇宙技術やミサイル防衛システムの仕事をしたあと引退し、南テキサスで牧場をしていて、ベゾスは、子ども時代、毎年夏をその牧場で過ごした。「ポップ」と呼ばれるこの祖父から宇宙の話を聞いたりアポロの打ち上げを見たり、近くの図書館で山のようなSFを読んだり、人間がそのうち向かうであろう宇宙について空想をたくましくしたりしたのだ。ふたりで風車を直したり古いブルドーザーを直したり、雄牛の予防接種をしたりと自助の精神も祖父が教えてくれた。そして、マイアミ・パルメット高校を卒業するころには、卒業生総代としてのスピーチで宇宙ステーションにたくさんの人を住まわせることで増えすぎた人口や汚染の問題を解決したいと語るようになっていた。

2000年、ベゾスは、アマゾンの成功で得た豊富な資源をつぎ込んで子ども時代の夢を追うことにした。立ち上げた会社はブルーオリジン。人類発祥の地である地球にちなんだ名前である。当初の基本方針は宇宙開発を大きく進めるには液体燃料ロケット以外の方法を考えなければならないというもので、小説家ニール・スティーヴンスンや科学史家ジョージ・ダイソンといった宇宙マニアが集い、こういう方法もあるのではないかとブレインストーミングするシンクタンク、あるいは、のちにジャーナリストのスティーブン・レヴィがワイアードに書いたように「会社ではなくクラブ」とでも言うべきものだった。[2]

結局、ベゾスも効率を考えれば一般的な液体燃料に勝るものはないと認め、2003年に方針を転換する。新しいタイプのロケットを発明するのはあきらめ、従来型ロケットを再利用できる形にして製造コストを抑えることにしたのだ。そしてこの年に雇ったひとりがメイヤーソンである。NASAのあと、失敗に終わったスタートアップ、キスラー・エアロスペースで6年間経験を積んだエンジニアであり、内気で泣き言が多い。経営の経験はなく、ブルーオリジンにもニューシェパード開発のシニアシステムエンジニアとして入社している。だがベゾスには忙しい本業があっていちいち決済を求められても困るし、ブルーオリジンにはどんどん前進して欲しいとも考えていた。だから、わりとすぐメイヤーソンをプログラムマネージャーにし、さらにはプレジデントに昇格させた。

なにを優先し、どう仕事を進めていくのか、発明のシステムとでもいうべき仕組みはベゾスが用意した。2004年6月、800ワードのメモを書いたのだ。社内でウエルカムレターと呼ばれていて、現在も、採用時に渡される資料のひとつとなっている。本邦初公開で簡単に紹介しよう。

冒頭「我々は長期にわたる宇宙滞在に向けた流れをつくることを目標に集まった小さなチームである」とあるのは、もともと社員を70人以下に抑えようと考えていたからだ。「この長期目標に向け、根気よく一歩ずつ進んでいく」としつつ、新型ロケットを6カ月ごとと「メトロノームのように定期的に」リリースする、最終的には有人の軌道宇宙船へとシフトし「ブルーの組織と能力を大きく拡大する」とも書かれている。また、このような計画と月まで行く宇宙船の構築といった将来的な話は違うとして、とりあえずは目の前の仕事に集中し、順序よく進めろともある。

「未踏の山脈に分け入るわけだが地図もなく見通しもきわめて悪い。ちょっと登っては止まるようなことをするな。一定ペースで歩み続けろ。カメであれ。ウサギになるな。費用は無理のないレベルに抑えろ。支出は横ばいから微増だと思え」

個人でブルーを支えるのが大変なのはベゾスもわかっていた。

「ブルーオリジンの場合、投資家が期待する投資利益率を一般的な投資期間で得られないことは理解している。

この予想が正しかったと判明したとき、私がそれに驚いたり失望したりすることはない。ブルーの人々が心の平安を保つには、そう知っておくのが大事なことだろう」

アマゾンでは創業時、株主に送った書簡を全社集会で確認することが毎年恒例になっているのだが、ベゾスの署名が入ったこの文書も同じようにブルーで神聖なものとなる。またベゾスは、その中核となる考え方を一言で表すラテン語「グラダーティム・フェロシター（一歩ずつ貪欲に）」を会社のモットーであるとした。地球に立って星に手を伸ばす2頭のカメと、その下には飛ぶように過ぎる時間を表す砂時計と翼が描かれた紋章も用意した。

ウエルカムレターと関連のモットーや紋章などは、ブルーオリジンを秘密のベールに包んだまま、宇宙なるフロンティアの開拓という夢を追う人々に暗闇の中で道を示す光線として機能するものだ。採用されるとこのメモを読み、よく考えることが求められる。採用応募者はブルーのミッションに対する情熱の深さがわかる小論文を書いて提出し、その思いが切実だと判断されないと入ることができない。

2000年代半ば、ベゾスと同じく宇宙に魅入られた人物が登場する。再利用可能にしてロケットのコストを抑え、宇宙に進出しようとまったく同じ目標を掲げて2002年にスペースXを立ち上げたイーロン・マスクである。ふたりは2回ほど実際に会って話をしている。1回目はサンフランシスコ。その少しあとの2回目はシアトルで、ふたりとも妻（マッケンジー・ベゾス、ジャスティン・マスク）と一緒だった。中心部のレストランでディナーをともにしたあと、倉庫を改装したブルーの事務所にベゾス夫婦がマスク夫婦を案内している。なお、事務所は人払いもしてあったし仕事内容がわかるものもすべて取り除かれていたらしい。

当時、スペースXとブルーオリジンはさまざまな意味で正反対の存在だった。スペースXはマスクだけでなくベンチャーキャピタリストもシード資金を出しているので、商用衛星や軍用機器を周回軌道に打ち上げる契約を政府から獲得すべく、航空宇宙大手各社と入札で競うなど、最初から全力で利益を追求した。対してベゾスはブルーでもっと長期的なことを考えていた。周回軌道の先という意欲的なミッションにも使える技術をニューシェパードで開発したい、だから資金は全額自分が負担する、と。次はウエルカムレターの一節である。

「宇宙船をつくると考えるな。宇宙船をつくる会社をつくるんだ」

のちにマスクに取材したところ「ジェフ・ベゾスがブルーオリジンを立ち上げたのはすばらしいことだし、宇宙について自分と同じく人の役に立ちたいと考え、資源も十分に持っている人がいるのもすばらしいことだと思いました」と語ってくれた。ベゾスとの意見交換はいい雰囲気だったという。また、ブルーオリジンの燃料について技術的な面から意見を戦わせることもしたらしい。直射日光が当たると急速に分解する過酸化物を使うもので、宇宙船も試験場もきれいさっぱり消えてしまうことさえなければ過酸化物はすばらしいとマスクは否定的だった。だがベゾスは、航空宇宙企業TRWのエンジニアから転じた最高推進責任者ウィリアム・クルーゼの意見をもとに過酸化物を採用。過酸化物は低温貯蔵の必要がない、既存ターボポンプが使えるなど開発の手間が省けるとクルーゼは考えていたのだ。

ベゾスも、そういう燃料にすれば、エンジニアリングチームを小さく保ち、開発をスピードアップできる、ウエルカムレターに書いた原則が実現できると考えたわけだ。また、制約がイノベーションを生むと信じていたし、標準技術をなるべく活用しつつ新しい考え方を次々投入するという形でソフトウェアと同じように宇宙船をどんどん改良していきたいとも考えていた。たしかにアマゾンなど簡単にバグをつぶせるネット企業ならそういうやり方があっている。だが資源不足に悩まされるのが当たり前の航空宇宙企業でその方法は、きっちり試験をしなければならないシステムに不備をもたらし、ミッションの実現を難しくしてしまう。

2011年、テキサス西部にベゾスが持つ1200平方キロメートルの牧場で打ち上げ試験が始まった。8月の試験では、ちょっとしたまちがいがソフトウェアにあったせいで飛行コースが狂い、高度1万3000メートルで飛行を中止せざるをえなくなった。この「予定外の急速分解」は50キロメートルほど離れたバンホーンの町からも見えたそうだ。[3] ブルーオリジンはこの動画が公開されないように手を打ち、沈黙を守った。ベゾスがブルーオリジンのブログで「こういう結果を望んでいたわけではないが、難しいことはわかっていた」[4]と釈明するなど事故に言及したのもメディアが騒ぎ始めてからである。

過酸化物は不安定だとマスクに言われたこともあったのか、このころにはニューシェパードの設計を見直し、液体酸素と液体水素という高性能ロケット燃料に変更する作業が始まっていた。また政府系の契約にも応募し、民間有人宇宙船開発支援計画（CCDev）の第1フェーズと第2フェーズで2500万ドルを受け取っている。CCDevとは宇宙飛行士を国際宇宙ステーションまで送ることを前提に民間企業のプロポーザルを募集するものでオバマ時代につくられたプログラムである。ただし、2012年冬の第3フェーズは条件が厳しく、軌道飛行のできる宇宙船を3年でつくらなければならない。

この条件をクリアしたければ、リーンな会社にするとか「一歩ずつ進む」などウエルカムレターに記した原則をいくつかあきらめなければならない。結局、ニューシェパードに注力している状況では無理だと応募自体しないことになった。対してスペースXは第3フェーズも契約を獲得し[5]（ボーイングも獲得）、4億4000万ドルの開発援助を受け取っている。何年ものち、最終的にスペースXが受け取った支援が77億ドルに上ったと監察総監室の調べで明らかになると[6]、ベゾスはあきらめた経緯を忘れ、どうして入札しなかったんだと悔やんだらしい。これは側近の証言で、入札しないという判断にベゾスが疑問を投げかけたことはないというのがブルーの公式見解である。

うまく立ち回ったスペースXはどんどん大きくなっていく。2013年、ブルーの社員数が250人に達したころ、スペースXは2750人を数え、無人宇宙船を国際宇宙ステーションに送るところまで来ていた。[7]宇宙旅行を現実のこととしてとらえてもらうためにも、ふつうに宇宙で暮らし働く日をいつか実現するためにも準軌道ロケットによる宇宙旅行が必要だとベゾスは考えており、ブルーはニューシェパードの開発に集中していたわけだが、スペースXはそういう中間の段階をすっ飛ばして先に進んでしまった格好だ。

宇宙開発に対する思いはベゾスもマスクも似ているが、事業の進め方は根本的な考え方からして違う。火星にコロニーをつくり人を「複数の惑星に住む種」にしよう、[8]そうすれば地球でなにか起きた際の備えになるとマスクはよく語っている。対してベゾスは「地球は太陽系でずば抜けて一番の惑星」であり、宇宙に安く行けるようにするのは宇宙ステーションに多くの人が住み、太陽エネルギーを収穫したり月から金属などの資源を回収したりできるようにするためだと考えている。その前提にあるのが、人口とエネルギー消費がいまのペースで増え続ければ数世代のうちに資源の利用を制限しなければならなくなり、社会が停滞するという予想である。だから「宇宙に行くのは地球を救うためだ」などとツイッターにも書いている。[9]

いずれにせよ、ブルーオリジンとスペースXはいつかぶつからざるを得ない。政府の契約や人材、資源を争うことになるのはもちろん、宇宙が好きな人々の評価や注目についても争うことになる。当初はいい雰囲気だったふたりの仲も2013年には様変わりし、強い意志で独自の道を歩み、成功を手に入れてきたアントレプレナーふたりが角を突き合わせるようになりつつあった。

スペースXはアポロ計画の時代から宇宙開発の歴史にその名を刻んできたケープカナベラル、ケネディ宇宙センターの第39A発射設備をNASAからリースすることになっていたが、ブルーオリジンは9月、これに異議を唱えた。[10]ライバルの足を引っぱるためであるのが明らかな動きである。これについてマスクは、国際宇宙ステーションにドッキングできるロケットを5年のうちにブルーオリジンが開発できる可能性より、フレームダクトでユニコーンが踊っているのを見る可能性のほうが高いだろうとしたメールをスペースニューズに送って応酬。[11]この異議は認められず、ブルーは小型だが改修費がかさむ第36発射設備の使用権を手に入れることになる。2014年には、海に浮かべたプラットフォームにロケットを着陸させるというブルーオリジンの特許を巡る争いも勃発。こちらもスペースXが裁判所に持ち込み、勝訴している。[12]

こういう動きの裏で、ベゾスは、スペースX成功の理由を研究していた。打ち上げサービスを提供し、その資金で成長を支えているのが大きい。であれば、「一歩ずつ」宇宙に向けて歩みながらブルーも同じことができるのではないだろうか。そういう意味で2014年にロシアのクリミア侵攻が起きたのは幸運だった。ロッキード・マーティン社とボーイング社の宇宙部門が提携して立ち上げ、そのころ米軍関連の打ち上げを一手に引き受けていたユナイテッド・ローンチ・アライアンス（ULA）から、ロシア製ロケットエンジンが購入できなくなる事態に備えて新たなエンジンサプライヤーを国内で募集すると発表があったのだ。[13]ブルーオリジンは、周回軌道への到達を目標とする大型ロケット、ニューグレンのブースター用に開発しているBE-4エンジン（燃料は液化天然ガス）を売り込んだ。

うまみの多い衛星打ち上げ事業を奪い合うライバルになる会社を支援することになるのではないかとの懸念がULAの親会社2社から出てきた。当然だろう。ここはベゾスが両社幹部を電話で説得。そして、ULAの大手エンジンベンダー、エアロジェット・ロケットダインに競り勝って契約を獲得したことが2014年9月

17日に発表された。だがブルーオリジンは、のちに、パートナーとしての信頼を裏切るような行動に出ることになる。

翌年4月、ブルーオリジンはニューシェパードのクルーカプセルをベゾスの牧場から発射。試作品のクルーカプセルにはおもちゃや宝飾品など社員の記念品が積まれていた。持ち物を宇宙に飛ばそうと社内に呼びかけて集めた品物だ。カプセルは海面から100キロメートルの無重力環境、いわゆるカーマンラインに到達し、ロケットを切り離したあとパラシュート3本で地表に降下を始めた。だが油圧系の故障で軟着陸に失敗し、地面に激突して「予定外の急速分解」を起こしてしまう。ブルーオリジンの幹部を長く務めるゲーリー・レイはこう語っている。

「成功より失敗のほうが多くのことを学べます。あとからふり返ってみると、適切な試験を地上で行っていれば今回の事故も防げたはずだとわかりました」

原因分析中に「難しくて起きてもしかたがない事故だったのか、それとも間抜けで恥ずかしい事故だったのか」と尋ねるなど、ベゾスはいらついていたようだとの証言もある。

だが続く11月、ようやく成果らしい成果をあげることができた。クルーカプセルは宇宙まで行けたし、ブースターはロケット噴射を砂漠にたたきつけ、砂ぼこりを舞い上げながら着陸パッドに軟着陸した。管制センターは歓声に満たされ大騒ぎになったとゲーリー・レイは言う。

カプセルもパラシュートで安全に着陸。ベゾスはカウボーイハット姿で登場するとシャンパンの特大ボトルを取り出し、大きなナイフでボトルの首を切り落とした。そして涙目で、みんなが乾杯に興じる様を眺める。

「人生最高と言ってもいい光景だった。これは大きな一歩だ。だがこれで終わりじゃない。これは始まりだ。

ここから驚くようなことが始まるんだ。ブルーオリジンにとっては当然にそうだけど、今日は人類にとってもすばらしい日になったと言える。今日、我々がなし遂げたことは何千年も記憶されるほどのことだ。みんな、胸を張ろう」

使い捨てのローテクシステムからスタートしたスペースXも、このころ、再利用技術の開発を進めていた。そしてブルーオリジンの1カ月後にはやはり再利用可能なブースターの軟着陸に成功する。[14] ベゾスはマスクに宛て「クラブへの入会を歓迎します」と含みのあるツイートをした。[15]

だが、成り立ちの違いからブルーオリジンの優位はあだ花ですぐに散る運命にあった。このころのブルーオリジンは400人規模で、ニューシェパードを中心としつつ、BE-4エンジンを使うニューグレンに向けた長期計画が動いていた。対してスペースXは社員数がすでに4500人を数えていたし、どんどん増えてもいた。しかも目標は軌道ミッションのみである。資金もブルーはベゾス個人の懐頼みであるのに対し、スペースXは国、納税者、顧客に費用の大半を負担してもらっている。カメとウサギが競争をしていて、当たり前と言えば当たり前なのだが、ウサギが勝ちそうな状況なわけだ。寓話(ぐうわ)とは様子が大きく違うと言ってもいいだろう。

大きな目標、下がる士気、ベゾスの感情爆発

それでもブルーオリジンの社員は、競争うんぬんを無視し目の前の仕事に集中した。アマゾンもそうなのだが、そのあたりがぶれないことには驚かされる。増え続けるベゾスの富という光を浴びていればそう難しいこ

とではないのだろうか。ワシントン州ケントにほど近い工業地区にある本社は、外から見るかぎりなんの変哲もない。ボーイング社が英仏海峡のトンネル工事に使うドリルビットをつくる工場だったところで、広さは2万7000平方メートル。[16] なかに入るとベゾス自身が長年買い集めたグッズが山のようにあり、宇宙大好き人間の遊園地といった雰囲気だ。

マーキュリー計画のころにNASAで使われていたヘルメット、ソユーズの宇宙飛行士が着ていた宇宙服、スペースシャトルの断熱タイルなど並んでいるものを見ると、宇宙をめざす人類の旅をふり返ることができる。2階のアトリウムには昔の『スタートレック』に登場する宇宙船エンタープライズ号の模型が置かれている。その隣にはジュール・ヴェルヌ『月世界旅行』に登場するスチームパンクな宇宙船が置かれている。近くの壁にはレオナルド・ダ・ヴィンチの言葉とされる「一度でも空を飛べば、地上を歩いていても目は空を見るようになってしまう。ああ、あそこを飛んだのだ、また飛びたいと思ってしまうのだ」が掲げられている。

建物の北西側、屋外には社員の休憩場所が用意されている。フランシス・ホジソン・バーネットの小説にちなんで「秘密の花園」と呼ばれている場所で、ブルーベリーなどの果樹でコンクリートジャングルと分かたれたスペースにコイのいる池、散歩道、調理の設備、燻製の設備などがある。ベンチには、エリザベス・コーレルという名標が貼られている。ベゾス個人の弁護士やビジネスマネージャーを務めていたが、がんのため2010年に42歳の若さで亡くなった女性だ。

コーレルが表舞台に立つことは少なく、例外は2003年3月6日の事件くらいだろう。不動産を物色していたコーレルとベゾスは、この日テキサス西部のカテドラル山近くに行ったのだが、風が強いなか離陸しようとしたヘリコプターが小川に墜落。[17] ベゾスはかすり傷ですんだが、彼女は脊椎骨折の重傷を負った。この事故からベゾスは、ヘリコプターはできるかぎり避けるべきだと学んだそうだ[18]。

その後、バンホーン近くにいい物件をみつけ、持ち株会社（いずれも社名は有名な探検家にちなんだもの）[19]を通じてあたり一帯を購入する。子ども時代に夏を過ごした祖父の牧場と同じような場所が欲しかったらしい。ブルーオリジンの打ち上げ設備などとしても使うことができる。

そして10年後、ここもブルーエンジニアの憩いの場となる。プールやパティオもあるし、据え付けのバーベキューコンロもある。ドーム付きの高性能望遠鏡があるので、テキサスらしくよく晴れた夜に星を観察することもできる。昼間はサンドバギーも楽しめる。夜にはベゾスがホストの夕食会があり、屋外にしつらえたパーピーズバーから高いお酒が出てくる。ちなみにバーの名前は父親マイク・ベゾスが孫からパーピーと呼ばれているからだ。プレミアムスコッチが空くと、飲んだ全員がボトルにサインするしきたりがある。

この幕間を楽しんだら現実に戻らなければならない。むかつくほど両極端な組織に。ベゾスが掲げる目標はどんどん高くなっていくのに、実現に必要な資源は必要最小限しか与えられない。ブルーオリジンに使う時間もベゾスは少なく抑えていて、土曜日に行われる技術検討会にときどき顔を出すくらいだ。ただし、出席したときはロケットや航空力学の専門家と丁々発止の議論をくり広げる。エンジニアとやり合うのが好きだし、アーキテクチャーや設計の大事なところには関わりたいと考えているからだ。だが日々の業務はロブ・メイヤーソンにメールで指示するなど、めだたないやり方を基本にしていた。

これは、プレジデントのメイヤーソンにとってありがたくないものだった。ベゾスにつながるパイプ役なのにベゾスと違って権限がない。大きくなる目標に向けて人はどんどん増やさなければならないのに制約も守らなければならないなど、ベゾスの指示に矛盾が多いのも困りものだ。メイヤーソンは毎週月曜の報告会で進み

が遅いとなじることが多い。これで社員の士気や生産性が上がるはずもない。また、なにかとメモを取っては

ベゾスに送っている、自分たちと真のボスの関係をゆがめるフィルターになっていると考える社員も多かった。

こうしてたまりにたまった不満が、2016年、ついに爆発する。社内の士気は低迷。ベゾスはと言えば、あまりに進展がないのに業を煮やし、アマゾンでは自制するようになっていたとげとげしいやり方やみなが恐れる感情の爆発をブルーオリジンでは見せるようになっていた。たとえば2月の技術検討会ではニューシェパードのシステムアーキテクト、グレッグ・シーモアに罵詈雑言を浴びせている。勤続12年のシーモアは不満がたまっていたこともあり、その日の夜中3時にテキストメッセージ1本を流して会社を去ってしまう。

夏には、5億ドルと予想をはるかに超える額の予算を申請してきたメイヤーソンら経営幹部を厳しく叱っている。ニューグレン用のロケットやエンジンを作る工場を建設する予算も見積もられていたが、450億ドル前後というその数字にもベゾスは目をむいた。

「そんな金は出さないぞ。ここまで多いのなら、夜中であってもぼくに電話で相談すべきだったな」

投資に対するリターンがすぐに得られなくても驚きもしなければ失望もしないとウエルカムレターに書いているというのに、である。ケントにあるブルーオリジンの本社に毎水曜日、顔を出していたのがいつのまにか立ち消えになっていたが、このころにはまた毎週数時間はブルーオリジンを訪れて部門長に話を聞くなど、経費がどんどん増えている理由やあちらもこちらも仕事がうまく行かなくなっている理由を明らかにする努力も進めた。決断に時間がかかりすぎるのも不振の原因だろうとお昼時には社内のカフェテリアに顔を出すようにもした。問題であれ新企画であれ、課題と解決案を1ページのペラにまとめてくればベゾスに直談判し、その場で決済がもらえるわけだ。

なんとも気まずい形でけりがついたのは2016年秋のことだ。努力を重ね、宇宙開発を大きく前進させる成果をあげた人物に与えられるアメリカ天文学会宇宙飛行賞をメイヤーソンが受賞。だがこの栄誉をベゾスが経営会議で発表しても歓声を上げる人はいなかった。みな一様に目を伏せている。「どうしたんだよ。もう一回言うけど、これはとてもすごいことだよ?」とベゾスがたたみかける。返ってくるのは沈黙のみ。みな、社内のいざこざや使える資源と目標のギャップに腹の虫がおさまらない思いをしてきたからだ。最近、スペースXにやられっぱなしなのもその思いに拍車をかけていた。

ベゾスがブルーオリジン幹部をひとりずつアマゾンのオフィスに呼んでランチミーティングをするようになったのは、このあとである。

イーロン・マスクに追いつき、追い越すための大転換

「アマゾン的な業務エクセレンス」をブルーオリジンにもたらしてくれるCEOを探し始めたころ、ベゾスもブルーの経営方針を変え、成長の足かせとなっていた原則をいくつか撤回したようだ。ウエルカムレターに書いた「メトロノームのように段階を刻んでいく」ことはやめ、意欲的なプログラムを並行して進めることにした。支出は横ばいから微増であるべきという考え方も捨て、予算の大幅な増額を承認。だからだろう、2017年4月、コロラド・スプリングスで開かれたスペースシンポジウムで、ブルーオリジンを支えるためにアマゾン株式を年10億ドルずつ売るつもりだと語ったものだから、ブルーオリジンに衝撃が走った。[20] そこまでするとは思っていなかったのだ。

アマゾンでもこの少しあと広告なしで収益を上げろと小売部門に求めているが、そういう１８０度の方向転換をベゾスはときおり断行する。そして社内に寒気がはしる。今回、方向転換する理由と言えばひとつしか考えられない。ウサギがカメのずっと前を走っている、だ。戦略を変えなければ商業契約や政府契約を獲得して成長の資金とし、イーロン・マスクとスペースXに追いつくことなどできない——ベゾスはそう判断したわけだ。

ブルーオリジンは10年以上にわたり、宇宙のきわまで乗客を連れて行って11分間のスリルを味わわせることに注力してきた。だが、５回目のニューシェパード打ち上げ成功を達成した２０１６年10月以降は1年以上も準軌道への宇宙船打ち上げを行わず、ベゾスがニューシェパードの兄貴分と呼ぶものに資源とエネルギーを集中する。

２０１６年秋、ブルーオリジンは新型ロケット、ニューグレンを発表。[21]２０２０年になる前に初打ち上げまで持っていくとしていたが、これは延期となる。ともかく、スペースXのファルコン9やその発展型であるファルコンヘビーより打ち上げ能力が高いロケットで、商用衛星や軍事衛星を静止軌道まで運ぶこともできる。ここは、ブルーオリジンは手を出さないはずだとユナイテッド・ローンチ・アライアンスが思っていた領域である。ＵＬＡのチーフサイエンティスト兼バイスプレジデントだったジョージ・ソワーズも、裏切られた、だまされたと感じたと証言している。このあと、両社の幹部は口もきかなくなる。その年のスペースシンポジウムですれ違ってもお互いあいさつさえしないのだ。そんなことはなかったとブルー側はのちに否定しているが、いずれにせよ、ソワーズによると、イーロン・マスクの夢を国が支えている構図にいらだち、自分もそこに参加したいとベゾスは考えたのだと、ＵＬＡはブルーの社員から聞いたそうだ。

そういううま味のある契約を獲得し、ベゾスが言うように「お金をもらって練習」するには、ニューグレンによる打ち上げ契約をフランスのユーテルサットやカナダのテレサット、英国のワンウェブといった衛星事業者から獲得しなければならない。だから、米空軍が国防衛星の打ち上げ計画を加速するため競争入札を行うと発表した際にも、エンジンのサプライヤーではなく元請けになろうとした。そして、ノースロップ・グラマン、ULAに並んで5億ドルの打ち上げ契約を獲得する。[22]

このころのブルーオリジンは、チャンスと見れば手当たり次第に手を伸ばした。ドナルド・トランプが大統領になり、2024年までにまた米国人を月まで送り届けると宣言すると、月の南極近くにあるシャクルトンクレーターまでの輸送便を提案する7ページのプロポーザルを準備。この輸送便があれば月にコロニーをつくることもできる。

「米国が月に戻るときが来た。しかも、今回は移住だ[23]」

プロポーザルのコピーを入手したワシントンポスト紙にベゾスはこうメールで語った。こうして、またひとつ、大規模なプロジェクトが始まった。ブルームーンである。

ブルーオリジンの目標が増えるのに伴い、ベゾスは、そのミッションのエバンジェリストとして、また、宇宙旅行という自分の夢のエバンジェリストとして露出を増やしていく。目標は達成してから公にすべきという当初の考えは完全に吹き飛んだ格好だ。

この8月には、ウィスコンシン州オシュコシュで毎年開かれるEAAエアベンチャーショーでニューシェパード用カプセルを披露した。リクライニングチェアが6脚用意されていて、その前には特殊構造のガラス窓がある。地球の丸みや宇宙の広さが感じられるようにと高さ1メートルあまりもある大きなものだ。

アポロで飛んだ宇宙飛行士に連れられた人々を前に、ベゾスはこう語った。

「宇宙に行くと人は変わります。宇宙に行った人と話をすると、ふり返って地球を見るととても美しいと思う、また、大気圏がものすごく薄くて地球など実ははかない存在なのだと気づく、だから大事にしなければならないと思うようになるといった話をしてくれるのです」

このときは、1年か遅くとも2年のうちには乗客を宇宙旅行に連れて行けるようになるとブルーオリジンは語っていた。こちらも計画どおりには行かないのだが。

ともかく、いくつもの目的を実現するため、社員数は2017年に1000人を超え、2018年にはさらに倍増とどんどん増えていく。スペースXからの転職組も少なからずいて、業界では、スペースXで苦労したらカントリークラブのブルーに行けばいいとベゾスが聞いたら怒りそうな話がささやかれたりした。ケープカナベラルとアラバマ州ハンツビルにロケット工場をつくる準備も始まった。CEOに就任したボブ・スミスは、成長痛が起きそうな状況で専門的な組織をつくっていかなければならなかったわけだ。

スミスは、ロールスロイス、ボーイング、ロッキード・マーティン、ノースロップ・グラマンといった大手の航空宇宙部門やレイセオン社から経験豊富な幹部を引き抜くことにした。宇宙関連のイノベーションが何十年も停滞したのはこのあたりが共謀した結果だとスペースXは大手各社を嫌っている。新生ブルーオリジンはそのあたりを気にせず、ただ、「財源を確保する、適切な人事制度を置く、どうすれば部下ががんばるのか、開発が進むのか、大きなチームを回せるのかなどがわかっているリーダーを置くなど、事業体としてすべきことをするだけ」だとボブ・スミスは言う。定期的に人を乗せて飛べるようになるにはそういうステップをきちんとこなしていかなければならない、と。

まっとうなマネージャーが次々入ってきた結果、古参社員は居心地が悪くなったとやめる人が続出した。ロブ・メイヤーソンはとりあえず残ったが、アドバンストディベロップメントプログラムの担当という形で権限も部下もなくなってしまった。そして、ブルーオリジンの経営がスミスに任され、ベゾスが会社に顔を出すことがまた減ってしまうと、自分の出番はもうないと感じるようになる。2018年、CEOに必要とされていないとしてメイヤーソンも退職した。

宇宙開発は壮大な慈善事業なのか

ウエルカムレターでベゾスは、ばく大な投資にブルーオリジンが応えてくれる日がいつか訪れるはずだと述べている。

「おそらくは何十年も先という超長期の話にはなるが、ブルーが自立し、収益を上げてリターンを提供してくれる日が来るはずだ。時間がすごくかかるだけのことだ」

だがブルーオリジンの広告塔として活動するうち、この事業は個人的な趣味や事業というより長期的な慈善活動だと言うようになる。たとえば2018年5月には、大手メディア、アクセル・シュプリンガーのマティアス・デフナーCEOに対し、ブルーオリジンという宇宙企業こそ一番大事な仕事だという思いが年を経るごとに強くなると語っている。[24]

「こういうことをしないと文明が停滞してしまう、それはすごく残念なことだと思うので、私はこの仕事をしています。ひ孫のひ孫に文明が停滞した時代を生きて欲しくないので」

宇宙に行くコストを引き下げ、インターネットにイノベーションの黄金時代をもたらしたのと同じ創造力を解放するのが我々世代の役割だ、太陽光という無尽蔵のエネルギーで動く宇宙ステーションを太陽系のあちこちに建設し、そこで1兆人もが暮らし、働く未来を実現することが最終的な目標だというのである。

目がくらみそうな目標だが、これはベゾスが尊敬する宇宙物理学者、故ジェラード・K・オニールも提唱している。世界有数の金持ちとなり慈善活動はなにかしているのかと批判されがちな人物にとって便利な目標という側面もある。お金のかかる趣味に興じる電子商取引の首領(ドン)ではなく、人類に対する壮大なる贈り物を用意しようと努力する偉大な実業家と見てもらえるからだ。

慈善活動というのは、ブルーオリジンで働いてきた人々にとって新鮮なメッセージだった。同時に、創業から20年もたつのに自立できていないというブルーの現実をごまかす煙幕としても役に立つ。２０２１年春現在、乗客をカーマンラインまで連れて行くこともできていなければ周回軌道までロケットを飛ばすこともできていない［訳注：２０２１年7月20日、ベゾスは弟らとともにブルーオリジン初の有人宇宙飛行に成功した］。同じく宇宙開発は人類全体に貢献することであり、それこそ人類を滅亡から救う可能性もあると語るベゾスのライバル、イーロン・マスクはことあるごとにここを突いてくる。

たとえば２０１９年9月、スペースXが開発した次世代ロケットのプロトタイプ（全長50メートル）をお披露目した際にも、周回軌道までロケットを飛ばした人は大いに尊敬したいと毒を効かせている。その少しあとに開かれた業績報告会でグウィン・ショットウェルが口にした言葉はもっと辛らつだ。

「我々の2年前からこの事業をしているのに、いまだ軌道に到達できていないんですよね。毎年10億ドルを食いつぶしているわけです[25]」

ブルーオリジン側は「これは競争ではないし、地球に資するため宇宙に進出しようと努力する者はもっと増えるはずだ」とウェブサイトで反論。それでも、両社の差がかつてないほど大きくなっていたのも事実だ。2020年にスペースXは打ち上げ回数が100回に達する予定だし、国際宇宙ステーションに人を送り届けているし、ロケット会社ならこことという地位を築いている。2021年にテスラの株価が急騰したときにはベゾスを抜き、一時期、世界で一番の金持ちになったマスクは、世界に先駆けて宇宙を産業化しているし、産業化は競争だとしてはばからない。

「競争するのは悪いことではない、いいことだと私は思います。選手が腕を組んでみんな一緒にゴールするオリンピックなんてつまらないでしょう」

マスクは私の取材にこう語ってくれた。

ブルーはあいかわらず内情がよくわからないが、ベゾスが遺伝子そのものに機能不全を組み込んでしまったこともあって悪戦苦闘が続いている。成功ばかりを重ねてきたに近いベゾスにしては珍しいと言えよう。

ともかく、両巨頭はことあるごとに角を突き合わせている。月に行く計画について、火星に行く計画について、アマゾンが低軌道衛星打ち上げに参入するのはスペースXのまねなのかそうでないのか、アマゾンが自動運転車のズークスを買収したのはいつの日かテスラと争うためなのか……。

マスクもベゾスもなにかするとなったら徹底的にやる、競争を好む、自分を強く信じていると似ている点が多い。もちろん違う点もある。マスクはスポットライトを浴びるのが好きで、社内にもファンにもカルト的な崇敬を求める。テスラのイベントにはおしゃれをして登壇するし、後先を考えずツイートすることが多い。女性ミュージシャン、グライムスとの関係といった私生活もとんちゃくせずに公開する。

対してベゾスは警戒心が強い。公の場で語るときには周到に準備をするし、ブルーオリジンについても、ほかを減らしてまで自身の時間や名声を投入するようなことはせず、仕組みや価値を中心に動かすようにしている。また私生活についてはマスクと大きく違ってとても慎重である。

だが、この少しあとには、そういう配慮が入る余地などない展開となる。

2018年7月、ブルーオリジンは、9回目となるニューシェパードの試験飛行を行った。打ち上げは成功したのだが、今回は追加予算という問題があった。ブルーオリジンのCMをスーパーボウルで流すというベゾスにしては珍しい決断で、ブラックオプス・アビエーションなる会社に空撮費用を払う必要があったのだ。

打ち上げ時、ベゾスの横にはブラックオプス創業者の姿があった。美人テレビアンカーとして鳴らしたローレン・サンチェスである。ベゾスはなぜこんなことをしようと思ったのか。多くの者が首をかしげた。ジェフ・ベゾスのヘリコプター嫌いはだれもが知っているからだ。

第Ⅲ部
無敵のアマゾン

2018 年 12 月 31 日時点のアマゾン

年間純売上高：2328 億 9000 万ドル
従業員数（正規・非正規の総数）：64 万 7500 人
時価総額：7344 億 1000 万ドル

ジェフ・ベゾスの個人資産：1249 億 3000 万ドル

第12章 第2本社

——操業許可を得る

2018年になるころには、ジェフ・ベゾスの個人的に追求しているものとアマゾンの成功、大きく異なる2本の糸がひとつにまとまり、会社とその創業者が天に駆け上っていくイメージが生まれる。アマゾンエコーのユーザーは数千万人を数え、玄関で受け取るものだったアマゾンは、バーチャルアシスタントのアレクサで家の中にあるものとなった。そして、ボイスコンピューティングの時代がすぐそこまで来ているとの実感が広がっていく。キャッシュレスのアマゾンゴーもついにシアトルで開店したし、近いうちに米国主要都市に展開する予定だ。インドでくり広げている電子商取引の覇権争いはあいかわらず費用がかさんでいるもののウォルマート傘下のフリップカート社と対等に渡り合えるようになった。『マーベラス・ミセス・メイゼル』や『フリーバッグ』などのヒットを飛ばしたこともあり、新しい波をつくっている会社だとハリウッドでも認知されるようになったし、動画のストリーミングからプライムに入ってくる人も増えていた。

本業の電子商取引では中国資本主義というじゃじゃ馬を乗りこなし、マーケットプレイスの充実に成功した。仕上げにホールフーズマーケットも買収した。ラストマイルの配送ネットワークも自前で用意し、運送会社や郵便局への依存を減らして成長を支えられるようにした。キャッシュフローと収益を主にAWSから得ている構図は変わらないが、オンライン広告もかなり貢献してくれるようになった。

社員総数が60万人に迫るほどになっていたが（社員の3分の2はFCで働いている）、創意工夫の気風は変わらないし、固定費に対するレバレッジはすさまじいものがある。このような特長もあり、また、大企業になったのに組織引力の法則で動きが鈍ったりしていないこともありで、時価総額はこの年6月に8000億ドルを突破。その後も右肩上がりとなっている。

どの事業も自転するようになっていて、ベゾスはときおりしか顔を出さない。ただし来るときはだいたい突然で、来れば来たで、新しいことを言い出して大騒ぎを起こしたり、コストを切り詰めたり、官僚主義の出鼻をくじいたりする。手が空いたら空いたでワシントンポスト紙の事業や技術についていろいろと工夫をこらしたり、ブルーオリジンの経営をチェックしたり、ニューシェパードロケットの打ち上げ成功にテキサス西部の牧場で大喜びしたりと忙しい。1000億ドル以上も資産があるなら慈善活動のひとつもしないのかという世間からの圧力にどう応えるのかも考えなければならない。もちろん、アマゾンの長期的な問題についても考え続けている。なにができるのかはもちろん、それをどこでやるのかも含めて、だ。

2018年1月29日、ベゾスは、ワシントン州知事のジェイ・インスレーら政界の名士にジャーナリストなどをシアトル中心部のアマゾン本社に招き、スフィアのお披露目をした。ガラスと鉄で球状にした巨大温室が三つつながったもので、小川や水槽がたくさん用意され、熱帯植物が茂っている。8年間続けてきた旅の終着点である。[2] スタートは、マイクロソフト共同創業者ポール・アレンのバルカン社からリースしたサウスレイクユニオンの低層ビル11棟だ。活気あふれるキャンパスが街の中心部にあれば若手技術者を集めやすいはずだし、

11棟もあれば会社が成長しても大丈夫だと思っていた。だが事業がどんどん拡大し、少しずつ増えると思った社員数は年率30％から60％も増えていく。結果、サウスレイクユニオンの6階建てビルは人があふれる状態になってしまった。

2012年にはキャンパス全体と近くの3ブロックを買い取り、高層ビルへの立て替えを計画。その年10月、ベゾスはイタリアのフェラーリ本社を訪ねる機会に恵まれた。すっきりしたフェラーリ工場は屋内のあちこちに花壇がしつらえられている。ベゾスは他社の特徴ややり方を参考にすることが多いので、ここからユニークなアマゾン本社のヒントを得たのかもしれない。

「アレクサ、スフィアを開いてくれ」

除幕式の壇上でベゾスは頼んだ。

「OK、ジェフ」

ドーム型ボディのてっぺんにあるリングを青く光らせながら、ボールダーのシンガー、ニーナ・ローリーの声でアレクサが応える。そして、たくさんの珍しい草や木に水がふきかけられた。社員やゲストが歓声を上げる。ベゾスはいつものように大笑いしつつ後ろに下がった。

だが、だれもが喜ぶ状況ではなかった。スフィアが開かれた2018年1月、シアトルで働くアマゾン社員は4万5000人に達していたし[3]、優良オフィス物件の2割ほどもアマゾンが占めている状況になっていた。中心部はもともと混み合っているというのにホテルやレストランが次々と開業するなど、あちらもこちらも建設ラッシュだ。シアトルはグランジ・ロック発祥の地として知られるなど音楽やファッションに新しいトレンドをもたらす工業の街という一風変わった特徴を持っていたのだが、それがアマゾンの台頭で大きく変わってしまった。

21世紀らしい都市化のマイナス面、すべてが現実となっていた。アマゾンから5キロメートルほどのセントラル・ディストリクトは黒人が中心の街だったのに、ものすごいスピードで高級化しつつある。平均的な1ベッドルームアパートの賃料は2013年から2017年で67％も上昇（全米低所得者用住宅連合調べ）[4]。シアトルにいたるメインのフリーウェイ5号線もシアトルの西部や東部に向かう橋もラッシュ時にはほとんど動かないほどの渋滞になってしまう。土地の利用形態は規制で厳しく制限されているし住民の反対もあるしで住宅の新規建設が難しく、低所得層が立ち退きを迫られることも少なくなければ市内どこに行ってもホームレスの姿を見るようにもなってしまった。

こういう事態は想定しておらず対処も遅れてしまったと市当局も認めている。たとえば2017年に短い間ながら市長も務めた市議会議員ティム・バージェスは、次のように語っている。

「アマゾンがここまでの規模とスピードで成長するとは、正直なところ、思っていませんでした。行政側はなにも準備ができていなかったのです」

シアトル商工会議所の元会頭、モード・ドードンも次のように指摘している。

「シアトルにとってアマゾンの急成長は完全に不意打ちでした。なにもかもが一気に変わりましたからね」

1300キロほど南のシリコンバレーでもグーグルやフェイスブックが原因で似たようなことが起きており、現地の人々は「テックラッシュ」などと呼んで恐れていた。シアトルではずばり「アマゾンラッシュ」である。

自身の成長を追い求める以外なにもしないアマゾンは批判されがちだ。先輩格のマイクロソフトやボーイングと違い、ユナイテッドウェイのシアトル支部など地域振興を進める組織に貢献することもほとんどない[5]（そんなことはない、昔からシアトル地域の振興をサポートしてきたとアマゾンは異を唱えている)。ベゾスも、お金はぜんぶ新製品の開発か価格の引き下げにつぎ込んでいるように見える。市当局とのやりとりも施設を管理するジョン・ショットラーが市の企画担当者と丁寧なメールを交換するだけで、ゲイツ夫妻などほかの名士と異なりジェフ・ベゾスが表に出ることはなく、地域では謎めいた存在だとも言える。

地域の慈善活動に貢献していないとシアトルタイムズ紙など地元メディアにたたかれたこともあり、アマゾンも2016年には地域貢献の方法を探し始めた。ショットラーの肝いりで、購入区画にあった元トラベロッジの建物を、ホームレスの女性や子どもにシェルターを提供する非営利のメアリーズプレイスに寄付。さらに、この建物を取り壊しオフィスビルを新設する際には、メアリーズプレイスを近くのデイズインに移すとともに完成したビルの8フロアを提供すると約束した。同年、540億ドルをかけてライトレールなど公共交通の強化を行う計画の住民投票では推進派を支援するなどしてもいる。

関係者によると、これはベゾスも承知の活動だったという。投資は少なめでベゾスの時間を取ることもあまりなく、それでいてアマゾンのイメージがよくなるわけで、だからベゾスも賛同したというのが大方の見方だ。ベゾスは事業に没頭するタイプで、地域貢献の話は意に介さないことが多い。一方、事業経営の世界には「社会的操業許可」[6]という会社や社員、事業の進め方などが社会に認められていることを意味する概念があり、アマゾンの社内文書でも、この操業許可を保てる程度のことはすべきだとされている。

ここ何十年か、企業と地域の関係はまずまず安定していたと言える。企業は雇用を生み、税金を払い、多少なりとも公的なことに貢献していれば、ごたごた言われることなく仕事ができた。だが21世紀に入り、都市と、そこに根を張り巡らせるグローバルなコングロマリットとの関係を問い直す動きが盛んになった。税の優遇措置や不動産の提供などで企業を誘致したら、社会にどれほどの負担が生まれるのか。どうすれば会社がコミュニティの誠実なパートナーになるのか。収入の不均衡や貧困というやっかいな問題を役所が解決できずにいるとき、それをどうにかしようと努力する責任が企業にあるのか。

シアトルで企業責任追及の動きが加速したのは、マルクス社会主義者を自称するクシャマ・サワントが市議会議員に当選した2014年のことである。サワントらは、アマゾンの拡大がもたらす負の影響をアマゾン自身の負担とすることを目的に税制改革を提案した。ティム・バージェス元市長も、彼女の当選で市内の雰囲気も市民が語り合うことも変わり始めたと証言している。

2017年6月、サワントは年収25万ドル以上の個人に対する所得税を2・25%引き上げる法案を共同で提出。[7] 法案は全会一致で市議会を通ったあと異議申し立ての裁判に負けて施行はされなかったのだが、ともかく、ここまで地方政治など気にしていなかったベゾスもこの件以降、さすがに注意を払うようになる。

サワントは、この年、地域で雇用する社員の数に応じて税金を課す「人頭税」も提唱。[8] このときは成立しなかったが、その後、この話はたびたび浮上する。そして、激しい浮沈をくり返してきたシアトルにとって自分たちはありがたくない存在らしいとアマゾンは感じるようになっていく。

このころ、ベゾスの長期計画に大きな影響を与える事態がもうひとつ進んでいた。オフィスビルをつくってもつくっても足りないのだ。2018年には月に数千人ペースで社員が増えていた。ドップラーやデイ・ワンなどは超満員で、廊下に机を置くことまであったらしい。社内イベントはいつも芋の子を洗うような混雑だったし、この年は、ついに、夏恒例、センチュリーリンク・フィールドのピクニックも断念せざるをえなくなった。[9] 人が多すぎてスタジアムに入りきれなくなったのだ。

採用も難しくなりつつあった。技術者はもちろん、弁護士も人事担当役員も、山が海に迫り、霧と雨が多いシアトルに来てくれる人はほとんど雇い尽くしてしまったのだ。これ以上は、場所を変えなければ無理だろう。

この問題を検討したのが、経済開発チームが2016年8月に出したホワイトペーパー、「用地選定構想の現状、アマゾン北米キャンパス用地の選定」だ。職住近接型のサテライトオフィスで効率よく2万人からの社員が働ける場所ということで、ダラス、ニューヨーク、ワシントンDCなど25都市について相対的なメリットと採用可能な人材を洗いだしたものだ。

この文書を出発点にSチームで検討を進め、発祥の地に対する依存度を下げる新たな道にアマゾンは踏みだし、各方面に波紋を広げることになる。1年後の2017年9月、シアトル市当局はアマゾンが第2本社を設けることを報道で知り、世の中とともに驚くこととなるのだ。

都市を競わせるというベゾスの名案

HQ2（第2本社）と呼ばれるこのプロセスはベゾスの発案である。ワイドボディ777X型機の開発を誘致するためボーイングに総額87億ドルのインセンティブ[10]をワシントン州が提供したのもベゾスは知っている。テスラがリチウムイオン電池工場をつくったとき、イーロン・マスクが「ギガファクトリー」とかっこいい名前をつけて用地選定で7州を競わせ、最終的にネバダ州リノ東部を選んで総額13億ドルにのぼる減税措置を手にしたことも知っている。このときマスクは州知事との会談や候補地巡りにみずからの知名度をめいっぱい活用している。その結果、ネバダ州史上最大の減税措置を獲得し[11]、10年間は実質無税で活動できることになったのだ。

念のために申し添えておくと、アマゾンは、シアトルにもワシントン州にも減税措置を求めたこともなければ講じてもらったこともない。だが、給与のいい大企業になったしイノベーターだと世間の評判もよいのだから、企業誘致に熱心な地域から同様のインセンティブをもらうことは可能なはずだ。そう考えたベゾスから経済開発チームに下った指示は「好条件が長続きする場所を探せ」だ。一瞬で使い切りかねない助成金ではなく、長期にわたる減税措置をアマゾンにのみ与えてくれるところを探してこいというわけだ。

今回も要求は高く、忍耐力の在庫は少なかった。2017年1月、シンシナティ・ノーザンケンタッキー国際空港にあるエアハブひとつの50年リースで4000万ドルの減税措置を獲得したときなど、ベゾスは、ばく大な減税を引き出すスーパーパワーをマスクが持っているのはなぜなのだろうと不満をぶちまける電子メールを書き送ったりしている。のちにウォール・ストリート・ジャーナル紙が報じたところによると「10億ドル分の減税措置を獲得しろ」がこの年経済開発チームに課されたSチーム目標だったらしい[12]。

それほどの優遇措置をどうやって獲得するのか。一番のアイデアを出したのは、やはりベゾスだった。2017年夏、経済開発チームが前年に書いた例のホワイトペーパーの内容に加え、シアトル政界が変わりつつあること、テスラやボーイング、さらには台湾メーカー、フォックスコンが州政府や地方政府から大がかりな減税措置を引き出せたこと[13]などを総合的に勘案し、企業が用地を選定する方法を180度転換するベゾス一流の名案をひねり出したのだ。

あちこちの都市にたくさんの事務所をつくったり、ひそかな個別交渉でサテライトオフィス用地を探したりするのではなく、最初に、シアトルと同規模の第2本社をつくると発表してしまう。そのうえで候補地を全米から募集し、５万人の雇用と15年間で50億ドルの設備投資をエサに競わせる。こういう進め方にすれば反アマゾンの人々がなにを恐れているのかではなく、地元がなにをアマゾンに求めているのかもわかるはずだ。

「ある意味、チアリーディングの練習のようなものです」

とあるＨＱ２チームのメンバーはこう語ってくれた（この件の関係者はたいがいそうなのだが、この人物も報復が怖いからと匿名を条件に取材に応じてくれた）。

「我々はだれに求められているのか。このやり方ならおのずとそれが明らかになります」

このプロジェクトを始めるにあたり、６ページの文書はパブリックアフェアーズと経済開発のチームが合同で作成。これを元につくったのが２０１７年9月7日にアマゾンが発表したプレスリリースとＨＱ２ ＲＦＰ（第２本社提案募集書）である。[14] ＲＦＰには人口１００万人以上の大都市圏であること、企業に優しいこと、人材がみつけやすいこと、輸送や交通の要所であることなどアマゾンが望む条件がずらりと並んでいたし、立候補して競争を勝ち抜くにはなにが必要なのかもはっきり示されていた。なにせ、インセンティブという言葉が21回も使われているし、さらには、どういう減税措置であるのかが判断を大きく左右する、競争力のある提案をするためには特別立法が必要になるかもしれないとまで書かれているのだ。

身もふたもない物言いでひどすぎると思った人も少なくない。ワシントンＤＣでＡＷＳデータセンターの用地選定に関わった経済開発チームのメンバー、マイク・グレラのところにも、全米各地の市当局で働く知人から次々と電話が入ってきた。あんなことを本当にやる気なのか、ふつうなら社内でひそかにやることを公開でやって大丈夫なのか、政治から横やりが入ったり世論が騒いだりとなにが起きるかわからないぞというのだ。

ところが事態は思わぬ展開になる。グレラは言う。

「みんな、かんかんに怒ってました。なのに結局はお行儀よく一列に並んだんです」

238都市がアマゾン第2本社の誘致に名乗りを上げる

HQ2構想の発表にメディアは騒然となり、2週間で800本以上もの記事や意見が発表された（レクシスネクシス調べ）。地方新聞はおらが町の勝率を予想するし、ベテランのアマゾンウォッチャーもここだろう、いや、あそこだろうと大盛り上がりだ。[15] ニューヨークタイムズ紙は「ライフスタイルと費用の面からも、また、近隣に大学が多く技術系の人材が豊富という面からも」デンバーが最右翼だと予想。[16] ウォール・ストリート・ジャーナル紙はダラスを推した。[17] アマゾン幹部はボストンに目を付けているとブルームバーグニュースは報じた。[18]

異議を唱える人もいた。たとえばシリコンバレー選出の下院議員、ロー・カンナは「私の地元に対してもほかの都市に対しても、テック企業が税の優遇措置を求めるのはおかしい。逆にコミュニティに投資するのが筋だろう」とツイート。[19] ロサンゼルスタイムズ紙も、このやり方は「俺様気取りで傲慢（ごうまん）だし、多少どころでなくシニカルだ」とするコラムを掲載した。[20] だが全体としてはベゾスが期待したとおりで、反応は好意的だったし世の中の考え方もはっきりした。テックジャイアントのせいで住宅地の高級化やホームレス増加が進んでいるとシアトルやシリコンバレーは批判するが、ほかの地域はぜひうちに来てくれと大歓迎なのだ。だから、高収入の仕事とのどから手が出るほど欲しい経済活動を賭けて北米が争う前代未聞の事態となった。

2017年10月19日の締め切りまでに提出されたプロポーザルは238通にのぼった。デトロイト、ボストン、ピッツバーグなど、音楽や特殊効果で魅力を訴える動画を添付した都市も多い。砂浜でバレーボールに興じる人々が登場するのはタンパのセントピーターズバーグ地区だ。ダラスは「おもむき」「雰囲気」「マルガリータ」などを前面に打ち出した。スーツネクタイ姿といまいちぱっとしない市役所幹部がなんなりとお申し付けくださいといった感じで語りかけるものも少なくない。

奇策に訴えたところもある。その一部を紹介しよう。たとえばアラバマ州バーミンガムは巨大な段ボール箱を市内3カ所に置き、これをバックにした自撮り写真をソーシャルメディアに投稿するよう市民に呼びかけた。カンザスシティの市長はアマゾン・ドット・コムで1000点の商品を購入し、それぞれについてカンザスシティを称賛する文言を入れたレビューを投稿するよう指示した。[21] カナダのカルガリーはあなたのためなら熊とでも戦うとは言わないけれど……でもまちがいなく戦うよ?」と大きく書いた60メートル幅の真っ赤なバナー広告をシアトルのアマゾン本社近くに掲げた。[22] アトランタから30キロメートルほど東のジョージア州ストーンクレストは選んでくれたら町を「アマゾン」に改名すると宣言。アリゾナ州ツーソン(2019年の人口は54万5000人)は、高さ6メートルあまりのハシラサボテンをアマゾンに贈った(サボテンは博物館に寄付された)。

経済的なメリットが大きい話なので、市当局としては獲得の努力をしていると市民に示さざるをえない。選ばれるはずなどないとわかった上で応募したラスベガスを支援したネバダ州経済開発室ディレクターのライアン・スミスも次のように語っている。

「私個人の考えなのですが、仕事の未来を左右するのはテクノロジーであり、なにがしかの形でそこに関われなければ経済的に置いて行かれることになると思うのです」

応募書類は、シアトルかワシントンDCで人事、PR、社会政策、経済開発を担当する幹部数人のチームが精査した。アマゾンは米国の首都ワシントンDCを重視してこなかった。DC事務所は長屋形式の古びた建物で、階下の部屋はネイティブアメリカン、チェロキー・ネーションのロビイストふたりが使っている。トイレはひとつしかないし、アマゾンのネットワークにアクセスするときにはVPNを使わなければならない体たらくだ。政府との関係強化もほとんど眼中になかった。ジェイ・カーニーも、オバマ政権時代にアマゾン関係者と会ったことは一度もない、それこそ、政治資金集めでシアトルに行ったときも会っていないと言っている。

カーニーがグローバル広報担当のシニアバイスプレジデントとして2015年に入社するとDCチームは彼の直属となり活動の資源も手に入るようになった。事務所もニュージャージー通り601番地の真新しいオフィスビルに移転。それから数年、アマゾンは政府関係者も無視できない存在となり、周囲に溶け込んで隠れることはできなくなった。

カーニーはシアトル出張が多いのでDC事務所は社会政策担当バイスプレジデントのブライアン・ヒューズマンが切り盛りしている。オクラホマ出身で米司法省の検察官からアマゾンに転じたヒューズマンは社内政治の名手として知られ、意思統一を得意とする。2017年秋にHQ2が始まったときには正装のセレモニーでベゾスが人権団体ヒューマン・ライツ・キャンペーンから平等賞を受け取るように取り計らうなど、アマゾンのプレゼンスを上手に盛り上げている。9階エレベーターホールの受付の壁を倹約のシンボル、古いドア材の机にしたのもヒューズマンである。その先、一般に開放するイベントスペースに配送ドローンのプロトタイプやキーバを飾り、アマゾンスタジオ作品のクリップ映像を流すスクリーンも用意した。そのまた先、回転式ゲートの向こうが事務所だ。アマゾンらしく質素な造りとなっている。HQ2チーム用の部屋は専用キーがなければ入れないし、窓には新聞紙が貼られている。中をのぞいたりすれば警備員が飛んできて大変なことになる。

ＨＱ２の一次締め切りから何週間か、ＤＣチームは1日12時間、週6〜7日も応募書類の山と格闘した。そうこうしているうちにわけがわからなくなってしまったので、とあるメンバーの発案により、まず選定基準を決め、関連データをすべてＳチームに渡すことにした。改めてＲＦＰを確認すると、人口や近隣のＳＴＥＭ学生数、雇用率、地域ＧＤＰなどに重みをつけて比較できるように表計算ソフトを組んでいく。

みな、理想を追い求めていた。どの都市にも勝てるチャンスはあるはずだと、みな、心から信じて作業を進めたのだ。どこが最終選考に残るのか、それぞれが予想を書いて封をしておくということもした。ニアピン賞は口が達者で顔が広い経済開発のディレクター、ホーリー・サリバンだった。何十万人もの暮らしを変えることになる経済開発プロジェクトで、当代随一というくらい意義深いものだと思いながらみんな仕事をしていたとあるＨＱ２担当者は証言している。

年が明けると、サリバンと財務ディレクターのビル・クロウがデータや応募種類をＳチームに提出。ひとつたりともおろそかにすべきでないとベゾスは、２３８通の応募書類すべてを読み込んだという。何時間にもおよぶ長い会議になった。

２０１８年1月18日の最終候補20都市発表に向けて詰めの作業を進めつつ、発表の方法についても検討した。どきどきわくわくを期待して1時間ごとに1都市を発表するというアイデアが広報チームから出たが、これはベゾスが却下。ＨＱ２そのものがものすごい宣伝になっているので、それ以上は不要だと考えたのだろう。政治的なあれこれがすでに十分ややこしくなっていると判断したのかもしれない。

落選した都市には、発表前に説明の電話を手分けしてかけた。がんばって時間もエネルギーもかけて用意したのにという落胆の声とともに、理由を知りたいと言われることが多かった。これにはデータで回答した。「都市部分の人口が37万5000人しかいませんし、学卒以上の人はその10％にすぎません。長期にわたって安定的に労働力を確保するには少なすぎるのです。申し訳ありません」という具合だ。

この手続きは、誠実に説明してもらえたとおおむね好評だった。ホーリー・サリバンはここに特に力を注いだ。ここでいい関係を結んでおけば、役に立つ日が来るかもしれないからだ。

最終候補を発表しその週だけで1400本もの報道合戦を巻き起こしたあと、HQ2チームは視察の旅に出た。サリバン、不動産部門を率いるジョン・ショットラーほか10人あまりが2月から4月末まで、西海岸、南部、東海岸と3回にわけて最終候補地を見て回る。出張から戻ると1〜2週でまた出張の強行軍だ。しかも定期便のエコノミークラスかバスで移動だし、朝早くから夜遅くまでとアマゾン流の出張である。

訪問は数日前に予告したが、予定地が見たい、どういう人材がいるのか、教育システムはどうなっているのかも知りたいという以上のことは伝えなかった[23]。当然ながら準備には差が生じる。ロサンゼルスのエリック・ガーセッティ市長はすばらしいプレゼンと近隣大学学長との朝食会で視察団に強い印象を与えた。ナッシュビルは地元ミュージシャンを起用。ダラスは観光客に人気のレトロ車両が走るMライントロリーで市内を案内したあと、おしゃれなアップタウンのカントリーウェスタンレストランで晩餐会を開いた。ダラス商工会のシニアバイスプレジデント、マイク・ローサはアマゾンの姿勢に感銘を受けたという。

「アマゾンチームは真剣でした。単なるパフォーマンスだという記事もありましたが、そんなことはありません。まじめに取り組んでいる人ばかりでした」

ベゾスはイーロン・マスクがギガファクトリーでしたように前線に出ようとはせず、シアトルにとどまって推移に注目した。HQ2だけで十分話題になっている、雇用の創出やコミュニティへの貢献を話題にして欲しいのだから自分が出ていって個人資産が取り上げられたりしたら困ると考えたのだろう。サリバンのところには、視察はどうだったのか、どういう提案をもらったのかなど、ベゾスからもSチームからも頻繁に電子メールで問い合わせが入っていた。サリバンがデイ・ワン・タワー6階に行き、ベゾスが提案書のバインダーを読み込んでいるあいだ、なにを聞かれるのだろうと緊張しながら待つこともあったという。

HQ2は会社の将来を左右する大事なプロジェクトである。そして、ベゾスがどこかに顔を出すたび必ず取り上げられる話題にもなっていた。たとえば4月にサザンメソジスト大学ジョージ・W・ブッシュ大統領センターで開かれたリーダーシップフォーラムで講演したときも、夜の懇親会でダラス市長マイク・ローリングズに「ダラスを選ばれるのが一番ですよ」と声をかけられている。ベゾスは言質を取られないよう、ダラスに住む知り合いからいいところだと聞いていますとだけ答えた。ローリングズ市長は、のちに、距離を感じて不安になったと語ってくれた。

視察は4月末に終え、結果を6ページにまとめてSチームに提出。本書の取材でこの文書と重要HQ2文書をもう2本入手した。2018年6月に書かれた視察の報告書では、最終候補の20都市が「不可」「賛否相半ば」「最有力」の3グループに分けられている。

オースティン、コロンバス、デンバー、インディアナポリス、マイアミ、メリーランド州モンゴメリー郡、ニューアークは最初のグループで脱落。人口が少なくインフラや人材が足りないと判断されたところが多い。オースティンとデンバーについては、視察時の印象や地域住民の反応からアマゾンの来訪を必ずしも歓迎しない雰囲気があると判断し「視察により、ほかの都市に比べると支援が期待できないことが明らかになった」と書いてある。ピッツバーグは「不景気からの回復途上」でだめだし、ニューアークにいたっては優秀な技術者はニューヨークに集まってしまいニューアークでなど働こうとしないとにべもない。

「賛否相半ば」のグループはアトランタ、ボストン、ロサンゼルス、ナッシュビル、トロント、ワシントンDCだ。ボストンとトロントは物価や税金が高いと指摘されている。アトランタには渋滞という問題がある。また、この少し前、フロリダ州パークランドの学校で銃の乱射事件が起きたことをうけてデルタ航空が全米ライフル協会会員に対する割引を廃止すると決めて話題になったが[24]、この決断を問題視したジョージア州がデルタ航空に対するジェット燃料購入の免税措置を廃止すると決めたのも気になる点だ。政治的な得点を上げるため会社を罰する動きであり、アマゾンとしては歓迎できない。

「ナッシュビルは大いに期待が持てる都市だと全員が判断したが、アマゾン規模の投資には耐えられないと思われる」し、ロサンゼルスは「世界一混雑した都市であるし、地理的な多様性が得られないし、カリフォルニア州が事業者に優しくない」との指摘もあった。

「最有力」グループに残ったのはシカゴ、ダラス、ニューヨーク、ノーザンバージニア、フィラデルフィア、ローリーだ。最有力候補ではあるが、懸念も添えられている。ダラスはへんぴなところにぽつんとあるので優秀な人材がなかなか来てくれないかもしれない。ニューヨークは地方税という面でも給与という面でも不動産価格という面でも一番高コストな土地であり、ほかの大企業と同じく「アマゾンも、ほかのところに匹敵するほどのメリットをここで引き出せるとは思えない」という。ノーザンバージニアは企業に優しいが工学系の人材が豊富というわけでもなければコストが特に低いということもない。

結論としてＨＱ２が提案したのは最終選考だ。そうすれば残った都市の幹部と話もできるし、一番いい物件を確保することもできるだろう。勝者は、ＨＱ２発表からちょうど1年の9月7日に発表する。

そして、「目標はＨＱ２の次なる節目までメディアが好意的な報道を続け、会社に対する世間の評価が固まるようにすること。批判する人々にいらぬ弾を与えないこと、大規模なリアリティショーだとの印象を与えないことも大事である」との前置きに続けて、何カ月にもわたる出張、食事会、考察、交渉で絞り込んだ最終候補3都市が記載されていた。

シカゴ、フィラデルフィア、ローリーである。「技術系人材が一番豊富とは言えない都市ばかりだが、当社の各種事業で必要となる人材が今後増えていく基礎はあると考える」――文書はそう結ばれていた。

シアトルの人頭税を撤回させる

アマゾンの場合、こういう結論は選択肢を並べ、これを選ぶのがいいと思うという話にすぎない。本格的な検討の出発点であり、終着点ではないのだ。同月、ＨＱ２幹部をシアトルに呼び、ベゾスとSチームがこの報告書を吟味した。全員押し黙って読んだあと、何時間も議論を続けたのだ。その結果、プロジェクトの方向性が大きく変わる。

ノースカロライナ州ローリーは企業に優しい、物価が安い、交通事情がよいといい点も多いが、まだまだ拡大していくアマゾンのニーズを満たすには小さすぎる。イリノイ州シカゴは行政組織同士でぶつかることが多いし、シカゴもイリノイ州も財政が不安定だと信用調査機関に判断されるような状況が続いている。フィラデルフィアは工学系人材が多いとは言いがたい。ＡＷＳのトップ、アンディ・ジャシーがここはきらいだ、自分も部下もここには絶対住みたくないと会議で言ったという話もある。ジャシーがひいきにしているフットボールチーム、ニューヨーク・ジャイアンツとフィラデルフィア・イーグルスが宿命のライバルだからであって冗談なのは明らかなのだが、HQ2のなかには、何カ月も定量的に検討を重ねてきたというのに経営幹部の個人的好き嫌いで決まりかねないのかと腹立たしくてしかたなかったメンバーもいる。

この会議後、最終候補地のリストはHQ2の提案とまったく違うものになっていた。8月作成の文書を見ると、6月の会議でダラス、ロサンゼルス、ニューヨーク、ノーザンバージニア、ナッシュビルの5都市が最終候補地に選ばれたことがわかる。HQ2が最終候補に推した3都市はすべて却下されたわけだ。シカゴはもう一度訪問するが、「落選した場合に予想されるネガティブな反応を抑える」ことが目的だ。

HQ2では一番有利なインセンティブパッケージが最優先だったはずなのに、大都市であること、人材の獲得に有利であること、企業に優しい政治環境であることが優先になったわけだ。偶然ではない。候補地の絞り込みが行われていたところ、アマゾンとそのお膝元、シアトルの関係が急に悪くなったのだ。

シアトルでは、クシャマ・サワントと左寄りの市議会からまた人頭税が提案されていた。今回は従業員時間税なるもので、従業員ひとりあたり最大500ドルを大企業から徴収し、ホームレス問題や住宅問題への対処にあてるというものだ。見込まれる税収は最大で8600万ドル。この新税はとても厳しい。従業員ひとりあたりわずか4ドルだが人頭税を30年近く課してきたシカゴでさえ、この少し前、これが雇用を減らしている元凶だとラーム・エマニュエル市長が市議会を説得し、段階的に廃止することを決めたほどなのだ。

2018年4月に提出された法案どおり可決されると、州税と市税を合計した地方税は現状の年間2億5000万ドルから2250万ドル増える計算になる。[25] 2018年の利益が100億ドルだったアマゾンにとってこのくらいすずめの涙ではあるのだが、問題は市が敵対姿勢を強めていることだ。シアトルは法人に対し、所得税と人頭税で二重に課税しようとしているわけだ。もちろんそうせざるを得ない理由もある。ワシントン州が個人から所得税を徴収していない全米7州のひとつだからだ（ベゾスらアマゾン幹部にとっては好都合な税制である）。対してアマゾン側の考えは企業としてすでに十分な市税を払っている、その税金をうまく使えず喫緊の課題に対処できていないとしても、それは自分たちの責任ではない、である。

この法案提出をうけ、ベゾスは、デイ・ワン近くに建設中の17階建てビル「ブロック18」について工事を中止しろ、また、すでに完成しているレーニアスクエア近くのビル（床面積7万2000平方メートル）についても使わずにサブリースしろとジョン・ショットラーに指示した。[26] そんなことをすれば1億ドル以上の損失になると不動産部門は試算したらしい（事情通の情報。その人物によると、最終的にはほぼ損得なしになったという）。それでもやれがベゾスの決断だった。望まれない場所で会社を大きくなどしない、と。

もうひとつ、ベゾスが社内に通達したことがある。シアトルで働く人数を5万人ほどに抑えろ、だ。すでに優良オフィス物件の19％以上を占めるレベルになっていたわけで、[27] この数字には1年もたたずに達してしまう。その後も人数を増やしたければほかの地域にある事務所に配置するしかない。ショットラーら不動産部門は、事務所の手配に奔走した。近い候補地としては、シアトルの高級ベッドタウン、ベルビューがある。ワシントン湖の向こう側で15分もあれば行き来できる。しかも、好機だと考えたのか地元企業を対象に誘致のキャンペーンを張っている。シアトルからあふれる分はここで働いてもらえばいいとアマゾンは2万人を動かすことにした。そして秋には、オンラインの旅行代理店エクスペディアが昔本社に使っていた20階建てのビルをベルビューで借りる契約を結ぶ。[28]

５万人という上限を定めたことは公表しなかったが、ブロック18の建設中止とレーニアスクエア・タワーのサブリースは大々的に発表した。影響力を誇示するとともに事業世界の格言「資本は歓迎される地に向かい、手厚く遇してくれる地にとどまる」を突きつける力押しである。シアトル商工会議所の元会頭、モード・ドードンは「ずいぶんと思い切ったことをするなと思いました。こういうことを軽々にする会社ではありませんから」と語っている。[29]

ともかく、メッセージは市当局にはっきりと届いた。５月、ひとりあたり４８０ドルの人頭税を２７５ドルに減額する改正案が提出された。こうすればアマゾンも納得してくれるだろうと考えたわけだ。改正案は満場一致で市議会を通過する。アマゾンは、すぐさま、11月の投票で新法撤回をめざす委員会に２万５０００ドルを寄付。スターバックスやバルカン、人気のファーストフードチェーン、ディックスドライブインを展開する同族企業など、ほかの企業もあとに続いた。

世間の風向きも変わった。市議会より自分たちの雇用主である地元企業に味方する市民が多いと調査で明らかになったのだ。市議会にしてみればびっくり仰天である。住民投票を求める署名が十分に集まりそうだとなった時点で市議会は折れ、新税廃止を７対２で決議。[30] シアトル市長ジェニー・ダーカンは、自分のサインで成立した人頭税を廃止する書類にもサインするはめになった。[31]

計算違いはほかにもあった。ベゾスらアマゾン幹部には企業に冷たい左派中心の市議会しか見えていなかったのだ。シアトルの市民感情が変化していること、その背景には大きな変化があること、つまり、テック企業に対する反感やテック企業のせいで地域がものすごい勢いで変わっていくことへの反感があることには気づいていなかった。いや、気づいてはいたが軽く見ていたのかもしれない。ともかく、高給のアマゾン幹部にはよく見えていないところでいわゆるテックラッシュが進んでいた。そして、そこに気づかなかったせいで、このあと、さまざまな問題が生じることになる。

とりあえずの代替地はベルビューでいいとして、ＨＱ２についても姿勢が変わり、当初計画より大規模なものにしなければならない、そちらに配置する人員も当初予想より速く増えていくだろうという話になった。だから、8月に書かれた17ページにわたる前述の文書では、将来的な人員の増加にも耐えられる場所としてニューヨークとノーザンバージニアのクリスタルシティという二択になっていた。

「コストと事業環境を重視するならノーザンバージニアが最有力候補となる。人材の有無が一番の問題なのであればニューヨークがいい」

どちらの都市も政治的には歓迎してくれるはずだ。マンハッタンのビジネス街からすぐのクイーンズはわずか15年前に労働者の街だったのがくらくらするほどのスピードで高級化してきたが、そのクイーンズを選んでも歓迎されるはずだ。ＨＱ２チームはそう読んでいた。8月の文書からそのあたりを紹介しよう。

「州政府も支援すると言ってくれているし、クオモ知事と近しくニューヨーク州政府で経済開発を担当するディレクターとも緊密な関係にある」「デブラシオ市長は大企業に批判的なことが多く本プロジェクトについても手放しで応援してくれることはないだろう。それでもなお、ニューヨークが選ばれればいいと考えているものと思われる」

選ばれた都市、落選した都市の両方から不満が噴出

前回と同じで、この文書はSチームによる検討の出発点にすぎない。9月の検討会で上層部が出した結論は、HQ2のだれもが驚くものだった。HQ2はニューヨークにもノーザンバージニアにも置く、さらに、小さめの「オペレーション業務のセンターオブエクセレンス」なるものをナッシュビルに置くというのだ。1カ所を選ぶことを目的に丸1年をかけてきたわけだが、将来的にどれほどの人材が必要になるのかを考えると、また、成長の場所はシアトル以外とするとベゾスから勅令が下ったこともあり、1カ所でまかなうのは無理だとの結論に達したわけだ。HQ2メンバーのひとりは次のように語っている。

「うそだろ?と思いましたよ。同時に、そんなものかもしれない、と。なにせアマゾンですからね。おかしいのが当たり前なんです」

ただ、対外窓口は困った立場に追いこまれてしまった。1年以上にわたり、HQ2そのものに対する疑いの声に反論してきたし、東海岸にある政治の中心地と経済の中心地のどちらかであることははなから決まっているとほのめかされると必ず否定してきたからだ。そのあげく、世界的な金持ちが率いる世界的な金持ちの会社が政治の中心地と経済の中心地の両方、ジェフ・ベゾスが邸宅を構えている街ふたつに大きく進出するというのだ。実は悲観的な見方が正しかったと証明することになると言わざるをえない。タイミングも悪く、9月4日火曜日の午前中にはアマゾンの株価が一時2050ドルまで上昇し、瞬間風速ながら時価総額が大きな節目の1兆ドルを超えるという事件も起きている[32]。

私が入手したHQ2文書の3本目は2018年10月に書かれたもので、この結論をどう発表すればいいのか、

どうすればネガティブな反応で大荒れになるのを避けられるのか、その対策案が記されている。ともかく、発表が大きなニュースとして全米で取り上げられることは避けられないし、シアトルに匹敵する都市をひとつ選ぶと言っておいて結局はそれかとの批判が来るのも覚悟せざるをえない。

予想される批判を洗いだすにあたり特筆に値するとされたのが、経済開発における産官のアカウンタビリティを推進するグッドジョブズファーストとチェーン店やコングロマリットからコミュニティや零細事業者を守るインスティテュート・フォー・ローカルセルフリライアンスである。ＨＱ２などハンガー・ゲーム型の美人コンテストであり[33]、そこにいたいとジェフ・ベゾスが思う場所が選ばれる以外にない[34]、私はニューヨーク中心部だと思っていると評したニューヨーク大学のスコット教授の名前も挙げられていれば、アマゾンの行為は競争をなくすものであり[35]、それを取り締まれない独占禁止法は悲しいほど時代遅れだとする記事をエール・ロー・ジャーナルに書いたリナ・カーンの名前もある。

ただ、ニューヨーク市議会の進歩派議員の名前もなければ、この直後にニューヨーク14区から連邦下院に立候補するカリスマ的な民主党候補、アレクサンドリア・オカシオ＝コルテスの名前もないのは失敗だったのではないだろうか。次のように書いているくらいなのだから。

「今回の発表は、アマゾンが経済という意味でも雇用創出という意味でも地元コミュニティの善良なパートナーという意味でも貢献する企業であることを示すいい機会だと我々は考えているわけで、であるからには、批判的な人々がメディアに取り上げられる時間をなるべく少なくすることが肝要である……我々の発表を利用して自分の政策を推し進めようと手ぐすね引いて待っていると思われる人々だ」

選考結果はこの少しあとに発表した。11月13日火曜日朝のことである。

「新たな本社はニューヨークとノーザンバージニアに置くと決定しました」

プレスリリースで高らかにこう宣言した。[36]奇妙なのは、ここまで使ってきた「HQ2」という略語がプレスリリースでも口頭でも使われなかった点だ。会社もCEOも必ず一言一句まで吟味するタイプであることを考えると、偶然のはずがない。14カ月にわたって発してきたメッセージの一部をあやふやにしたいという意図があってのことだろう。

想定内だが、選ばれなかった都市から失望の声が次々と上がる。RFPでは生活費やシアトルに近すぎないこと、インセンティブパッケージなども重視すると書かれていたのに、結局のところ、人口が多くさまざまな力や人材が集まる地域を選んだのはだれが見ても明らかである。ダラス市長のマイク・ローリングズにはホーリー・サリバンが落選を伝えた。ダラスとテキサス州のインセンティブは総額11億ドルに達しており、ニューヨーク市とニューヨーク州の税額控除と割り戻し、総額25億ドルに比べれば少ないものの、アーリントン郡とバージニア州が提示した5億7300万ドルの助成金は大きく上回っている。建設費も、東海岸に比べれば40％ほども少なくてすむ。だというのに、最終的にそのあたりは考慮されなかったわけだ。

2019年3月にソルトレイクシティで開かれた経済開発の会議でホーリー・サリバンが不用意に発した一言も、落選した都市としては聞き流せないものだった。300人の参加者を前に、バージニア経済開発パートナーシップのトップ、スティーブン・モレットと選定プロセスの最初からおりおり連絡を取り合っていたと語ったのだ。その場で発言を聞いたひとりは、次のように評している。

「彼と相談していたと正直に語ってくれたことは評価しますが、今度は、選定プロセスそのものがまっとうであったのかという疑問が生じますね」

アーリントン郡は勝利の報に沸いたが、ニューヨーク側、特にクイーンズ地区では、ニュースで知るまで蚊帳の外に置かれていた人々が反発。市議会のコーリー・ジョンソン議長は、コミュニティの意見を聞こうともしなかった、市議会をのけ者にしたとアマゾン、市長、州知事を非難する声明を発表した。[37] 市議会のジミー・バン・ブラマー議員もニューヨーク州選出の上院議員マイケル・ジャナリスと共同で声明を発表。「アマゾンがニューヨークを言いくるめ、世界的な金持ち会社に前代未聞の税金を提供させるというなんとも醜悪な事件を我々は目の当たりにしている」と、他の州がボーイングやフォックスコンを誘致した際にはもっと大きな額が動いていることを無視したずさんなものではあったが。

当選したばかりのオカシオ＝コルテスも参戦し、次のようにツイートした。

「クイーンズに住む人々から、終日、電話などでこの件に関する相談が舞い込んでいます。地下鉄がぼろぼろなど投資を増やさなければならないこの時期に10億ドル企業のアマゾンが税の優遇措置を何億ドル分も受けるというのは住民にとって看過できない事態と言わざるをえません[38]」

対応を急いで準備していたとき、もうひとつ驚きの災難がＨＱ２チームに降りかかった。ヘリポートの設置と運用に必要な許認可や空中権の確保を市側が手伝うとの条件を不動産チームが最後の瞬間に追加していたのだ。アマゾンの弁護士がエンパイアステートディベロップメントコーポレーションに送った電子メールによると、場所は本社そのものが望ましいが、それが無理な場合には十分に近いところとされている。[39] 費用はすべてアマゾンが持つ。ＨＱ２の交渉を14カ月も続け、アマゾンのとっぴな提案を受け入れることに慣れてしまった両市は、この条件も飲んでしまっていた。

この件を地元メディアは大きく報じた。「クイーンズの身代金」と題して大金が入った袋を両手にぶら下げ、ヘリコプターから身を乗りだすベゾスのイラストを表紙にした11月14日のニューヨークポストをはじめ、あざ笑う方向だ[40]。

アマゾンはヘリコプターなど持ってもいないわけで、HQ2チームにしてみれば首をひねるしかない条件である。ともかく、インターネット企業の裕福な重役が渋滞の道や満員の地下鉄を尻目にびゅーんと飛んでいくなどイメージとして最悪だ。そもそもアマゾンらしくない。リーダーシップ原則14カ条のひとつに倹約を掲げ、そこから派生する謙遜の文化をよしとする企業なのだから。

ヘリポートはひどいアイデアだがトップから降りてきたものなので撤回はないと言われたと複数の社員が証言している。ロングアイランドシティーにあるセンター・オブ・ホープ・インターナショナル教会の司教でHQ2を支持しているミッチェル・テイラーも次のように述べている。

「ヘリポートを求めるなんて最悪ですよ。どうしてそんなことを前面に押し出さなければならないのでしょう。ヘリポートくらい、あとからどうにでもなるのに」

閉鎖的だったはずのブルーオリジンがテキサス西部でニューシェパードを打ち上げるにあたり、ブラックオプス・アビエーションなる会社が記録映像を撮影することになり、その共同創業者で元テレビキャスターのローレン・サンチェスが打ち上げの現場に現れたときと同じような困惑がアマゾン社内に広がった。なにかが根本的なところから変わったのでなければ、かっこよく空から出社するなどジェフ・ベゾスがよしとするはずがないからだ。

地元の反対でまさかの白紙に

ばつが悪いＨＱ２の発表とヘリポート騒ぎに続き、ロングアイランドシティーへのアマゾン進出に対する反対運動がそこここで活発化する。アレクサンドリア・オカシオ＝コルテスの当選も追い風となり、草の根運動が広がったのだ。教会で抗議集会が開かれる、ボランティアがチラシを配りシアトルを席巻した宅地の高級化と立ち退きという問題がクイーンズも変えてしまうと訴えるなどだ。

想定外の事態だった。アマゾンは準備を進めるにあたり表だって動くより水面下で動くことを選んだ。また、拒否反応への対応をパブリックアフェアーズやロビー活動の会社に依頼するより自社で好きに対処することを選んだ。そしてクオモ知事やデブラシオ市長などの支持があれば大丈夫だと考えていた。ニューヨークの厳しい政治スタイルに慣れておらず大きな誤算をしてしまったのだ。コンサルティング会社ＢＤＯで用地選定部門のトップを務めるトム・ストリンガーが評しているように、ニューヨークは発表の瞬間に負けが決まってしまった。

初撃のショックから立ち直ると、アマゾンは対策に乗りだした。政治系のコンサルティングやコミュニケーションを得意とするＳＫＤＫと契約。クイーンズ選出の市議会議員だったロビイスト、マーク・ウェプリンにも助力をお願いした。すっかりさびれてしまったクイーンズに15年間で4万人分の雇用をもたらすことになる、税の優遇措置は受けるがそれはアマゾンが支払う税金の一部を払い戻してもらうにすぎない、また、そのようなインセンティブは郊外地区の商業振興プログラムでごくふつうに与えられるものだなど[41]、明るいメッセージならいくらでも伝えられる。

だが、これらはすべて合理的な話だ。対してニューヨークの戦いは感情的なものだった。街も家も移動手段もすでにあちこちほころびかけていると感じ、どんどん広がる貧富の差にいらいらをつのらせている人々がどこぞの独占企業と世界一の金持ちを相手に戦う構図だ。

アマゾンが批判に正面から向き合う最初のチャンスは12月の市議会公聴会だった。オバマ政権にいたジェイ・カーニーなら民主党議員の受けがいいはずだ、だから証言させるべきだとコンサルタントから提言があった。アマゾンはこれを却下。注目をさらに集めることになりかねないと考えたのだ。結局、社会政策担当バイスプレジデントのブライアン・ヒューズマンと経済開発担当ディレクターのホーリー・サリバンが出席することになった。

ふたりはワシントンDCのアマゾン事務所で公聴会の準備を進めた。サリバンはおおらかで頭の回転も速い。対してヒューズマンはどこかはぐらかすようなしゃべり方で横柄な印象がある。また最初のあいさつは自分が書く、いいかげん使い古した「世界一顧客を中心に考える会社である」を入れると言って譲らないのも困りものだった。それは削除してくれ、市議会が知りたいのは地元に対してアマゾンがなにをするのかであって世界に対してなにをするのかではないのだからとコンサルタントに何度言われても首を縦に振らなかったのだ。

２０１８年12月12日の公聴会は大惨事となった。３時間にわたり、お金に困っていないテックジャイアントが税の優遇措置を必要とするのはなぜなのかからＡＷＳが米移民関税捜査局に提供し物議を醸している顔認証技術にいたるまで、さまざまな問題について議員がかわるがわるふたりを詰問した。くせ球もいくつかあった。たとえばコーリー・ジョンソン議長の質問。ヘリポートの必要性を尋ね、ヒューズマンが当たり障りのない答えを返すと、「ふつうのニューヨーカーがどう感じるのか、わかっておられるのか!?」と大喝したのだ。「アマゾンは嘘つきだ」などアマゾン反対のバナーが何本も翻るさじき席からは、反対派のやじも飛びまくった。

このあとアマゾンは、小売世界で昔から使われてきた戦法に転じた。ホーリー・サリバンがクイーンズに住む人々や地元議員と面談を重ねる。彼女の隣には、ワシントンDCで一緒に働いてきた同僚、控えめで柔らかな語り口が特徴の社会政策担当ディレクター、ブラーデン・コックスの姿があった。ショットラーも、手堅い事業を展開しているオーナー20人を集めてロングアイランドシティーのイタリアンレストランで晩餐会を開くなどしている。[42] そのほか、支持集会を組織する、住民の多くはアマゾンの進出を歓迎していると調査であきらかにする、「新年明けましておめでとうございます。しばらくしたら近くに越してくる予定のアマゾン社員よりごあいさつ申し上げます」と題し、アマゾンが来れば雇用や職業訓練、税収などいいことがいろいろ起きると訴えるチラシを郵便受けに配るなどもしている。

だが年が明けてしばらくたつと、だんだん、危なげなあたりに議論が移っていく。労働組合だ。ニューヨーク市は労働組合の力が強い。これは疑う余地のない事実だ。一方アマゾンはフルフィルメントセンターの労働者が組織化されないようあらゆる手を尽くしてきたし、人事担当バイスプレジデントのデビット・ニーキルクは、立場を守られた時給労働者など不満をつのらせるばかりで会社にとって最大級の脅威であるとベゾスに言われているという。

アマゾンを支持する組合もないことはない。建設労働者の組合はシアトルでもアマゾンを支持してくれていたし、ニューヨークのビルも建設する予定になっている。だが、ほかの労働組合は、ホールフーズでもアマゾンフルフィルメントセンターでも組合設立に失敗したがついに突破口が見つかった、我々の勢力範囲にアマゾン側が来てくれるとは好都合だと考えた。

アマゾンがつくるのは本社であり、そこで働くのはホワイトカラーなのでいずれにせよ労働組合うんぬんという話にはならないのだが、そんなことはだれも気にしない。政治的な戦いが勝手にヒートアップしていく。

アマゾンによるクイーンズ再開発に関する第2回市議会公聴会は2019年1月30日に行われた。冒頭はほぼヒューズマンだけがしゃべった。いらいらしているのがよくわかる。「我々を望んでくれるコミュニティに投資をしたい」など、遠回しに脅すような言葉もあった。そして、ヒューズマンとサリバンはまた3時間にわたり、答えにくい質問にさらされたり、労働組合は昔からニューヨーク市にとっていかに大切であったのかを聞かされたりする。

最後に質問に立ったのはコーリー・ジョンソン議長。ニューヨーク市の労働者が組合を望んだらアマゾンは中立を保つのかと単刀直入に切り込んだ。こう尋ねられたら

「労働者が組織化を望んだ場合、連邦法と州法にのっとってその権利を尊重します」

と答えるのがお約束なのだが、ヒューズマンはそうしなかった。

「いいえ。そんなことは許しません」

勝負あったである。その夜の記者会見でビル・デブラシオ市長は

「労働組合の街、ニューヨーク市へようこそ」[43]

とあいさつし、続けてこう語った。

「今後は労働者に組織化を許せという強い圧力がアマゾンにかかるでしょう。私も、圧力をかけていきます」

2月8日、アマゾンがニューヨーク進出を考え直しているとワシントンポスト紙が報じる。[44]

「ニューヨーク議会に望まれないプロジェクトなど進める意味があるのか疑問と言わざるをえません。バージ

ニア州やナッシュビルは大歓迎してくれているわけですし」[45]
とある人物の言葉ということになっているが、これを語ったのはおそらくアマゾン広報部員だろう。
現場で地道に解決の道を探るHQ2のスタッフとロビイストはなにも知らされず、もう少しでなんとかなると信じていた。2月13日には、ヒューズマン、サリバン、ブラーデン・コックスが市長室で労働組合の幹部と会い、アマゾンで働く労働者が組織化するか否か公正な投票で選べるようにする基本合意をめざした話し合いを持っている。[46]デブラシオ市長も、このときは事態が解決に向けて進んでいると感じたそうだ。
続くバレンタインデーの2月14日、コックスらは、クイーンズのブリュースタービルで、基本的に支持してくれているHQ2コミュニティ諮問委員会に対するプレゼンと質疑の会に出席。市や州の担当者も列席していた。無事にすませてマンハッタンに戻る地下鉄に乗ったところで、SKDKとの契約を破棄したとのテキストメッセージが届く。変だ、なぜと思っていると、15分ほどあと、みんなの電話がいっせいに鳴り始めた。ロングアイランドシティーに事務所を建設する計画は破棄するとアマゾンが発表したからだ。
デブラシオ市長とクオモ知事にはジェイ・カーニーが連絡した。ふたりは、電話でも公の場でも大きく異なる反応だった。市長は悲報に怒り、知事は仕切り直しのチャンスを追求したのだ。かんかんに怒ったデブラシオ市長は翌15日、地元ラジオ局WNYCに登場すると、アマゾンの行動は「ニューヨーク市の人々をないがしろにするものです……やぶから棒に『さようなら……遊んでるボールはぼくらのだから持って帰るね』と言うなどありえません。こんな扱いを受けることがあるとは考えもしませんでした」とアマゾンをなじった。[47]
カーニーはやめたほうがいいとなだめたのだが、クオモ知事はプロジェクトを救おうと手を尽くした。まずひとつ、事業者や労働組合幹部、議員など80人が連名でもう一度チャンスをくれという全面広告をニューヨークタイムズ紙に出した。

「ロングアイランドシティープロジェクトの発表に対する世論は厳しく、友好的とは言いがたいものでした。ニューヨークというのはきつい意見や場合によっては過激な意見も出やすい土地柄です。ですが、それもまたニューヨークの魅力なのだと我々は考えています」

ベゾスに電話をかけたという話もあるが[48]、いずれにせよ、ベゾスが方針を変える結果にはいたっていない。

あちらにもこちらにも非難されるべき点があった。市長や州知事はアマゾンを誘致するにあたり、クイーンズの地元議員に根回しをおこたった。地元議員は地元議員で、20年にわたり大きく増える税収の一部を割り戻す仕組みなのに、25億ドルを単純に手渡すかのようにとらえて反対運動を組織した。愛してきた地域が大きく変わったらいやだという人間ならだれしも抱く恐怖をあおったのも地元議員の失策だ。ロングアイランドシティー地区の高級化はずいぶん前に終わっており、低所得層向け住宅の大半は家賃が法律で規制されていたり公営住宅だったりして賃料が上がらないようになっているというのに、である。さらに言えば、住宅価格や生活費が上昇しないとき、横ばいとなるのは珍しく、ふつうは住宅価格が下がり、生活費が下がり、ホームレスが増える結果となる。すでに大きく変わりつつあったクイーンズに失うものはなく、アマゾンを受け入れて経済が上向けば貧しい住民もおこぼれにあずかれたかもしれないのに、それを拒絶してしまった格好である。

大失敗の責任はアマゾン上層部にもある。殴り合いが日常茶飯事のニューヨーク市政界に慣れておらず、もともと仲がよくない首長ふたりの支持があれば大丈夫と思い込んでしまった。特に市長については、市長が賛成するなら市議会が反対するのはまずまちがいない、そういう関係だったというのに、である。

HQ2を進めてきた15カ月、候補地も社内も懇願一色であったのもよくなかった。ベゾスもSチームも自分たちはヒーローとして迎えられると思い込んでしまい、規制や労働組合の政治活動、コミュニティ活動家など魑魅魍魎（ちみもうりょう）が絡み合うニューヨークによく考えもせず踏み込んでしまった。どうすれば社会的操業許可が得られるのかなど気にかけもしなかったように見える。イーロン・マスクは先頭に立ってギガファクトリーの用地選定を進めたが、ベゾスは表だって動くことをせず、考えもなるべく隠そうとした。実は細かいところまで遠隔操縦していたし、その意向も、候補地を訪れている可能性があるとプライベートジェットで飛んだ先まで調べられるなどジャーナリストに探られまくる状況だったわけだが。[49]

アマゾンらしいと言えばらしいのだが、撤退理由も、地元議員や住民の反対があったからという以上のことは明らかにしていない。

「ニューヨークから撤退すると決めた主な理由は、『長期にわたる政治的支持は得られるのか』でした。そういう支持は得られそうにないと感じるようになってしまったからです」

ホーリー・サリバンは２０１９年の会議でこう語っている。

組合の件も大きな理由であったことはまちがいない。ジェフ・ベゾスらアマゾン幹部は、似たような反応をくり返しているからだ。２０００年のシアトルコールセンターしかり、２０１３年のドイツＦＣしかり、そして、この少しあと、コロナ禍が到来したときのフランスしかりである。組合結成を求めてストライキが起きたりするたび、アマゾンは、その地域における成長戦略を見直したり、しばらくなにかを取りやめたり、その地域から完全に撤退してしまったりする。ニューヨーク撤退に組合問題は関係ないと主張はしているが。

この失敗についてワシントンＤＣチームが「過ち修正」のＣＯＥ報告書を書くこともしないなど、アマゾン社内で反省らしい反省は特に行われなかった。失敗の原因がベゾス自身にもあるときはこうなりがちだ。ブライアン・ヒューズマンは大失敗したにもかかわらず、特に叱責もなく現職にとどまっている。だれが見てもよくやったホーリー・サリバンはワールドワイドディベロップメントのトップに昇進。のちにバイスプレジデントとなる。温厚なブラーデン・コックスだけは貧乏くじを引いたようだ。この直後の組織変更で部下の大半を失い、会社を去ってしまった。とかげの尻尾として切られたというのが仲間内の見方である。

このあとアマゾンはハドソンヤード地区やマンハッタンのミッドタウンに事務所を展開し、ロングアイランドシティーで計画していた4万人から大きくスケールダウンした2000人を雇用する計画だと発表[50]。ベルビュー、オースティン、ダラス、デンバー、フェニックス、サンディエゴなども人員を増やしたが、シアトルとクイーンズについては増やしていない。

自業自得の災難はあったが、オンライン販売やクラウドコンピューティング、プライム・ビデオなどがそういう不測の事態でつまずくことはなく、アマゾンの歩みに乱れは見られない。HQ2物語から得るべき教訓はこれなのだろう。アマゾンはほぼ無敵となった、である。

第13章
大スキャンダル
——ややこしくなる要因

時間になってもジェフ・ベゾスが姿を現さない。時は2019年2月14日。驚くしかないニュースが世界を飛び回ったあと、初めてのSチーム会議である。ちなみにニュースとは、世界一の金持ちが夫のいる元テレビキャスターと関係を持ち、25年連れ添った妻と離婚する、というものだ。その朝、アマゾンは、ロングアイランドシティーに第2本社をつくる計画を破棄すると発表したばかりだ。そして午後一、シアトル中心部に立つデイ・ワン・タワーの6階大会議室で大勢の幹部がボスの到着をいまかいまかと待っている。室内はいつにも増して不安に満ちていた。

ベゾスがついに登場し、テーブル中央の指定席に座る。机に置かれた6ページの文書を手に取ると部屋をぐるりと見回した。

「今週、ぼく以上にきつい経験をしたと思う者はいるか。いたら手を挙げてくれ」

会議室に笑いが満ち、緊張が一気にほぐれる。

笑いが引くと、みな、黙って次の一言を待つ。ベゾスは切り分けの名手だ。私生活と仕事を上手に切り分けることにかけて彼の右に出る者はいない。だが、今回は両者が絡み合い、もつれてしまった。まずは腫れ物に触らなければならない。その場にいた人ふたりの証言によると、次のような話だったという。

「状況をはっきりさせておこう。彼女と関係があったのは事実だ。だが、報道されているようなことにはまったくなっていない。マッケンジーとは大人同士きちんと話し合った。彼女は大丈夫だ。子どもたちも大丈夫だ。ただ、メディアは大騒ぎをしている。なんとも落ち着かない状況だ。だから仕事に集中してもらえると助かる」

そう言うと、ベゾスは各部署の人数目標をまとめた文書を手に取った。仕事の時間というわけだ。すばらしいスピーチだったと関係者は言う。スキャンダルをもたらしてすまんと謝りはしなかったが、謙虚な姿勢でうまく謝意を示すものだったからだ。

だがこれは、アマゾンの幹部や元社員にとってそうそう簡単に流せる話でもなかった。アマゾニアンたるもの分別をもって非の打ち所がない行動をすべしとベゾスに求められてきたからだ。そうできていないと判断されると、書類を破って退席されたりする。そのベゾス自身が不倫などという軽はずみな行動により、色恋沙汰大好きのタブロイド紙ナショナル・エンクワイアラーがまず飛びつき、その後あらゆるメディアが入り乱れて報道合戦をくり広げる事態を招いてしまったわけだ。これでは言行不一致とそしられてもしかたがない。幹部や幹部経験者に話を聞いたところ、この不倫には驚いたしがっかりもしたという人が多かった。完全無欠のリーダーだと信じていたのに実はすねに傷を持つふつうの人だったのかというわけだ。

報道された件を考えればなるほどと思えたりするのだが、実はこのころのベゾスはいろいろと不可思議な行動をしていた。1年ほど前からシアトルの事務所にいることが減った。OP1が遅れて始まったり延期になったりするし、ベゾスのアポは取りにくくなった。どこかに出かけていることも増えた。２０１８年11月には、2月に買収したネット対応ドアベルのスタートアップ、リングのサンタモニカ事務所に「これから行く」と連絡して1〜2時間で顔を出すなどということもしている。

ロングアイランドシティーやノーザンバージニアの第2本社にヘリポートをつくる件もそうだ。ニューヨークにヘリポートがあれば「賓客を迎えるなどの場合に便利だ」というのがアマゾンの公式見解である。だが、新しい恋人ローレン・サンチェスはヘリコプターを操縦するし、ベゾス自身も操縦の練習をするようになっていた。このころにベゾスの持ち株会社ポプラーグレンが少なくとも1機はヘリコプターをベルテクストロン社から購入したことも連邦航空局の航空機登録データベースに記載されている。

離婚するというニュースを聞いて、あああの話はそのせいかと思った人々もいる。ニュースの少し前、株価も安く投票権が少ないクラスB株式を発行しようと思うのだが支持してくれるか、との問い合わせがアマゾンの法人株主各社にあったのだ。デュアルクラスストックと言われるもので、グーグルの親会社アルファベットやフェイスブックなどが採用している。この仕組みを使えば、所有株式が少なくても創業者がコーポレートガバナンスを左右できる。アマゾンは株式を公開したのがかなり昔で、当時はまだこういうやり方が一般的ではなかった。

この問い合わせを受け、首をかしげた株主も少なくなかった。ベゾスほどＣＥＯとして崇拝されていれば足元を固める必要などないはずだ。彼の力は16％という持ち株比率から来るのではなく、発明を先導する、戦略的に先を見通す、適切に経営するという25年にわたる実績から来るものだ。イーベイやホールフーズマーケットで起きたように物言う投資家が参入し、ほかの大株主を説得してＡＷＳや小売部門を切り売りするなどの大手術をする事態はまずあり得ない。

検討自体は2018年の頭に始めた。税金を払うためにもらった株を売らなければならないことが多いフルフィルメントセンター社員に株を渡す際に便利なのではないかと考えている。ウォーレン・バフェットのバークシャー・ハサウェイがしているようにクラスB株式を買収に使うことも考えられる。アマゾンはこのように説明した。だが2018年末にこの話を聞いた投資家は、なにかおかしい、どうも納得がいかないと感じたという。時給を15ドルとするかわり倉庫作業員に株式を与えるのはやめるという発表があったばかりだったし、規制の問題から大がかりな買収を何件もすぐに行うようなことは考えにくかったからだ。

「いつもと違って議論が薄っぺらく、論拠もはっきりしないと感じました。首をひねるしかない話でした」

問い合わせを受け、ほかの株主と同じように反対に回った人物はこう述べている。

だが、離婚するというベゾスのツイートを見て疑問は氷解した。それは違う、誤解だとアマゾンは言っているが、これは作業員に株式を与えるといった話ではなく、持ち株比率が12％まで下がるほどの離婚騒ぎがあってもベゾスが会社をしっかり掌握できるようにするという話なのだ。

そのころベゾスが苦労していたのが、まさしくこの掌握である。ベゾスは仕事人生で初めて窮地に立たされていた。結婚生活が終わりきらないうちに新たな関係が始まっていたらしいとのことで、ハリウッドのやり手マネージャーには彼が送ったきわどいテキストメッセージをばらまかれるわ、スーパーで人気のくだらないタブロイド紙にはあることないこと書きたてられるわ、盛り上がったメディアには世界一の金持ちをこきおろそうと手ぐすね引いてドラマの行方を詮索されるわと大変な状況になってしまったのだ。地球の反対側ではサウジアラビアのムハンマド・ビン・サルマン皇太子がベゾスに腹を立てる事態にもなっていた。ジャーナリスト、ジャマル・カショギの殺害に皇太子が関与したとワシントンポスト紙が報じたからだ。皇太子がベゾスの携帯電話をハッキングしたというサイバーセキュリティの専門家もいる。

これは妻や子どもを20年にわたって大事にしてきた人物らしくない低俗な色恋沙汰でありアマゾンといえばみなが連想するビジネス書ではなく三文小説あたりに出てきそうな話である。ベゾスにとって過去最大の危機でもある。今回試されるのは、メディアの調子をアマゾンがどこまでコントロールできるのかに加え、ベゾスという人間の気骨や品性がどうであるのかもであり、また、難関をどううまく切り抜けるのかもである。

シアトルではSチーム会議が夕方まで続いた。財務部の幹部が表計算ソフトのプリントアウトを取りに行っては戻り、配布する。ローレン・サンチェスとの豪奢（ごうしゃ）なお遊びを洗いだす夕ブロイド紙をどうこうはできないかもしれないが、アマゾン各部の人数ならコントロールできる。

会議室に金色の夕日を射しつつオリンピック山脈に日が沈むころになると、みな、電話をちらちら確認したり大事な人からのメッセージに返信したりするようになった。そして7時半、ついに、思ってはいてもだれも口にできなかった一言をシニアバイスプレジデントのジェフ・ブラックバーンが口にする。

「ジェフ、この会議はあとどのくらいかかるんだ？　今日はみんな予定があるんだけど」

バレンタインデーだから当然だろう。

「おっとそうだったな。忘れていたよ」

ベゾスは笑って答えた。

控えめな妻と情熱的な新恋人

マッケンジー・ベゾス（旧姓タトル）に対する愛も夫婦関係も、ベゾスはことあるごとに表に出してきた。たとえば、「自分を第三世界の牢獄から救い出してくれる」女性を探していたという話をスピーチのネタによく使った。プリンストン大学英語学科卒の小説家で本が大好きなマッケンジーがピッキング道具を口にくわえてベネズエラの牢獄に屋根から懸垂下降してくるイメージだろうか。2014年に受けた取材でも「妻はいまも好きよと言ってくれるんです。その点については問い詰めないことにしています」と語っているし[1]、毎晩皿洗いをしている、それがすごくいいんだとも語っている[2]。2017年のサミットLA会議で弟のマークと対談したときにも、シアトルでアマゾン・ドット・コムを立ち上げる前、若いジェフ・ベゾスとマッケンジーがシアトルまで車で大陸横断の準備をしている写真を紹介したりしている[3]。

ベゾスもベゾスのPR担当も妻を思う夫、家族を思う父というイメージを前面に出していたわけだが、ベゾスとマッケンジーはだんだんと違うものに興味を引かれるようになっていたし、どういう場に参加したいのかもだんだんとずれてきていた。アマゾンスタジオをつくったあと、ベゾスはハリウッドの活力に惹かれていった。ゴールデングローブ賞やアカデミー賞の授賞式に出席する、ハリウッド映画のプレミアに顔を出す、12月にはサンセットストリップを見下ろすビバリーヒルズの屋敷で盛大なパーティを催すといった具合だ。

ワシントンDCにもよくひとりで出かけ、産業界や政界の大物が集うアルファルファクラブに参加したり、政府要人などの名士とワシントンポスト紙幹部のサロンディナーを企画したりする。カロラマ地区に買った織物博物館だった建物（床面積2500平方メートル）は全面改装中なので、このような会はレストランの個室で開いている[4]。ともかく、成功に次ぐ成功で名士が集まる会でも中心となるようになり、もぐり込もうとする人にお帰りを願わなければならないことさえ増えていた。

ベゾスは、このように注目を集めるのが大好きだ。もともとはなにかとばか笑いするひょろっとしたシアトルのテックオタクだったが、さなぎが羽化するように大きく変わりつつあった。世界的エリートのなかでも一目置かれるほどの富と名声を手にいれ、トレーニングで引き締まった体にファッショナブルな装いをまとうようになったのだ。

このようなところにマッケンジーも同席したりするが、実はあまり好まないのだと本人が認めている。たとえばヴォーグ誌の取材で「カクテルパーティは気疲れするんです。ちょっとした会話をたくさんするというのも、私が得意とすることではありません」などと語っている。[5]

なお、友人の証言によると、ふたりは、悪影響を受けたりしないよう子ども4人を有名人やお金持ちなどきらびやかな人々からなるべく遠ざけていたという。

また、このころのマッケンジーはおとなしすぎるきらいがあった。2013年、バイスタンダーレボリューションという慈善事業の会社を立ち上げたときもそうだった。いじめを減らすために個人レベルでなにができるのか、現実的なアドバイスをクラウドソーシングで得られるウェブサイトを提供する会社だ。このサイトには、モニカ・ルインスキー、デミ・ロバート、マイケル・J・フォックス、ルース・ウェストハイマーといった有名人が提供してくれた動画が掲載された。ベゾスの友人でベストセラーを書いたセキュリティコンサルタントのギャヴィン・ディー・ベッカーも、銃の乱射事件を起こしそうなのはこういうタイプだなど、さまざまな記事を提供してくれた。アマゾンが契約しているシリコンバレーのPR会社、アウトキャストエージェンシーにも助力をお願いした。

ただ、マッケンジーは控えめで無理を言わないし、プライバシーをとても気にしていて自分のことも、また、どんどん有名になる夫のこともなるべく利用せずにすませようとした。おそらくはそのせいなのだろうが、2014年に立ち上げたバイスタンダーレボリューションがメディアに取り上げられることはほとんどなく、利用者が増えることもなかった。そして、立ち上げから2年でツイッターもウェブサイトも休眠状態になってしまった。

そんなふうだから、彼女の人物像を描こうとしても資料がなく、彼女が書いた2冊に出てくる「世間の目にさらされるはにかみ屋」（ザ・ニューヨーカー誌の表現）[6]を分析するか、あるいは、23歳でD・E・ショーの調査助手をしていたベゾスの大笑いに惹かれ、付き合い始めて3カ月で婚約したという2013年のテレビ番組で語った話[7]をもとにするかしかなかったりする。

話を2018年のベゾスに戻そう。後に書かれた訴訟資料によると、このころベゾスは、結婚生活は順調な振りをしつつローレン・サンチェスと会うようになっていたらしい。4月にはマッケンジーの誕生日を祝うため家族でノルウェーに行って氷のホテルに泊まり、犬ぞりに乗ってはしゃいでいる動画をツイッターに投稿したりしている。[8]またのちに対談で「すばらしい旅だったよ。三日半だったけど、いろんなことをした。とにかくよかった」などと語ったりしている。[9]この少しあとには、夫婦で20億ドルを投じ、ベゾス・デイ・ワン基金を立ち上げた。[10]ホームレス問題の緩和や低所得層向け幼稚園の建設などを行う慈善団体だ。

10月には、ベゾス家主宰で毎年開いているキャンプファイアをサンタバーバラのフォーシーズンズリゾートで開催している。ベゾスが1年のハイライトだと言うイベントである。今回も参加者は家族も含めて移動はプライベート機だし、ホテルの部屋には豪華な贈り物が用意されていた。もちろん費用はすべてアマゾン持ちである。来賓としてはマイケル・ルイスが発売されたばかりの著書、トランプ政権の問題を指摘する『第5のリスク（The Fifth Risk）』について語り、ジェーン・グドールが気候変動について語った。ルース・ベイダー・ギンズバーグ最高裁判事も衛星回線経由で話をした。パキスタンのスポーツ選手、マリア・トルパカイ・ワジルはスカッシュ競技に参加するため16年間も男の子の振りをしなければならなかった話でみなを引き込んだ。最後の夜には、ジェフ・トゥイーディー、デイヴ・マシューズ、ジョン・ボン・ジョヴィ、セイント・ヴィンセントなどが登場し、ジャムセッションを披露した。

この週末、ふたりの様子はいつもどおりで仲よく見えたそうだ。だが、結婚というきわめて私的なところでなにが起きているかなど外からわかるはずがない。その2カ月後、アマゾンスタジオ恒例のクリスマスパーティがビバリーヒルズのベゾス宅で開かれたとき、そこにマッケンジーの姿はなかった。かわりにベゾスの隣にいたのはローレン・サンチェスと彼女の兄、マイケルである。

サンチェスはこのとき48歳。快活でどんどん人の輪に入っていくタイプだ。タレント事務所エンデバーの会長で業界に強い影響力を持つパトリック・ホワイトセルの妻であり、マット・デイモン、ブラッド・ピット、バーブラ・ストライサンド、ケイティ・ペリー、ジェニファー・ロペス、アレックス・ロドリゲスなどこのパーティに出席していた200人ほどはほぼ全員が顔なじみである。2005年に行われたホワイトセルとの結婚式に出席してくれた人も少なくない。

艶麗で情熱的なサンチェスは、あいさつ代わりに相手を抱きしめることが多く、ロサンゼルス、ニューヨーク、ワシントンDCなどのきらびやかな場がよく似合う。さまざまな意味でマッケンジーの対極にある女性なのだ。ベゾスがベネズエラで投獄されたら、そこに堂々と登場して見張りを全員魅了し、牢獄の鍵を開けさせてしまう——そういうタイプである。

ベゾスと同じくサンチェスもニューメキシコ州アルバカーキ出身だ。子ども時代に交流はなかったが、実はいろいろなところですれ違っている。たとえばニューメキシコ銀行はベゾスの両親が出会った場所であり、サンチェスのいとこが働いていた場所でもある。サンチェスの父レイは飛行機の操縦を教えるゴールデンエアウエイズの経営者で、飛行機も10機所有していた。母エレノアもパイロット免許を持っていて、サンチェスが小さいころ、飛行機事故で大けがを負ったりしている。教官同乗でストールの対処を練習していたとき、エンジンの再起動に失敗したのだ。

両親はサンチェスが8歳のとき、互いの不義から離婚した。サンチェスとふたりの兄、ポールとマイケルは母親に引き取られた。母親はその後3回再婚。仕事はいろいろと渡り歩き、最後はロサンゼルス市の副市長補佐を経てコロンビア大学で役職についている。サンチェスは文字が読めない読字障害で苦労したが、モデルとして注目され、1987年にはミス・ジュニアアメリカ・ニューメキシコに選ばれるなどしている。高校卒業後は南カリフォルニア大学に進学[11]。その後大学は中退して地方の放送局に就職した。

90年代後半、サンチェスはゴシップ中心のテレビ雑誌プログラム、エクストラの特派員とフォックスの朝番組グッドデイLAのアンカーを経験。その後、人気のリアリティ番組『アメリカン・ダンスアイドル』の第1シーズンでホスト役を務めたり、脇役ながら映画に登場したりしている（たとえば『ファイト・クラブ』に、開始から91分、ニュースレポーター役で登場している）。

ハリウッドのスーパーエージェント、ホワイトセルと結婚し1男1女をもうける前に少なくとも3人と付き合いがあったことがわかっており、そのひとり、NFLプレイヤーのトニー・ゴンザレスとの間には息子がひとりできている。

ベゾスとはホワイトセルを通じて出会い、『マンチェスター・バイ・ザ・シー』の成功を祝って2016年にアマゾンスタジオがロサンゼルスで開いたパーティで再会。そして、ホワイトセルとの結婚がつまずいたこともあり、飛ぶことが大好きという共通点からベゾスに惹かれていったらしい。[12] 2018年には彼女が経営するヘリコプター会社、ブラックオプス・アビエーションがブルーオリジンのドキュメンタリーを撮影し、ユーチューブに公開するなどしているが、いつごろ恋愛関係になったのかははっきりしない。

2018年3月、ベゾスは、宇宙旅行や人工知能、ロボット工学の著名人など招待者のみで年に1回開いているシンポジウム、MARS会議にサンチェスを招待した。[13] この会議でベゾスが日本のロボットと卓球をしたときの動画[14]に彼女の声が録音されている。なお、マッケンジーは会議に参加していない。

そのすぐあと、サンチェスは新しい彼氏を紹介したいと兄マイケルに語っている。そして4月、ウェスト・ハリウッドの人気レストラン、ヘルス&ハウンドでマイケル・サンチェスのパートナーおよび友だちふたりとともに夕食会を開いた。マイケルの席はベゾスの向かいで、ふたりはうまが合っているように見えたという。ただマイケルとしては、ベゾスもローレンも相手に対する思いを表に出しすぎる、ふたりとも結婚しているのにパパラッチに見られるかもしれない場所でそれはまずいのではないかと思ったそうだ。

いまふり返っても、世間にどう受け止められるか気にせずサンチェスとの関係を進めたのはベゾスらしくないと思える。とにかく、このあとベゾスはサンチェスをシアトルに招待し、[15] その母、兄とともにVIP待遇でアマゾンスフィアを案内したり、ワシントンDCに連れて行ってワシントンポスト紙の印刷設備を見せたりしている。その夏に行われたニューシェパードの第8回打ち上げにもサンチェスの姿はあったし、空撮シーンを交えた2分間の動画の制作にもサンチェスは関わっている。なおこの動画は、珍しくベゾス自身のナレーションが入っている。U2とブライアン・イーノによる「ユア・ブルー・ルーム」をバックに「人というものは奥底に探究心を抱えている」など、ブルーオリジンのミッションを語っているのだ。[16]

夏の終わり、マイケル・サンチェスはふたりがおおっぴらにすぎると心配でたまらなくなっていた。マイケルはグッチのツーブリッジというメガネをかけたハンサムなゲイでトランプ支持、テニスの腕前もかなりのものである。仕事は妹とかなり大きく異なるコースを歩んでいる。ハリウッドのタレント事務所、ICMパートナーズを皮切りにMTVの営業・マーケティングを経て、タレントの手配やPRを行う事務所、アクシスマネージメントを立ち上げた。[17] 所属しているのは右寄りのケーブルニュースに登壇する識者やリアリティ番組のスターなどだ。2007年にはデッド・オブ・ウインター・プロダクションの立ち上げにも参画し、『キラー・ムービー』なるホラー映画を製作している（妹もちょっとだけだがマーゴ・ムーアヘッドというテレビレポーター役で登場する）。この映画は映画評論サイト、ロッテントマトの評価が19％などさんざんな結果に終わり、マイケルは金を返せと出資者のひとりに訴えられてしまう。この支払いを逃れるため、マイケル・サンチェスは2010年に破産を宣言している。また、妹に16万5000ドルの債務があると公的記録に記されている。

ローレンとマイケルはお金の問題でぶつかることが昔から多く、疎遠になることも少なくなかった。だがホワイトセルとの結婚式で花婿の付添人を務めたり息子の名付け親になったりと兄らしいこともしている。そんなこんなから、ベゾスと付き合い始め、熱いメッセージや他人には見せないような写真をやりとりするようになると、ローレンは、その多くをマイケルにも転送した。兄妹の関係としてはかなり変わっていると言わざるをえないだろう。

ともかく、ベゾスから見えないところでこういうことが起きていたわけだ。ベゾスはぐいぐい押してくるローレン・サンチェスに心を奪われていたし、そもそも心配性でもなければだれかを疑うこともあまりしないタイプである。相手が新しい恋人の兄となればなおさら疑ったりしない。「周りはみんな敵だと思うよりとりあえずは信じ、あとからまちがっていたとわかるほうがいい」というのがベゾスの基本的な考え方だとある友だちも証言している。

兄の裏切り

ベゾスとサンチェスの恋が深まっていった2018年の夏、ナショナル・エンクワイアラーがベゾスの私生活を探りはじめていた。1950年代にのぞき趣味のタブロイド紙となったナショナル・エンクワイアラーは、売れそうなゴシップがあれば買い取ることで知られている。だが、このころは業績が落ち込んでいた。売上も落ちていたし、発行人のデビッド・ペッカーが友だちであるドナルド・トランプの不倫を握りつぶすいわゆるキャッチ&キルを指示したことから、親会社のアメリカンメディア社（AMI）までがトランプ世界のスキャンダルという底なし沼に引きずりこまれてしまっていた。最高コンテンツ責任者としてレーダーオンライン、メンズジャーナル誌、USウィークリー誌などAMIのメディア40種類すべてを統括するペッカーの側近、ディラン・ハワード[18]についても、映画界の大物ハーベイ・ワインスタインにセクハラされたと訴えた人々をおとしめようとしたとザ・ニューヨーカー誌のローナン・ファローにすっぱ抜かれたりしている。

ハワードはオーストラリア出身のでっぷり太った小男で36歳。偽善を辛らつに洗いだすことに生きがいを感じるタイプで、セレブであろうが容赦しない。メル・ギブソンがユダヤをしきりにけなしている録音やアーノルド・シュワルツェネッガーの私生児といったスーパーノバ級の報道を陰で支えたのも彼で、自分の仕事は全力で守ろうとするし、ライバルだと思えば徹底的にたたく。だから、AMIのキャッチ&キル問題をワシントンポスト紙がしきりに取り上げ始めたとき、ハワードは、そのオーナーの私生活を探れと号令を飛ばした。

そのひとつが、夏の終わりごろAMIのニュースデスクから記者へと電子メールで飛んだ指示で[19]、ベゾスの生みの親であるテッド・ヨルゲンセンとの関係を探れ、2015年に死ぬ前でさえベゾスが会いに行かなかったのはなぜなのかを探れ、である。このときは不倫のふの字もなかった。

だがその翌日、偶然にしてはできすぎと言いたくなるほどのことが起きる。その後1年あまりも続く大騒ぎの発端となった出来事だ。それをどう呼ぶかはいろいろありうるだろうが、この件でくり広げられるさまざまな民事訴訟や刑事訴訟に提出された取材メモ、電子メール、テキストメッセージなど山のような証拠を細かく見ていくと、そのくらいの偶然がいくらでもみつかるのもまた事実である。

9月10日月曜日、マイケル・サンチェスがAMIロサンゼルス支社の記者、アンドレア・シンプソンに電子メールを送ったのだ。サンチェスはシンプソンととても親しく、エクストラでホスト役を務めるため妹が1日だけ戻ってくるなど[20]、クライアントについてのニュースネタを昔からちょくちょく送っていた。軽い気持ちで一緒に入れ墨をしたこともある（マイケルの腕には「私はつむじ風」とフランス語で入っている）。

電子メールには、たしかなネタだと断った上で、友だちがビル・ゲイツのような有名人[21]のところで仕事をしているのだが、その有名人は既婚なのにBクラスの既婚女優と関係を持っている、と書かれていた。その友だちは特ダネ級の写真を手に入れていて、6桁ドル払ってもらえればそれを渡すと言っている、とも。そして、自分が仲介するから必要なら連絡をしてくれと結ばれていた。

だれの話なのかはシンプソンもニューヨーク編集部も推測しかできない。のちにマイケル・サンチェスがAMIを相手取ってロサンゼルス地方裁判所に起こした訴訟の公開資料によると、このときAMI側で想定したのは、エバン・シュピーゲル、マーク・ザッカーバーグ、マイケル・デルなどだったらしい。ともかく、それから何週間か、サンチェスはだれと明かさず、英国のタブロイドに売るかもしれないと匂わせるなどして価格をつり上げようとした。10月に入ると、シンプソンと直接会い、テキストメッセージなどを見せる。情報を小出しにしてじらそうというのだろう。写真は顔の部分がぼかしてあったが、それでもゴシップ記事専門の記者ならだれなのか推測できてもおかしくない。実際、彼女は、「体つきや雰囲気からジェフ・ベゾスではないかと思います」とニューヨークに書き送っている。

10月18日にはサンチェスがディラン・ハワードに電話でビル・ゲイツのような有名人とはアマゾンCEOのことだと明かし、サンチェスとAMIの間で20万ドルの契約が結ばれる[22]。ナショナル・エンクワイアラー史上最高額である。サンチェスの名前を表に出さないため、スクープの情報ソースは秘すようエンクワイアラーはあらゆる努力をしなければならないとの条項も入っていた。

Bクラスの既婚女優がだれであるのかはサンチェスに尋ねずとも簡単に確認できた。ベゾスのジェット機を追えとカメラマン数人に命じ、ディラン・ハワードは、フランスのカンヌで開かれるエンターテイメント業界のMIPCOMフェスティバルに向かう。その彼の元に届けられた写真には、アマゾンCEOがローレン・サンチェスと一緒にガルフストリームG650ERから降りてくるところが写っていた。

10月23日[23]、マイケル・サンチェスはニューヨークに飛び、ハワードと同じくエンクワイアラーの編集者であるジェームズ・ロバートソンと夕食をともにし、後追いながら、相手がローレン・サンチェスであることを伝えた。ベゾスから妹に送られたメッセージを入れたＵＳＢメモリも見せたし、ふたりがやりとりした写真も何枚か見せた。さらに、ベゾスはもっとやばい自撮り写真もローレン・サンチェスに送っている、それも見せることができると匂わせた。ハワード、ロバートソン、シンプソンがのちに偽証罪の刑罰として連邦裁判所に提出した資料により、この件でナショナル・エンクワイアラーが攻撃に使った材料はすべてマイケル・サンチェスから手に入れたことが明らかになっている。

ＡＭＩの事務所はマンハッタンの南端にある。窓もない部屋に机がぎっしり並ぶうらぶれたところだ。縮小やスキャンダルをくり返してきたので雰囲気もよくない。そこにベゾスという特ダネが降って湧いたわけだ。うまく使えば地に落ちた評判を回復することもできるだろう。ディラン・ハワードはそう考えた。かつては、タイガー・ウッズやジョン・エドワーズなどの過ちを世界に先駆けてスクープし、一流メディアを歯がみさせたこともあるのだ。エンクワイアラーの読者が身を乗りだすのはセレブの話だ、ビジネスマンが話題になるとは思えない、なぜこの話を追求するのだと尋ねられたとき、ハワードは次のように答えたという。

「こいつはものすごいスクープだ。しかもエンクワイアラーらしいスクープだよ。だれもが知っている桁外れの金持ちからキンキラキンの仮面を引っぱがすんだ。これこそ我々がやるべきことだよ」

だがデビッド・ペッカーは気後れしていた。２０１０年には倒産保護を申請したほど厳しい状況だったし、インタッチやライフ＆スタイルといった雑誌の買収で山のような負債を抱えてもいる。タイム誌を買う資金をサウジアラビアに出してもらう話もうまくいきそうにない。また、エンクワイアラーの筆頭株主であるニュージャージー州のヘッジファンド、チャタムアセットマネジメントのオーナー、アンソニー・メルキオリからも、法廷闘争になりそうなことは避けろと言われていた。

AMIは、この直前の9月、ドナルド・トランプに不利な情報を買い取って握りつぶそうとしたと申し立てられ、米司法省と訴追免除の合意を締結している。そしてこの合意により、トランプの弁護士マイケル・コーエンに対する国の調査に協力しなければならないし、どこからどう見ても誠実に業務を遂行しなければならなくなっていた。当分のあいだ検察に目を付けられた状態となることは言うにおよばない。この合意に反するようなことをすれば、AMIはつぶれかねない。[24]

ペッカーはコネティカット州の自宅からニューヨークの事務所まで通勤するあいだも携帯電話でどんどん仕事をこなしていく。もともと喜怒哀楽が激しいタイプなのだが、ベゾスの件ではことあるごとに目を輝かせたりびくびくしたりと特にせわしない。ある記事の原稿について「エンクワイアラー史上最高の記事だ」と絶賛したり、「記事はどのページもベゾスにとって致命的な打撃となるものにすべきだ」などと編集者に電子メールで発破をかけたりしている。だが同時に、ハリウッドマニアの読者が興味を持つとは思えない記事で世界一の金持ちから訴えられたらどうしようと心配でならなかった。[25] だから、すきがまったくない記事にしろと要求したし、その記事をいつ発表するのか、いや、それこそ本当に出すべきか否か、迷いに迷った。

11月頭、ペッカーは、ディラン・ハワードとAMI顧問弁護士のキャメロン・ストレイチャーがつくったマイケル・サンチェスとの契約に「支払いは記事を発表する前に行う」と明記されていることを知る。抜き差しならない事態だ。記事を発表しなければ、あるいはどこかに先を越されれば、大金が無駄になるし、「キャッチ&キル」をまたやらかしたと疑われかねない。なんてことをしてくれたんだとペッカーが叱りとばすとストレイチャーは、だったらオレはやめると、ランチ途中でローワーマンハッタンのチプリアーニウォールストリートを出ていってしまった。[26] 後任は雇われたばかりのジョン・ファイン。アマゾンで9年働いていた人物だったのも、この件にまつわる驚くような偶然のひとつである。

このあとしばらく、エンクワイアラーは、マイケル・サンチェスに助けてもらいながら記事をつくっていった。サンチェスからはふたりの個人的な写真やテキストメッセージが送られてくる。ふたりとも承知でエンクワイアラーをわなにはめるつもりなのではないかとも思ったが、そんなことはない、ふたりともまるで気づいていないとサンチェスは言う。ふたりが旅行に出るときはその計画もサンチェスが知らせてくる。そんなふうだから、11月30日、カリフォルニア州ベニスのフェリックス・トラットリアでふたりとサンチェスが夕食をともにしたときには、近くのテーブルに記者がふたりいて、あちこちからカメラマンが隠し撮りをしている状態だった。

ただ、ベゾスのやばい自撮り写真はなかなか出てこない。一度は11月の頭にロサンゼルスでハワードに見せてくれることになったが、この約束もキャンセルされてしまう。エンクワイアラー側がしつこく詰め寄った結果、その少しあとの11月21日にようやく、レア・シンプソンが見せてもらえることになった。ハワードとジェームズ・ロバートソンもニューヨークからフェイスタイム経由で見せてもらった。

サンチェスの行動はひどい裏切りであると、メディアも世間も、それこそ彼の親族ものちに非難一色となる。だが本人のつもりは違っていた。恨みつらみや長年続く妹との確執や、複雑な家庭環境などで考え方がゆがんでしまっていたのだろう。彼は、エンクワイアラーをうまく操縦しているつもりだった。

妹とベゾスは付き合いを隠そうとしておらず、ふたりが付き合っていると家族や世間が知るのは時間の問題だ。だから「７４７を軟着陸させよう」[27] と彼は考えた。それぞれの配偶者にふたりの関係を教え、離婚の手続きを始め、付き合っていることを世間に公表するというデリケートなプロセスをふたりが進められるようにお膳立てをしようとしていたというのだ。

「すべては、ジェフとローレンと私の家族を守るためにしたことです。裏切るなんてとんでもありません」

サンチェスはのちにメールで私にこう語っている。AMIとは情報源に関する合意があるので、一番ひどい素材は表に出せないとも考えていたらしい。

そんなのは言い訳にもならないというのが大方の見方である。だが、彼が語ったことに真実が少なくともひとつはあったらしい。ニューヨーク州南部地区のFBI捜査官に対し、ベゾスのきわどい写真を実際に手に入れたことはないと語っているのだ。つまり、11月21日、エンクワイアラーの記者レア・シンプソンに会ったときサンチェスが見せたのはベゾスではなく、ゲイエスコートのウェブサイト、レント・ドット・コムから拾ってきたどこのだれかわからない人物の男性器だったわけだ。そして、ディラン・ハワードとジェームズ・ロバートソンはニューヨークからフェイスタイムでその様子を観察し、録画したわけだ。

やばい写真で脅すタブロイド紙にベゾスが反撃

2019年1月7日の月曜日、エンクワイアラーからジェフ・ベゾスとローレン・サンチェスにテキストメッセージが送られた。「情事について取材させていただきたく、メールを差し上げました」[28]とのっけから直球のメールである。HQ2騒動がニューヨークで破局を迎えようとしていたちょうどそのころ、こちらも結末が近づいていた。人間関係は複雑に入り乱れているし、それぞれに異なる思惑を抱えているしとしっちゃかめっちゃかである。

ベゾスもローレン・サンチェスも、このメールにはさすがに驚き、急ぎ善後策を講じた。ローレン・サンチェスはタブロイド業界の抜け道に詳しい身内に相談した。兄である。妹の相談にマイケル・サンチェスは、そしらぬ顔で、エンクワイアラーにはコネがある、彼らがなにをつかんでいるのか調べてみようと返した。そして、うまく切り抜ける手伝いをするからと月2万5000ドルの契約を交わしてからディラン・ハワードに連絡し、妹の代理人になった、記事を確認するためニューヨークに行くと伝える（もちろん、記事は自分が提供したものなわけだが）。AMIとは守秘契約を結んでいるから大丈夫とばかり、マイケル・サンチェスはしれっと両陣営に参加したわけだ。

ベゾスは長い付き合いのセキュリティコンサルタント、ギャヴィン・ディー・ベッカーとディー・ベッカーが昔から付き合っているロサンゼルスのエンターテイメント専門弁護士、マーティ・シンガーに声をかけた。また1月9日水曜日には朝一でアマゾン広報部に状況を説明し、結婚生活が破綻したことを公式ツイッターアカウントで発表するよう指示した。

「我々夫婦の人生が新たな局面を迎えようとしていることをみなさんにお知らせしたいと思います。家族や親しい友だちは知っているように、我々は、長年にわたる愛の探求からお試し別居を経て離婚し、今後は友だちとして付き合っていくことにしました[29]」

ディラン・ハワードはニューヨークで仕事人生最大のスクープが指の間から滑り抜けていくのを感じていた。[30]エンクワイアラーは月曜発行だが、11ページの特別版を印刷する許可をデビッド・ペッカーから取り付けるとともにその第1ニュースを夜のうちにオンラインで公開。見出しは「所帯持ちでアマゾントップのジェフ・ベゾス、映画界大物の妻と密通して離婚」だ。

マイケル・サンチェスも、その夜のうちにハワードにメールを送った。内容は、ベゾスがツイートし、それをニューヨークポストが報じる事態になったのは残念なことだ、自分と仕事をしようとしてくれてありがとう、連中にそういう気はなかったようだがといった感じである。

エンクワイアラーの記事は不倫を報じるだけでなく、ベゾスに恥をかかせることも目的としていた。だから、私的なテキストメッセージを引用したり秘密の写真に触れたり、マイケル・サンチェスとの守秘契約に抵触するようなところまで踏み込んでいるし、ベゾスが2歳のとき以来会ったこともない実の父の元妻「キャシーおばさん」なる人物の言葉も引用したりしている。もちろん、「ビリオネアの恋愛チート」「恥知らずな裏口男」など、タブロイドお得意のたたき方もオンパレード状態である。

敵意むき出しのあまりに厳しいトーンであることから、裏に大統領の政治的思惑があるのではないかとギャヴィン・ディー・ベッカーらが思ったのも無理のないことだろう。ドナルド・トランプはペッカーの友だちだし、マイケル・コーエンが訴えられるまで協力関係にあった。さらに彼はワシントンポスト紙を批判するツイートをくり返してきているし、アマゾンは払うべきものを払っていないとか米国郵便公社の力をそいでいるとかのツイートもくり返してきている。当然のことながら、結婚3回のトランプは、今回の窮状もツイッターでつついた。[31]

ドナルド・J・トランプ（@realDonaldTrump）

ジェフ・ボーゾー（まぬけ）が競合他社にこき下ろされたのはまことに気の毒だ。あそこは、アマゾン・ワシントンポスト紙なるロビイスト新聞より正確な報道をするからな。

5:45 PM・Jan 13, 2019

政治的意図が疑われるなか、エンクワイアラーは攻撃の手をゆるめず、ベゾスもサンチェスも、そしてふたりが交わしたメールも関連メディアで詳しく報じていった。[32] そんなこんなのあと、マイケル・サンチェスの仲介で一時休戦が成立する。AMIは新しい記事を発表しない、そのかわり、サンタモニカ空港で友だちふたりと歩きながらローレン・サンチェスが独占インタビューに応じるというものだ。このインタビューはUSウィークリー誌1月14日号に掲載された。見出しは「スキャンダル後、初めてのんびりするジェフ・ベゾスの恋人ローレン・サンチェスの写真[33]」と控えめだし、引用も型どおりのものだ。

この記事が出たあと、マイケル・サンチェスからディラン・ハワードにお礼のメールが送られている。

「14日間にわたるあなたと私の協力関係は世の中のお手本になってもおかしくないものでした」

翌週には、ハワードからマイケル・サンチェスに対し、最初にリークしたのが彼であることは必ず秘すと保証するメールが送られている。

「語られていないことなっているストーリーは語っていません。墓まで持っていきますよ[34]」

だがこれは頼りない平和だった。エンクワイアラーがどうやってローレン・サンチェスとの私的なやりとりを入手したのかを調べてくれ、金に糸目は付けないとベゾスがディー・ベッカーに依頼していたからだ。[35] ハワイ在住のディー・ベッカーは大統領の諮問委員に2度就任しているし暴力に関する心理について4冊も本を書いているし、政治やエンターテイメントの世界で活躍する大物、大勢のコンサルタントも務めてきている。彼が1997年に著した本『暴力を知らせる直感の力』（パンローリング刊）は、Sチーム読書会を立ち上げたとき課題図書に指定したりアマゾンブックス1号店を開店したときおすすめに挙げたりとベゾスも絶賛している本だ。

要するに、ディー・ベッカーは調査の達人で、人を見ることにたけているわけだ。ベゾスの新しい恋人の兄、マイケル・サンチェスと電話やテキストメッセージで何度もやりとりした彼は、なにかおかしいと感じた。エンクワイアラーの編集者なら好きなように操れると自慢したりするし、サイバースパイなどの陰謀論をよく語る、少し前に逮捕された保守系政治コンサルタントのロジャー・ストーンなどトランプ世界の人物と知り合いだという話もよくするという具合なのだ[36]。ベゾスの携帯電話がハッキングされた証拠がない以上、ベゾス陣営にスパイがいると考えるべきだし、手助けするよと一番熱心に言っている人物が実はスパイなのかもしれないとディー・ベッカーが考えるまであまり時間はかからなかった。

この疑いを表でぶつけてみるためディー・ベッカーはニュースサイトのデイリー・ビーストを頼ることにした。ベゾスの友人バリー・ディラーが経営しているところだからだ。そして1月31日、マイケル・サンチェスが元凶かもしれないとディー・ベッカーが推測していることをデイリー・ビーストが報じる[37]。このときディー・ベッカーは自分のクライアントが恥をかかされている裏にはもっと大きな陰謀があると言いたいあまり勇み足を踏んでしまう[38]。「政治的な意図が強く感じられる」とエンクワイアラーの詮索にはトランプ大統領やワシントンポスト紙を彼が批判していることが関係しているとしたのだ。

その結果、混迷がさらに深まる。タブロイドの痴話の裏に政治的陰謀が渦巻いているというディー・ベッカーの説は粉飾まみれのトランプ時代、さもありなんとしか思えないものだったし、ナショナル・エンクワイアラーにとっては大きなプレッシャーとなった。そんな陰謀に関与しているとうわさがたっただけでもニューヨーク州南部地方裁判所と結んだ訴追免除の合意が無効になるかもしれないとＡＭＩのトップ、デビッド・ペッカーが縮み上がったのだ。[39] ＡＭＩの財政的支柱であるチャタムアセットマネジメントのアンソニー・メルキオリも、ベゾスがＡＭＩを訴えるかもしれないし、こういうドラマと距離を置きたがる年金基金がまたスキャンダルか、いい加減にしろとチャタムから資金を引き揚げることもあるかもしれないとびびった。だから、ペッカーもメルキオリもなんとかしろ、いざこざを収めろ、この件に政治的意図はないこと、また、取材に違法な手段を用いていないことを文書で確認してもらえとディラン・ハワードにせっついた。ベゾス側弁護士のひとり、マーティ・シンガーと友人であったのはディラン・ハワードにとって幸運と言えるだろう。一緒にスポーツ観戦に行ったりする仲であり、シンガーのクライアントである有名人についてエンクワイアラーがなにか書いてはたたき合ってきた仲なのだ。実際、この件についてベゾス陣営から依頼の電話をもらったときも、シンガーは、映画監督のブレット・ラトナーとハワードの3人で夕食をともにしていたくらいだ。

ただ、今回の件では、シンガーと友だちだったことが裏目に出てしまう。2月の第1週、ハワードとシンガーはエンクワイアラーとベゾス陣営の戦いをどう終わらせるか、いつもどおりの話し合いをくり返した。政治的な殺しではないとベゾスとディー・ベッカーに納得してもらえればとげのある記事を発表するのはやめる。これがハワード側の立場だった。対してシンガーは、エンクワイアラーがいまだ秘しているテキストメッセージや写真を確認させろと迫った。情報提供者がだれなのか探ろうとしているのではないか。ハワードはそう心配した。

単なるゴシップなのか政治的な殺しが目的なのか[40]を問う記事をワシントンポスト紙が用意しているという話があったのも、事態をさらにややこしくした。権威ある新聞からそんな追い打ちをかけられたら訴追免除の合意がふいになりかねない。不安にかられたデビッド・ペッカーはとにかくなんとかしろと圧力を強める。こうなればハワードとしてはぜひもない。あきらめて手札をさらすことにした。

AMIの最高コンテンツ責任者ディラン・ハワードは、2月5日午後、シンガーにメールを送った。

「ナショナル・エンクワイアラーが始めた報道について証拠もないうわさ話をワシントンポスト紙が発表しようとしていることを考慮し、取材でどういう写真を入手したのかをお知らせしたほうがいいと思うようになりました」

こう述べたハワードは、ベゾスとローレン・サンチェスが送り合った写真9枚をリストアップ。ローレンから兄経由でエンクワイアラーに流れたものだ。

いらないところで威張りたがったこともあり、タブロイドの勝利にけちがついて誇りが傷ついていたこともありで、ハワードはこのとき「ベルトの下の自撮り写真」にも言及してしまう。マイケル・サンチェスがレア・シンプソン記者に見せたときフェイスタイム経由でキャプチャしたものだ。ハワードは知らなかったが、マイケル・サンチェスがレント・ドット・コムから拾ってきたどこのだれとも知れない写真を振りかざしたわけだ。

「このようなメールを送るのは編集者として忸怩（じくじ）たるものがあります。常識的に判断していただければと思います。それもなるべく早期に」

メールの最後はこう結ばれていた。

だが常識は品薄だったらしい。その夜、マイケル・サンチェスが元凶である、リークの裏には政治的な意図があるというディー・ベッカーの主張を紹介する記事がワシントンポストに掲載された。マイケル・サンチェスも取材に応じていて、元凶だとの批判は的外れだと反論し、またも嘘八百を並べ立てた。不倫の情報を漏らしたのは実はディー・ベッカー自身であり、その何カ月も前の２０１８年夏にはエンクワイアラーが取材を始めていたと報じるようワシントンポストを（のちにはほかの報道機関も）説得したのではないかととんでもない内容だ（証拠はまったくない）。

この記事が出たあと、ディラン・ハワードのところにペッカーから電話があった。親会社であるヘッジファンドのマネージャー、メルキオリが火の玉のように怒っている、一刻も早くことを収めろとこちらも怒り心頭である。ハワードはベゾスの代理人、すご腕のディー・ベッカーと直接電話で交渉することにした。この通話は両方が録音している。どちらも相手を信用していないし、そのあたり抜かるタイプではないからだ。

ハワードが用心したのは当然だろう。ディー・ベッカーはベストセラーの著書『暴力を知らせる直感の力』に「無理を言ってくる相手には下劣な物言いをするよう仕向けるべきだとクライアントにいつも言っています。被害者は、相手がはっきりしたことを言うまで『なにをおっしゃっているのかわかりません』とくり返すのがいいのです」と書いているのだ。あとで文字起こししたものを見せてもらったのだが、この電話でディー・ベッカーは「つまり、我々が文書で認めないかぎりその写真を公表されると、そういうことでしょうか」とハワードに尋ねるなど、自分の言葉どおりのことをしている。

はっきりと脅しになるのでハワードもそうは言わないようにしていたが、取材内容を発表する権利を手放さずにいようとするとその地獄の釜に近づいていかざるをえない。

「脅しとかそういうものの類いだと解釈できるものではありません。法的な要求が飛び交うなか、落とし所をみつけるのは両方に利があることですから」

彼はのちにこう捜査員に語っている。

進展はあるかに見えた。目的のためなら手段など選ばないタブロイドという地獄世界の闘争にはあまり慣れていないがキャメロン・ストレイチャーの後任としてAMIの顧問弁護士となったジョン・ファインからマーティ・シンガーにメールで合意案が送られた。2月6日のことだ。エンクワイアラーの報道が政治的であろうがなかろうが外部の力によってなにがしかの形で誘発されたり規定されたり影響されたりしたことはないと、ベゾスおよびその代理人が当社とともに公に宣言してくれれば未発表の写真もテキストも公表したり他人に渡したりしないとAMIは約束する――そういう内容である。[41]

どう見ても脅しである。2月7日、ベゾスはみずから対処すると宣言。「ペッカー殿、ありがたくご辞退申し上げます」と題する1000ワード超の文章をしたためるとアマゾン広報担当のジェイ・カーニーに回した。アマゾンチャイムで同僚と打ち合わせをしていたジェイ・カーニーは、それを読んだとき驚きのあまり眉間に縦じわが寄ったという。そして、この文章をソーシャルメディアのミディアム・ドット・コムで公開した。

この記事でベゾスは、ジョン・ファインとディラン・ハワードの電子メール全文を公開するとともに以下のように書いている。

昨日、とても珍しい経験をした。[42] いや、珍しいどころじゃない。初めての経験である。断ることなど

考えられない提案をされたんだ。少なくとも、ナショナル・エンクワイアラーの上層部はそう思ったらしい。彼らがそう思ってくれたのはぼくにとってラッキーだった。おかげで、ぜんぶ書き記すという大胆なことをしてくれたのだから。

トランプ政権関連の法的なごたごたや、ワシントンポスト紙の報道に反発しているサウジアラビア政府から投資を受けようとして失敗したことなど、AMIを取りまくあれこれも列挙。自分がワシントンポストのオーナーであることは「事態がややこしくなる要因である。ワシントンポスト紙が報道の対象とした有力者のなかには、まちがってぼくを敵と見なす人がどうしても出てきてしまう」とした上で、オーナーとなったことを後悔はしていない、ワシントンポスト紙は「大事なミッションを遂行する大事な組織」であり「90歳で人生をふり返ったとき、一番誇りに思うであろうものだ。その年まで生きられたら、だけど」とも述べている。

崇高な意見だが、1年にもわたり堂々と不義を働いてきたこととも関係ないし、恋人の兄が計算ずくで裏切ったこととも関係ないし、政治的な疑いから必死で逃げようとするAMIの努力とも関係がない。だが、1790年代、アレクサンダー・ハミルトンが不義の件でゆすられたと反論した「レイノルズ・パンフレット」と同じでミディアムの記事は広報的にお見事としか言いようのない一撃だった。自分は思いやりをもって報道界を守る人であり、「報道という特権を武器にする、保護を隠れみのにする、真のジャーナリズムなら当然の信条や目的といったものを無視すると長年の実績から言われているAMI」と対立する存在だと示したからだ。[43]

エンクワイアラーはやばい写真を公開するぞと本気で脅していたわけでないことをベゾスが知っていたのかどうかもわからないし、それこそ、本当だろうかと疑っていたかどうかもわからない。

幸いにも舞台裏のだまし合いなど経験がなく、どうなっているのだろうと思う読者のために書いておくと、今回、ベゾスは恥となる写真を人質に取られた状態にもひるまず、ドナルド・トランプに肩入れするタブロイドのえげつないやり口にあらがうと決めたわけだ。ニューヨークポストも「ベゾス、ペッカーを摘発」と報じているが、これで世論は一気にベゾスのほうへ傾いた。

AMIの提案にベゾス陣営はどう答えるのかとディラン・ハワードからテキストメッセージで矢の催促が来ていたが、これは2月7日午後、ミディアムに記事が公開されるまでギャヴィン・ディー・ベッカーがのらりくらりと回答を引きのばした。最後はがつんと一言「ご自分でもご確認いただけることと思いますが、ご提案には反対の意見が出ております」だった。

サウジアラビア皇太子は敵か味方か

ディラン・ハワードは自陣でも立場が危うくなりつつあった。デビッド・ペッカーが被害を少しでも減らして法的・金銭的に危うい状態の会社が倒れないようにしたいと考え、責任をすべて最高コンテンツ責任者のディラン・ハワードに負わせようと動いたのだ。ハワードは、コーポレート・ディベロップメント担当シニアバイスプレジデントという編集権限などないに等しいお飾りの地位に降格。そして1年後、契約終了とともにAMIを去ることになる。

この件について取材を申し込んだところ、ハワードは、100%事実の報道をしたのに究極の代償を払わされた、これ以上は訴訟中なのでコメントできないと語ってくれた。

「政治的な意図からしたと事実無根の罪を着せられたのです」

ＡＭＩにおけるハワードのキャリアに終止符を打ったベゾスの文章は、私的なテキストメッセージや写真をエンクワイアラーがどう入手したのかというややこしい問題も取り上げている。この報道の源を探られてＡＭＩが激怒した件は「もっときちんと解明すべき」であり、「特にサウジ関係は神経をとがらせている人がいるようだ」という具合で、うまいあおりだとしか言いようがない。

この点については、3月にギャヴィン・ディー・ベッカーがデイリー・ビーストにフォローアップの記事を書いている。政治的な陰謀に関わっていたとの訴えに対しＡＭＩがあそこまで必死になるということは、まだ表に出ていない真実がなにかあるはずだ、「専門家も交えた我々の調査により、サウジがベゾスの携帯にアクセスし、個人情報を得た可能性が高いことが明らかとなった。ただし、そのあたりをＡＭＩが知っていたのか、知っていたとすればどこまで知っていたのかは、いまのところ判然としない」という記事だ[44]。

ペッカーらは当初、ドナルド・トランプに加担しているとの疑いをかけられたわけだが、それが今度はサウジと共謀していたのではないかとほのめかされたわけだ。閑職に降格されたハワードが休暇でメキシコに行ってしまっていたからか、このときＡＭＩは、マイケル・サンチェスに対する保秘の約束を守る必要はないと判断したらしく、次のような声明を発表した。

「事実としては、２０１８年9月10日、この情事についてナショナル・エンクワイアラーに情報をもたらしたのも、それから4カ月にわたり記事の素材を提供したのもマイケル・サンチェス氏である。取材源は秘匿すべきだが、サンチェス氏の場合、その後も当社の報道を誤った形で代弁するような言動や意見が続いていること、また、氏が果たした役割などから、秘匿の必要はないと判断される[45]」

トランプ陣営関連の「キャッチ&キル」についてウソをつきまくった実績もあって、この声明を真に受ける人などほとんどおらず、国際的な陰謀なのではないかとの声は消えなかった。サウジアラビア政府がジェフ・ベゾスを狙うというありそうもない話であるだけにもしかしたらと思ってしまうのだ。

米国のビジネスリーダーなら当たり前なのだが、ベゾスも、ムハンマド・ビン・サルマン皇太子と個人的に親交を結んでいる。2018年、サウジアラビアは宗教に関して保守的にすぎる、自由化すべきだ、石油依存からも脱却しなければならないと若い皇太子は考えているようだった。その春、彼が米国を訪問したときふたりは会い、ワッツアップの番号を交換。その後も何カ月かワッツアップで連絡を取り合い、20億ドルを投じてAWSのデータセンターをサウジアラビアに建設する計画などを検討している。[46] また5月には、サウジアラビアはブロードバンドが安く使えるなどと訴えるプロモーションビデオが皇太子からベゾスに送られている。ただアラビア語だったのでベゾスはかなりまごついたらしい。それでも「すばらしい数字と動画ですね」と返信している。

数カ月後の10月2日、ベゾスはワシントンポスト紙の一員としてワシントンDCでサミュエル・J・ヘイマン・スピリットオブサービスの表彰式に出席していた。その席上、発行人のフレッド・ライアンからお知らせしたいことがありますと紙に書いたメモを渡される。皇太子の専制化を批判するコラムをワシントンポストに寄稿したジャマル・カショギが、今日、婚姻許可証をもらうためイスタンブールのサウジアラビア領事館に入ったが出てこないというのだ。ベゾスは、なにかできることがあれば知らせてくれとささやき返した。

それから何週間か、ワシントンポスト紙はカショギの殺害について必死で調査を進めた。また、サウジ政府をたたくとともにサウジ関連の事業から手を引くよう米国会社に呼びかけるなどもした。ベゾスも砂漠のダボス[47]として知られるビン・サルマン皇太子主催の未来投資戦略会議への出席をキャンセル。そんな騒動が起きても、なぜか、皇太子はベゾスにメッセージを送り続けた。そのなかに、2018年秋当時まだ表沙汰になっていなかったベゾスの結婚問題が念頭にあるのではないかと思われるワッツアップメッセージがある。ローレン・サンチェスにどことなく似たブルネットの写真に添えて「女性と口げんかするのはソフトウェアライセンスを読むのと似ている。最後はなにも考えず同意するをクリックするしかない」と書かれているものだ。

そしてこのころ、皇太子配下で組織されたツイッター部隊がベゾスは人種差別主義者でサウジアラビアの敵である、アマゾンやその子会社スーク・ドット・コムはボイコットしようなどと訴えるグラフィックスやビデオを投稿し、ベゾスたたきに乗りだす。

> عادل جابر @aadeljaber
>
> 朝にはワシントンポスト紙にたたかれ、夜にはアマゾンやスーク・ドット・コムで買物をするなどサウジ人として受け入れることはできない。しかも不思議なことに、この3社すべてを持っているのは、日ごと我々を攻撃し、夜ごと製品を我々に売りつけるひとりのユダヤ人なのだ。
>
> 12:20 PM・Nov 4, 2018

2019年に入ると、ベゾス(ちなみにユダヤ人ではない)のスマートフォンが不正アクセスを受けていると疑う理由が増える。エンクワイアラーとの戦いだ。この件にサウジアラビアが関わっているかもしれないとの疑いをベゾスが表明したあとの2月16日、ムハンマド・ビン・サルマン皇太子からまたテキストメッセージが届く。そこにはタイプミス満載の英語で「ジェフ、きみが耳にしていること、きみに語られていることはすべて真実ではなく、時間の問題できみに真実を知らせる」と書かれていた。

このあと、ディー・ベッカーの指示でベゾスのｉＰｈｏｎｅＸを調べることになった。最終報告書を書いたのはアンソニー・フェランテである。ディー・ベッカーとは昔から一緒に仕事をしてきた仲で、米国家安全保障会議でサイバーインシデント対応のディレクターを務めたこともある人物だ。結論は、イスラエルのＮＳＯグループがつくった検出困難なマルウェア、ペガサスが、前年に皇太子から送られてきたブロードバンド料金に関するプロモーションビデオに含まれていた可能性が高い、だった。このあとベゾスのスマートフォンから送出されるデータの量が30倍に急増したというのだ。

これだけでは証拠が足りないとするサイバーセキュリティの専門家もいる。ベゾスがテキストメッセージや私的な動画をローレン・サンチェスとやりとりするようになった時期と一致するからだ。だがウォール・ストリート・ジャーナル紙は、皇太子に近いサウジ政府関係者の言葉としてベゾスの携帯電話を攻撃する計画は皇太子も承知していたと報じた。[48] また２０２０年には、国際連合で人権問題を調査しているアニエス・カラマールとデビッド・ケイも、サウジに関する報道を操ろうとサウジがベゾスをはじめとする政治家や報道関係者の携帯をハッキングしたとの情報を信頼に足るソースから入手したと報告している。[49]

皇太子陣営がベゾスとローレン・サンチェスの関係を知り、ナショナル・エンクワイアラーに教えたとか、マイケル・サンチェスの情報を補足するなにかを提供したとかあったのだろうか。細かいことを考えなければ、論理的にありうる話ではあるだろう。AMIがタイム誌を買収しようとしたとき、デビッド・ペッカーはその資金をサウジの投資家に出してもらおうとしている。そのためもあり、皇太子が米国を訪問する前日、『新生王国（The New Kingdom）』なる97ページのかっこいい雑誌を発行したりもしている。だが、私が集めた情報を見るかぎり、少なくともいまのところは、ベゾスの不倫をサウジがエンクワイアラーに教えたと考えるに足る証拠はない。いろいろな出来事が重なり合っただけ、関係者同士、特に深い関係にはない、偶然がいくつも重なっただけなのではないかと思われる。

離婚に伴うあれこれの災いを転じて福にできないか手を尽くすベゾスらにとって、このあたりがあやふやなことはさしたる問題ではない。もっとややこしくて不都合な真実があるからだ。

ベゾスはどこに向かうのか

月が進むにつれて騒ぎはだんだんと収まり、ベゾスとローレン・サンチェスは並んで公の場に出ることが増えていく。2019年7月にはアイダホ州サンバレーで開かれたアレン&カンパニーの会議に登場し、ウォーレン・バフェットやティム・クック、マーク・ザッカーバーグらと交流。数日後にはウィンブルドンの男子決勝を観戦する。席はロイヤルボックスで、ウィリアム王子とケイト・ミドルトンの3列後ろだった。8月には大物実業家デビッド・ゲフィンの大型クルーザーで地中海を楽しんだ。[50] デザイナーのブルネロ・クチネリが主催するサミットに出席するためイタリアのソロメオにも行ったし、バリー・ディラーとダイアン・フォン・ファステンバーグのメガヨットでベニスを訪問したりもしている。このようなときベゾスはタコ柄のカラフルなスイムパンツをはいていることが多く、[51] その姿が報じられた結果、タコ柄のスイムパンツが流行るという思わぬ結果も生まれた。

ここまで20年ほど、わずかな自由時間をブルーオリジンと宇宙旅行に費やす以外、ベゾスは人生をアマゾンと家族につぎ込んできた。だが、桁外れの富、魅力的な人々に対するあくなき好奇心、新しい体験に対する渇望、そして、なんといってもローレン・サンチェスとの関係からベゾスは大きく変わった。結局のところ、桁外れの成功というわなも悪くなかったということか。いまの彼はつらつとしていてとても幸せに見える。少なくとも、彼のことをずっと見てきた人々の目にはそう見えるのだ。

マッケンジーとの離婚は２０１９年7月に成立した。彼女にはアマゾンの株式１９７０万株、約３８０億ドル分が渡された。なおその株式の投票権はベゾスが行使すると定められている。ただし、彼女が株を売るなり譲るなりした場合はそのかぎりではない。この前年、クラスB株式の導入をアマゾンが検討しているが、これが理由だったのではないかというのが大方の見方である。

シアトルとロサンゼルスの邸宅も彼女のものとなった。なお彼女はギビング・プレッジに署名している。資産の半分以上を寄付すると宣言したわけで、まず手始めとして、２０２０年に60億ドル近くをフードバンク、コミュニティグループ、さらにはいわゆる歴史的黒人大学に寄付する予定だという。なぜそう決めたのか。そのあたりをまとめた文章も発表した。数年前バイスタンダーレボリューションを立ち上げたときとは大違いだ。名前もマッケンジー・スコットと子どものころから使っているミドルネームに変えた。

マイケル・サンチェスは母親のエレノア以外、親族からは口も聞いてもらえなくなり、パートナーとサンフランシスコに移住した。またＡＭＩ、ベゾスおよびギャヴィン・ディー・ベッカーを相手取り、誹謗中傷の訴えを2件、ロサンゼルス地方裁判所に起こしたが、いろいろと新事実が明らかになったこともあり、ほぼ全面的に敗訴となる。そして2021年頭には弁護士費用170万ドルを支払えとの訴えをベゾスに起こされる(判決は21万8400ドルまで減額された)。ナショナル・エンクワイアラーの報道でAMIにゆすられたとベゾスがミディアムに書いたことをうけ、ニューヨーク州南部地区の連邦検察官による調査も行われた。ただ十分な裏付けは取れなかったようで、起訴にいたることなく終わっている。

ベゾスは攻勢に転じた。ジャマル・カショギが殺されてちょうど1年がたった10月、[52]イスタンブールの元サウジ領事館の前に彼の姿があった。警備が大変だったはずだが、そこはギャヴィン・ディー・ベッカーがうまくやったらしい。ベゾスはカショギが結婚するはずだったハティージェ・センジスの隣に座り、式典のあいだ彼女の肩を抱いていた。

「いまいるこの場所で、この道を何時間も行ったり来たりしながらいくら待っても彼は出てこなかった。どういう思いをされたか、想像を絶するものがあります[53]」

ベゾスの言葉である。

「忘れないでください。我々はあなたの味方です。味方がここにいるのです」

危ないとわかっている地におもむく。ワシントンポストの社員にとって、ジャーナリズムを守ることにオーナーは本気で取り組んでいるとこれ以上はっきりわかる行動はないだろう。これはまた、敵であるムハンマド・ビン・サルマン皇太子を狙い撃つ行動でもある。[54]

スキャンダルからドラマチックな行動へ世間の注目が移っていくのを見て、アマゾン社内には困惑が広がっていた。彼はいまもアマゾンのCEOなのか、それとも、もう、富と名声と国際的謀略が渦巻く別次元の人になってしまったのか。さまざまな行動が報道される。歴史的な美術品を次々と買う[55]。カリフォルニア州における不動産取引の記録を塗り替える1億6500万ドルで4万平方メートル近いビバリーヒルズの邸宅をデビッド・ゲフィンから買う[56]。2020年2月には、ローレン・サンチェスとともに、フランスのエマニュエル・マクロン大統領と気候変動について意見を交換している。ローレンやセレブとともにマイアミのスーパーボウルではしゃぐ、人気のナイトクラブでDJブースをのぞくなどもしている。会社と報道、どちらで姿を見るのが多いかわからない。創業者はどこに行こうとしているのだろう。

答えのヒントになりそうなものがオランダのカスタムヨットメーカー、オーシャンコの造船所にある。ロッテルダム郊外で秘密裏につくられているもの。全長127メートル、3本マストの帆船だ。これ以外はなにもわからない。ラグジュアリーヨットのうわさを調べても、完成したら最高の帆船になるという以上のことはなにも出てこない。特注の随伴ヨットも建造しているらしい。そう、ヘリポート装備のヨットだ。

いろいろなことが起きたが、ベゾスにとっては、身にまとう無敵の鎧(よろい)が少しへこんだだけだったと言える。だがアマゾンには、創業25年の歴史で最大の危機が訪れようとしていた。グローバル経済を瀕死(ひんし)の状態に追いこむコロナ禍に加え、米国と欧州連合のあちこちに散る、アマゾンの力を抑えようともくろむ敵からの一斉攻撃だ。

第14章 強くなりすぎた代償

——審判を受ける

ベゾスとサンチェスがタブロイドの件でやり合った翌年もアマゾンは昇竜の勢いだった。時価総額は1兆ドルの大台に手が届きそうだし、米国ではプライムの配送を2日から1日に短縮すると発表して[1]オンラインショッピングの地歩をさらに固めていた。2019年7月、マッケンジーとの離婚でベゾスの個人資産は1700億ドルから1100億ドルに減った。それでも、アマゾンの株価が高止まりしていることから世界一の金持ちという肩書を失いはしなかったし、失った分くらい12カ月で取り戻してしまった。[2]彼の個人資産はハンガリーの国内総生産より多いし、ゼネラルモーターズの時価総額よりも多いのだ。

日の出の勢いが続いているわけだが、さすがにその報いを受ける日が近づいていた。欧米諸国は事業で大成功したアントレプレナーを基本的にほめたたえる。だが同時に、人間味の感じられない巨大企業には疑いの目を向けがちだし、けた違いの金持ちのことはあしざまに言うことがある。不公平に感じるほど所得格差が大きい時代には特にそうなりがちだ。

だから、ジェフ・ベゾスの富と会社の時価総額、両方ともが青天井に上がっていくのを見て歴史に残るほどの大成功だと拍手する人ばかりではなく、そこに大きな怒りを感じる人も少なくなかった。アマゾン快進撃の10年も後半になると、社会的になにかがおかしいのではないか、消費者も小さな企業もアマゾンという無慈悲な力に飲み込まれてしまったのではないか、アマゾンをはじめとするテックジャイアントが経済全体を飲み込みつつあるのではないかといった疑いの声がそこここで聞かれるようになったのは当然と言えよう。そしてアマゾン、グーグル、フェイスブック、アップルといったビッグテックの影響力を調べ、野放図な成長を制限しようという動きが大西洋両岸の政界で始まった。テックジャイアントやその広範な影響力に対する全面戦争とまでは言えないかもしれないが、戦争の幕開けを告げる一斉射撃くらいは始まったわけだ。

　これは歓迎すべき流れだとジェフ・ベゾスは言う。ただし、だからといって事業戦略の切れ味を鈍らせるつもりはないらしい。

「業種を問わず巨大企業は検討、精査、検分などすべきです」

　ベゾスは、２０１８年にワシントンＤＣのエコノミッククラブで行われた公開討論で同じくビリオネアであるデビッド・ルーベンスタインの質問に答えてこう語っている。[3]

「個人的にどうこうという話ではなく、社会としてそうあるべきと思うのです」

　その結果なにがどうなってもそれはそれで受け入れるつもりらしい。

「どういう規制が登場しようと、それがどう影響しようと、その程度で顧客の役に立てなくなることがないくらいの創意工夫は十分にできると思いますよ」

　もちろん裏では、もっと厳しい対応の準備を進めていた。２０１９年秋には、Ｓチームと取締役に経済史学者マルク・レビンソン著『グレートＡ＆Ｐと米国零細事業の苦闘（The Great A&P and the Struggle for

Small Business in America)』を読むよう求めている。20世紀に登場した米国初のスーパーマーケットチェーン、グレートA&Pの興亡をふり返るとともに、創業者他界後の迷走や、ポピュリストな政治家や職務にまい進する独禁法取締官がA&Pを相手に何十年も展開した聖戦を紹介する本である。[4] この聖戦は政治的なもので、この戦いが激化した背景には、家族経営の小さな店とそのサプライヤーから山のようにうらみつらみが寄せられたことと批判が出始めたころA&Pがなにもせず放置したことがあったと本書は結論づけている。

A&Pはサプライヤーには猛烈な圧力をかけ、ライバルは安売りでたたくことで知られたチェーンで批判に応えようとせず、また、事業継承の準備もしなかったため自滅した点はベゾスらアマゾン幹部の心に響いたようだ。シニアバイスプレジデントで法務担当のデビッド・ザポルスキーは次のように述べている。

「外からどういうノイズが入ってきても惑わされてはいけないということですね。いつかはこうなる。避けられないもの。大会社に対し、我々の社会はそういう反応をするものなのです」

アマゾンも、外の状況を無視することはできない。ビッグテックに対する社会や政治の姿勢がはっきりと変わりつつあるし、2020年大統領戦をめざす民主党候補は大企業に厳しい姿勢の人が多い。フルフィルメントセンター（FC）の賃金を上げろという圧力も強まっているし、欧米各国では法人税の支払いが少なすぎるとの論調も増えている。ベゾスと彼の新聞、ワシントンポスト紙を敵だと言ってはばからないドナルド・トランプ大統領からも、アマゾンが米国郵便公社と結んだ契約は不公正だったと非難の声があらためてあがっている。トランプ大統領については、米国防総省のクラウド、通称JEDIの入札に圧力をかけたのではないかという話もある。

下院反トラスト小委員会もデジタル経済における競争の現状を16カ月にわたって調査し、450ページと分厚い報告書を作成した。アマゾンをはじめとするテック企業のやり方を非難する厳しいものだ。いわく、アマゾンは電子商取引の支配的立場を享受している。いわく、競争を妨げる買収をくり返している。いわく、マーケットプレイスの零細出品者をいじめている。結論は、昔の鉄道会社や電話会社のようにアマゾンも分割すべし、だ。

ジェイ・カーニーは「私が見るかぎり、信頼できることはほとんど書かれていない」などいつもの調子で反撃。法律顧問として反トラスト小委員会の報告書作成にかかわったリナ・カーンは、政治的な意図によるものではないとこれを否定している。議会が調査に乗りだした遠因のひとつ、独占禁止法の復興を訴えるエール・ロー・ジャーナルの論文を書いた人物である。31歳と若手ながらまっとうな議論でアマゾンをたたく人として知られるようになった彼女に取材すると、次のように語ってくれた。

「あのプラットフォームに依存しているところはどのような取引条件でも飲まざるを得ないわけで、勝者と敗者をアマゾンが決められるようになりつつあるのです。ルールを一方的に決められるほど情報や交渉力が1プレイヤーに集中したら、それはもう『市場』として意味をなしえません」

倉庫作業員の時給を上げて批判をかわす

政治家や学者からの口撃が増えたこのころ、アマゾンはグローバルなコミュニケーションとポリシーの部門を急拡大していた。ニューヨークタイムズ紙がアマゾン内情の暴露記事を掲載した2015年には250人規模だったものが、会社が大きくなったこともあり2019年には1000人規模になっている。即応チームも置いた。24時間体制でメディアの報道をチェックしたり、問い合わせに優先順位を付けて振り分けるのだ。「我々はブランドのアンバサダーであり、守護者でもある」――Sチームと協力してつくった部門スローガンの一節である。

「おりおり誤解されるのを恐れはしないが、アマゾンに関してまちがった情報や誤解を招く情報がメディアやアナリスト、あるいは政治家のあいだなどに流れた場合には、すばやく、しっかりと対応し、訂正していく」

アマゾンが世間の視線をここまで気にするのは、もちろん、ベゾスが原因である。よくぞここまでと社員が震えるほど、ベゾスは不正確な記事や分析をみつけてはPRチームに回し、しっかり対応できていないのはなぜなのかと問うてくるのだ。

PR関連で昔からベゾスを支えてきたドルー・ハードナーは、事実にせよ遠回しな表現にせよ、不正確だ、対応したほうがいいと思われるものを見逃すな、それこそ葉っぱを1枚ずつ確認するくらいのことをしろと部下に指示しているという。だから、巨大テクノロジー企業に対する世間の風が変わり、政治の世界に自社の名前がよく登場するようになったとき、アマゾンは、上手かどうかは別だが少なくとも猛烈に対応できる状態にはあった。

アマゾン糾弾の急先鋒はマサチューセッツ州選出の上院議員エリザベス・ウォーレンだ。大不況のあと消費者金融保護局の設置を推進してウォールストリートに敵認定されている人物で、ハーバードで教授を務めた経験もある。彼女は、２０１6年、米国経済は「競争が死に絶えようとしている」、アマゾンやグーグルなどのビッグテックは支配的プラットフォームという地位に乗じて消費者を自社の製品やサービスへ誘導していると、ワシントンDCにある左派系シンクタンク、新米国研究機構で断じている。

２０１９年、民主党の大統領予備選挙に立候補するとこの問題をまた取り上げ、３月には「ビッグテックを解体する方法」なる挑戦的な記事をミディアムに発表。[5] テック企業は力を持ちすぎた、アマゾンならホールフーズマーケットとザッポスなど、大規模買収を放棄させるべきだなどと論じる記事である。

この記事でも、その後に放送されたＣＮＮの番組でも、ウォーレン上院議員は、アマゾンは独占に近い力で電子商取引の世界をぎゅうじっている、人気製品はプライベートブランドを投入してサードパーティの売上を奪っているなどとアマゾンを批判（すでに紹介したように、セラー個別の販売データを見てはならないことになっているが、実際のところ、プライベートブランドの担当者はその社内規定を守っていなかった）。ＣＮＮの番組からウォーレンの言葉を紹介しよう。[6]

「審判となってプラットフォームを公正に運営するか、プレイヤーとなるかのいずれかです。事業として運営するのかチームとして参加するのか、いずれかだと言ってもいいでしょう。審判役を務めつつチームとして参戦するのはありえません」

この番組が放送された翌日、アマゾンは、オンラインとオフラインを合わせた小売業全体においてアマゾンはごく小さな一部にすぎないし、プライベートブランドが搾取というのは正しくない、規模も最小限に抑えているなどとツイッターで反撃した。

アマゾンニュース（@amazonnews）

プライベートブランド製品（売上に占める割合はわずかに1％）を投入する際、セラー個別のデータを使うことはない。セラーの売上は毎年記録を更新しており、彼らが「痛めつけられている」ということもない。そもそも、アマゾンのシェアは米国小売の4％にすぎず、ウォルマートのほうが大きい。

ウォーレンら民主党大統領候補が次に目を付けたのは、2018年、アマゾンは112億ドルもの利益を上げていながら連邦政府から1億2900万ドルもの戻し税を得ていると指摘した税制経済政策研究所の報告書である。アマゾンは税制に詳しいので、FCの増設と株価上昇に対して税の優遇措置を申請することができている。またサプライチェーン設備の費用と社員に与えた株式の価値を控除するとともにばく大な研究開発予算に対する税額控除も活用し、連邦所得税も相殺している。[7]

いずれも合法なのだが、このような処理もアマゾンたたきの原因となった。このあと大統領に選出されるジョー・バイデンも、6月13日、次のようにツイートしている。

「アマゾンに対して含むところはないのだが、何十億ドルもの利益を出している会社の税率が消防士や教師より低いのはありえない。富に対してのみ報いるのではなく、仕事に対して報いなければならない」

同日、アマゾンはこれに反論している。

アマゾンニュース（@amazonnews）
我々は2016年から26億ドルも法人税を納めている。払うべきものはすべて払っている。議会が作成した税法は米国経済への再投資を企業に促すもので、それこそ我々がしていることだ。2011年から累計2000億ドルを投資し米国に30万人分の雇用をもたらした。バイデン副大統領が不平を鳴らすべきはアマゾンではなく税制だろう。

ベゾスはこのように戦うコミュニケーションを求めるが、同時に、戦わず退却することも考えろと指示している。たとえば2018年、ベルリンで取材に答え、次のように語っている。

「批判されたらまず鏡を見て、正しい批判かどうかを判断しろ。社内にはいつもそう言っています。相手が正しいときはこちらが変われ、抵抗するな、と」[8]

2018年後半には、実際にこの戦略を選んでいる。昔からアマゾンを声高に批判してきたバーモント州選出のバーニー・サンダース上院議員が倉庫作業員の報酬を取り上げ、改めてベゾスの富を批判した際だ。サンダース上院議員は「ストップ・ベゾス（Stop Bad Employers by Zeroing Out Subsidies）」という名前の法案を提出。会社に雇われているのに公的機関が提供するフードスタンプなどの支援に頼る人の数に応じて会社に税金をかけようというものである。

このときベゾスは防御にも走らず、法案を無視することもしなかった。上院は共和党が優勢で、そんなことをしても意味がないからだ。その代わり、Sチームを集めて作業員賃金の問題を検討。アマゾンFCが支払う賃金は州によって違うが[9]、少ないところでも時給10ドルと連邦が定める最低賃金の7ドル25セントは上回っている。これを12ドルか13ドルまで段階的に引き上げる案などが業務トップのデイブ・クラークから示された。だがベゾスは一律15ドル以上ともっと大胆に引き上げるべきだと主張。ただし拠点の成績に応じて支払うボーナスや株式グラントなどは廃止し、労務費の増え方を少なくするという。

すばらしい対応だ。倉庫作業員は大半がその日暮らしで株をもらうより現金を欲しがるとアンケート調査でわかっていたのだ。グラントをやめれば労務費の増え方を多少は減らせるし、不満を抱いていたりやる気がなかったりする作業員が何年も居座ろうと思う理由もなくせる。そして、賃上げすれば批判の大半をかわせる。FCの大変な仕事に応募する人も増える。さらに、最低賃金を引き上げるべきだと主張もできるようになる。最低賃金が上がれば同業他社は困るところが少なくないはずだ。

ただ、「業界に先駆け、競争の先を行く賃金を提供することにした」[10]と株主への年次書簡に書くなど、徳行として賃金を引き上げたとのポーズはさすがに不誠実だと一部幹部に不評だった。ベゾスに業界をリードするつもりなどなく、倉庫作業員の賃金が安すぎるとの批判が政界や報道界で強まる流れを読んだだけであることは明らかだ。このあともベゾスは、世間の風当たりが強い問題にのみ対応することが多い。

賃金の引き上げが発表されたあと、サンダース上院議員からベゾスにお礼の電話があり、カーニーが対応した（先方には申し訳ないがこれが通例とはカーニーの弁である）。この電話で、最終的に収入が減る正社員が出るだろうとの話もあるがと言われ、カーニーは、そういうことにはならないようにすると回答したという[11]。

この説明に満足したのだろう。上院議員は、それから2カ月もの長きにわたりアマゾンの批判をせずにすごすが、その後、連邦所得税を払っていないとツイッターで批判を再開[12]。そして、右派・左派両方がつぶてを投げてくる状況となった。時価総額1兆ドルを目前に、アマゾンは新たな現実を突きつけられた格好である。

トランプ大統領の横やり

ドナルド・トランプは大統領だった4年間、我が道をまい進するとともに、アマゾンやジェフ・ベゾス、さらにはベゾスが持つワシントンポスト紙になにかと突っかかった。税金支払いについて(「アマゾンは税金殺しの罪に問うべきだ」[13])、また、リアル商店に対する影響について(「米国中の街、都市、州が被害を受けている。たくさんの職が失われている」[14])、くり返しツイッターやインタビューでアマゾンをたたく。さらに、こちらは言いがかりに近いが、個人の政治目的にワシントンポスト紙を利用している(「ワシントンポスト紙はアマゾンのお高いロビイストにすぎないと私は考えている」)とも訴えている。ベゾスにここまで敵意を向けるのは、ベゾスが新聞の100%オーナーだからという理由もあるが、加えて、トランプ大統領など足元にもおよばないほどの金持ちだからなのではないかというのが大方の見方である。

ベゾスも2015年には「#sendDonaldtospace」のツイートでやり返したが、その後はアドバイザーの忠告を受け入れ、ホワイトハウスの口撃に応戦せずにいる。ジェイ・カーニーが後に語っているように、そもそもやり返す必要がない。トランプの口撃は根拠がなく、単にワシントンポスト紙の報道に怒っているだけだと公正中立の記者ならだれでもわかるからだ。カーニーは次のように語っている。

「大統領におりおり口撃されるのはアマゾンになにか理由があるわけではなく、ジェフ・ベゾスが独立系新聞のオーナーであるから、ですからね」

口撃のなかにはアマゾンが注目したものもある。たとえば２０１７年末、トランプ大統領は米国郵便公社との契約についてアマゾンをくり返し批判するようになった。郵便公社が赤字で国民の血税が失われているのは配送の料金が安すぎるからだ、と。

> **ドナルド・J・トランプ**（@realDonaldTrump）
> 毎年何十億ドルも赤字を出している郵便公社が安い料金でアマゾンなどの荷物を配送し、アマゾンは金持ちに公社は貧乏になるというのは絶対におかしい。配送料金はもっとずっと高くすべきだ。

トランプ大統領の言いがかりはだいたいいつもそうなのだが、口からでまかせの瘴気から真実をより分けるのが難しい。郵便物や荷物の配送についてはコストをカバーできる料金となっている。郵便公社がいつも赤字なのは、[15]年金や退職後の健康保険について事前積立が議会によって義務づけられていることが大きな原因である。さらに言えば、ＵＰＳやフェデックスの荷物と同様、アマゾンの荷物についても配送料金は利益が出る水準にしなければならないと法律で定められていたりする。[16]

これが事実なのだが、アマゾン向け料金を上げさえすれば郵便公社は健全化するとトランプ大統領は考えていた。ワシントンポスト紙によると、大統領は、２０１７年から２０１８年にかけ、アマゾン向け料金を倍に値上げするようミーガン・ブレナン郵政長官にくり返し求めている。[17] そしてブレナンから、料金は独立委員会によって決められている、また、小荷物配送は一番成長している事業分野であるなどと反論されている。市場の実勢とかけ離れた料金に値上げすればアマゾンは自前の配送網にシフトし、郵便公社の経営は悪化する。大統領の論理は、この当たり前の事実を無視したものともなっている。

業を煮やした大統領は配送料金見直しのタスクフォースを設置し、2018年末、若干の値上げを推奨するとの回答を得た。もちろん、大統領の期待にはほど遠い回答だ。この点については、大統領の怒りをうまくかわせたと言えるだろう。一方、大きな被害が出たものもある。

国防省の技術インフラはつぎはぎだらけで、急いで大がかりな改修をしなければならない状態だった。2017年にトランプ大統領が就任したあと、ジム・マティス国防長官が西海岸をまわり、グーグルのサンダー・ピチャイやサーゲイ・ブリンのほか、ジェフ・ベゾスなど、ビッグテックCEOらにアドバイスを求めることになった。このときベゾスは、国防長官と一緒にデイ・ワンの廊下を歩く自分の写真をツイッターに投稿している。[18]

このヒアリングで技術はすごく進んでいる、戦闘関連の技術をクラウドに移行する必要があると国防長官は得心した。政府関連の仕事はたくさんのコントラクターや中間業者が関わるのがふつうだが、今回のクラウドプロバイダーについてはセキュリティの問題もあるし、現場兵士がデータを使いやすくするためもあって、運営委員会で選びに選び、最終的に1社を選定することになった。

10年間で総額100億ドルに達する大型プロジェクトで、正式名称の頭文字からJEDI（Joint Enterprise Defense Infrastructure）と呼ばれている（どこかで聞いたような名前だ）。そうでなくても競争が激しいエンタープライズコンピューティングの分野に金銭的にも信用的にもおいしい案件が投下されたわけだ。2018年7月に提案募集書、RFPが発表されると、政府調達の歴史に残る熱い戦いが始まる。アマゾンの窓口はケンタッキー州出身で言語療法士から転じて官公庁向けAWS事業の担当バイスプレジデントとなったテレサ・カールソンだったのだが、彼女は次のように語っている。

「政治的にあそこまでの大騒ぎになるとは夢にも思っていませんでした。本当に、あんなことになるとは想定していなかったのです」

最初からうらみつらみ満載の展開となった。JEDIの仕様は、2018年のクラウド市場シェアが47・8%と圧倒的で、かつ、2013年にCIAとクラウド契約を結んで以来高いセキュリティクリアランスを得ているAWS以外には考えられないものとなっていた。それはおかしい、不公平だ、複数契約に分割すべきだと、マイクロソフト、IBM、SAPアメリカなど9社以上ものテック企業が協力し[19]、議会やペンタゴンに猛烈な圧力をかけていく。

なかでもオラクルは果敢な手を打った。創業者ラリー・エリソンが戦い上等というスタイルだからか、国防総省を相手取り、1社総取り契約の適法性を問い、手続きそのものの健全性を疑う訴えを起こしたのだ。訴えによると、過去にアマゾンで仕事をしたことがあった職員やアマゾンに助言をしていた職員が国防総省には何人もいて、彼らがJEDIをゆがめているという。また、国防総省職員とアマゾン幹部のあいだには不適切な私的関係や仕事関係が網の目のように張り巡らされていて手続きが不透明だなどとする33ページの怪文書も出回った。出どころはロセッティスターなるワシントンDCの興信所だとのちに判明するが、つくったのはどう見てもオラクルだろうと言う人が少なくない[20]。

オラクルの訴えは政府説明責任局が検討し、不適切なところが何点かあるが重大なものはひとつもないと却下した。オラクルはこれを不服とし、連邦裁判所に持ち込む。その後法廷では連敗を喫してしまうのだが、1点だけはがんばったかいがあったと言える成果をあげることに成功する。JEDIの選定が世間の注目を集める大問題となり、手ごわい敵、すなわちトランプ大統領も参戦することになったのだ。

2018年4月3日、オラクルの共同CEO、サフラ・キャッツがベンチャーキャピタリスト、ピーター・ティールに連れられ、ホワイトハウスの晩餐会に参加する。キャッツは共和党員で、2016年にはトランプ大統領の政権移行チームで仕事をしているし、再選に向けた選挙資金もかなり提供している。[21] この晩餐会で大統領は、JEDIはアマゾンに合わせた契約になっているとしか思えないというキャッツの言葉に耳を傾け、競争は公正であるべきだとコメントしたとブルームバーグニュースが報じている。[22]

最終提案の期日が迫る10月、グーグルの親会社アルファベットが撤退を表明する。[23] 必要なセキュリティ認証を取っていない部分もあるし、自社の企業価値と相いれない側面もあるというのがその理由である。実はこの直前、パワフルな人工知能を政府に提供すべきではないと社内で反対運動が巻き起こり、それが大々的に報道される大騒ぎになっていたのだ。

アマゾニアンも同じ思いだったかもしれないが、これを声高に叫ぶ人はいなかった。カリフォルニア州シミバレーのロナルド・レーガン記念図書館で開かれた国防フォーラムで「ビッグテックが軒並み米国防総省に背を向けたら、近い将来、この国は大変なことになってしまいます[24]」と語るなど、ベゾスは国防には貢献すべきという立場だったからだ。

結局入札したのは4社だった。オラクルとIBMの2社は2019年4月の時点で早くも落とされ、アマゾンとマイクロソフトの一騎打ちとなる。ちょうど郵便公社の件や税金の回避などトランプがツイッターでベゾスを狙い撃ちにしていたころ、ＡＷＳでは落札したら必要になる資源の準備が進められていたわけだ。これで心配するなというほうが無理だろう。匿名ならと取材に応じてくれたＡＷＳ幹部によると、トランプが許すはずないよなという話があちこちでささやかれていたという。

２０１９年7月、トランプ大統領はオランダ首相との共同記者会見でこの件について尋ねられ、次のように答えている。

「どっちの話かな？　アマゾン？[25]　ペンタゴンの契約というかアマゾンの契約というかについては、腐るほど苦情をもらってる。あんなのは競争入札じゃないとかね……苦情を寄せているなかには世界に名だたる企業も含まれている……マイクロソフトとかオラクルとかＩＢＭとか」

数時間後には、息子のドナルド・トランプ・ジュニアが次のようにツイート。調達に政治が口を出すという恥ずかしいことが表で堂々と展開されたわけだ。

「@amazonとノービッド・ベゾスは不正の可能性さえあるうさんくさいやり方をしてきたわけだが、悪事身にかえるを地で行く展開になりそうだ[26]」

選定結果は8月に出る予定だったが、トランプ大統領の言葉をうけた国防長官マーク・エスパーの指示で手続きは中断、苦情を調査することとなった。[27]選定は85日間も宙ぶらりんとなる。しかも、その間に息子がＩＢＭに勤務しているからとエスパー自身がこの件から身を引くなど、[28]状況は笑うしかないほど混迷をきわめた。

２０１９年10月25日、ようやく、結果が発表される。パブリックセクター向けクラウドコンピューティングという新しい成長分野にリーダーとして君臨する企業が決まったわけだ。マイクロソフトである。エンタープライズテクノロジーの業界には衝撃が走り、メディア各社は大番狂わせだといっせいに報じた。AWSのテレサ・カールソンは想定していたと言うが、この結果に気落ちした社員も少なくない。たとえばとあるAWS幹部は「この入札に向けて必死でがんばったわけですよ。それこそ夜も週末も休みなく働いて。それがこういう結果では落ち込みます」と語っている。これを聞いたとき私は、この少し前、HQ2選定に敗れた都市の人々も似たようなことを語っていたなと思ってしまった。

マイクロソフトのサティア・ナデラCEOもこういう結果になったのは政治的な影響によると認めているらしく、テクノロジー系ニュースサイト、ギークワイヤの取材にこたえて次のように語っている。

「政治と距離を置き、顧客のニーズに集中してきたことが今回のような結果をもたらしてくれたのではないかと私は思っています[29]」

アマゾンはすぐ連邦裁判所に提訴。それから1年たつ本書執筆時点においてもいまだ係争が続いている複雑な訴訟の始まりである。マイクロソフトのほうが経済的に優れた提案だったから選んだのだとペンタゴンは言うがメリットの比較でマイクロソフトが選ばれるなどありえない、政治的な選定だというのがAWSの主張である。自社技術に絶対の自信を持っているからだ。

JEDIの結果が発表されたあと、AWS部門トップのアンディ・ジャシーは私の取材に次のように語ってくれた。

「パートナーとして最高なのは我々です。内容をきちんと評価しさえすれば、能力は我々のほうがずっと高いこと、諜報関連の経験も我々のほうがはるかに豊富であることがはっきりわかるはずなのです」

ジャシーも語らなかった真実がある。アマゾンで一番の成長株であり一番の収益源でもあるAWSにとって、多方面に広がるアマゾンの事業とベゾス個人の帝国が足かせになりつつある、という真実だ。小売業界のライバル、ウォルマートやターゲットはAWSを避けているし、[30]ウォルマートにいたってはサプライヤーにも避けるよう申し入れている。それと同じで、将来を左右しかねない政府契約を政敵認定している相手に渡さないようトランプ大統領がペンタゴンをつついたとしても不思議はない。米国有数の政治系新聞のオーナーとなった結果、ベゾスは、世界一の力を4年間振りまわし、肩で風を切りまくる無法者を敵に回してしまったわけだ。これこそがワシントンポスト紙の購入費用だと言ってもいいだろう。100億ドルの失注、である。［訳注：2021年7月、米国防総省はマイクロソフトへの発注を白紙撤回。マルチベンダー方式への転換を検討している］

議会証言で集中砲火を受ける

1990年代末、米国政府が独占禁止法違反でマイクロソフトを訴え、その裁判で電子メール、証言録取書、会議録などが会社に不利な証拠として使われたことなどから、法務部を中心に予防策を講じるテクノロジー企業が増えた。アマゾンでも、コンプライアンスや競争に関する幹部研修で、状況ごとにどう対処すればいいのか、どうすればマイクロソフトの二の舞を避けられるのか、教育が行われている。たとえば、パートナーと結託するとか価格を設定するとか、そういう話を聞くことがあれば、「手近なコーヒーカップをひっくり返し」、立ち上がって異議を口にするべし、という具合だ。

将来的な法廷闘争に備えるにはもっといろいろしなければならないとアマゾンの法務担当役員、デビッド・ザポルスキーは考えていた。ブルックリンの検察官から企業法務に転じた彼は「法律の世界では言葉使いが物を言う」と考えており、２０１２年の役員就任以来、文書であれ会話であれ社内で使って欲しくない言葉のリストをオフィスの壁に貼っている。たとえば「市場」という言葉はなにを意味しているのか厳密に定義しないかぎり使うべきでない、「プラットフォーム」は遠くから他社を絶対的に支配できる力のようなものをなんとなく想像できてしまうので使うべきでない。このほか、「支配的な」「ビッグデータ」などもリストアップされているし、「掘り下げる」「意思統一」などのビジネス用語もリストアップされている。

言葉使いに気をつけろ。ザポルスキーはそう口を酸っぱくして言っている。言葉には力があり、まちがった言葉を使えばアマゾンの足をすくうのに使われてしまう、と。

「こういう言葉が役に立つことはまずありませんし、規制当局がバズワードとして使うようになると足かせにさえなってしまいます。実害が出ますからね」

これは鋭いアドバイスだった。トランプ大統領や２０２０年大統領戦の民主党候補から厳しい目が注がれるのと並行して、法学研究者、議員、規制当局による追求が始まったのだ。アマゾンは違法なやり方で競争をなくそうとしており、スタンダードオイルやＵＳスチール、ＡＴ＆Ｔなど独占的でおそれられた会社と同じように処分すべきである。そう証明しようという追求だ。

このような流れをつくったのは、リナ・カーンだろう。エール大学法科大学院の最終学年に在籍していた２０１７年1月、エール・ロー・ジャーナルに発表した『独占禁止のパラドックス～アマゾンの場合（Amazon's Antitrust Paradox）』なる論文で[31]、彼女は、米国における反トラスト活動は最近手ぬるい、規制当局は電子商取引の巨人アマゾンに注目すべきだ、そうすれば、いまの法律は21世紀の市場における市場支配力を考慮できていないことがわかると訴えたのだ。ちょうどビッグテックに対して疑いの目が向けられ始めていたこともあり、また、税金逃れや独立系セラーの扱いなどでアマゾンに対する批判が増えていたこともありで、この論文に注目が集まり、さらにはこれを契機にいろいろと動き出すことになったのだろう。

反トラストの常識に疑問を投げかけたのがカーンというのは驚く人もいるかもしれない。[32] パキスタン人家族の長子で、11歳のとき家族で米国に移民。進学したウィリアムズ大学では政治理論を専攻し、卒論は哲学者ハンナ・アーレントが１９５８年に著し、民主主義に対する近代技術の影響を論じた『人間の条件』についてだった。

２０１０年に大学を卒業すると新米国研究機構に就職する。エリザベス・ウォーレン上院議員が反技術ののろしを上げたところだ。上司であるシニアフェローのバリー・リンは近代における独占の力を鋭く批判する書籍や記事を次々と書いている人物で、その彼から与えられた仕事のひとつが書籍業界の歴史をまとめろというものだった。アマゾンが創業した市場であり、アマゾンの支配力が一番強い市場でもある書籍業界の歴史だ。

ここで身につけたなんでも疑ってかかるジャーナリスティックなやり方で数年後に書いたのが、エール・ロー・ジャーナルの論文だ。ちなみにこの論文の題名は、１９７８年に出たロバート・ボークの名著『独占禁止のパラドックス』にちなんだものだ。この本でボークは、市場を規制するのは小売価格が上昇する恐れがある場合にかぎるべきだとした。対してカーンは、集約力の強いインターネットやアマゾンのような企業に対して消費者の福祉を規範とする考え方は無力であると指摘。低価格でライバルを市場から追い出し、シェアを高めていくのがアマゾンのやり方だからだ。この戦略では長年にわたって赤字が続くが投資家にも容認されている。

この論文ではアマゾンに加えて現状の規制そのものもやり玉に挙げられている。アマゾンをはじめとするテックジャイアントの急成長がターゲットなので、米国政府かいわいでもＥＵ本部かいわいでも必読となり、政治家がこの論文に触れて「独占禁止法の見直し」を求めるケースが増えていく。[33]価格がどうなるかに加え、そういう会社が作業員や賃金、小さな会社に対してどういう影響力を持つのかも検討対象だ。「新しもの好きの独占禁止法[34]」だなどとまぜ返す人もいた。批判したくて付けた名前なのだろうが、言い得て妙だ、必ずしも悪口とばかりは言えないと、これが通称として使われるようになる。

シアトルでもカーンの論文が注目されていた。そして発表の6カ月後、アマゾンのポリシーチームとワシントンに来ているのだが会ってもらえないだろうかと、デビッド・ザポルスキーが新米国研究機構のバリー・リンに連絡を取る。リンは、米連邦取引委員会の事務局に弁護士として参加したこともある反トラスト専門の弁護士、ジョナサン・カンターとたまたま近くにいたカーンにも同席を呼びかけた。

新米国研究機構の事務所で1時間ほど行われた会合はいい雰囲気だった。まず、アマゾンは世界で24兆ドルに達する小売業界のごく一部しか占めていないし、競争や小さな会社に対してプラスの影響を与えているので、独占うんぬんという指摘は当たらないとザポルスキーが反論。続けて、アマゾンはどうするべきなのか意見を聞かせて欲しい、我々の仕事が問題を引き起こしているという話があるのであれば自分に連絡して欲しいと要請。手厳しい法的議論を論文で展開したり取材に辛口のコメントをしたりせず、そっと教えて欲しいということだろう。

「なんともシュールな光景でしたね。あのあとずっと銃口を見つめ合う関係になるわけですから」

カンターの感想である。

このときザポルスキーは、都合の悪い情報をひとつ伏せていた。翌日の2017年1月16日、アマゾンからホールフーズマーケットの買収が発表されることだ。そしてこの買収はわずか68日で米連邦取引委員会の承認を得てしまう。カーンの論文もバリー・リンのビッグテックに対する厳しいコメントも規制当局を動かすにはいたっていなかったわけだ。[35]

それでも、少しずつ浸透はしていた。1年後には、プライベートブランド製品の開発にサードパーティセラーのデータを不正に利用したか否かの調査に欧州連合の競争政策担当コミッショナー、マルグレーテ・ベステアーが乗りだす。[36] そのさらに1年後となる2019年5月には、米司法省のマカン・デラヒム反トラスト局長と米連邦取引委員会のジョセフ・シモンズ委員長もビッグテック4社の調査に乗りだす。司法省がグーグルとアップル、連邦取引委員会がフェイスブックとアマゾンである。[37] ビッグテック会社は、イノベーションの雄だ、富を生み出しているともてはやされてからほんの数年で政府に目を付けられてしまったわけだ。

そんななか、ロードアイランド州選出の民主党議員、デイビッド・シシリーニがリナ・カーンに接近。刑事訴訟専門の弁護士から政界に転じたシシリーニ議員はアマゾンによるホールフーズの買収について精査するよう連邦議会下院の反トラスト・商業・行政法小委員会に働きかけた人物で、ちょうどこのころ委員長に就任し、ビッグテックに説明責任を果たすよう求める決議をしたところだった。[38] 接近の目的は、ビッグテックの無敵とも思える経済的力の政府調査に顧問として参加しないかと提案すること。法科大学院と米連邦取引委員会法務フェローを終えたところだったカーンは、絶好の機会だと飛びついた。

2019年6月、デジタル市場における競争を民主党・共和党が共同で調査することが発表された。16カ月にわたる調査はシシリーニとカーンを中心に進められたが、ちょっとあり得ない障害にいくつもぶつかり困難をきわめた。下院司法委員会によるトランプ大統領の弾劾決議があった。有力な共和党議員ダグ・コリンズが上院選への出馬を決め、下院司法委員会から抜けたのも痛かった。その後任としてオハイオ州のジム・ジョーダン議員が加わったが、彼は独占の力だけでなく、ソーシャルネットワークの反保守的な偏向についても調査すべきだと強く主張し、委員会を混乱させた。さらに、２０２０年に入るとコロナ禍が始まり、何カ月もリモートで作業を進めなければならなくなってしまった。

踏んだり蹴ったりの状況にめげず、小委員会は、テックジャイアントがどういうやり方で力を手に入れ、君臨するようになったのかという微妙な問題について、さまざまな側面から検討を進めた。アマゾンに対しては、買収、製品の値付け、サードパーティマーケットプレイスに適用する規則に関連して社内でやりとりされた文書をすべて提出するように要求。のちに公表されたこの資料を見ると、２００９年にはダイアパーズ・ドット・コムの運営会社と戦うため紙おむつを赤字で提供する戦略を進めたことや、ネット対応ドアベルのリング社を２０１８年に買収した理由が技術が欲しかったからではなく当該市場で支配的立場を得たかったからであることなどがわかる。

２０２０年1月、小委員会はコロラド州ボールダーで公聴会を開き、電子商取引の巨人アマゾンとブランドやセラーの関係がよくない理由を直接聞き取ることにした。たとえば、豊富なデザインで人気のスマホグリップをつくる会社、ポップソケッツを創業したデビッド・バーネットは次のように証言している。アマゾンは模造品を取り締まってくれない。また、合意価格を下回る値段で製品を売ったりする。売値は自分で決めたい、だから製品を卸すのではなくセラーとしてマーケットプレイスで売ろうとしたがアマゾンが許してくれなかった。どころか、アマゾンから実質的に追い出されてしまった。

「こういうやり方をしているとジェフ・ベゾスは知らないんだと思います。知っていればやめさせるはずだと思いますから」

バーネットは私の取材にこう答えてくれた。

ベゾスをはじめとするテック企業トップに議会で宣誓証言をさせることがこの調査でシシリーニがめざした目標のひとつであるのはまちがいない。だがアマゾンとしては、フェイスブックのマーク・ザッカーバーグの二の舞は避けたい、CEOが公の場でたびたびたこ殴りにされる事態は避けたいと考えていた。だから、小委員会がベゾスに出席を求めてきたときも、HQ2騒動でも矢面に立った社会政策担当バイスプレジデント、ブライアン・ヒューズマンの名前で回答した。文面も「これら重要な問題については適切なアマゾン幹部が小委員会でお話させていただければと考えております」[39]とあたりさわりのない書き方とした。

また水面下では、バラク・オバマ政権時代に米司法省刑事局のトップを務めたあと、アマゾンの仕事をしているコビントン&バーリング法律事務所のパートナーとなったラニー・ブルーアーがベゾスを引きずり出さないよう民主党委員に働きかけを行った。

のちにリナ・カーンから聞いたところによると、このようなやり方をするアマゾンに対し、無慈悲と言えるほど攻撃的だし、正直なところ、議員に対して無礼だ、グーグルはもっと礼儀正しいというのが委員会の見方だったという。グーグルは政府の厳しい調査を何度も経験しているからだろう。

アマゾンが所有するサードパーティのデータを利用して自社ブランドの製品を開発したというプライベートブランド部門社員の言葉をウォール・ストリート・ジャーナル紙が報じたことを受け、ベゾスを証人喚問するぞとの脅しが民主党・共和党、両党議員から出された。この少し前、そのようなことは行われていないとアマゾンの弁護士ネイト・スットンが委員会で宣誓証言しており[40]、データ利用の件およびスットンの証言が偽証であったか否かについてベゾス本人にただしたいというのだ。これは逃れようがない。ベゾスも議会証言を体験せざるをえない。

コロナ禍でポリシーやコミュニケーションを担当する幹部も在宅勤務となっていたが、議会証言の準備をするため全員がデイ・ワンに出社。同僚に直接会えたし、ベゾスも例によって例のごとく興味津々で突きつけられた難題をどうこなすのが一番いいのか真剣に学ぼうとしていたしで、仕事面でこの年一番のハイライトだとジェイ・カーニーは感じたそうだ。

この初体験にはひとつだけ少し気楽な点があった。ふつうなら国会議事堂へ出向き、カメラマンなどで山のような人だかりの審問室に閉じ込められるわけだが、今回はテレビ会議によるリモート参加なのだ。

2020年7月29日、全米はもちろん欧州各国の注目も集めて4人のCEOに対する審問が行われた。

「建国の父らは王にひざまずかず、もって我々もオンライン経済の皇帝にひざまずくべきでない」

開会の辞でシシリーニはこう語った。その右後ろには、スカイブルーのブレザーにマスクという姿のリナ・カーンがいる。ベゾスはダークネイビーのスーツにネクタイでシアトルの執務デスクについていた。冒頭陳述では両親に対する感謝の念とアマゾンに寄せられた顧客の信用に対する感謝の念を上品な言葉で表明。小売業界は多くの同業者が競い合える余地が残る規模であることも忘れず指摘した。

審問は迷走。ベゾス、サンダー・ピチャイ、マーク・ザッカーバーグ、ティム・クックの4人に対して行ったり来たり、各社固有の問題についての質問が飛び交ったのだ。しかも、本来はCEOに回答やお題目を全部言わせるべきなのに、劇場型政治の場と勘違いしているのか委員が何度もさえぎってはコメントし、制限時間をむだに使ってしまう。テック企業に反保守的な偏向があると言い立ててかき乱す共和党委員も多かった。テレビ会議ソフトの調子が悪く[41]、冒頭陳述のあと1時間ほどベゾスが質疑に参加できないというとどめの一撃もあった。

技術的な問題が解決するとベゾスは集中砲火を浴び、公の場で触れずにすませてきた問題に答えなければならなくなった。偽造品の問題も当然に取り上げられた。ダイアパーズ・ドット・コムに対する猛烈な価格戦争の内実や、チーターを自称し小さな出版社との交渉を「ガゼルプロジェクト」と呼ぶ姿勢など、『ジェフ・ベゾス 果てなき野望』[42]で明らかにされたことについても問われた。深く考えず使ってきた単語や表現が攻撃の材料に使われる。法務部門が恐れていたことが現実になった格好だ。

質問が集中したのは、わかりやすく競争を抑制しかねないと思われる行為、すなわち、サードパーティのマーケットプレイスであり、苦しむ独立系セラーから寄せられた苦情の山であった。ベゾスはどの質問にも誠実に答えていたが、それ以上の回答は準備ができていないのか答える気がないのか、決まり文句を連発する守りの姿勢に終始している感じだ。アマゾンでは何週間も必死で準備をしても注文が多く議論が大好きなSチームから厳しい質問を次々浴びせられ、ぼこぼこにされるという光景がよく見られるのだが、それにそっくりだと感じた元アマゾン幹部も少なくない。

秘密であるセラーの販売データをアマゾン社員がのぞき見することはあるのか。先鋒として核心に切り込んだのはシアトル選出の下院議員でアマゾンに批判的だと自他共に認めるプラミラ・ジャヤパルである。[43]下院反トラスト小委員会で元社員が「駄菓子屋みたいなものです。だれでも、なんでも好きなものを手にすることができます」と証言しているとの指摘もあった。ベゾスは次のように答えている。[44]

「一定の対策は講じてあります。社内規定の研修もしています。ほかのルールと同じように会社の規定も守ってくれるものと考えています」

ルールは徹底されていないことも、課せられた強気の目標を達成するためには背に腹はかえられないとルールを無視する社員が少なくないことも、ベゾスは知っていたはずだ。だが違反が一度もなかったと保証するなどできるはずがない、この件については社内調査を進めているところだと含みをもたせた言い方で逃げている。

「当社が自発的にそういう規定を用意したという事実は指摘しておきたいと思います。このような規定を持つ小売業者はほかにないはずです」

アマゾンでの販売には麻薬のような常習性があるとあるアパレルセラーが表現したのはなぜかとシシリーニ議員がたたみかけた質問には次のように答えている。

「議員殿。議員殿に対してもこの委員会に対しても大いに敬意を抱くところではあります。ですが、そのような表現には異議を唱えざるをえません……我々にとって一番価値のある物的財産、すなわち商品の詳細ページをサードパーティのセラーに開放するという決断は社内でも大いに議論となりました。最終的にそうしたのは、消費者のためにはそのほうがいい、選択肢を広げたほうが顧客のためになるとそう考えたからです」

ジョージア州選出のルーシー・マクバス議員からは次のような質問が飛びだした。

「アマゾンが独占的力を持っていなかった場合でもいじめとか恐れとかパニックとかいった言葉で表現される関係にサードパーティのセラーはとどまると思いますか」

このときも回答途中でさえぎられているが、その前にベゾスは次のように答えている。

「申し訳ないのですが、その質問は前提がまちがっていると考えます。我々のやり方と違うのです。我々はすばらしいツールをセラーに提供しようとがんばっており、だからこそ彼らは成功できているわけです」

友好的だったセラーも苦しめる国際化と自動化の弊害

リナ・カーンらが最終報告書を書いていた2020年の夏、私は、アマゾンのマーケットプレイスに集まるものすごい数のセラーが本当のところアマゾンをどう思っているのだろうと考えていた。不満を抱いたセラーから下院反トラスト小委員会に提出された証拠を見ると、アマゾンはセラーをいじめる、そのデータを盗む、だれかれ構わず追い出す、セラーの暮らしや生計を損なうとマンガに出てくる悪党さながらに感じられる。

これに対してアマゾン幹部は、波風ばかりというのは針小棒大で、アマゾンにおける商品販売の実に6割を占める独立系セラーの多くは繁盛していると反論している。デビッド・ザポルスキーの言葉を紹介しよう。

「100万軒も集まれば不満を抱くところがいくつかあっても不思議はありません。アマゾン側のミスが原因でないとは言いませんが、不満の大半は、もっと成功できるはずなのにという思いから生じているのです」

セラーが総体としてアマゾンをどう思っているのかを調査するのは魔法でも使わなければ無理なので、文句を言ってはばからない敵役ではなく味方側、つまり、過去にアマゾンのために声を上げたり陳情したりしたセラーについて調べてみることにした。ベゾス帝国の真の姿が議会によって明らかにされつつあるいま、彼らは変化していくアマゾン小売りの最前線をどうとらえているのか、アマゾンは理念に基づき公平な形で君臨する義務を果たしているのかを調べるわけだ。

2017年と2018年の2回、連邦議会で証言し、零細事業を助けているのだというアマゾンの主張を裏付けたポール・サンダースなる人物がいる。元海兵隊員のサンダースは海兵隊のモットー「常に忠実」を地で行くタイプで、インディアナ州エバンズビルからちょっといい家庭用品を販売するイーラグジュアリー事業がめきめき伸びているのはアマゾンのおかげだとくり返し語った。

経済に対するアマゾンの影響について考える政府高官の私的勉強会に呼ばれたときにもこう語っている。

「アマゾンはよく悪く言われます。でも、アマゾンがなければ、私が75人もの人を雇う事業を興し、合わせて何百万ドルもの地方税や連邦税を払い、従業員の福利厚生にかなりのお金をつぎ込むといったことはできなかったかもしれません」

だが2020年に取材したとき、サンダースの意見は大きく変わっていた。手数料も広告料金もどんどん上がり利益が出なくなった。検索すると自社製品と並んで競合するアマゾンベーシックが出てきてしまう。コストは安い、納税義務がない、あやしげなレビューが並ぶなど事業のやり方がまっとうとはとても思えない海外セラーがはびこっている。この状態で戦うなど不可能に近い。それでも骨の髄まで忠実なサンダースは懸念を公式に認めようとせず、その後もアマゾン幹部にくり返し助けを求めたりしている。だが最後は認め、シニアバイスプレジデントのダグ・ヘリントンなどアマゾン幹部にプレゼンしたとき使ったというアマゾン流の6ページ文書を送ってくれた。

パートナーとしての失意がよくわかる文書だった。アマゾンの成功に貢献してきたセラーのためにアマゾンができることを山のように提案したあと、「アマゾンにとって、また、アマゾンの顧客にとって信頼できる有力パートナーとなるべく、やるべき以上のことをしてきました。ですが残念なことに、だんだんと、アマゾンはそのように考えていないらしいこと、特にサードパーティセラーに関しては違うらしいことが明らかとなってきてしまいました」とまとめられている。

取材の少しあと、特になにかあったわけでもないのだが、サンダースは商品の大半をアマゾンから引き上げ、ウォルマートやターゲット、ウェイフェア、オーバーストックなどもっと信頼できると思えるパートナーのところに移した。そちらの事業はいまも成長が続いているそうだ。無頼のやからを罰し、自分にとってもアマゾンにとっても顧客である人々を守ろうとアマゾンが動かなかったことにサンダースは驚き、失望したという。

「マーケットプレイスがぐちゃぐちゃなのはアマゾンもわかっているはずなんです。私はそう思っていますし、アマゾニアンの多くはそのとおりだと言います。ただ、どうすれば直せるのかがわかっていないのです」

基本的にそのとおりだとウェンデル・モリスも言う。サンタモニカを本拠とするヨガラットの創業者で、早くからヨガマットやヨガタオルをアマゾンに出品し、のちにビーチタオルやマイクロファイバー毛布なども取り扱うようになった。すべて中国製である。2014年には、株主への年次書簡でジェフ・ベゾスに名前を挙げて絶賛されるほどになっていた。

「アマゾンなら、『事業を始めたい』と思った人が実際に事業を始められます。これがアマゾンのすばらしいところです。店舗をリースする必要もありませんし、場合によっては従業員を雇う必要すらありません。自分ひとりでも事業を立ち上げられるのです。実際、私はそうしました」

この年の年次書簡でジェフ・ベゾスが引用したモリスの言葉である。

だが私が話を聞いたときには、サンダースと同じくモリスも考えが変わっていた。2016年、7人を雇うほどにヨガラットが大きくなったころ、自分の商品がアマゾンの検索結果からなぜか消えつつあることに気づいたという。インドのアマゾンカスタマーサポートに何時間も電話をしたりベゾスの公開アドレスに嘆願メールを書いたりした結果、検索にはまた引っかかるようになったが、昔のように結果のトップに表示されることはなくなってしまった。その1年後には、商品写真に人が写っているのがガイドライン違反だとしてセラーアカウントを停止されてしまう。違反と言われればそのとおりなのだがとモリスは、同じ違反をしつつおとがめなしのセラーが掃いて捨てるほどいると教えてくれた。だれかが、おそらくはライバルのどこかが違反の監視窓口に苦情を入れたのだろう。

急いでアカウントを復旧してもらったが、そのあいだに他のセラーが検索結果の上位を占めるようになってしまい、結局、ヨガラットの事業が回復することはなかった。いまは妻とふたりで細々と続けているが、事業は四苦八苦である。なにせ、デザインは次々コピーされてしまうし、自分の商品のレビューがなぜかライバルのところに表示されたりするのだ。カスタマーサービスに対処を求めてはいるが、電話を短くするのが仕事だと担当者は考えているのではないかと疑ってしまうらしい。昔は自分もヨガを熱心にしていたが、最近は、ヨガマットを見るのもいやになったそうだ。

「競争には大賛成なんです。でも、埋められ分解されてアマゾン成長の肥やしになりたくてアマゾンで販売する事業を始めたわけじゃないんですよね。私と同じ目に遭っているセラーがたくさんいるのはまちがいありませんし、それはなにかまちがっていると私は思います。アマゾンのやり方は、感謝祭に招待され、いざディナーをと思ったら自分がターキーだったとわかるという感じなんですよ」

ステファン・アーストールと彼の会社タワーパドルボードも、2016年4月に株主への年次書簡に取り上げられた（年次書簡でもベゾスが書いたものを集めた『Invent & Wander』でも、彼の名前はステフェンと書きまちがえられている）。アーストールはテレビ番組『シャーク・タンク』に登場したことで知られるアントレプレナーであり、ピークでは10人を雇い、空気で膨らませるタイプのパドルボードを1日1

万1000ドル以上も売り上げていた。ほかでは売らないアマゾン専用ブランドを立ち上げるプログラムにも参加したし、アマゾンの倉庫に置かれた商品を担保にアマゾンからお金を借りて事業を拡張するなど、モルモット役を長年務めてもいた。アマゾンレンディングで若干の後押しを受けたこともあり、彼の事業はサンディエゴでもトップクラスの成長率を誇るとベゾスも紹介している。

アーストールの場合、このすぐあとに転換点が来てしまう。XYラブやファンウォーターなどの名前でスタンドアップパドルボードを売る業者（中国が大半）がうじゃうじゃ押し寄せ、タワーパドルボードと競うようになったのだ。なかには、やらせのカスタマーレビューを並べるところもあった。カスタマーレビューも検索結果の表示順に影響するからだ。

アーストールは広告で対抗しようとしたが、それでは利益を削ることになってしまう。年次書簡で紹介された何年か後には従業員も10人から3人に減り、年間売上もピークの400万ドルから150万ドル以下まで落ち込んでしまった。

「アマゾンはブランドのことなど考えていません。死のうが生きようが知ったこっちゃないのです」と言うアーストールは、2020年、アマゾンからはほぼ手を引き、自分のウェブサイトを中心に商売をしている。

同じ年次書簡でベゾスは、製品をまとめて欧州やアジアのアマゾン倉庫に送ると商売が一変するとの言葉を引用し、バーニー・トンプソンのプラガブルテクノロジーズ社も絶賛した。

トンプソンは中国系セラーと何年にもわたって張り合っている。中国の消費者家電セラー、アンカーの創業者スティーブン・ヤングに「悪いけど、ぼくはきみをひき殺すからね」と言われたことがあるというのに、だ。

それでもなお、プラガブルは珍しくいまも順調だ。アマゾンベーシックに対して低価格・高品質で対抗したり、同じ製品を他社がどんどんつくるようになることを前提に次々と新機軸を打ち出すなどしているからだ。だが、自分の商品が突然アマゾンから消えることがあるかもしれないという一抹の不安はなくせずにいる。

2019年の半ば、ポール・サンダースと同じようにトンプソンもアマゾンと友好関係にあることから20ページのパワーポイントによるプレゼンをシアトルですることになった。そのときも、事業はアマゾンに依存しており、特に理由もなく商品が消えると大変なことになると語った。だから、「驚きはなくしてほしい」「不確実性は減らしてほしい」と。[45]

だがこの嘆願は届かなかったようだ。マーケットプレイスには新規セラーの登録が月に何千件もあり、とてもではないが監視の手が回らない。自動監視システムも用意してあるが、それも悪用されることが多い始末なのだ。ともかく、このプレゼンから少しあと、7月のとある日曜日、売上の40%とだんとつに売れているノートパソコン用ドッキングステーションがアマゾンから消えてしまう事態が起きた。

4日で復旧したが、この事故がなければ得られたはずの売上は10万ドルに達する。しかも、4日で復旧したのはアカウントマネージャーにしっかり対応してもらおうと年6万ドルのプレミアムサービスに申し込んだからだったりする。みかじめ料のようなものですよとトンプソンは言う。なお、ドッキングステーションが消えた理由は最後までわからなかったそうだ。

こうしてアマゾンに好意的だった人々の話を聞くと、下院反トラスト小委員会にああいう苦情が持ち込まれたのも当然だよなと思う。発端は、マーケットプレイスのチームにジェフ・ベゾスが下したシンプルな指令——アマゾンで販売するとき生じる摩擦をなくせ、国境を越える商売の障壁をなくせ、問題にはお金のかかる人力ではなくテクノロジーの工夫や自動処理システムで対処しろ——である。その結果、低価格商品の選択肢が爆発的に増え、アマゾンの電子商取引が歴史に残るほどの成長を遂げたわけだ。だが同時に、グローバル化という中抜きの力が強まって西側業者が総倒れになったり、知的財産を保護する、詐欺を防止する、争いを公平に裁くなどとても無理だろうという状況が生まれたりした。

アマゾンはこのような問題があることを知りながら、大企業ならではのコミュニケーション力でこれをごまかし、自分たちはアントレプレナーの味方だと言い張ってきたわけだ。

ベゾスも2019年の年次書簡には「サードパーティのセラーはファーストパーティをへこます勢いです。ぐうの音も出ないほどに」と書き、マーケットプレイスが大盛況でアマゾン本体の小売事業がかすみそうだと認めている。2020年には、朝、木工所で仕事が始まる様子を映した「スモールビジネスの支援」なるテレビCMが全米でくり返し流された。[46] だが、アマゾンセラーならたいがい知っているように、こういう工芸品メーカーなら、なんでもあり、売った者勝ちの資本主義フロンティア、アマゾンより自由気ままなエッツィあたりのほうが合っている。

ベゾスはこういう戦いの場が見えないところにいる。

「ベゾスにとってそういう細かなところまで知っても意味がないほど会社が複雑になってしまったんですよ。ただ、アマゾンが誇らしく語ろうとしているものの一部がおかしくなっていることは押さえておくべきです」

アマゾン時代にマーケットプレイスの仕事をしていた電子商取引のコンサルティング会社バイボックスエキスパートの最高戦略責任者、ジェイムス・トムソンの言葉である。

アマゾンの巨大すぎる支配力を弱める方法

反トラスト小委員会の最終報告書は２０２０年10月６日に公表された[47]。アマゾン、グーグル、フェイスブック、アップルについて申し立てられた苦情の数々と厳しい結論が４５０ページにわたって記されている。政治的世論や暮らしの金銭的な側面、数え切れないほど多くの小さな企業の事業などを自社に都合よく勝手気ままに操っており、それを規制しないのは政府の怠慢である――リナ・カーンらの結論にはうなずかざるを得ない。シシリーニも、司法委員会のジェリー・ナドラー委員長と連名で「今回の調査で疑う余地がないほどはっきりしたのは、議会および反トラスト関連の政府機関が競争を立て直すべく努力しなければならないということである……[48]」と書いている。

対策には、アマゾンをはじめとするテック企業の分割も挙げられている。アマゾンなら小売部門とサードパーティマーケットプレイス、電子商取引部門とＡＷＳ部門など事業内容が大きく異なり利害が対立することがある。分割すればそういう利害の対立をなくせるというのだ。

政治乱闘から距離を置く反トラスト専門の学者や中立議員のなかにはこのような対策に賛同する者もいるが、さすがにそれはやりすぎだという意見もある。アマゾンのセラーにとってもパートナーにとっても、さらには顧客にとっても会社分割にメリットはないし、アマゾンベーシックのようなプライベートブランドは廃止しようにも法的根拠がないに等しい。グレートＡ＆Ｐの時代から小売業者はなにが売れるのかを研究する、低価格のストアブランドを展開する、顧客の選択肢が増えるように工夫するなどしてきているわけで。

また、一部行為を米国の法律で違法と判断できるほどの独占力をアマゾンが持っていると言い切るのも難しいようだ。この業界の調査会社で一番と言えばイーマーケターだが、そのデータによると、米国電子商取引に占めるアマゾンのシェアは38・7%にすぎない[49]。ウォルマートやターゲットのウェブサイトもにぎわっているし、ブランドの直販サイトに広く採用されているカナダのショッピファイもあるしで、アマゾンがハンマーロック級の力で電子商取引の世界をぎゅうじっていると言うのはいくらなんでも無理である（米国における書籍販売と電子書籍については２０１８年時点でアマゾンがそれぞれ42%、89%のシェアを占めており[50]、ここは独占が進んでいてさらなる調査が必要と言えば言えるかもしれない）。ニューヨーク州司法長官室反トラスト部門のトップを務めたこともあるジェイ・ハイムスも次のように述べている。

「オンラインでアマゾンと肩を並べるセラーはないのですが、ではアマゾンが独占力を持つと言えるところを現状の反トラスト法でみつけられるかと言えば、それはきわめて困難です」

１９７０年代にはＡＴ＆Ｔに対して、１９９０年代にもマイクロソフトに対して展開された反トラスト訴訟のような果てしなく時間のかかる手続きに訴えずともアマゾンの力を政府は抑えられるのではないかとして、この最終報告書ではさまざまな方法が提案されている。セラーとの契約を調べ、同じ物をほかで安く売っていたら制裁といった手法をやめさせる、舞台裏での裁定という時間のかかるやり方しかないいまの契約条項を廃し、集団訴訟を可能にするなどだ。ビッグテックの買収案件について承認の条件を引き上げれば、小さな買収案件も表に出さなければならなくなるし、公益に資するために必要な買収なのだと示せなければならなくなるだろうとも記されている。

最終報告書には盛り込まれていないが、アマゾンマーケットプレイスの混乱を鎮めるには、悪名高い通信品位法230条の改正という方法も考えられる。いまの法律では、ユーザーに違法行為があってもアマゾンなどのプロバイダーは責任を問われない。これを変えれば、サードパーティセラーの製品が違法だったり危なかったりしたとき、アマゾンに責任を問うことができる。アマゾンにセラーの納税者番号を確認する義務を負わせる、(アリババの天猫(テンマオ)と同じように)保証金を入れさせ、詐欺行為があったら没収する義務を負わせるなどもできるはずだ。アマゾンセラーになるハードルをぐっと高くすれば、いまは中国系セラーに有利となっている状況を改善できるだろう。

ただし、このようなやり方で対処できるのは、不行状のわかりやすい部分だけだ。最終報告書では、もっと大きな問題の可能性が指摘されている。AWSや広告の利益を小売部門に流して価格競争に使ったり、まったく違う新市場に進出してデジタル資産を次々飲み込んで行ったりしているのではないかというのだ。だが証明はできていない。小委員会が独自評価するのに必要な財務データをアマゾンが出そうとしなかったからだ。[51]

独禁法取締官にとって難関の問題だ。アマゾンを分割するには、まず、会社が必死で隠している部分を明らかにしなければならない。部門はどう絡み合っているのか。Amazonプライムなどの会費でコストの一部をカバーしているとき、事業部の収益性をどう評価するべきなのか。会費を値上げした場合や、逆に、2019年秋、月額15ドルという生鮮品配送料金をなくしたように[52]会費をゼロにして市場における地位を強化しようとした場合、それは競争を抑制する行為なのか。

「複雑で社外の人間に理解しがたいという意味では、アマゾンが世界一だと思います」

こう語るのは、2019年まで15年間アマゾンの金庫番を務めたカート・ズムウォルトである。

「バークシャー・ハサウェイとかゼネラル・エレクトリックなどのコングロマリットとはまるで違います。アマゾンは顧客とのつながりが多少なりとも強まるようにと、それだけを考えてつくり上げられていると言えるでしょう。世界トップクラスの技術、ずば抜けた運用、厳密な計測と見直しによってみずからを強化していくさまざまな事業とサービスの総合力こそが強さの源泉なのです」

アマゾンの力に対する一大取り調べはとりあえず終わったが、これですべてかたがついたわけではない。

「会社上層部の人間が電子メールに書いていることと外部に向かって訴えることが異なっている場合、現実を否定しようというその努力が会社にとって都合のよい展開をもたらした例はほとんどありません」

こう語るリナ・カーンは、2021年頭、新たに発足したバイデン政権によって連邦取引委員会5人のひとりに任命される予定だ。欧州でも競争政策担当コミッショナー、マルグレーテ・ベステアーが、サードパーティセラーのデータという慎重に取り扱うべきものを不正に利用して自社製品が有利になるようにして競争を阻害しているとアマゾンに注目している。[53] こちらはこれから何年も調査が続くだろうし、最終的に、かつてのグーグルと同じように多額の罰金が科せられることも考えられる。

ベゾスはどういう展開であれ歓迎するつもりらしい。それどころか、アマゾンの立場を強めてくれる可能性さえあると考えているのか、ベルリンのイベントで次のように述べたりしている。

「規制は意図せざる結果をもたらしがちなのですが、そのひとつに先行企業に有利ということがあります。アマゾンはいま現在先行しているわけで、それは私にとっておそらくは喜ぶべきことなのでしょう。でも、うれしくありません。今後も進化していくことが社会のためになるはずだと考えているからです[54]」

次のような一言もあった。

「いずれもとても難しい問題であり、1～2年の時間をかけても答えが出るとは思えません。おそらくは当分のあいだずっと考え続けなければならない問題なのでしょう」

今後なにがどうなるのかについては、米国議会の勢力分布がどう変わるのか、グーグルやフェイスブックなどほかのテクノロジー企業とアマゾン、どちらから対処すべきなのか、アマゾンとベゾスに対する世間の風向きがどうなるのかなど、さまざまな要因が絡むので見極めが難しい。ビッグテックに対してもアマゾンの西側経済支配力に対しても疑いの目が向けられるようになったわけだが、その後２０２０年のアマゾンは、救世主的役割を果たすことになる。新型コロナウイルスの脅威で自宅に閉じこもらざるをえなくなった人々の命を守る役割だ。

第15章 CEO交代

——パンデミック

このところアマゾンはトラブル続きに見えるが、いずれも減速帯くらいの効果しかなかったようだ。HQ2の失策、ベゾスの私生活、JEDIの失注、ドナルド・トランプや反トラスト規制当局との戦いといろいろあったにもかかわらず、まるでとんちゃくせずアマゾンは前に進んでいる。企業が大きくなると企業社会の重力にとらえられて成長は遅くなり、動きはにぶくなり、桁外れの富を手にしたリーダーの判断は曇るのがふつうなのに、アマゾンとジェフ・ベゾスは例外のようだ。少なくともいまのところは。

当然ながら新しい障害も登場するのだが、アマゾンはそちらにもすばやく対処している。ティーンエージャーの活動家、グレタ・トゥーンベリの呼びかけで気候変動に反対するストライキが世界各地で行われた2019年9月20日、たくさんのアマゾン社員もテクノロジー系の仕事をしている人や学生と並んでこれに参加した。シアトルではお昼前にアマゾンスフィア前に大勢が集まると、「アマゾンも気温ではなく目標を上げろ」「石油ガス業界にAWSを使わせるな」などのプラカードを掲げるとともに、品ぞろえを増やす、配送時間を短くする、顧客を喜ばせるといったことを環境費用を無視して追求するのは考え直すべきだと声を上げたのだ。

実はこの前日、ジェフ・ベゾスはワシントンＤＣで記者会見を開き、２０４０年までに炭素排出量を実質ゼロにすると約束する「気候変動対策に関する誓約」を発表している。パリ協定の目標を10年も前倒しに達成しようというもので、ベライゾンやマイクロソフト、メルセデス・ベンツなども参加するという。また、シアトルにある競技場の命名権をアマゾンが買い、リニューアル後は「クライメート・プレッジ・アリーナ（気候誓約アリーナ）」とすることも発表された。

社員の抗議行動は世界中のメディアに大きく取り上げられた。意欲はわかるが具体性の感じられない気候変動対策に関する誓約に比べて好意的な報道がずっと多かったことが印象に残る。絶大な力を持つテック企業だけでなく、その社員も政治的な力を持ちうるとはっきり示されたわけだ。身内の造反にどう対処していくのか、アマゾンにとっても難しい舵取りになるものと思われた。だが炭素排出量の件はすぐ過去のものになる。目標達成のめどは立っていると示されたからだ。

アマゾンそのものやアマゾンが社会や地球に与える影響についてどういう批判が巻き起ころうと、それがベゾスまで届くことはないようだと思わせるできごともあった。

偉業を祝して新たに6人の肖像画をワシントンＤＣのスミソニアン国立肖像画美術館に収蔵することが決まり、その式典が11月、政界や報道界の重鎮を集めて執り行われた。ベゾスはそのひとりに選ばれた、アマゾン取締役、ワシントンポスト紙幹部、両親、子どもたち、恋人のローレン・サンチェスなど多くの人々とともに参列したのだ。

あいさつではファイアフォンで大失敗した話や、創業まもないころ本の出荷作業は床にひざまづいてやるより机を買ってその上でやるほうが楽だとなかなか思いつけなかった話などいつもの自虐ネタをいくつか披露し、笑いを取ったりした。だがこの日のハイライトは、19歳の長男、プレストン・ベゾスがおそらくは初めて世の中に紹介したビリオネアの一面だろう。

8歳のとき、父が釘に電線をゆっくり巻き付けていくのをキッチンのテーブルから見ていたことをいまでも覚えています。そして電線の両端を乾電池につなぎ、釘を金属片に近づけたらばちっとくっついたんです。父はそのあと地下室からホワイトボードを引っぱりだしてきて、釘に磁力を注ぎ込む魔法についで、8歳にもわかる形で説明しようと四苦八苦していました。私は、ただただ目を丸くして話を聞きました……この件を思い出すたびすごいなぁと思うのは、同じことをあの前に10回以上もやってみせてくれていたからです。でも、はっきり記憶に残ったのはあのときが初めてなのです……そういう経験ができたのは、父が親身になってくれたから、知の追求はおもしろいと示してくれたから、辛抱強くり返してくれたからです。父のそんなところが私は大好きです。これが父のすごいところだと私は思います。そして、最後に父とはそういう人なのだと、そう記憶されればいいなと思っています。

さすがのベゾスも心を動かされたようだ。そのあと登壇したベゾスは次のように語った。

「あんな話をされたもので、気持ちを落ち着けるのにしばらくかかってしまいました。今日、息子がどういう話をするのか知らなかったんです。あらかじめ教えてはくれなくて。驚かせたかったのでしょう」

ビジネス界の巨星として人前で話をするときは原稿を用意し、なんども練習するのが常の人物が父親としての顔をのぞかせた一瞬である。

その2カ月後にはまた新たな表の顔を見せる。思いもよらない展開で注目されている表の顔だ。年明け2020年の1月半ばにインドを訪問。トラックの上で巨大な小切手を渡すという客寄せピエロを演じた2014年以来である。今回はなにもかもが大きく違った。ローレン・サンチェスとふたりタージマハルで写真を撮ったり、マハトマ・ガンジーのお墓参りをしたり、ムンバイで行われたプライム・ビデオのプレミアにインド式の正装で出席したりという具合なのだ。

インドには進出して5年以上になるが、ベゾスの意識はまだまだスタートしたばかりというものだ。独立系セラーを対象としたアマゾンサミットの壇上で、ベゾスは、元テクニカルアドバイザーでシニアバイスプレジデントのアミット・アガーワルにこう語った。

「この国には特別なところがあると思うんだよね。今世紀はインドの時代になるよ」

だが、どんなことでも技術で解決できるという考え方や、プレストン・ベゾスの言う「辛抱強くくり返す」やり方はあまり歓迎されなくなったらしい。地元企業はベゾスを経済的テロリストと呼び、「帰れジェフ・ベゾス」と書いたプラカードを手に抗議行動を展開した。不当な値引きで競争を抑制している疑いでアマゾンとそのライバル、ウォルマート傘下のフリップカートを調べるとインド競争委員会が発表する、インドでは宗教的マイノリティや人種的マイノリティが迫害されているとワシントンポスト紙が報じたのはなにごとかと閣僚がベゾスを非難するといったこともベゾスが来るわずか2日前に起きている。ナレンドラ・モディ首相はベゾスとの面談は辞退するとのことだし、インド随一の富豪で通信や小売りのコングロマリット、リライアンス・インダストリーズを経営するムケシュ・アンバニの電子商取引事業を政府はそれとなく押しているというのが大方の見方である。

インドなどでトラブルが続いてもアマゾンの事業全体が揺らぐことはないようだ。1月30日、ベゾスが米国に戻ったあと、ホリデーシーズンの業績が発表される。プライム会員向けお急ぎ便を2日から翌日に短縮した結果売上が大きく伸びたほか、AWSも好調が続いているし裏庭の金鉱である広告も手堅く推移していることから利益が33億ドルとウォールストリートの予想を大きく上回る結果となっていた。世界全体のプライム会員数も2年前の1億人から1億5000万人に増えたこと[1]、また、雇用者数も約80万人とウォルマートに次いで押しも押されもせぬ米国第2位であることも発表された。

この四半期決算を受けて株価が上昇し、時価総額がついに1兆ドルの節目を突破。1~2週のうちには1兆ドル超が続くようになる。ジェフ・ベゾスの個人資産も1240億ドルと信じられないような数字になったし、アマゾン無敵のオーラは不動のものとなりつつあるようだ。アマゾンのストーリーはとりあえずここで終わりにしてもいいのではないだろうか。いないはずの黒鳥が姿を現したのは、そう思った矢先だった。世界が経験したことのない災いだ。黒鳥が羽を広げるように焦土が広がっていく。2020年はそういう年だった。

倉庫の密集発見システムから検査キットまで自作する

コロンビア大学のイアン・リプキン医師は疫学が専門で、90年代末にはウエストナイル熱の大流行、2003年にはSARSの流行を調べて有名になった「マスターウイルスハンター」である。その彼がまたも心配してしまう事態が展開していた。1月に中国を訪問したのだが、北京も広州もがらんとしていて店先にも人の姿がない。対して病院は満員だ。原因は新型コロナウイルス。感染力がきわめて強いこのウイルスは、武漢市の海鮮卸売市場からまたたくまに中国全土へと広がっていった。

北京からニューアークへ最後の直行便で戻った翌日の2月5日、リプキン医師は、マンハッタンはアッパーウエストサイドのマンションで2週間の自宅隔離に入っていた。電話が鳴る。健康や安全を担当するマネージャーとして長年アマゾンで仕事をしているケイティ・ヒューズだ。もちろんアマゾンも社員が中国と行き来するのを制限していたが、倉庫や輸送ハブをいくつも運用しているイタリアでも感染が広がり始めたことから、リスク評価など嵐を乗り切る手助けをしてくれないかというのが話の内容だった。

リプキン医師はプライム会員でもありアマゾンはすごい会社だと思ってもいたが、零細業者への影響を気にしていて、買物はできるかぎり近所の店でするようにしてもいた。同時に、感染症の専門家として、アマゾンの関係者が深刻なリスクに直面するおそれがあることもわかっていた。ふつうの会社なら入口にシャッターを下ろして社員を家に籠もらせることもできたりする。アマゾンは人でいっぱいのフルフィルメントセンター（FC）を世界中に何百カ所も展開している。ここがウイルスの培養皿になるおそれは十分にあるし、配送スタッフは毎日多くの人に会う。きわめて危ない。リプキン医師はアドバイザーになることを了承した。

2月いっぱい、アマゾンの人事・業務とオンライン会議をくり返し、拭き掃除のやり方やMERV13によるフィルタリングからマスクや手袋の着用義務化、検温ステーションの設置にいたるまで細かくアドバイスしたとリプキン医師は言う。

「アマゾンの人は数字や技術を信奉しているので、証拠から科学的に導き出された提案をすれば採用してくれます。費用を問題にされたことは一度もありません。ほかの会社だと必ずしもそうではないのですが」

2月27日にはSチームとのオンライン会議があった。リプキン医師はベゾスらに自分の目で見てきた中国の状況を伝えるとともに、アマゾン社員が直面するおそれのあるリスクをリストアップ。トランプ政権が全米に緊急事態宣言を出し感染症関連の言葉が世の中に知られるようになる何週間も前のことなのに、すでにアマゾン幹部はかなり詳しくなっていた。潜伏期や、ひとりから感染が何人に広がるのかを示す基本再生産数(R0)など鋭い質問が飛んでくる。ベゾスになにを尋ねられたかは覚えていないが、彼もまちがいなく参加していたし、しっかり勉強してきているように見えたという。

Sチームがリプキン医師とリモートで会議をした翌日、アマゾンは、社員の不要な移動を禁じた。[2] さらに3月4日、シアトルで働く社員に感染者が出たことをうけ、事務所で働く社員に2週間の在宅勤務を指示。[3] 出勤再開の日はなんども延期になり、結局、年内いっぱい在宅勤務ということになる。[4] その1週間後には採用面接はすべて自社製ビデオ会議ソフトウェア、アマゾンチャイムで行うことにした。[5] このときアマゾン内に深い溝があること、また、ここに大きな課題があることが明るみに出た。事務系社員は安全なリモートワークに移行できるが、倉庫の関係者は事業に不可欠な存在であり、大きなリスクを背負って働かざるをえないのだ。

3月頭には、Sチームの一部メンバーが毎日シアトル時間の午後4時にオンラインで集まり、コロナ禍への対応を話し合うようになっていた。人事部門のトップ、ベス・ガレッティを議長に、ジェフ・ウィルケ、アンディ・ジャシー、業務部門トップのデイブ・クラーク、そしてベゾスというメンツである。CEOであるベゾスははるかな未来に向けたプロジェクトにしか関わらないのがふつうだ。だがこのときは、いま現在の緊急事態に全力を投入。さまざまな問いかけをする、意見を述べる、そして、自宅隔離でかぎりなく増えていく通販需要を満たしつつ社員を守る技術的な工夫ができないかなど、先頭に立ってブレインストーミングをすると八面六臂（ろっぴ）の大活躍である。

陣頭指揮も取った。３月21日にはメールを全社員に送付。

「アマゾニアンの諸君。いまはいつもと違い、大きなストレスと不安を感じていることと思う。[6] だがいまほど我々の仕事が必要とされることはないとも言える……みな我々を頼りにしているのだ」などと呼びかけるほか、清掃の回数を増やす、品不足のマスクを社員用に買う努力をするなど、さまざまな予防策を早くから講じてきたことを紹介。さらに、残業手当を引き上げる、無給休暇を制限なく取れるようにするほか、倉庫の作業員を10万人増やす、時給も当面２ドル上げるなどの対策も発表した。そして、いま、コロナにどう対処したらいいのか、また、どうすればアマゾンがその役割をしっかり果たせるのか、そこにすべての時間とエネルギーを投入していると結んだ。

ベゾスはここまでどういう仕事をしているのか表に出さず秘密にしてきたが、今回は、積極的に押し出すことにした。３月26日にはテキサス西部のランチからインスタグラムに写真を投稿。世界保健機関（ＷＨＯ）のテドロス・アダノム・ゲブレイェソス事務総長とオンラインで会談している写真だ。[7] 続けて翌日にはワシントン州のジェイ・インスレー知事と会談している写真を公開した。[8] さらに４月８日には、両袖をまくりマスクをしてダラス近くのＦＣとホールフーズを視察するベゾスを映した動画をアマゾン公式アカウントがツイート[9]（ここ何年も彼が倉庫を視察するなどなかったと複数の業務部門社員が証言している）。なお、水曜日に参加していたワシントンポスト紙とブルーオリジンの会議はすべてスキップしている。どちらの会社の幹部も、コロナ禍が広がっていったころ、何週間かはベゾスと話す機会がなかったと言っている。

ベゾスが世間で高く評価されているのは、やっかいなときにＣＥＯとしてリーダーシップを発揮してきたことも一因だ。ウイルスが広がるにつれ、不安が高まっていく。ＦＣでは欠勤が急増。欠勤率は30％に達したとの推計もある。[10]自分自身が感染したり、同僚や友人、家族が感染したと聞いて次は自分かもしれないと心配になったりして[11]仕事を休む人が増えたのだ。今回は気候変動対策に関する誓約の長期目標でどうにかなるような話ではない。利用がどんどん増えているのに欠勤が多いという状況で、作業員は増やさなければならないし、巨大なサプライチェーンと密接に絡みあったやり方をどんどん変えていかなければならないのだ。

アマゾンだからこそそこまでのことができたとは言えるだろう。巨大で複雑なシステムを組み上げることにかけて特異な才能を持つデイブ・クラークがいたからだ。キーバロボットを活用した倉庫ネットワークや、自社配送部門のアマゾンロジスティックスなどを立ち上げ、後者については世界全体で配送の半分ほど、[12]米国ではじつに3分の2[13]を処理するところまで育てた人物だ。サプライチェーンこそが戦いに勝利する鍵だと軍関係者は言い伝えているが、ベゾスのもとには世界トップクラスの戦績を誇る将軍がいるわけだ。

4月4日までに、リプキン医師のアドバイスにあった検温ステーションをＦＣとソートセンター、配送ハブに配備した。ふつうなら手持ちの赤外線温度計を使うのだが、その場合、建物に入ってくる作業員のすぐそばまで担当者が防護服を着て近づかなければならない。アマゾンはサーマルカメラを採用。導入費用はばく大なものだが、これを入口に設置すればリモートで検温ができる。マスクも大量に発注した。特需で甘い汁を吸おうとたくさんのアントレプレナーから電子メールが舞い込んでいたらしい。

「中国でマスクをつくっているいとことかおじさんとかおばさんとか友だちとかいる人があんなに多いとは思いませんでしたね」

そう言うクラークは苦笑いだ。

社外から買うだけでなく、プライムエアのドローンラボにある3Dプリンターを使い、フェイスシールドの内製にも乗りだした。[14] 社員に配布したマスクは4月頭の時点ですでに何百万枚に達していたし、[15] 医療の最前線で働く人々に対するN95マスクの寄付も始まっていた。

「狂乱の日々でしたね。1日が1週間以上に感じました」

こうクラークはふり返っている。

この騒動では、いつもの成長至上主義に逆行するやり方をせざるをえなかった。母の日も父の日もプロモーションはやめたし、[16] 購入履歴が似た人が買っている商品の表示もやめた。倉庫の負担を少なくするため秋まではプライムデーも中止。一番大変だった春先には、サードパーティの商品をアマゾンが出荷するフルフィルメント BY AMAZON(FBA)も日用品、医療品、その他特に必要とされている品物にかぎるとした。[17]

FBAを前提としていた一部セラーはこの制限に腹を立て、アマゾンはそれこそハンモックや水槽など生活必需品とは言えない品物を売り続けていて不公平だとの苦情も出た(のちにアマゾンは、このような品物を売ったのはまちがいだったと反トラスト小委員会で認めている)。[18] 制限が外されたのは、需要増に対応するため7万5000人を追加採用すると発表[19]した4月半ばのことだった。

クラークにとって一番の悩みは、どうすればFC内で人の密集・密接を避けられるのかだ。FCは効率最優先で設計されていて、ソーシャルディスタンスが取れるようには考えられていないからだ。ガイドラインをつくり、ほかの人と1・8メートル以上離れているか、マスクをしているかなどをパトロールして確認。防護服を着た清掃担当者が医療用消毒薬をスプレーして回る。だがさすがはアマゾンで、中心は技術的な対策だ。ロボット工学のグループは監視カメラの映像から人同士の距離を判断するプロクセミクス(近接学)なるシステムを開発。

問題になりそうな場所はＡＩで抽出し、建物の対応状況を詳しくゼネラルマネージャーに通知する。ディスタンスアシスタントなるプログラム[20]も推進した。カメラとスクリーンを増やして倉庫作業員の動きをチェックするもので、密になっている人々には赤丸が重ねて表示される。

業務部門の試みがすべて効果的だったわけではない。ホールフーズスーパーマーケットでは商品棚を紫外線で消毒していく自動運転のカートを通路に走らせたが、食品表面によるウイルス感染のリスクは小さいと国の調査で明らかになったので中止した。パルスオキシメーターでＦＣ作業員の血中酸素濃度を測るのも、これで感染者をみつけるのは難しいとわかって中止した。携帯電話とＷｉ－Ｆｉから作業員が倉庫のどこにいるのかを追跡する試み[21]も放棄した。

無症状で感染に気づかず仕事に来て知らないうちに感染を広げるケースがあるので、短時間で結果がわかる検査がどうしても必要だとＳチームはイアン・リプキン医師に言われていた。だが検査キットは国レベルでもまったく足りない状況でアマゾンに買えるはずなどない。だったら自社でつくればいい。経験のない分野だがそんなことは関係ない。それがベゾスの結論だった。ワクチンはまだないし、しばらくはない状態が続く——そういう現実に対処しなければならないと考えたのだ。

こうしてウルトラバイオレット（紫外線）なるプロジェクトが始まった。ジェフ・ウィルケをトップとして、カリフォルニア州サニーベールのラボ126とケンタッキー州ルイビルの配送ハブの一部を医療用に改造。医療の専門家、研究員、購買のスペシャリストを社内から集め、検査体制をつくっていった。秋には、23州に展開するアマゾン倉庫から毎日何千もの検体が送られてくるようになる。[22]公式発表によると、アマゾンでは、650サイトの合計で1日数千回の検査をしているという。[23]

この夏、コロナ対策に何十億ドルも支出することになるだろう、「アマゾンの株をお持ちの方は驚かれるかもしれません。なぜなら、我々は小さくなど考えていないからです」とベゾスは4月に出した第1四半期決算報告に書いている。「この危機は当分のあいだ続くはずで、その間、社員の安全を守り、顧客に尽くすには、謙虚な気持ちでスキルと創意工夫とお金を総動員する必要があります」

このあとあちこちから批判を浴びせられることになるのだが、そのときもアマゾンは、これほどの投資をしたこと、パンデミックのリスク管理をさまざまな形で実現しようとしたことを指摘する。

「できるかぎり多くのアドバイスをもらい、できることはすべてしました」

人事部門トップのベス・ガレッティがこう言えば、ジェイ・カーニーも次のように述べている。

「アマゾンほどの大企業で我々以上のことをもっとすばやく、もっとしっかりやれるところなど、いままでもなかったしこれからもないと思っています」

「完璧にできたのか、ですか？　できてませんよ。できるはずないじゃないですか」

内部告発者には容赦なし

コロナ禍が米国・欧州で暴れまくり、リアル店舗は次々休廃業するわ、開いていてもトイレットペーパーや消毒剤などの必需品はないわと大変な状況になった。不安や恐れが社会に広がった結果にぎわうことになったのがアマゾンなどのオンラインショップだ。感染のリスクがまだしも小さい自宅の居間で買物ができるならそのほうが安心だとオンラインの注文が急増。アマゾンフレッシュやホールフーズの生鮮品配送サービスなど、いまいち軌道に乗っていなかった部門にも注文が次から次へと入ってくる。コロナはアマゾンにとっては成長ホルモンの注射みたいなものだったと表現したアナリスト[24]もいるほどだ。

アマゾンがずいぶんとがんばったことはまちがいないが、それでも非難の声は避けられない。思いつくかぎりの対策を施した。作業員給与のスタートレートを上げた。残業手当を期間限定で引き上げた。だが、なにをどうしても、社員を危ないめにあわせずに顧客に商品を届けることはできない。通勤だけでも危ないのだ。

3月にはイタリアとスペインで5人の作業員が感染[25]。続いて全米各地のアマゾン拠点で感染が確認されていく。拠点を閉鎖したりいっそサービスそのものを停止すれば犠牲者が出る心配はなくなる。そういう検討はしなかったのかとデイブ・クラークにぶつけてみた。

「一部の施設や一部地域については検討しました。ですが、どうにかして荷物は届けなければ多くの人が困ってしまいます。最初のころは特にそうだったと思います」

感染者が出たことで倉庫作業員のあいだに怒りが広がる。昔からアマゾンを敵視してきた労働組合のあいだにもだ。4月半ばにはフランスの労働組合、連帯統一民主労組がフランス国内にある6カ所のFCを閉鎖するよう求めてパリ裁判所に提訴。判決は、ヘルスケア製品や食品といった必需品のみの販売にかぎること、違反した場合は1日110万ドルの罰金を科すというものだった。

言うは易く行うは難しである。複雑に広がるネットワークでたくさんの作業員が働いているわけで、違反品をうっかり発送してしまうなどいくらでもありそうだ。罰金総額は10億ドルを超える可能性さえある。フランス業務チームがそんな試算をしていると、シアトルからフランスのFCはすべて閉鎖しろとの指令が入った。そこまでの罰金を科されかねない判決なわけで、決断はそれほど難しいものではなかったとクラークは言う。

フランスのFC閉鎖は1カ月におよび[26]、その間、あちこちから批判が飛んできた。パリ市長のアンヌ・イダルゴは近くの店で買い物をしようとアマゾンのボイコットを呼びかけるし、フランス文化大臣は大臣で「アマゾンは食って食って食いまくっている。これ以上えさを与えるのはやめよう[27]」とさんざんな物言いである。

影響は社内にもおよんだ。フランスでいざこざが続くなか、EUをずっと統括してきたバイスプレジデントのロイ・パチクチが突然退職し、さらに、彼と一緒に働いてきた幹部が何人もそのあとを追ったのだ。信頼できる雇用主だとのイメージを長年かけてつくり上げてきた欧州業務チームにしてみれば、数千キロとはるか遠くにいてなにもわかっていないシアトル本社に足を引っぱられたのではたまらないだろう。

米国では、時給で働くアルバイトからも不満が噴き出す。ソーシャルディスタンスを保てと号令はかけるけれど、作業場所も休憩室も人だらけの密な環境であることがソーシャルメディアに次々投稿される写真や動画で明らかにされていく。会社の対策は気休めにしかならない、安全より売上を優先していると指摘する声も出た。南カリフォルニアのリバーサイドカウンティにあるFCで働く作業員は、感染者が出たと会社から知らされたのは地元新聞が報じて何日もたってからだった、消毒薬のボトルは空のことが多いなどと訴えた[28]。ほかのFCや配送ハブでも、シフトの最初にワークステーションやバンをふく除菌シートが1枚渡されるだけだ[29]との証言がある。

いずれもひどい話だが体験談にすぎないと言えば言える。それでも、当初の対策が幹部の認識よりずっと適当なものにすぎなかったのではないかと思うには十分である。インディアナポリス南方に位置する5万平方メートルあまりの施設、IND9では、荷受場にびっちり並ぶ区画の仕切りが破れやすいプラスチックのシャワーカーテンだったという（アクリル板になるまで何週間かかかった）。オハイオ州コロンバス東部にある8万平方メートル弱のＦＣ、ＣＭＨ１の休憩室では、間隔を広げるためずらりと並ぶ電子レンジの一部がまびかれた。意図はわかるが、実際には数少ない電子レンジに人が群がりかえって密になったという。コロラド州を通るフリーウェイ25号線に面した巨大な倉庫、ＤＥＮ３では、手指などの消毒剤といった掃除に必要な品々の不足が５月に入っても続いていて、出荷できる状態でなくなった商品の置き場（社内では「汚損区画」などと呼ばれている）から使えそうなものをみつけてこいと言われる状態だった。

コロナ禍が始まったころ、ケンタッキー州シェファーズビルのＦＣ、ＳＤＦ９では、際限なく取っていいと言われた無給休暇で休む人が多く、いつもより人影が少なかった。だがこの対応が終わった５月１日以降、感染はいぜん拡大しているにもかかわらず出勤する人が増えたし、移動経路を示す床のマーキングなど密を避ける対策は無視されることが増えたという。とあるＳＤＦ９作業員は次のように述べている。

「そらやっぱ怖いですよ。みんな、決められたガイドラインを守らないんですから」

このような懸念を強く世に訴えたのがスタテンアイランドのＦＣ、ＪＦＫ８で５年前から働くベテランのアシスタントマネージャー、クリス・スモールズである。ＪＦＫ８は思うことがあれば口にする人が多いし、ロングアイランドシティーにＨＱ２を置く話に反対した労働組合とも近く、組織行動に走りがちなことでも知られている。スモールズによると、３月頭、早い段階でホットスポットとなったシアトルに研修で行ったＪＦＫ８の作業員がコロナらしい症状を訴えたらしい。だがそのくらいたいしたことではないと思ったのか、３月12日には、社員の親睦を深めるためＤＪや福引きなど盛りだくさんの屋内イベントが予定どおり開催されている。

そのあとすぐ、密を避ける取り組みが始まったが、当初、ソーシャルディスタンスは１メートルも確保すれば十分とのことだった[30]（そのころ疾病予防管理センターが出したガイドラインではそうなっていた）。また、倉庫はチームで作業する場所であり、集まる人数を10人以下にするなどの対策はそもそも守りようがない。スモールズはFCを一時閉鎖してきっちり消毒すべきだと上司に訴え、仕事を休んだ。

3月24日、スモールズは復帰し、始業ミーティングに参加した。業務連絡のなかで、JFK8でも感染が確認された、2週間以上休んでいた作業員だとの話がシニアマネージャーからあった。このときもスモールズは、倉庫を閉鎖して消毒しなければならない、作業員は全員有給の自宅待機にすべきだと主張。上司は賛同してくれない。スモールズは、できるだけ多くの人に話をすると吐き捨ててその場を離れたという。

クリス・スモールズはニューヨーク市、ニューヨーク州、疾病予防管理センターに苦情を申し立てた。続いて、感染者と接触したことはわかっていたが倉庫に戻り、休憩室で座り込みに入った。3月28日土曜日には有給の自宅隔離を現場監督に命じられたが、週明け月曜日、そんな指示は無視し、昼休みをねらって倉庫前でデモを組織した。デモの参加者は、「ジェフ・ベゾス　我々の声が聞こえていますか?」「アレクサ、我々を家に帰してくれ」などと書いたプラカードを掲げて抗議。あごマスクで肩を並べる者もいる。この様子は連絡を受けたメディアによって報道されたし、ほかの作業員がライブ映像を流すなどもしている。

「怖いと思ってもらいたかったのです」とスモールズは言う。「怖い状況なのだと思う人がだんだんと増えていました。どういうものが相手なのかよくわかっていないのだ、と」

デモのあと、スモールズは首になった。表向きは自宅待機の業務命令に反したからだが、実際は「正しいことをはっきり主張したから」[31]だろうとスモールズは考えている。この少しあと、Sチーム会議のメモをヴァイス・ニュースが手に入れて報道し、広報問題がややこしくなっていく[32]。スモールズの抗議行動が報道界で注目されていることをうけ、彼にどう対処すべきかを検討した会議のメモだ。

「頭もあまりよくないし口も達者ではない。また、報道陣は我々と彼の対立という構図にしたいわけで、こういうやり方で作業員を守ろうとしていると口を酸っぱくしてくり返すよりPR効果はずっと上だろう。そういう意味で、物語の中心に彼を据えるといい。組合運動を代表する顔にできれば一番だ」

と言葉に敏感な顧問弁護士、デビッド・ザポルスキーは述べたらしい。

のちにザポルスキーは、このときはスモールズが黒人であることを知らなかった、このような指摘をしたことは大変申し訳なく思っていると公に謝罪し、5月のジョージ・フロイド殺害で勢いを得たムーブメント、ブラック・ライブズ・マターを支持するとしたため電子メールをスタッフに送るなどしている。

「感情に流されてしまいました。だれ相手であっても、社員に対してあのような物言いはすべきでありませんでした。深く反省しています」

ザポルスキーは私の取材にこう語っている。

ともかく、この件で、組合にかすかでもつながりかねない動きにアマゾンが神経をとがらせていることが表にはっきりと出てしまった。しかもさげすみや偏見といった形容詞とともに語られかねない形で。さらに、その後、FCにおける「組合結成の危険性」を洗いだす情報分析担当者の求人[33]が2回あったこと、またホールフーズマーケットでは離職率や人種構成、安全基準違反などのヒートマップを使って組合をどのくらい好ましく思っているのかを推測していることも報じられた。

FCでひときわ大きな問題になるのが感染警告の出し方だ。コロナ禍が始まったころ、社内向けコミュニケーションの部署はてんてこ舞いしながら、感染をいつ、どう知らせたらいいのかを検討した。難しいのは確実性だ。疑われるケースがあったら警告を発するべきか、それとも検査で確認されたらにすべきか。2~3日かかったりする検査結果を待てば感染者に自宅待機を命じるのも遅くなるし接触者に警告するのも遅くなる。だからといって疑わしいで警告を出せば誤報だらけになるし、パニックを引き起こすおそれもある。最終的には、検査で感染が確認された場合にのみ、感染者と同じ建物で働く人全員にテキストメッセージとオートコールで通知を出すという形にした。

感染者の仕事やシフトをどこまで出していいのかも悩ましい。プライバシーの問題もあるし、下手をすればいらぬうわさが広がったりそれこそソーシャルメディアで臆測が飛び交ったりしかねない。この点については接触の有無を録画で確認し、濃厚接触と判断された者は人事部が有償自宅待機を命じることにした。

難しい状況でここまでできれば御の字だと思うが、アマゾンの場合、人数がどうにも多すぎて混乱やフラストレーションが広がってしまった。感染者が正確には何人いたのか数字を教えてもらえない、感染のおそれを判断できるだけの情報がもらえないと感じる人がたくさんいたのだ。この通知ガイドラインは大西洋を渡りながら船をつくって船団にしていくようなものだと表現した社員もいる。

データがもらえないなら自分たちでなんとかしようという動きが出たのはアマゾンらしいと言うべきだろう。インディアナ州南部のSDF8フルフィルメントセンターで働くジャナ・ジャンプ（59歳）はコロナ禍が始まってすぐに職場を離れ、アマゾンのFCで働く作業員が集まる非公式のフェイスブックグループで公になっていない感染やうわさを集めて検証する作業に没頭した。作業員仲間に少しでも情報を届けたいと思ったからだ。

5月、ジャンプはCBSの60ミニッツに登場し[34]、アマゾンが教えてくれない感染データを追跡・報告している件について語った。この番組はクリス・スモールズも取材していて、FCにおける感染率など情報公開に消極的であるなどアマゾンにとって厳しい内容だった。キャスター、レスリー・スタールの追求はデイブ・クラークが一手に引き受ける格好で、作業員の多くは職場ではなく地元で感染していると考えている、感染が全部で何人いたのかにあまり意味はないなどと物腰柔らかく答えた。

だが秋には方針を転換する。強まりつづけるプレッシャーに配慮したのだろう。最前線で働く作業員130万人のなかで感染が確認された者と疑われる者は合わせて2万人と発表。[35] 感染防止の対策をいろいろと講じたおかげで、地域コミュニティの感染率から予想されるよりはるかに少ない人数に抑えられたという。このようなデータを公開した会社はほかにない、さらには、世間や行政や報道界からここまで批判された会社もほかにないという指摘もあった。

いずれにせよ、ジャナ・ジャンプは首になる。クリス・スモールズや気候正義を求めるアマゾン社員の会の主宰者と同じように、である。このほか、ホールフーズにおける感染を追跡していたケイティ・ドアンも首になったし、[36] ミネソタ州FCの作業員で安全対策の充実を求めたソマリ人、バシル・モハメドも首になった。[37] 有償の自宅隔離をパートタイムの作業員にも与えるべしと訴えるバッジを配ったペンシルバニア州の作業員、コートニー・ボーデンもである。[38]

声を上げたことに対する報復ではない、密回避の指示や会社から許可を得ずにメディアの取材を受けてはならないというガイドラインなど、いずれも会社の規定に違反したからだとアマゾンは言うが、それは信じがたい。社外からの批判にもジェフ・ベゾスらは昔から毛を逆立てて怒るが、身内からの批判に対してはもっと厳しくまるで容赦しないようなのだ。社内の火種を放置すると不満を抱いた社員が実力行使に出て地獄の釜が口を開いてしまいかねないと恐れているのかもしれない。

特級エンジニアからの批判

ティム・ブレイは、これ以上アマゾンにとどまると夢見が悪くなりそうだと思った。ソフト帽が似合うブレイはウェブに広く採用されているプログラミング言語XMLをつくったひとりとして知られるソフトウェア開発者で、AWSのバイスプレジデントとして、また、あちこちの問題を解決して歩く特級エンジニアとして働いて5年になる。そして、内部告発者の首を切ってもおとがめなしの会社、作業員の安全などまるで無視しているような会社でよくも働き続けられるものだなと革新的な左派の友だちから突き上げをくらうようになっていた。

やはり続けるのは無理だ。それが彼の結論だった。5月に入ると辞職し、解雇は不当だ、作業員の軽視につながる欠陥がアマゾンの遺伝子にはあると厳しい論評を自分のウェブサイトで展開した。

「内部告発者の解雇はマクロ経済的な副作用でもなければ自由市場ならあってもしかたのないものでもなく、企業文化に張り巡らされた血管に毒が混じっている証拠である。私は、その毒を自分で飲むつもりもなければ他人に飲ませるつもりもない[39]」

その数カ月後、私は、取材の約束をとりつけ、バンクーバーに浮かぶモーターボートをホームオフィスとして使う彼からオンラインで話を聞いた。ブレイは、仕事自体はおもしろかったし株を一部もらい損ねたのは残念だとしつつ、危険な作業環境だったとソーシャルメディアにどんどん書き込まれていたのは実際にそうだったからだろうと語ってくれた。また、実際に声を上げた人が首になったことが自分にとっては大きかったとも。

「内部告発者を首にするというのとは次元が違うと思うんです。倫理的にありえません。規則だからですませられることではないんです。少なくとも私にとってはがまんできることではありませんでした」

この記事がひとしきりメディアに取り上げられていたとき、アマゾンのPR部門は報道各社の記者に連絡を取り、ブレイと同じく特級エンジニアであるブラッド・ポーターがリンクトインに書いた反論を紹介した。[40] ポーターは「荷物を届ける仕事をアマゾンでしようと思ってもらうためには、まず、安全に働けるようにできるかぎりのことをしていると信じてもらわなければならない」など、安全策の導入に時間がかかりすぎたというブレイの見解は疑問だ、会社は作業員を使い捨てにしているというのも当たらないと書いていた。

一理はあるが、コロナ対策への批判に対するアマゾンの反応もポーターの反論も本質的なところでブレイとずれている。ブレイは、このように苦しい時期なら抱いて当然の不安が一部社員の声や行動という形で出てきたと考えたのだ。であるのにアマゾンは、ふつうの人が心配しているとは考えず、また労働組合など敵対勢力が陰で動いていると考え、むきになってしまった。デイブ・クラークは次のように述べている。

「社員が声を上げているのか、それとも金目当ての第三者が動いていて、いわゆる、あおられている状態なのか、雑音が多いとよくわからないことがあります。我々がなにをしようが大好きだと言ってくれる人もいますし、我々がなにをしようが大嫌いだと言う人もいますからね」

ブレイの議論にはもうひとつ大事な主張がある。立場が一番弱い労働者を守れていない。これはアマゾンだけではなく米国全体の問題だ。アマゾンでもほかの会社でも、その社員や下請けは連邦政府が法的に保護する必要が絶対にある。そういう主張である。

欧州各国では、規模がある程度以上になると職場委員会などと言われるものを置くことが法律で義務づけられていたりする。労働組合とは関係のない組織だが、職場が大きく変わる際などに労働者が声を上げる場にはなる。米国にはそのような制度がなく、労働者の生活を大きく変えてしまう変化が何千キロも離れたところで決められたりするし、そういう変化はいやだと思っても頼れる先がなく、やめてほかに職を探すか、首を覚悟して社外で声を上げるかしか道がない。

豊かな国は、有給で病気休暇や育児休暇が取れなければならない、パートタイムでも正社員と同じ扱いが受けられなければならない、ある程度以上労働時間を長くしてはならないなどと法律で定められていたり暮らしていけるレベルの最低賃金が定められていたりする。だが米国は、連邦政府が定める最低賃金は時給7ドル25セントとごく少ないし、そのほかの福利厚生制度などは議員の大半からも一部経営者からもぜいたくだ、米国企業の足を引っぱるものだと敵視されていたりする。結果、コロナ禍では多くの労働者がなすすべもなく振りまわされることになった。仕事にはしがみつくしかない。収入がなくなったら大変だ。会社が健康保険を提供してくれている場合にはそれにもまたしがみつくしかない。自分の命や家族を危険にさらしても、だ。

「アマゾンは表面に現れた症状であり、その裏にもっと大きな問題があるのです」

ブレイは私の取材にこう語った。

「会社には子どもたちに対するのと同じことを言いたいですね。仲よくしろよ、と。でも、その程度ではなにも変わりません。規制が必要です。倉庫作業員の待遇が気に入らないなら、規制でどうすべきかを定めるべきなんです。労働者を合法的に踏みつけられる状況ですからね。だったらみんなそうしますよ。だって、やらなければ競争相手に先を越されるわけですから」

人間味あふれる大幹部が去る。そして守り神も去る

コロナ禍が世界で猛威をふるいつづけ、人々が次々死んでいく2020年末、アマゾン社内ではニューノーマルへの移行が進んでいた。棚卸しの時が来たのだ。

災厄に苦しむ世界に逆行するかのようにアマゾンは隆盛をきわめていた。[41] コロナの検査や安全対策で投資が大きく増えたにもかかわらず、利益は過去最高を記録。売上は37％増えて3800億ドル超となった。米国と欧州で感染がまた拡大し、FCが採用をどんどん増やした秋、アマゾンで働く人はフルタイムとパートタイム合わせて100万人を初めて超えた。[42]

会議も授業もオンラインとなったことをうけ、インターネットを陰で支えるインフラストラクチャーであるAWSの利用も大きく増えた。家にこもった人々はアレクサに話しかけ、いつ果てるともしれない孤独を多少なりともいやそうとした。プライム・ビデオも大人気で、スーパーヒーロー活劇の『ザ・ボーイズ』やコメディの『続・ボラット』がヒット。アマゾンスタジオは、ネットフリックスや新たに登場したライバル、ディズニープラスなどと並んでハリウッドをリードする地位についたと言える。

年末、アマゾンの時価総額は1兆6000億ドル、ジェフ・ベゾスの個人資産は1900億ドル以上となっていた。ベゾスの資産はコロナ禍のあいだに70％以上も増えた計算になる。アマゾンのFCで働く人々がお金も含めてさまざまな面で苦労してきたことを思うとその差に驚きを禁じ得ない。コロナ禍で小さな会社や地元に根ざした会社がばたばた倒れた結果、グローバルビジネスは以前にも増してアマゾンをはじめとするテクノロジーの巨人に有利となったわけだ。

シアトルのデイ・ワン・タワーではひとつの時代が終わろうとしていた。1月、アマゾンの小売部門を統括するジェフ・ウィルケ（53歳）が年内には引退したいとベゾスに申し出たのだ。その後コロナ禍が激しさを増していったので引退は先送りし、会社は大丈夫だと自信が持てるまでは、今後どういう世界で事業をしていかなければならないのかはっきりつかめるまではがんばることになったが。そして、最悪の事態は脱したと判断した8月に引退を発表する。

ウィルケはドットコムバブルがはじけたあと、アマゾンが一番苦しかった時期に配送ネットワークを一からつくった人物で、その後も電子商取引関連でさまざまなサービスを手がけてきた。とにかく厳しいアマゾンに多少なりとも人間味があるとしたらそれはウィルケがいたからだとも言われる。ベゾスも次のように述べた。

「ジェフ・ウィルケが引退しても彼の影響は末永く残るだろう。アマゾンと言えばこの人が浮かぶというひとりだからだ[43]」

ウィルケが後任に指名したのがデイブ・クラークだったのは、ある意味、当然だろう。アマゾンロジスティックスを立ち上げ、コロナ禍を乗り切る偉業をなし遂げたクラークは、ベゾスのもとで小売部門を統括する立場につき、２０２1年1月には発足したばかりのジョー・バイデン政権にワクチン配布の手伝いをする用意がある旨、申し出ることになる[44]。最前線で苦労する作業員と心を通わせつつ網の目のように広がる業務を冷静に切り回す役割は、アマゾンがまだ発展途上でFCも混乱していた時代を知らないクラークの後任が担っていかなければならない。

ほかにもいつのまにかいなくなったベテランがたくさんいる。いいかげん疲れた人もいる。十二分に稼いだという人もいる。もっと小さな会社で活気のある仕事がしたいと思った人もいる。アマゾンで22年も働き、アマゾンスタジオや成長著しい広告部門を統括してきたシニアバイスプレジデント、ジェフ・ブラックバーンも去ったひとりだ。Sチームの顔ぶれもかなり変わった。人事のベス・ガレッティに加え、アマゾンファッションのクリスティン・ボーシャン、広告のコリーン・オーブリー、業務のアリシア・ボーラー・デービスも新たに参加し女性が増えた。[45] 経営トップ25人のSチームはこれまでジェンダー的にも人種的にも偏っていたが、それがようやく変わり始めたのかもしれない。

アマゾンのコロナ禍対応がほぼ落ちついてきたことから、ベゾスも新たな道に踏み出すのではないかと思われる。2020年2月、ベゾスはベゾス・アース・ファンドを立ち上げ、気候変動対策に100億ドルを拠出すると発表した。だが、コロナ禍で基金の立ち上げは遅れてしまう。そうこうしているうちに、ベゾスの元妻マッケンジー・スコットが世界を驚かせる行動に出た。[46] まずは黒人、女性、LGBTQなどの団体に合計60億ドル近い資金を提供。しかも、使い道などの条件はつけないという。さらに、シアトルの化学教師ダン・ジュイットと再婚。ちなみにダンもギビング・プレッジを宣言しているという。慈善活動をする姿勢をようやく見せた段階の元夫とは違いが際立つと言わざるをえない。

ベゾスは2020年秋、ローレン・サンチェスとともに気候変動関連の団体とオンラインで面談を始めた。話をした団体幹部によると、ふたりともよく勉強していて質問は鋭いし、どうすれば効果的なのか、アドバイスを心から求めていたという。収入が少ない人々を汚染から守るなどの活動をしている小さな草の根団体も含め、幅広い非営利組織と話をしようとしたふたりは、相手の反応に驚くことがあったはずだ。ベゾスからお金をもらうことを必ずしもよしとしない組織や、作業員の待遇がひどいと言われる会社のCEOと関係が深いと思われたくないとする組織が意外なほど多いのだ。

たとえばＮＤＮコレクティブ。持続可能なやり方で先住民の暮らしを改善する活動をしている団体で、ベゾス・アース・ファンドから１２００万ドルの拠出を受けることになったのだが、そのＮＤＮコレクティブが出した声明には「不当な労働環境や企業救済、さらには気候変動の大きな原因であることなど、当然の批判がアマゾンやジェフ・ベゾスその人に対してなされていることは事実であり、我々はその事実から目を背けるつもりはない」などと驚くべき文言が並んでいる。[47] 環境防衛基金や世界資源研究所などの有名どころは1億ドルずつもらう、自分たちにも同じようにしろと求めた草の根団体もあった。そのような環境団体5組織で助成金は合計1億５１００万ドルとなっている。

もっと踏み込んで、公平な労働環境を求める活動もしている環境団体にも助成金を与えるべきだと主張するグループもいくつかあった。思っていたより話がややこしくなってきたし危なくもなってきたと感じたのか、ベゾスは、元ビル・アンド・メリンダ・ゲイツ基金ＣＥＯでアマゾンの取締役を長年務めてくれているパティ・ストーンサイファーに調整をお願いした。その結果、気候・クリーンエネルギー公正基金（Climate and Clean Energy Equity Fund）や気候・ジェンダー公正のためのハイブファンド（Hive Fund for Climate and Gender Justice）が助成金を受けられるようになったという。彼女はまた、ＮＡＡＣＰ環境・気候の公正プログラム（NAACP Environmental and Climate Justice Program）など、労働者の権利は気候問題の欠くべからざる一部であると主張して譲らないところを穏便に切ることにも成功した。

２０２０年11月16日、アース・ファンドの初回助成金、7億９１００万ドルが発表され、ベゾスがたぐいまれな知性と巨万の富を当代随一の難問の解決に振り向けるつもりであることがはっきりと示された。環境団体から疑いの目で見られてはいるが、大きく成功してきたベゾスが生き方を変えるとは思えない。

これはアマゾンのもっとも新しくもっとも意欲的なプロジェクトに対してもそうで、世間の評価がどれほど上がろうとその姿勢が変わることはない。いまは、アレクサやアマゾンゴーのプロジェクトをじっくり育てたときと同様、高速インターネットを世界に届ける衛星を打ち上げるプロジェクトカイパーに積極的にかかわっている。100億ドルというこの大型プロジェクトは、イーロン・マスクのスペースXが進めているスターリンク衛星システムを狙い撃ちにするものだ。両社は、無線周波数についても、また、信号が強くなる低軌道についても激しく殴り合っている。またも、世界一の富豪の座を争うふたりが表舞台で丁々発止やりあうことになったわけだ。

規模約4兆ドルの米国ヘルスケア市場でアマゾンが果たす役割も、ベゾスが注意を払い続けているものだ。たとえばアマゾンファーマシー。処方薬をオンラインで買えるサービスで昔から検討していたのだが、コロナが全米で猛威をふるっていた11月、ついに実現することができた。ヘルスケア関連ではこのほかにフィットビットに似たヘイロースマートバンドを2020年8月に発売しているし、スマートフォンのアプリから使えるサービス、アマゾンケアもある。[48] 後者は診療や指導をオンラインで受けられるサービスで、試験的にワシントン州のアマゾン社員に提供してきたものを他社にも公開する運びとなった。ヘルスケア分野はディスラプションやイノベーションの可能性が大きいとベゾスは考えていて、この分野について新しい企画を考え実現していく秘密のグループ、「グランドチャレンジ」と頻繁に打ち合わせをしている。

アマゾンはすでに盤石と言えるがそれをもっと盤石にすべく、ベゾスは、目を皿のようにして新しいビジネスチャンスを探しつづけている。逆に年季の入った部門についてはアンディ・ジャシーやデイブ・クラークなどの側近に任せていく。そして2021年2月2日、ベゾスがもっと大きなものを人に任せる日がついにきたことが発表された。CEOの仕事だ。[49] ベゾスは年内に会長となり、執行トップとしての権限はジャシーに委譲されることが四半期決算と一緒に発表されたのだ。ちなみにジャシーは大昔に初代テクニカルアドバイザーを務め、このところはずっとAWSを率いてきた人物である。

アマゾンの守り神が変わる。それは現代ビジネスを代表する物語にひとつの終わりが到来したことも意味する。25年あまりをかけ、ベゾスは、新しく登場したウェブなる仕組みで本を売るというアイデアを追求した。そして発明に発明をくり返し、技術をとめどなく取り入れ、情け容赦がないと言えるほどレバレッジを追求し、世界に君臨する帝国をつくり上げた。その時価総額は1兆5000億ドルを超えている。

元社員も現社員もCEO交代に驚いた人は少ないようだ。しばらく前からベゾスはアマゾン以外に使う時間を増やしていたからだ。新しい恋人もできたことだし、あちこちに持つ豪邸やもうすぐ完成する壮麗な帆船でローレン・サンチェスと楽しい時を過ごすつもりなのではないかという人もいる。

経営トップから退く理由ならほかにも考えられる。アマゾンCEOの仕事はだんだんとおもしろくなくなってきているのだ。事業は成熟してきていて、ややこしい話が増えている。たとえばアマゾンマーケットプレイスには詐欺だ、公平な競争になっていないだと文句を言うセラーが山のようにいるし、配送ネットワークでは100万人からのブルーカラーが働いていて、そのなかには、賃金の引き上げや労働環境の改善を求めて声を上げる人もいる。こういう人々はトップひとりを悪者に仕立てがちだったりする。ワシントンやブリュッセルでそちら方面の規制が検討されているのも心配だ。

53歳のジャシーはベゾスがみずから経営術を仕込んだ男であり、スポットライトをうまくこなしてきた実績もある。アマゾンを政敵とみなす人々に攻撃されにくいのもいい。経営者としての実力も、アマゾン随一の収益力を誇る部門をつくりあげ、経営してきたことで十二分に証明されているし、全身全霊を求める仕事をこなせる対応力を持っていることも明らかだ。

ベゾスは社員にあてた電子メールに次のように書いている。[50]

「アマゾンのＣＥＯは責任が重く、力をふりしぼる必要があります。そのような責任を負えば、ほかのことにはなかなか手が回りません。会長という立場なら大事な構想にはこれからも関わることができますし、同時に、デイ・ワン・ファンドやベゾス・アース・ファンド、ブルーオリジン、ワシントンポスト紙などほかのことにも時間とエネルギーを注げるようになります。私自身はかつてないほどやる気に満ちています。引退するわけではないのです」

ジェフ・ベゾスのミッションは停滞を防ぎアマゾンを「デイ・ワン」の状態に保つこと、発明の文化やまちがいのないやり方をする会社として自分がいなくなったあとまで続くようにすることだった。

全社集会で次のように警告したこともある。

「アマゾンほど大きければ倒れないなどありえない。それどころか、アマゾンが倒れる日が必ず来るとぼくは思っている。倒産するんだ。ほかの会社を見ればわかるけど、大会社は30年くらいで寿命を迎えることが多く、１００年以上も続くことはあまりない」

暗い未来の到来を防ぐのはアンディ・ジャシーの役割になる。課題は山積みだ。株価が停滞しても経験豊富なシニアリーダーにとどまってもらわなければならない。まだまだ増える倉庫作業員が生き生きと働けるようにしなければならない。米国内外で今後確実に盛り上がる規制の議論をうまく切り抜けなければならない。国に反トラスト訴訟を起こされることになるかもしれない戦いもまだまだ続く。

絶対のリーダーシップ原則14カ条、しっかりとかみ合って動く事業部、圧倒的な勢いの弾み車など、ベゾスがいなくなったあともジャシーをトップに会社が栄えられる準備は十分に整っているように思われる。そういう意味で、ベゾスはライフワークを完遂したと言えるのかもしれない。少なくともアマゾンについては。

だがことここにいたっても、いくどとなくくり返されてきた問いにこれだという答えは出ていない。アマゾンがあるほうが世の中にとっていいのか、という問いだ。

アマゾンが1兆ドルの帝国に進化し、ジェフ・ベゾスが卒業してビジネス史という記録の世界に行ってしまったいま、そう問うことに意味はなくなったのかもしれない。いまさらアマゾンなしの生活など想像もできないだろう。いながらに買物ができてしまうというのはそれほど便利なことなのだ。もちろん、地元小売店はよほどの才覚があるところ以外、太刀打ちなどできるはずもない。思い出されるのは、ベゾスが昔語ったワンウェイドアとツーウェイドアの話や後戻りできない「タイプ1」決断の話だ。我々はとっくの昔にワンウェイドアを通ってしまった。ジェフ・ベゾスらが思い描き、そしてつくってきた技術社会に足を踏み入れてしまった。2020年代の経済を大きく左右するほどになった会社についてなにを思おうと、また、その会社をつくった男についてなにを思おうと、いまさら後戻りはできないのだ。

謝辞

本書は2018年の前半に準備を始め、コロナ禍の2020年に書いた。いろいろと大変だった時期なわけだが、本書の執筆も例外ではなく、友人や家族、さらには感謝の念しかない同僚各位の支援と知恵がなければきちんと仕上げることはできなかったであろう。

サイモン&シュスターの編集者、ステファニー・フレリッチはおしとやかであるにもかかわらず、尋ねにくいこともずばずば尋ねてくれるし、文章のごつごつしたところにはびしばし手を入れてくれるし、全体的な話の流れがずれないように気をつけてくれる。彼女のおかげで本書は質が格段に上がった。刊行スケジュールが厳しくなっていくなかなんとかなったのは、エミリー・サイモンソン、エリサ・リブリン、ジャッキー・セオ、マシュー・モナハン、サマンサ・ホバック、リサ・アーウィンが助けてくれたからだ。ジョナサン・カープ、ダナ・キャネディ、リチャード・ローラー、キンバリー・ゴールドシュタイン、ステファン・ベッドフォード、マリー・フロリオ、ラリー・ヒューズ、そして故キャロライン・ライディには本書を信じていただくとともに、そのパワフルな題材の徹底的な検証を支持していただいた。

お世話になっているエージェント、UTAのパイラー・クイーンには、今回も、しっかり支えていただくとともにさまざまなアドバイスをいただいた。すさまじい勢いで変わっていくアマゾンというテーマをもう一度取り上げるべきだと粘り強く勧めていただいたし、その後は刊行実現に向けてあちこち働きかけるとともに草稿を読むなどもしていただいた。彼女にはいくら感謝をしてもしたりない。

リンジー・ゲルマンには調査のアシスタントをお願いした。また、手が速いのに細かなところまでおろそかにしないチーム、リンジー・マスカート、リマ・パリーク、ジェレミー・ガンツとともに事実確認もしていただいた。写真関係のお手伝いはディアナ・スリャクスマにお願いした。もちろん、まちがいがあれば責任はすべて著者の私にある。アマゾンのクリス・オスターとハレ・ゴードンには取材がしやすいようにいろいろと取り計らっていただいたし、事実確認に関しても数え切れないほどお世話になった。

ブルームバーグニュースでは、本プロジェクトを心から支持し、仕事ができないことがあっても大目に見てくれたジョン・ミックレスウェイト、レト・グレゴリー、ヘザー・ハリスに謝意を表したい。トム・ジャイルズ、ジリアン・ウォード、マーク・ミラン、ピーター・エルストロム、エドウィン・チャン、ジャイルス・ターナー、モーリー・シュッツ、アリステア・バール、アンディ・マーチンが協力し、世界に散るテクノロジージャーナリスト65人をリードするグローバルテクノロジー・チームの一員であることは私の大いなる誇りである。ブルームバーグ・ビジネスウィーク誌のジョエル・ウェーバー、クリスティン・パワーズ、ジム・アレイも仲間として常に支えてくれた。執筆中に助言をきっちりしてくれるとともにダークなユーモアで笑わせてくれたマックス・チャフキンも忘れることができない。

ブルームバーグの同僚、マーク・グルマン、オースティン・カー、エレン・ヒュート、ジョシュ・ブルスタイン、ディーナ・バス、プリヤ・アナンド、イアン・キング、ニコ・グラント、カーティキー・メーロトラ、アン・バンダーミー、ナオミ・ニックス、トム・メトカーフ、ジャック・ウイッツィグ、ブローディ・フォード、デボン・ペンドルトンは、みな、助けてくれと頼むたびに助けてくれた。サラ・フライヤーとエミリー・

チャンはいつも元気づけ、背中を押してくれた。インドにおけるアマゾンの物語についてはサリサ・レイが大いに助けてくれた。実際、第3章は、部分的に、彼女と私がブルームバーグ・ビジネスウィーク誌に共同執筆した記事を利用している。アシュリー・バンスは変わらぬ友だちとして、また、共謀者として支えてくれた。巻末注になんども登場するブルームバーグの記者、スペンサー・ソーパーとマット・デイ、同じく編集者のロビン・アジェロにも特に感謝したい。アマゾンについていろいろと深い話を教えていただいたし、貴重なフィードバックもいただいた。実はいま、彼らと一緒にオーディオ版のアマゾン物語を準備している。ショーン・ウェンがプロデュースするブルームバーグテクノロジーのポッドキャストシリーズ、ファンダリングで流す予定だ。刮目して待っていただきたい。

アン・コーンブラット、マット・モスク、アダム・ピオール、ショーン・メショーラ、イーサン・ウォッタ一ズ、マイケル・ジョーダン、フレッド・シャープルズ、ラズワナ・バシアー、アダム・ロジャース、ダニエル・マクジン、チャールズ・デュヒッグにも、おりおり、友だちとして支えてもらったり、手助けしてもらったりした。ロサンゼルスに出かけたときには、ニック・ビルトンとクリスタ・ビルトン夫妻のお宅に泊めていただいたし、シアトルではエミリー・ウイングフィールドのお宅に泊めていただいた。かけがえのない友であるスティーブン・レヴィには、長年にわたりいろいろなことで相談に乗ってもらっている。

兄弟のブライアン・ストーンとエリック・ストーンをはじめ、ディータ・パプラニク・ストーンにベッカ・ゾーラー・ストーン、ルアン・ストーン、メイト・シスラーとアンドリュー・イオルグレスキュー、そしてジョン・ストーンにモニカ・ストーンと大勢の家族に助けてもらえているのもまた幸運だと言えよう。父ロバート・ストーンは一番身近な読者でもあるし、本書のアイデアをいろいろとぶつけて意見をもらう相手でもあった。母キャロル・グリックはひたすらに愛してくれるとともに、アドバイスもしてくれた。また、がんばりすぎてやしないかと心配もしてくれた。祖母バーニス・ヤスパンは１０３歳にしてなお本が大好きで、彼女に本書を手渡すことが私のひそかな目標でもあった。

イザベラ・ストーン、カリスタ・ストーン、ハーパー・フォックス、３人の娘について誇らしく思わない日はない。コロナ禍で大変な思いをしても元気に過ごす彼らを見ていると、本をまた1冊書くなどたいした苦労ではないようにも思えてしまう。だがもちろん、実際にその本を書き上げることができたのは、妻ティファニー・フォックスの愛と忍耐力とかぎりない激励あったればこそである。

原注

はじめに

1 Matt Day, “Amazon Tries to Make the Climate Its Prime Directive,” Bloomberg, September 21, 2020, https://www.bloomberg.com/news/features/2020-09-21/amazon-made-a-climate-promise-without-a-plan-to-cut-emissions (January 16, 2021).

2 Amazon Employees for Climate Justice, “Open Letter to Jeff Bezos and the Amazon Board of Directors,” Medium, April.10, 2019, https://amazonemployees4climatejustice.medium.com/public-letter-to-jeff-bezos-and-the-amazon-board-of-directors-82a8405f5e38 (January 18, 2021).

3 Brad Stone, The Everything Store（『ジェフ・ベゾス 果てなき野望』）: Jeff Bezos and the Age of Amazon (Boston: Little, Brown and Company, 2013), 135.

4 Jeff Bezos profile, “Billionaires: March 2011,” Forbes, March 9, 2011, retrieved from https://web.archive.org/web/20110313201303if_/http://www.forbes.com/profile/jeff-bezos (January 17, 2021).

5 Nicole Brodeur, “Neighbors Talking About Amazon,” Seattle Times, January 12, 2012, https://www.seattletimes.com/seattle-news/neighbors-talking-about-amazon/ (January 17, 2021).

6 Senator Elizabeth Warren, “Here’s How We Can Break Up Big Tech,” Medium, March 8, 2019, https://medium.com/@teamwarren/heres-how-we-can-break-up-big-tech-9ad9e0da324c (January 17, 2021).

第1章

1 Katarzyna Niedurny, “Kariera G.osu Ivony. ‘Wsiadam do windy is.ysz.jakmowi.“pi.tro pierwsze’ ” (“Ivona’s Voice Career. ‘I get in the elevator and hear me say “first floor”’”) January 4, 2019, https://wiadomosci.onet.pl/tylko-w-onecie/jacek-labijak-o-karierze-glosu-jacek-w-syntezatorze-mowy-ivona/kyht0wl (January 19, 2021).

2 the theme to the classic TV show Battle-star Galactica: Eugene Kim, “The Inside Story of How Amazon Created Echo, the Next Billion-Dollar Business No One Saw Coming,” Business Insider, April 2, 2016, https://www.businessinsider.com/the-inside-story-of-how-amazon-created-echo-2016-4 (January 19, 2021).

3 David Baker, “William Tunstall-Pedoe: The Brit Taking on Apple’s Siri with ‘Evi,’ ” Wired UK, May 8, 2012, https://www.wired.co.uk/article/the-brit-taking-on-siri (January 19, 2021).

4 Mike Butcher, “Sources Say Amazon Acquired Siri-Like Evi App For $26M.Is A Smartphone Coming?” TechCrunch, April 17, 2013, https://techcrunch.com/2013/04/17/sources-say-amazon-acquired-siri-like-evi-app-for-26m-is-a-smartphone-coming/ (January 19, 2021).

5 James Vlahos, “Amazon Alexa and the Search for the One Perfect Answer,” Wired, February 18, 2018, https://www.wired.com/story/amazon-alexa-search-for-the-one-perfect-answer/ (January 19, 2021).

6 Nikko Strom, “Nikko Strom at AI Frontiers: Deep Learning in Alexa,” Slideshare, January 14, 2017, https://www.slideshare.net/AIFrontiers/nikko-strm-deep-learning-in-alexa (January 19, 2021).

7 Amazon. Techniques for mobile deceive charging using robotic devices. U.S. Patent

9711985, filed March 30, 2015. https://www.freepatentsonline.com/9711985.html (January 19, 2021).

8 Jeff Bezos, "2018 Letter to Shareholders," Amazon, April 11, 2018, https://www.aboutamazon.com/news/company-news/2018-letter-to-shareholders (January 19, 2021).

9 Austin Carr, "The Inside Story of Jeff Bezos's Fire Phone Debacle," Fast Company, January 6, 2015, https://www.fastcompany.com/3039887/under-fire (January 19, 2021).

10 Charles Duhigg, "Is Amazon Unstoppable?" New Yorker, October 10, 2019, https://www.newyorker.com/magazine/2019/10/21/is-amazon-unstoppable(January 19, 2021).

11 Matt Day, Giles Turner, and Natalia Drozdiak, "Amazon Workers Are Listening to What You Tell Alexa," Bloomberg, April 10, 2019, https://www.bloomberg.com/news/articles/2019-04-10/is-anyone-listening-to-you-on-alexa-a-global-team-reviews-audio?sref=dJuchiL5 (January 19, 2021).

12 Joshua Brustein, "The Real Story of How Amazon Built the Echo," Bloomberg, April 19, 2016, https://www.bloomberg.com/features/2016-amazon-echo/ (January 19, 2021).

13 Mario Aguilar, "Amazon Echo Review: I Just Spoke to the Future and It Listened," Gizmodo, June 25, 2015, https://gizmodo.com/amazon-echo-review-i-just-spoke-to-the-future-and-it-1672926712 (January 19, 2021).

14 Kelsey Campbell-Dollaghan, "Amazon's Echo Might Be Its Most Important Product in Years," Gizmodo, November 6, 2014, https://gizmodo.com/amazons-echo-might-be-its-most-important-product-in-yea-1655513291 (January 19, 2021).

15 Brustein, "The Real Story."

16 David Pierce, "Review: Google Home," Wired, November 11, 2016, https://www.wired.com/2016/11/review-google-home/ (January 19, 2021).

17 Todd Bishop, "Amazon Bringing Echo and Alexa to 80 Additional Countries in Major Global Expansion," GeekWire, December 8, 2017, https://www.geekwire.com/2017/amazon-bringing-echo-alexa-80-additional-countries-major-global-expansion/ (January 19, 2021).

18 Shannon.Liao, "Amazon Has a Fix for Alexa's Creepy Laughs," Verge, March 7, 2018, https://www.theverge.com/circuitbreaker/2018/3/7/17092334/amazon-alexa-devices-strange-laughter (January 19, 2021).

19 Matt Day, "Amazon's Alexa recorded and shared a conversation without consent, report says," Seattle Times, March 24, 2018, https://www.seattletimes.com/business/amazon/amazons-alexa-recorded-and-shared-a-conversation-without-consent-report-says (February 12, 2021).

20 James Vincent, "Inside Amazon's $3.5 Million Competition to Make Alexa Chat Like a Human," Verge, June 13, 2018, https://www.theverge.com/2018/6/13/17453994/amazon-alexa-prize-2018-competition-conversational-ai-chatbots (February 12, 2018).

第2章

1 Jeff Bezos interviewed by Charlie Rose, Charlie Rose, 34:40, November 16, 2012, https://charlierose.com/videos/17252 (January 19, 2021).

2 John Markoff, "How Many Computers to Identify a Cat? 16,000," New York Times, June 25, 2012, https://www.nytimes.com/2012/06/26/technology/in-a-big-network-of-computers-evidence-of-machine-learning.html (January 19, 2021).

3 Jacob Demmitt, "Amazon's Bookstore Revealed? Blueprints Provide New Clues About

Mysterious Seattle Site," GeekWire, October 12, 2015, https://www.geekwire.com/2015/amazons-bookstore-revealed-blueprints-provide-new-clues-about-mysterious-seattle-site/ (January 19, 2021).

4 Brad Stone and Matt Day, "Amazon's Most Ambitious Research Project Is a Convenience Store," Bloomberg, July 18, 2019, https://www.bloomberg.com/news/features/2019-07-18/amazon-s-most-ambitious-research-project-is-a-convenience-store?sref=dJuchiL5 (January 19, 2021).

5 Laura Stevens, "Amazon Delays Opening of Cashierless Store to Work Out Kinks," Wall Street Journal, March 27, 2017, https://www.wsj.com/articles/amazon-delays-convenience-store-opening-to-work-out-kinks-1490616133 (January 19, 2021); Olivia Zaleski and Spencer Soper, "Amazon's Cashierless Store Is Almost Ready for Prime Time," Bloomberg, November 15, 2017, https://www.bloomberg.com/news/articles/2017-11-15/amazon-s-cashierless-store-is-almost-ready-for-prime-time?sref=dJuchiL5 (January 19, 2021).

6 Shara Tibken and Ben Fox Rubin, "What It's Like Inside Amazon's Futuristic, Automated Store," CNET, January 21, 2018, https://www.cnet.com/news/amazon-go-futuristic-automated-store-seattle-no-cashiers-cashless/ (January 19, 2021).

7 アマゾンはAWSの運用費も研究開発費に計上している。See Rani Molla, "Amazon Spent Nearly $23 Billion on R&D Last Year.More Than Any Other U.S. Company," Vox, April 9, 2018, https://www.vox.com/2018/4/9/17204004/amazon-research-development-rd (January 19, 2021).

8 Spencer Soper, "Amazon Will Consider Opening Up to 3,000 Cashierless Stores by 2021," Bloomberg, September 19, 2018, https://www.bloomberg.com/news/articles/2018-09-19/amazon-is-said-to-plan-up-to-3-000-cashierless-stores-by-2021?sref=dJuchiL5 (January 19, 2021).

9 Sebastian Herrera and Aaron Tilley, "Amazon Opens Cashierless Supermarket in Latest Push to Sell Food," Wall Street Journal, February 25, 2020, https://www.wsj.com/articles/amazon-opens-cashierless-supermarket-in-latest-push-to-sell-food-11582617660?mod=hp_lead_pos10 (January 19, 2021).

10 Jeff Bezos, "2015 Letter to Shareholders," https://www.sec.gov/Archives/edgar/data/1018724/000119312515144741/d895323dex991.htm (January 19, 2021).

11 Robin Ajello and Spencer Soper, "Amazon Develops Smart Shopping Cart for Cashierless Checkout," Bloomberg, July 14, 2020, https://www.bloomberg.com/news/articles/2020-07-14/amazon-develops-smart-shopping-cart-for-cashierless-checkout?sref=dJuchiL5 (January 19, 2021).

第3章

私は、2018年9月、同僚のサリサ・レイとともにインドのバンガロールへ行き、アマゾンインドとフリップカートを取材した。そうして書いた記事"Amazon Wants India to Shop Online, and It's Battling Walmart for Supremacy"（ブルームバーグ・ビジネスウィーク誌2018年10月18日号）https://www.bloomberg.com/news/features/2018-10-18/amazon-battles-walmart-in-indian-e-commerce-market-it-created (2021年1月19日）も本章に利用している。ミヒル・ダラル著"Big Billion Startup: The Untold Flipkart Story"（New Delhi: Pan Macmillan India, 2019）も参考にした。アマゾンメキシコの元CEO、ホアン・カルロス・ガルシアには、官憲に追われて行方不明となる前の2019年8月3日に話を聞いた。

1 Nicholas Wadhams, "Amazon China Unit Closes Vendor After Report of Fake Cosmetics," Business of Fashion, March 20, 2014, https://www.businessoffashion.com/articles/technology/amazon-china-unit-closes-vendor-report-fake-cosmetics (January 19, 2021).

2 Arjun Kharpal, "Amazon Is Shutting Down Its China Marketplace Business. Here's Why It Has Struggled," CNBC, April 18, 2019, https://www.cnbc.com/2019/04/18/amazon-china-marketplace-closing-down-heres-why.html (January 19, 2021), and Felix Richter, "Amazon Has Yet to Crack the Chinese Market," Stastista,February 22, 2017, https://www.statista.com/chart/8230/china-e-commerce-market-share/ (January 19, 2021).

3 Dalal, Big Billion Startup, 101.

4 "Amazon.in Goes Live.5th June 2013," YouTube video, 2:38, posted by Amit Deshpande, March 11, 2016, https://www.youtube.com/watch?v=TFUw6OyugfQ&feature=youtu.be&ab_channel=AmitDeshpande (January 19, 2021).

5 Jay Green, "Amazon Takes Cowboy Tactics to 'Wild, Wild East' of India,"Seattle Times, October 3, 2015, https://www.seattletimes.com/business/amazon/amazon-takes-cowboy-tactics-to-wild-wild-east-of-india/ (January 19, 2021).

6 Mihir Dalal and Shrutika Verma, "Amazon's JV Cloudtail Is Its Biggest Seller in India," Mint, October 29, 2015, https://www.livemint.com/Companies/RjEDJkA3QyBSTsMDdaXbCN/Amazons-JV-Cloudtail-is-its-biggest-seller-in-India.html (January 19, 2021).

7 Aditya Kalra, "Amazon documents reveal company's secret strategy to dodge India's regulators," Reuters, February 17, 2021, https://www.reuters.com/investigates/special-report/amazon-india-operation (February 23, 2021).

8 Dalal, Big Billion Startup, 163.

9 Sunny Sen and Josey Puliyenthuruthel, "Knock on Wood, India Is Shaping Up Like Our businesses in Japan, Germany, the UK and the US," Business Today, October 26, 2014, https://www.businesstoday.in/magazine/features/amazon-ceo-jeff-bezos-sachin-bansal-binny-bansal/story/211027.html (January 19, 2021).

10 "Amazon CEO Jeff Bezos Meets PM Narendra Modi," India TV, October 4, 2014, https://www.indiatvnews.com/business/india/narendra-modi-jeff-bezos-amazon-ceo-flipkart-e-commerce-14744.html (January 20, 2021).

11 Carolina Ruiz, "MercadoLibre busca alianzas con minoristas en Mexico" ("Mercado-Libre Seeks Alliances with Businesses in Mexico"), El Financiero, OctOBER 11, 2014, https://www.elfinanciero.com.mx/tech/mercadolibre-busca-alianzas-con-competidores-en-mexico (January 20, 2021).

12 James Quinn, "Jeff Bezos... Amazon Man in the Prime of His Life," Irish Independent, August 19, 2015, https://www.independent.ie/business/technology/news/jeff-bezos-amazon-man-in-the-prime-of-his-life-31463414.html (January 20, 2021).

13 2015年のグーグル検索広告費は、Tinuiti社研究ディレクター、アンディ・テイラーの推測による。

14 Daina Beth Solomon, "Amazon Becomes Mexico's Top Online Retailer in 2017: Report," Reuters, December 15, 2017, https://www.reuters.com/article/us-mexico-retail/amazon-becomes-mexicos-top-online-retailer-in-2017-report-idUSKBN1E92ID (January 20, 2021).

15 Jon Lockett, "Ex-Amazon Mexico CEO on the Run in the US After Wife's Mysterious Murder...Months After 'Battering Her,' " The Sun, December 12, 2019, https://www.thesun.

co.uk/news/10538850/amazon-boss-shooting-mexico-fugitive/ (January 20, 2021).

16 Aditi Shrivastava, "How Amazon Is Wooing Small Merchants With Its 'Chai Cart' Programme," Economic Times, August 21, 2015, https://economictimes.indiatimes.com/small-biz/entrepreneurship/how-amazon-is-wooing-small-merchants-with-its-chai-cart-programme/articleshow/48565449.cms (January 20, 2021).

17 "Modi in US: 10 Things PM Said at US-India Business Council," Financial Express, June 8, 2016, https://www.financialexpress.com/india-news/modi-in-us-10-things-pm-said-at-us-india-business-council/277037/ (January 20, 2021).

18 同上

19 Malavika Velayanikal, "It's Official: Flipkart's App-Only Experiment with Myntra Was a Disaster," Tech in Asia, March 28, 2016, https://www.techinasia.com/flipkart-myntra-app-only-disaster (January 20, 2021).

20 Jon Russell, "New E-commerce Restrictions in India Just Ruined Christmas for Amazon and Walmart," TechCrunch, December 27, 2018, https://techcrunch.com/2018/12/27/amazon-walmart-india-e-commerce-restrictions/ (January 20, 2021).

21 Saritha Rai and Matthew Boyle, "How Walmart Decided to Oust an Icon of India's Tech Industry," Bloomberg, November 15, 2018, https://www.bloomberg.com/news/articles/2018-11-15/how-walmart-decided-to-oust-an-icon-of-india-s-tech-industry?sref=dJuchiL5 (January 20, 2021); Saritha Rai, "Flipkart Billionaire Breaks His Silence After Walmart Ouster," Bloomberg, February 4, 2019, https://www.bloomberg.com/news/articles/2019-02-05/flipkart-billionaire-breaks-his-silence-after-walmart-ouster?sref=dJuchiL5 (January 20, 2021).

22 "Flipkart Founder Sachin Bansal's Wife Files Dowry Harassment Case," Tribune, March 5, 2020, https://www.tribuneindia.com/news/nation/flipkart-founder-sachin-bansals-wife-files-dowry-harassment-case-51345 (January 20, 2021).

23 Vindu Goel, "Amazon Users in India Will Get Less Choice and Pay More Under New Selling Rules," New York Times, January 30, 2019, https://www.nytimes.com/2019/01/30/technology/amazon-walmart-flipkart-india.html (January 20, 2021).

24 Manish Singh, "India's Richest Man Is Ready to Take On Amazon and Walmart's Flipkart," TechCrunch, December 31, 2019, https://techcrunch.com/2019/12/30/reliance-retail-jiomart-launch/ (January 20, 2021).

第4章

1 Steve Ballmer interviewed by Charlie Rose, Charlie Rose, 48:43, October 21, 2014, https://charlierose.com/videos/28129 (January 20, 2021).

2 Werner Vogels, "A Decade of Dynamo: Powering the Next Wave of High-Performance, Internet Scale Applications," All Things Distributed, October 2, 2017, https://www.allthingsdistributed.com/2017/10/a-decade-of-dynamo.html (January 20, 2021); "Dynamo: Amazon's Highly Available Key-Value Store," https://www.allthingsdistributed.com/files/amazon-dynamo-sosp2007.pdf (January 20, 2021).

3 "Jeff Bezos' Risky Bet," Bloomberg Businessweek, November 13, 2006, https://www.bloomberg.com/news/articles/2006-11-12/jeff-bezos-risky-bet (January 20, 2021).

4 "Maintaining a Culture of Builders and Innovators at Amazon," Gallup, February 26, 2018, https://www.gallup.com/workplace/231635/maintaining-culture-builders-innovators-amazon.aspx (January 20, 2021).

5 “2015 Amazon.com Annual Report,” https://ir.aboutamazon.com/annual-reportsproxies-andshareholder-letters/default.aspx (March 10, 2021).
6 Ben Thompson, “The AWS IPO,” Stratechery, May 6, 2015, https://stratechery.com/2015/the-aws-ipo/ (January 20, 2021).
7 Jon Russell, “Alibaba Smashes Its Record on China’s Singles’ Day with $9.3B in Sales,” TechCrunch, November 10, 2014, https://techcrunch.com/2014/11/10/alibaba-makes-strong-start-to-singles-day-shopping-bonanza-with-2b-of-goods-sold-in-first-hour/ (January 20, 2021).
8 Karen Weise, “The Decade Tech Lost Its Way,” New York Times, December 15, 2019, https://www.nytimes.com/interactive/2019/12/15/technology/decade-in-tech.html (January 20, 2021).
9 同上
10 Mark Wilson, “You’re Getting Screwed on Amazon Prime Day,” Fast Company, July 12, 2019, https://www.fastcompany.com/90374625/youre-getting-screwed-on-amazon-prime-day (January 20, 2021).
11 Matt Krantz, “Amazon Just Surpassed Walmart in Market Cap,” USA Today, July 23, 2015, https://www.usatoday.com/story/money/markets/2015/07/23/amazon-worth-more-walmart/30588783/ (January 20, 2021).
12 Taylor Soper, “A Good Day: Macklemore Performs for Amazon Employees After Company Crushes Earnings,” GeekWire, July 24, 2015, https://www.geekwire.com/2015/a-good-day-macklemore-performs-for-amazon-employees-after-company-crushes-earnings/ (January 20, 2021).
13 Wrestling Big Ideas in a Bruising Workplace,” New York Times, August 15, 2015, https://www.nytimes.com/2015/08/16/technology/inside-amazon-wrestling-big-ideas-in-a-bruising-workplace.html (January 20, 2021).
14 Jay Carney, “What the New York Times Didn’t Tell You,” Medium, October 19, 2015, https://medium.com/@jaycarney/what-the-new-york-times-didn-t-tell-you-a1128aa78931 (January 20, 2021).
15 Jeff Bezos Responds to Brutal NYT Story, Says It Doesn’t Represent the Amazon He Leads,” GeekWire, August 16, 2015, https://www.geekwire.com/2015/full-memo-jeff-bezos-responds-to-cutting-nyt-expose-says-tolerance-for-lack-of-empathy-needs-to-be-zero/ (January 20, 2021).
16 ディエゴ・ピアチェンティーニから著者が聞いた話およびジョージズ・ガイオン・デ・ケミリーから著者が聞いた話による。
17 Amazon Staff, “Amazon Ranks #2 on Forbes World’s Best Employers List,” Amazon, October 20, 2020, https://www.aboutamazon.com/news/workplace/amazon-ranks-2-on-forbes-worlds-best-employers-list (January 20, 2021).
18 Spencer Soper, “Amazon Workers Facing Firing Can Appeal to a Jury of Their Co-Workers,” Bloomberg, June 25, 2018, https://www.bloomberg.com/news/articles/2018-06-25/amazon-workers-facing-firing-can-appeal-to-a-jury-of-their-co-workers?sref=dJuchiL5 (January 20, 2021).

第5章

1 Glenn Kessler, “Trump’s Claim That He ‘Predicted Osama bin Laden,’” Washington Post, December 7, 2015, https://www.washingtonpost.com/news/fact-checker/wp/2015/12/07/

trumps-claim-that-he-predicted-osama-bin-laden/ (January 20, 2021).

2 Tim Stenovic, "Donald Trump Just Said If He's Elected President Amazon Will Have Problems," Business Insider, Feruary 26, 2016, https://www.businessinsider.com/donald-trump-says-amazon-will-have-such-problems-2016-2 (January 20, 2021).

3 ジェフ・ベゾスが購入し、改革する前にワシントンポスト紙が経験した苦労の数々については、ジル・エイブラムソン著"Merchants of Truth" (New York: Simon & Schuster, 2019) に詳しく記されている。

4 同上., 256.

5 Craig Timberg and Paul Farhi, "Jeffrey P. Bezos Visits the Post to Meet with Editors and Others," Washington Post, September 3, 2013, https://www.washingtonpost.com/lifestyle/style/jeffrey-p-bezos-visits-the-post-to-meet-with-editors-and-others/2013/09/03/def95cd8-14df-11e3-b182-1b3bb2eb474c_story.html (January 20, 2021).

6 Matthew Cooper, "Fred Hiatt Offered to Quit Jeff Bezos's Washington Post," Yahoo News, November 5, 2013, https://news.yahoo.com/fred-hiatt-offered-quit-jeff-bezoss-washington-post-123233358--politics.html (January 20, 2021).

7 Dan Kennedy, "The Bezos Effect: How Amazon's Founder Is Reinventing The Washington Post.and What Lessons It Might Hold for the Beleaguered Newspaper business," Shorenstein Center on Media, Politics and Public Policy, June 8, 2016, https://shorensteincenter.org/bezos-effect-washington-post/ (January 20, 2021).

8 Abramson, Merchants of Truth, 262.

9 Mathias Dopfner, "Jeff Bezos Reveals What It's Like to Build An Empire...," Business Insider, April 28, 2018, https://www.businessinsider.com/jeff-bezos-interview-axel-springer-ceo-amazon-trump-blue-origin-family-regulation-washington-post-2018-4 (January 20, 2021).

10 Justin Ellis, "By Building Partnerships with Other Newspapers, the Washington Post Is Opening Up Revenue Opportunities," Nieman Lab, April 7, 2015, https://www.niemanlab.org/2015/04/congratulations-toledo-blade-reader-on-your-subscription-to-the-washington-post/ (January 20, 2021).

11 WashPostPR, "CBS: Jeff Bezos Talks Washington Post Growth (VIDEO)," Washington Post, November 24, 2015, https://www.washingtonpost.com/pr/wp/2015/11/24/cbs-jeff-bezos-talks-washington-post-growth-video/&freshcontent=1/?outputType=amp&arc404=true (January 20, 2021).

12 Ken Doctor, "On the Washington Post and the 'Newspaper of Record' Epithet," Politico, December 3, 2015, https://www.politico.com/media/story/2015/12/on-the-washington-post-and-the-newspaper-of-record-epithet-004303/(January 20, 2021); Frank Pallotta, "WaPo's 'New Publication of Record' Claim Draws NYT Shots," CNN, November 25, 2015, https://money.cnn.com/2015/11/25/media/washington-post-new-york-times-paper-of-record/ (January 20, 2021).

13 Steven Mufson, "Washington Post Announces Cuts to Employees' Retirement Benefits," Washington Post, September 23, 2014, https://www.washingtonpost.com/business/economy/washington-post-announces-cuts-to-employees-retirement-benefits/2014/09/23/f485981a-436d-11e4-b437-1a7368204804_story.html (January 20, 2021).

14 Jeff Bezos interviewed by Marty Baron, "Jeff Bezos Explains Why He Bought the Washington Post," Washington Post video, 4:00, May 18, 2016, https://www.washingtonpost.com/video/postlive/jeff-bezos-explains-why-he-bought-the-washington-post/2016/05/18/

e4bafdae-1d45-11e6-82c2-a7dcb313287d_video.html (January 20, 2021).

15 Benjamin Wofford, "Inside Jeff Bezos's DC Life," Washingtonian, April 22, 2018, https://www.washingtonian.com/2018/04/22/inside-jeff-bezos-dc-life/ (January 20, 2021).

16 Gerry Smith, "Bezos's Washington Post Licenses Its Publishing Technology to BP," Bloomberg, September 25, 2019, https://www.bloomberg.com/news/articles/2019-09-25/bezos-s-washington-post-licenses-its-publishing-technology-to-bp (January 20, 2021).

17 Joshua Benton, "The Wall Street Journal Joins the New York Times in the 2 Million Digital Subscriber Club," Nieman Lab, February 10, 2020, https://www.niemanlab.org/2020/02/the-wall-street-journal-joins-the-new-york-times-in-the-2-million-digital-subscriber-club/ (January 20, 2021).

18 Marissa Perino, "The Most Outrageous Splurges of Tech Billionaires, from Richard Branson's Private Island to Jeff Bezos' $65 Million Private Jet," Business Insider, October 15, 2019, https://www.businessinsider.com/elon-musk-bill-gates-jeff-bezos-tech-billionaire-wildest-purchases-2019-10 (January 20, 2021), and Marc Stiles, "Costco Just Sold a $5.5M Boeing Field Hangar to Jeff Bezos," Puget Sound Business Journal, October 22, 2015, https://www.bizjournals.com/seattle/blog/techflash/2015/10/costco-just-sold-a-5-5boeing-field-hangar-to-jeff.html (January 20, 2021).

19 Rick Gladstone, "Jason Rezaian Travels to U.S. on Washington Post Owner's Plane," New York Times, January 22, 2016, https://www.nytimes.com/2016/01/23/world/middleeast/rezaian-family-departs-germany-us.html (January 20, 2021).

20 Wofford, "Inside Jeff Bezos's DC Life."

第6章

1 Pete Hammond, "Pete Hammond's Notes on the Season: AFI Narrows the Race; 'La La' Hits L.A.; Jeff Bezos Throws a Party 'By The Sea'; Tom Ford Chows Down," Deadline, December 8, 2016, https://deadline.com/2016/12/pete-hammonds-notes-on-the-season-afi-narrows-the-race-la-la-hits-l-a-jeff-bezos-throws-a-party-by-the-sea-tom-ford-chows-down-1201867352/ (January 20, 2021), and "Jeff Bezos and Matt Damon's 'Manchester by the Sea' Holiday Party,' " IMDb, www.imdb.com/gallery/rg2480708352/?ref_=rg_mv_sm (January 20, 2021).

2 Rebecca Johnson, "MacKenzie Bezos: Writer, Mother of Four, and High-Profile Wife," Vogue, February 20, 2013, https://www.vogue.com/article/a-novel-perspective-mackenzie-bezos (January 20, 2021).

3 Peter Bart, "Peter Bart: Amazon's Jeff Bezos Taking Aim at Hollywood," Deadline, December 9, 2016, https://deadline.com/2016/12/jeff-bezos-hollywood-plan-amazon-manchester-by-the-sea-peter-bart-1201867514/ (January 20, 2021).

4 Mathew Ingram, "Here's Why Comcast Decided to Call a Truce with Netflix," Fortune, July 5, 2016, https://fortune.com/2016/07/05/comcast-truce-netflix/ (January 20, 2021).

5 Cecilia Kang, "Netflix Opposes Comcast's Merger with Time Warner Cable, Calls It Anticompetitive," Washington Post, April 21, 2014, https://www.washingtonpost.com/news/the-switch/wp/2014/04/21/netflix-opposes-comcasts-merger-with-time-warner-cable-calls-it-anticompetitive/ (January 20, 2021).

6 Sarah Perez, "Amazon Prime Video is coming to Comcast's cable boxes," TechCrunch, August 2, 2018, https://techcrunch.com/2018/08/02/amazon-prime-video-is-coming-to-comcasts-cable-boxes/ (February 23, 2021).

7 Joel Keller, "Inside Amazon's Open-Source Original Content Strategy," Fast Company, March 8, 2013, https://www.fastcompany.com/1682510/inside-amazons-open-source-original-content-strategy (January 20, 2021).
8 Jenelle Riley, "Amazon, 'Transparent' Make History at Golden Globes," Variety, January 11, 2015, https://variety.com/2015/tv/awards/amazon-transparent-make-history-at-golden-globes-1201400485/ (January 20, 2021).
9 Eugene Kim, "Amazon's $250 Million Bet on Jeremy Clarkson's New Show Is Already Starting to Pay Off," Business Insider, November 21, 2016, https://www.businessinsider.com/amazon-250-million-bet-on-the-grand-tour-paying-off-2016-11 (January 20, 2021).
10 Kim Masters, "Amazon TV Producer Goes Public with Harassment Claim Against Top Exec Roy Price (Exclusive)," Hollywood Reporter, October 12, 2017, https://www.hollywoodreporter.com/news/amazon-tv-producer-goes-public-harassment-claim-top-exec-roy-price-1048060 (January 20, 2021), and Stacy Perman, "Roy Price, Ousted from Amazon Over Sexual Harassment Claims, Is Ready to Talk," Los Angeles Times, November 23, 2020, https://www.latimes.com/entertainment-arts/business/story/2020-11-23/amazon-studios-roy-price-sexual-harassment-responds-me-too (January 20, 2021).
11 Michelle Castillo, "Netflix Plans to Spend $6.Billion on New Shows, Blowing Away All But One of Its Rivals," CNBC, October 17, 2016, https://www.cnbc.com/2016/10/17/netflixs-6-billion-content-budget-in-2017-makes-it-one-of-the-top-spenders.html (January 20, 2021).
12 Nathan McAlone, "Amazon Will Spend About $4.5.Billion on Its Fight Against Netflix This Year, According to JP Morgan," Business Insider, April 7, 2017, https://www.businessinsider.com/amazon-video-budget-in-2017-45-billion-2017-4 (January 20, 2021).
13 Mark Bergen, "Amazon Prime Video Doesn't Compete with Netflix Because Viewers Will Just Pick Both," Vox, May 31, 2016, https://www.vox.com/2016/5/31/11826166/jeff-bezos-amazon-prime-video-netflix (January 21, 2021).
14 Lesley Goldberg, "'Lord of the Rings' Adds 20 to Sprawling Cast for Amazon Series," Hollywood Reporter, December 3, 2020, https://www.hollywoodreporter.com/live-feed/lord-of-the-rings-adds-20-to-sprawling-cast-for-amazon-series (January 21, 2021).
15 Brandon Carter, "Djokovic Cancels His Amazon Docuseries," Baseline, November 28, 2017, http://baseline.tennis.com/article/70627/novak-djokovic-calls-amazon-documentary (January 21, 2021).
16 Ben Fritz and Joe Flint, "Where Amazon Is Failing to Dominate: Hollywood," Wall Street Journal, October 6, 2017, https://www.wsj.com/articles/where-amazon-is-failing-to-dominate-hollywood-1507282205 (January 21, 2021).
17 同上
18 Masters, "Amazon TV Producer Goes Public."

第7章

1 Spencer Soper, "Amazon's Clever Machines Are Moving from the Warehouse to Headquarters," Bloomberg, June 13, 2018, https://www.bloomberg.com/news/articles/2018-06-13/amazon-s-clever-machines-are-moving-from-the-warehouse-to-headquarters (January 22, 2021).
2 Vidhi Choudary, "Wish, Shopping App for Less Affluent Consumers, Files $1.1B IPO," TheStreet, December 7, 2020, https://www.thestreet.com/investing/wish-shopping-app-

files-for-1point1-billion-ipo (January 25, 2021).

3 Priya Anand, "Wish, the Online Dollar Store, Is Losing Momentum Before IPO," Bloomberg, December 15, 2020, https://www.bloomberg.com/news/articles/2020-12-15/wish-the-online-dollar-store-is-losing-momentum-before-ipo (January 25, 2020).

4 Greg Bensinger, "Shopping App Wish Lands $50 Million Financing Round," Wall Street Journal, June 27, 2014, https://www.wsj.com/articles/BL-DGB-36173 (January 25, 2021).

5 See Priya Anand, "Wish, the Online Dollar Store, Is Losing Momentum Before IPO," Bloomberg, December 15, 2020, https://www.bloomberg.com/news/articles/2020-12-15/wish-the-online-dollar-store-is-losing-momentum-before-ipo (January 25, 2020)

6 ピーター・シュルチェフスキーに対する著者の取材（2019年6月26日）。フォーブス誌には大きく異なる話を語っているが、違いについては後日確認している。See Parmy Olson, Forbes, "Meet the Billionaire Who Defied Amazon and Built Wish, the World's Most-Downloaded E-Commerce App," March 13, 2019, https://www.forbes.com/sites/parmyolson/2019/03/13/meet-the-billionaire-who-defied-amazon-and-built-wish-the-worlds-most-downloaded-e-commerce-app/#ff927bd70f52 (January 25, 2021).

7 Ryan Petersen, "Introducing Ocean Freight by Amazon: Ecommerce Giant Has Registered to Provide Ocean Freight Services," Flexport.com, January 14, 2016, https://www.flexport.com/blog/amazon-ocean-freight-forwarder/ (January 25, 2021).

8 See January 22, 2015, email sent by Sebastian Gunningham, released by House Judiciary Subcommittee on Antitrust as submitted testimony, August 6, 2020, https://judiciary.house.gov/uploadedfiles/00185707.pdf (January 25, 2021).

9 Nick Statt, "How Anker Is Beating Apple and Samsung at Their Own Accessory Game," The Verge, May 22, 2017, https://www.theverge.com/2017/5/22/15673712/anker-battery-charger-amazon-empire-steven-yang-interview (January 25, 2021).

10 Dave Bryant, "Why and How China Post and USPS Are Killing Your Private Labeling Business," EcomCrew, March 18, 2017, https://www.ecomcrew.com/why-china-post-and-usps-are-killing-your-private-labeling-business/ (January 25, 2021 via https://web.archive.org).

11 Alexandra Berzon, "How Amazon Dodges Responsibility for Unsafe Products: The Case of the Hoverboard," Wall Street Journal, December 5, 2019, https://www.wsj.com/articles/how-amazon-dodges-responsibility-for-unsafe-products-the-case-of-the-hoverboard-11575563270 (January 25, 2021).

12 Alana Semuels, "When Your Amazon Purchase Explodes," Atlantic, April 30, 2019, https://www.theatlantic.com/technology/archive/2019/04/lithium-ion-batteries-amazon-are-exploding/587005/ (January 25, 2021).

13 Ari Levy, "Birkenstock Quits Amazon in US After Counterfeit Surge," CNBC, July 20, 2016, https://www.cnbc.com/2016/07/20/birkenstock-quits-amazon-in-us-after-counterfeit-surge.html (January 25, 2021).

14 Pamela N. Danziger, "Amazon, Already the Nation's Top Fashion Retailer, Is Positioned to Grab Even More Market Share," Forbes, January 28, 2020, https://www.forbes.com/sites/pamdanziger/2020/01/28/amazon-is-readying-major-disruption-for-the-fashion-industry/?sh=7acace9267f3 (January 25, 2021).

15 Jeffrey Dastin, "Amazon to Expand Counterfeit Removal Program in Overture to Sellers," Reuters, March 21, 2017, https://www.reuters.com/article/us-amazon-com-counterfeit-idUSKBN16S2EU (January 25, 2021).

16 John Herrman, "All Your Favorite Brands, from BSTOEM to ZGGCD," New York Times, February 11, 2020, https://www.nytimes.com/2020/02/11/style/amazon-trademark-copyright.html (January 25, 2021).
17 Jeff Bezos, "2018 Letter to Shareowners," AboutAmazon.com, April 11, 2019, https://www.aboutamazon.com/news/company-news/2018-letter-to-shareholders.
18 Charlie Wood, "The Trump Administration Blacklisted 5 Overseas Amazon Websites as 'Notorious Markets' and Amazon Says It's Political Bullying," Business Insider, April 30, 2020, https://www.businessinsider.com/us-blacklists-five-amazon-websites-as-notorious-markets-2020-4 (January 25, 2020).
19 Sarah Perez, "To Fight Fraud, Amazon Now Screens Third-Party Sellers Through Video Calls," TechCrunch, April 27, 2020, https://techcrunch.com/2020/04/27/to-fight-fraud-amazon-now-screens-third-party-sellers-through-video-calls/ (January 25, 2020).
20 "Chinese sellers Outnumber US Sellers on Amazon.com," Marketplace Pulse, January 23, 2020, https://www.marketplacepulse.com/articles/chinese-sellers-outnumber-us-sellers-on-amazoncom (January 25, 2021).
21 Jenny Leonard, "Amazon's Foreign Domains Cited by U.S. as Helping Counterfeiters," Bloomberg, April 29, 2020, https://www.bloomberg.com/news/articles/2020-04-29/ustr-lists-amazon-s-foreign-domains-in-counterfeiting-report (January 25, 2021).

第8章

1 Brad Stone, "Whole Foods, Half Off," Bloomberg, Jan-uary 29, 2015, https://www.bloomberg.com/news/articles/2015-01-29/in-shift-whole-foods-to-compete-with-price-cuts-loyalty-app (January 24, 2021).
2 David Kesmodel and John R. Wilke, "Whole Foods Is Hot, Wild Oats a Dud.So Said 'Rahodeb,' " Wall Street Journal, July 12, 2007, https://www.nytimes.com/2007/07/12/business/12foods.html (January 24, 2021).
3 John Mackey, Conscious Capitalism (Boston: Harvard Business Review Press, 2013『世界でいちばん大切にしたい会社』), 22.
4 Heather Haddon and David Benoit, "Whole Foods Faces Specter of Long Investor Fight," Wall Street Journal, May 12, 2017, https://www.wsj.com/articles/whole-foods-faces-specter-of-long-investor-fight-1494581401 (January 24, 2021).
5 Spencer Soper and Craig Giammona, "Amazon Said to Mull Whole Foods Bid Before Jana Stepped In," Bloomberg, April 11, 2017, https://www.bloomberg.com/news/articles/2017-04-11/amazon-said-to-mull-bid-for-whole-foods-before-jana-stepped-in (January 24, 2021).
6 Greg Bensinger and Laura Stevens, "Amazon, in Threat to UPS, Tries Its Own Deliveries," Wall Street Journal, April 24, 2014, https://www.wsj.com/articles/amazon-tests-its-own-delivery-network-1398360018 (January 24, 2021).
7 Mark Rogowsky, "Full-Court Express: Google Expands Its Delivery Service, Puts Heat on Amazon," Forbes, October 14, 2014, https://www.forbes.com/sites/markrogowsky/2014/10/14/faster-google-expands-its-same-day-delivery-service-into-new-markets-presses-amazon/?sh=1b199d1a5e34 (January 24, 2021).
8 "Google: Amazon Is Biggest Search Rival," BBC, October 14, 2014, https://www.bbc.com/news/technology-29609472 (January 24, 2021).
9 "Private Label Today: Private Label Popular Across Europe," PLMA International, 2020,

https://www.plmainternational.com/industry-news/private-label-today (January 24, 2021).
10 Greg Bensinger, "Amazon to Expand Private-Label Offerings.from Food to Diapers," Wall Street Journal, May 15, 2016, https://www.wsj.com/articles/amazon-to-expand-private-label-offeringsfrom-food-to-diapers-1463346316 (January 24, 2021).
11 Julie Creswell, "How Amazon Steers Shoppers to Its Own Products," Wall Street Journal, June 23, 2018, https://www.nytimes.com/2018/06/23/business/amazon-the-brand-buster.html (January 24, 2021).
12 Dana Mattioli, "Amazon Scooped Up Data from Its Own Sellers to Launch Competing Products," Wall Street Journal, April 23, 2020, https://www.wsj.com/articles/amazon-scooped-up-data-from-its-own-sellers-to-launch-competing-products-11587650015 (January 24, 2021).
13 Todd Bishop, "Amazon's Treasure Truck Launch Message Was a Screw-Up.Another Misstep in Bungled Rollout," GeekWire, https://www.geekwire.com/2015/amazon-announces-treasure-trucks-launch-two-months-after-mysterious-delay/ (January 24, 2021).
14 "Amazon Treasure Truck Bursts into Flames in West Philadelphia Parking Lot," CBS Philly, May 3, 2018, https://philadelphia.cbslocal.com/2018/05/03/west-philadelphia-parking-lot-fire-amazon-treasure-truck/amp/ (January 24, 2021).
15 Roberto A. Ferdman, "I Tried to Figure Out How Many Cows Are in a Single Hamburger. It Was Really Hard," Washington Post, August 5, 2015, https://www.washingtonpost.com/news/wonk/wp/2015/08/05/there-are-a-lot-more-cows-in-a-single-hamburger-than-you-realize/ (January 24, 2021).
16 Kurt Schlosser, "Hungry for Further Exploration, Jeff Bezos Eats Iguana and Discusses How to Pay for Space Travel," GeekWire, March 12, 2018, https://www.geekwire.com/2018/hungry-exploration-jeff-bezos-eats-iguana-discusses-pay-space-travel/ (January 24, 2021).
17 Stefany Zaroban and Allison Enright, "A Look Inside Amazon's Massive and Growing Fulfillment Network," Digital Commerce 360, August 2, 2017, https://www.digitalcommerce360.com/2017/08/02/amazon-jobs-day-a-look-inside-amazons-massive-and-growing-fulfillment-network/ (January 24, 2021).
18 Ronald Orol, "Whole Foods CEO John Mackey: Meeting Amazon Was Like 'Falling in Love,' " The Street, March 5, 2018, https://www.thestreet.com/investing/stocks/whole-food-ceo-john-mackey-says-meeting-amazon-was-like-falling-in-love-14509074 (January 24, 2021).
19 Sinead Carew and David Randall, "Whole Foods Shares Keep Rising in Bidding War Speculation," Reuters, June 19, 2017, https://www.reuters.com/article/us-usa-stocks-wholefoods-idUSKBN19A22J (January 24, 2021).
20 Abha Bhattarchai, "Whole Foods Places New Limits on Suppliers, Upsetting Some Small Vendors," Washington Post, January 5, 2018, https://www.washingtonpost.com/business/economy/whole-foods-places-new-limits-on-suppliers-upsetting-some-small-vendors/2018/01/05/7f58b466-f0a1-11e7-b390-a36dc3fa2842_story.html (January 24, 2021).
21 Dana Mattioli, "Amazon's Deal Making Threatened by D.C. Scrutiny," Wall Street Journal, July 3, 2019, https://www.wsj.com/articles/amazons-deal-making-threatened-by-d-c-scrutiny-11562146205 (January 24, 2021).
22 Laura Stevens, "Amazon Puts Whole Foods, Delivery Units Under Bezos Lieutenant,"

Wall Street Journal, November 9, 2017, https://www.wsj.com/articles/amazon-puts-whole-foods-rapid-delivery-businesses-under-veteran-executive-1510236001 (January 24, 2021).

第9章

1 "How Amazon's Largest Distribu-tion Center Works," YouTube video, posted by Bloomberg Quicktake, November 26, 2012. https://www.youtube.com/watch?v=bfFsqbIn_3E (January 23, 2021).

2 Dave Clark, Tweet, posted on September.6, 2019, https://twitter.com/davehclark/status/1169986311635079168 (January 23, 2021).

3 Spencer Soper, "Inside Amazon's Warehouse," Morning Call, September 18, 2011, https://www.mcall.com/news/watchdog/mc-allentown-amazon-complaints-20110917-story.html (January 23, 2021).

4 Spencer Soper, "The Man Who Built Amazon's Delivery Machine," Bloomberg, December 17, 2019, https://www.bloomberg.com/news/articles/2019-12-17/amazon-holiday-shopping-the-man-who-makes-it-happen (January 23, 2021).

5 Chris Welch, "Amazon's Robot Competition Shows Why Human Warehouse Jobs Are Safe for Now," The Verge, June 1, 2015, https://www.theverge.com/2015/6/1/8698607/amazon-robot-picking-challenge-results (January 23, 2021).

6 "Meet Amazon's New Robot Army Shipping Out Your Products," Bloomberg Technology video, 2:10, December.1, 2014, https://www.bloomberg.com/news/videos/2014-12-01/meet-amazons-new-robot-army-shipping-out-your-products (January 23, 2021).

7 Will Evans, "How Amazon Hid Its Safety Crisis," Reveal, September 29, 2020, https://revealnews.org/article/how-amazon-hid-its-safety-crisis/, and United States Department of Labor, "Amazon Fulfillment Center Receives $7k Fine," January 12, 2016, https://www.osha.gov/news/newsreleases/region3/01122016 (January 23, 2021).

8 Spencer Soper, "The Man Who Built Amazon's Delivery Machine," Bloomberg, December 17, 2019, https://www.bloomberg.com/news/articles/2019-12-17/amazon-holiday-shopping-the-man-who-makes-it-happen (January 23, 2021).

9 Devin Leonard, "Will Amazon Kill FedEx?" Bloomberg, August 31, 2016, https://www.bloomberg.com/features/2016-amazon-delivery/ (January 23, 2021).

10 Amrita Jayakumar, "Amazon, UPS Offer Refunds for Christmas Delivery Problems," Washington Post, December 26, 2013, https://www.washingtonpost.com/business/economy/amazon-ups-offer-refunds-for-christmas-delivery-problems/2013/12/26/c9570254-6e44-11e3-a523-fe73f0ff6b8d_story.html (January 23, 2021).

11 Cecelia Kang, "Amazon to Deliver on Sundays Using Postal Service Fleet," Washington Post, November 13, 2013, https://www.washingtonpost.com/business/technology/amazon-to-deliver-on-sundays-using-postal-service-fleet/2013/11/10/e3f5b770-48c1-11e3-a196-3544a03c2351_story.html (January 23, 2021).

12 DavidWeil,TheFissuredWorkplace (Harvard University Press, 2014). Weil further elucidates these ideas in "Income Inequality, Wage Determination and the Fissured Workplace," in After Picketty (Harvard University Press, 2017), 209.

13 Jason Del Rey, "Amazon Buys Thousands of Its Own Truck Trailers as Its Transportation Ambitions Grow," Vox, December 4, 2015, https://www.vox.com/2015/12/4/11621148/amazon-buys-thousands-of-its-own-trucks-as-its-transportation (January 24, 2021).

14 Angel Gonzalez, "Amazon Sues Target-Bound Former Logistics Executive Over 'Confidential' Info," Seattle Times, March 22, 2016, https://www.seattletimes.com/business/amazon/amazon-sues-target-bound-former-logistics-executive/ (January 24, 2021).

15 Raymond Chen, "Microspeak: Cookie Licking," Microsoft blog post, December 1, 2009, https://devblogs.microsoft.com/oldnewthing/20091201-00/?p=15843 (January 24, 2021).

16 Mary Schlangenstein, "FedEx CEO Calls Amazon Challenge Reports 'Fantastical,' " Bloomberg News, March 17, 2016, https://www.ttnews.com/articles/fedex-ceo-calls-amazon-challenge-reports-fantastical (January 24, 2021).

17 Alan Boyle, "First Amazon Prime Airplane Debuts in Seattle After Secret Night Flight," GeekWire, August 4, 2016, https://www.geekwire.com/2016/amazon-prime-airplane-seafair/ (January 24, 2021).

18 Jeffrey Dastin, "Amazon Starts Flexing Muscle in New Space: Air Cargo," Reuters, December 23, 2016, https://www.reuters.com/article/us-amazon-com-shipping-insight/amazon-starts-flexing-muscle-in-new-space-air-cargo-idUSKBN14C1K4 (January 24, 2021).

19 Randy Woods, "Amazon to Move Prime Air Cargo Hub to Cincinnati," Air Cargo World, February 1, 2017, https://aircargoworld.com/news/airports/amazon-to-move-prime-air-cargo-hub-to-cincinnati/ (January 24, 2021).

20 Jason Del Re, "Amazon Is Building a $1.5 Billion Hub for Its Own Cargo Airline," Vox, January 31, 2017, https://www.vox.com/2017/1/31/14462256/amazon-air-cargo-hub-kentucky-airport-prime-air (January 24, 2021).

21 Spencer Soper, "Behind Amazon's HQ2 Fiasco: Jeff Bezos Was Jealous of Elon Musk," Bloomberg, February 3, 2020, https://www.bloomberg.com/news/articles/2020-02-03/amazon-s-hq2-fiasco-was-driven-by-bezos-envy-of-elon-musk (January 24, 2021).

22 Christian Farr, "Former Amazon Driver Acquitted in Death of 84-Year-Old Woman," NBC5, August 1, 2019, https://www.nbcchicago.com/news/local/former-amazon-driver-acquitted-in-death-of-84-year-old-pedestrian/127151/ (January 24, 2021).

23 Caroline O'Donovan and Ken Bensinger, "Amazon's Next-Day Delivery Has Brought Chaos and Carnage to America's Streets.But the World's Biggest Retailer Has a System to Escape the Blame," BuzzFeed, August 31, 2019, https://www.buzzfeednews.com/article/carolineodonovan/amazon-next-day-delivery-deaths (January 24, 2021).

24 Patricia Callahan, Caroline O'Donovan, and Ken Bensinger, "Amazon Cuts Contracts with Delivery Companies Linked to Deaths," ProPublica/BuzzFeed News, October 11, 2019, https://www.propublica.org/article/amazon-cuts-contracts-with-delivery-companies-linked-to-deaths (January 24, 2021).

25 Patricia Callahan, "His Mother Was Killed by a Van Making Amazon Deliveries. Here's the Letter He Wrote to Jeff Bezos," ProPublica, October 11, 2019, https://www.propublica.org/article/his-mother-was-killed-by-a-van-making-amazon-deliveries-heres-the-letter-he-wrote-to-jeff-bezos (January 24. 2021).

26 Jacob Demmitt, "Confirmed: Amazon Flex Officially Launches, and It's Like Uber for Package Delivery," GeekWire, September 29, 2015, https://www.geekwire.com/2015/confirmed-amazon-flex-officially-launches-and-its-like-uber-for-package-delivery/ (January 24, 2021).

27 Rachel Premack, "The Family of a Pilot Who Died in This Year's Amazon Air Fatal Crash Is Suing Amazon and Cargo Contractors Claiming Poor Safety Standards," Business Insider, September 19, 2019, https://www.businessinsider.com/amazon-atlas-air-fatal-crash-pi-

lots-sue-2019-9 (January 24, 2021).

28 Gabrielle Coppola, "Amazon Orders 20,000 Mercedes Vans to Bolster Delivery Program," Bloomberg, September 5, 2018, https://www.bloomberg.com/news/articles/2018-09-05/amazon-orders-20-000-mercedes-vans-to-bolster-delivery-program (January 24, 2021).

29 Erica Pandey, "Amazon, the New King of Shipping," Axios, June 27, 2019, https://www.axios.com/amazon-shipping-chart-fedex-ups-usps-0dc6bab1-2169-42a8-9e56-0e85c590eb89.html (January 24, 2021).

30 Jim Tankersley, "Trump Said Amazon WasScamming the Post Office. His Administration Disagrees," New York Times, December 4, 2018, https://www.nytimes.com/2018/12/04/us/politics/trump-amazon-post-office.html (January 24, 2021).

31 Paul Ziobro, "UPS to Start 7-Day Delivery to Juggle Demands of Online Shopping," Wall Street Journal, July 23, 2019, https://www.wsj.com/articles/ups-to-start-7-day-delivery-to-juggle-demands-of-online-shopping-11563918759 (January 24, 2021), and Paul Ziobro, "UPS and Teamsters Discuss Two-Tier Wages, Sunday Deliveries," Wall Street Journal, May 9, 2018, https://www.wsj.com/articles/ups-and-teamsters-discuss-two-tier-wages-sunday-deliveries-1525860000?mod=article_inline (January 24, 2021).

32 Thomas Black, "FedEx Ends Ground-Delivery Deal with Amazon," Bloomberg, August 7, 2019, https://www.bloomberg.com/news/articles/2019-08-07/fedex-deepens-pull-back-from-amazon-as-ground-delivery-deal-ends?sref=dJuchiL5 (January 24, 2021).

33 Paul Ziobro, "Fred Smith Created FedEx. Now He Has to Reinvent It," Wall Street Journal, October 17, 2019, https://www.wsj.com/articles/fred-smith-created-fedex-now-he-has-to-reinvent-it-11571324050 (January 24, 2021).

34 Spencer Soper and Thomas Black, "Amazon Cuts Off FedEx Ground for Prime Holiday Shipments," Bloomberg, December 16, 2019, https://www.bloomberg.com/news/articles/2019-12-16/amazon-cuts-off-fedex-ground-for-prime-shipments-this-holiday?sref=dJuchiL5 (January.24, 2021).

35 Spencer Soper, "Amazon Will Spend $800 Million to Move to One-Day Delivery," Bloomberg, April 25, 2019, https://www.bloomberg.com/news/articles/2019-04-25/amazon-will-spend-800-million-to-move-to-one-day-delivery (January 24, 2021).

36 Amazon staff, "Ultrafast Grocery Delivery Is Now FREE with Prime," Amazon blog, October 29, 2019, https://www.aboutamazon.com/news/retail/ultrafast-grocery-delivery-is-now-free-with-prime (January 24, 2021).

第10章

1 Chris Spargo, "No Delivery Drones Needed: Amazon Founder Jeff Bezos Flashes His $81bn Smile While Canoodling with His Wife During Some Real-World Shopping at Historic Italian Market," Daily Mail, May 11, 2017, https://www.dailymail.co.uk/news/article-4497398/Amazon-founder-Jeff-Bezos-vacations-Italy.html (January 24, 2021).

2 Nick Wingfield, "Jeff Bezos Wants Ideas for Philanthropy, So He Asked Twitter," New York Times, June 15, 2017, https://www.nytimes.com/2017/06/15/technology/jeff-bezos-amazon-twitter-charity.html (January 24, 2021).

3 Ian Servantes, "Amazon CEO Jeff Bezos Is Now Buff; Internet Freaks Out," Men's Health, July 17, 2017, https://www.menshealth.com/trending-news/a19525957/amazon-jeff-bezos-buff-memes/ (January 24, 2021).

4 Michael Learmonth, "Advertising Becomes Amazon's Newest Low-Price Weapon," Ad

Age, October 8, 2012, https://adage.com/article/digital/advertising-amazon-s-newest-low-price-weapon/237630 (January 24, 2012).
5 Steve Susi, Brand Currency: A Former Amazon Exec on Money, Information, Loyalty, and Time (Lioncrest Publishing, 2019), and interview with the author.
6 David Carnoy, "How Is 'Amazon's Choice' Chosen? Amazon Won't Say," CNET, March 21, 2018, https://www.cnet.com/news/do-humans-choose-what-products-get-amazons-choice/ (January 24, 2021).
7 Monica Nickelsburg, "US Lawmakers Raise Questions About 'Misleading' Amazon's Choice Recommendations," GeekWire, August 12, 2019, https://www.geekwire.com/2019/us-lawmakers-raise-questions-misleading-amazons-choice-recommendations/ (January 24, 2021).
8 Shane Shifflett, Alexandra Berzon, and Dana Mattioli, " 'Amazon's Choice' Isn't the Endorsement It Appears," Wall Street Journal, December 22, 2019, https://www.wsj.com/articles/amazons-choice-isnt-the-endorsement-it-appears-11577035151 (January 24, 2021).
9 Juozas Kaziuke.nas, "Amazon Demotes Organic Results in Search," Marketplace Pulse, October 30, 2019, https://www.marketplacepulse.com/articles/amazon-search-demotes-organic-results (January 24, 2021).
10 "Investigation of Competition in Digital Markets: Majority Staff Reports and Recommendations," 2020, https://judiciary.house.gov/uploadedfiles/competition_in_digital_markets.pdf (January 24, 2021).
11 Andy Malt, "Amazon Tickets to Close," Amazon blog, February 22, 2018, https://completemusicupdate.com/article/amazon-tickets-to-close/ (January 25, 2021).
12 Mike Rosenberg and Angel Gonzalez, "Thanks to Amazon, Seattle Is Now America's Biggest Company Town," Seattle Times, August 23, 2017, https://www.seattletimes.com/business/amazon/thanks-to-amazon-seattle-is-now-americas-biggest-company-town/ (January 25, 2021).
13 "Amazon Is Preparing to Close a Chinese E-Commerce Store," Bloomberg, April 17, 2019, https://www.bloomberg.com/news/articles/2019-04-17/amazon-is-said-to-prepare-closing-of-chinese-e-commerce-store?sref=dJuchiL5 (January 25, 2021).
14 Laura Stevens, Sharon Terlep, and Annie Gasparro, "Amazon Targets Unprofitable Items, with a Sharper Focus on the Bottom Line," Wall Street Journal, December 16, 2018, https://www.wsj.com/articles/amazon-targets-unprofitable-items-with-a-sharper-focus-on-the-bottom-line-11544965201 (January 25, 2021).
15 Spencer Soper, "Amazon's Clever Machines Are Moving from the Warehouse to Headquarters," Bloomberg, June 13, 2018, https://www.bloomberg.com/news/articles/2018-06-13/amazon-s-clever-machines-are-moving-from-the-warehouse-to-headquarters?sref=dJuchiL5 (January 25, 2021).
16 Staci D. Kramer, "The Biggest Thing Amazon Got Right: The Platform," Gigaom, October 12, 2011, https://gigaom.com/2011/10/12/419-the-biggest-thing-amazon-got-right-the-platform/ (January 25, 2021).
17 Bain & Company, "Founder's Mentality.SM and the Paths to Sustainable Growth," YouTube, September 10, 2014, https://www.youtube.com/watch?v=Rp4RCIfX66I (January 25, 2021).
18 Tom Metcalf, "Jeff Bezos Passes Bill Gates to Become the World's Richest Person," Bloomberg, October 27, 2017, https://www.bloomberg.com/news/articles/2017-10-27/

bezos-seizes-title-of-world-s-richest-person-after-amazon-soars (January 25, 2021).

第11章

本章では、以下の2冊を大いに参考にした。すなわち、クリスチャン・ダベンポート著『宇宙の覇者 ベゾスvsマスク』(新潮社) とTim Fernholz著“Rocket Billionaires: Elon Musk, Jeff Bezos, and the New Space Race” (New York: Houghton Mifflin Harcourt, 2018)である。

1 Loren Grush, “SpaceX Successfully Lands Its Rocket on a Floating Drone Ship for the First Time,” The Verge, April 8, 2016, https://www.theverge.com/2016/4/8/11392138/spacex-landing-success-falcon-9-rocket-barge-at-sea (January 24, 2021).

2 Steven Levy, “Jeff Bezos Wants Us All to Leave Earth.for Good,” Wired, October 15, 2018, https://www.wired.com/story/jeff-bezos-blue-origin/ (January 24, 2021).

3 Clare O’Connor, “Jeff Bezos’ Spacecraft Blows Up in Secret Test Flight; Locals Describe ‘Challenger-Like’ Explosion,” Forbes, September 2, 2011, https://www.forbes.com/sites/clareoconnor/2011/09/02/jeff-bezos-spacecraft-blows-up-in-secret-test-flight-locals-describe-challenger-like-explosion/?sh=6cde347836c2 (January 24, 2021).

4 Jeff Bezos, “Successful Short Hop, Setback, and Next Vehicle,” Blue Origin, September 2, 2011, https://www.blueorigin.com/news/successful-short-hop-setback-and-next-vehicle (January 24, 2021).

5 Jeff Fouse, “NASA Selects Boeing and SpaceX for Commercial Crew Contracts,” SpaceNews, September 16, 2014, https://spacenews.com/41891nasa-selects-boeing-and-spacex-for-commercial-crew-contracts/ (January 24, 2021).

6 Nasa Office of Inspector General, “Audit of Commercial Resupply Services to the International Space Station,” Report No. IG-18-016, April.26, 2018, pg. 4, https://oig.nasa.gov/docs/IG-18-016.pdf (January 24, 2021).

7 Jonathan Amos, “SpaceX Lifts Off with ISS cargo,” BBC, October 8, 2012, https://www.bbc.com/news/science-environment-19867358 (January 24, 2021).

8 Elon Musk, “Making Humans a Multi-Planetary Species,” Mary Ann Liebert, Inc, New Space 5 no. 2 (2017): 46, https://www.liebertpub.com/doi/10.1089/space.2017.29009.emu (January 24, 2021).

9 Jeff Bezos, Tweet, February 3, 2018, 9:30.a.m., https://twitter.com/jeffbezos/status/959796196247142400?lang=en (January.24, 2021).

10 Alan Boyle, “Bezos’ Blue Origin Space Venture Loses Protest over NASA’s Launch Pad,” NBC News, December 12, 2013, https://www.nbcnews.com/science/bezos-blue-origin-rocket-venture-fails-stop-nasas-launch-pad-2D11736708 (January 24, 2021).

11 Dan Leone, “Musk Calls Out Blue Origin, ULA for ‘Phony Blocking Tactic’ on Shuttle Pad Lease,” SpaceNews, September 25, 2013, https://spacenews.com/37389musk-calls-out-blue-origin-ula-for-phony-blocking-tactic-on-shuttle-pad/ (January 24, 2021).

12 Todd Bishop, “Jeff Bezos’ Blue Origin Dealt Setback in Patent Dispute with SpaceX over Rocket Landings,” GeekWire, March 5, 2015, https://www.geekwire.com/2015/jeff-bezos-blue-origin-dealt-setback-in-patent-dispute-with-spacex-over-rocket-landings/ (January 24, 2021); Todd Bishop, “Blue Origin’s Rocket-Landing Patent Canceled in Victory for SpaceX,” GeekWire, September 1, 2015, https://www.geekwire.com/2015/blue-origins-rocket-landing-patent-canceled-in-victory-for-spacex/ (January 24, 2021).

13 Armin Rosen, “Elon Musk’s Aerospace Argument Just Took a Hit,” Business Insider, June 17, 2014, https://www.businessinsider.com/ula-wont-buy-rocket-engines-from-russia-any-

more-2014-6 (January 24, 2021).

14 Loren Grush, "Spacex Successfully Landed Its Falcon 9 Rocket After Launching It to Space," The Verge, December 21, 2015, https://www.theverge.com/2015/12/21/10640306/spacex-elon-musk-rocket-landing-success (January 24, 2021).

15 Jeff Bezos, Tweet, December 21, 2015, 8:49 p.m., https://twitter.com/jeffbezos/status/679116636310360067?lang=en (January 24, 2021).

16 Eric Berger, "Behind the Curtain: Ars Goes Inside Blue Origin's Secretive Rocket Factory," Ars Technica, March 9, 2016, https://arstechnica.com/science/2016/03/behind-the-curtain-ars-goes-inside-blue-origins-secretive-rocket-factory/ (January 24, 2021).

17 Christian Davenport, The Space Barons: Elon Musk, Jeff Bezos, and the Quest to Colonize the Cosmos (New York: PublicAffairs, 2018), 11.13

18 Alan Deutschman, "Inside the Mind of Jeff Bezos," Fast Company, August 1, 2004, https://www.fastcompany.com/50541/inside-mind-jeff-bezos-4 (January 24, 2021).

19 Mylene Mangalindan, "Buzz in West Texas Is About Jeff Bezos and His Launch Site," Wall Street Journal, November 10, 2006, https://www.wsj.com/articles/SB116312683235519444 (January 24, 2021).

20 Spencer Soper, "Bezos Sells $1 Billion a Year in Amazon Stock for Space Project," Bloomberg, April 5, 2017, https://www.bloomberg.com/news/articles/2017-04-05/bezos-hopes-big-windows-will-give-space-tourism-a-boost (January 24, 2021).

21 Chris Bergin and William Graham, "Blue Origin Introduce the New Glenn Orbital LV," NASASpaceFlight.com, September 12, 2016, https://www.nasaspaceflight.com/2016/09/blue-origin-new-glenn-orbital-lv/ (January 24, 2021).

22 Sandra Erwin, "Air Force Awards Launch Vehicle Development Contracts to Blue Origin, Northrop Grumman, ULA," SpaceNews, October 10, 2018, https://spacenews.com/air-force-awards-launch-vehicle-development-contracts-to-blue-origin-northrop-grumman-ula/ (January 24, 2021).

23 Christian Davenport, "An Exclusive Look at Jeff Bezos' Plan to Set Up Amazon-Like Delivery for 'Future Human Settlement' of the Moon," Washington Post, March 2, 2017, https://www.washingtonpost.com/news/the-switch/wp/2017/03/02/an-exclusive-look-at-jeff-bezos-plan-to-set-up-amazon-like-delivery-for-future-human-settlement-of-the-moon/ (January 24, 2021).

24 Mathias Dopfner, "Jeff Bezos Reveals What It's Like to Build An Empire...," Business Insider, April 28, 2018, https://www.businessinsider.com/jeff-bezos-interview-axel-springer-ceo-amazon-trump-blue-origin-family-regulation-washington-post-2018-4 (January 20, 2021).

25 Michael Sheetz, "SpaceX President Knocks Bezos' Blue Origin: 'They Have a Billion Dollars of Free Money Every Year,' " CNBC, October 25, 2019, https://www.cnbc.com/2019/10/25/spacex-shotwell-calls-out-blue-origin-boeing-lockheed-martin-oneweb.html (January 24, 2021).

第12章

1 Sarah Perez, "39 Million Americans Now Own a Smart Speaker, Report Claims," TechCrunch, January 12, 2018, https://techcrunch.com/2018/01/12/39-million-americans-now-own-a-smart-speaker-report-claims/ (January 26, 2021).

2 Eric Pryne, "Amazon to Make Giant Move to South Lake Union," Seattle Times, Decem-

ber 22, 2007, https://www.seattletimes.com/business/amazon-to-make-giant-move-to-south-lake-union/ (January 25, 2021).

3 Matt Day, "Humans of Amazon: Meet Some of the People Behind Seattle's Tech Juggernaut," Seattle Times, March 8, 2018, https://www.seattletimes.com/business/amazon/humans-of-amazon-meet-some-of-the-people-behind-seattles-tech-juggernaut/ (January 25, 2021); Rosenberg and Gonzalez, "Thanks to Amazon."

4 Robert McCartney, "Amazon in Seattle: Economic Godsend or Self-Centered Behemoth?," Washington Post, April 8, 2019, https://www.washingtonpost.com/local/trafficandcommuting/amazon-in-seattle-economic-godsend-or-self-centered-behemoth/2019/04/08/7d29999a-4ce3-11e9-93d0-64dbcf38ba41_story.html (January 25, 2021).

5 Amy Martinez and Kristy Heim, "Amazon a Virtual No-Show in Hometown Philanthropy," Seattle Times, March 31, 2012, https://www.seattletimes.com/business/amazon-a-virtual-no-show-in-hometown-philanthropy/(January 25, 2021).

6 Will Kenton, "Social License to Operate (SLO)," Investopedia, August 23, 2019, https://www.investopedia.com/terms/s/social-license-slo.asp (January 25, 2021).

7 Phuong Le, "Seattle Approves New Income Tax for Wealthy Residents," Associated Press, July 10, 2017, https://apnews.com/article/d747b2eef95449c3963bb62f9736ef93 (January 25, 2021).

8 "A Close Look at the Proposed Head Tax," Seattle City Council Insight, October 30, 2017, https://sccinsight.com/2017/10/30/close-look-proposed-head-tax/ (January 25, 2021).

9 Taylor Soper, "Amazon Cancels Huge Summer Picnic and Post-Holiday Party as Seattle Employee Count Swells, Plans New Post-Prime Day Concert," GeekWire, June 13, 2018, https://www.geekwire.com/2018/amazon-cancels-huge-summer-picnic-holiday-party-seattle-employee-count-swells-plans-new-prime-day-celebration-concert/ (January 25, 2021).

10 Reid Wilson, "Washington Just Awarded the Largest State Tax Subsidy in U.S. History," Washington Post, November 12, 2013, https://www.washingtonpost.com/blogs/govbeat/wp/2013/11/12/washington-just-awarded-the-largest-state-tax-subsidy-in-u-s-history/ (January 25, 2021).

11 Jason Hidalgo, "Art of the Tesla Deal: How Nevada Won a Gigafactory," Reno Gazette Journal, September 16, 2014, https://www.rgj.com/story/news/2014/09/13/art-tesla-deal-nv-won-gigafactory/15593371/ (January 25, 2021).

12 Shayndi Raice and Dana Mattioli, "Amazon Sought $1 Billion in Incentives on Top of Lures for HQ2," Wall Street Journal, January 16, 2020, https://www.wsj.com/articles/amazon-sought-1-billion-in-incentives-on-top-of-lures-for-hq2-11579179601 (January 25, 2021).

13 Watchdog News, "Foxconn Chooses Wisconsin for Manufacturing Plant, Says 13,000 Jobs Will Be Created," Center Square, July 26, 2017, https://www.thecentersquare.com/wisconsin/foxconn-chooses-wisconsin-for-manufacturing-plant-says-13-000-jobs-will-be-created/article_9a65242e-869a-5867-9201-4ef7b49fb2aa.html (January 25, 2021).

14 Amazon, September 7, 2017, https://images-na.ssl-images-amazon.com/images/G/01/Anything/test/images/usa/RFP_3._V516043504_.pdf.

15 Spencer Soper, "Amazon Weighs Boston in Search for Second Headquarters," Bloomberg, September 12, 2017, https://www.bloomberg.com/news/articles/2017-09-12/amazon-is-

said-to-weigh-boston-in-search-for-second-headquarters (January 25, 2021).

16 Emily Badger, Quoctrung Bui, and Claire Cain Miller, "Dear Amazon, We Picked Your New Headquarters for You," New York Times, September 9, 2017, https://www.nytimes.com/interactive/2017/09/09/upshot/where-should-amazon-new-headquarters-be.html (January 25, 2021).

17 Laura Stevens, Sean McDade, and Stephanie Stamm, "Courting a Giant," Wall Street Journal, November 14, 2017, https://www.wsj.com/graphics/amazon-headquarters/ (January 25, 2021).

18 Soper, "Amazon Weighs Boston."

19 Tony Romm, "Amazon's Pursuit of Tax Credits to Build a New Corporate Headquarters Is Getting Early Pushback," Vox, September 7, 2017, https://www.vox.com/2017/9/7/16268588/amazon-tax-credits-ro-khanna-opposition (January 25, 2021).

20 Michael Hiltzik, "Column: Memo to Civic Leaders: Don't Sell Out Your Cities for Amazon's New Headquarters," Los Angeles Times, September 12, 2017, https://www.latimes.com/business/hiltzik/la-fi-hiltzik-amazon-hq-20170911-story.html (January 25, 2021).

21 Natasha Bach, "Kansas City's Mayor Reviewed 1,000 Products on Amazon to Promote His HQ2 Bid," Fortune, October 12, 2017, https://fortune.com/2017/10/12/amazon-hq2-kansas-city/ (January 25, 2021).

22 Shannon Liao, "The Eight Most Outrageous Things Cities Did to Lure Amazon for HQ2," The Verge, October 19, 2017, https://www.theverge.com/2017/10/19/16504042/amazon-hq2-second-headquarters-most-funny-crazy-pitches-proposals-stonecrest-new-york (January 25, 2021).

23 Laura Stevens, Shibani Mahtani, and Shayndi Raice, "Rules of Engagement: How Cities Are Courting Amazon's New Headquarters," Wall Street Journal, April 2, 2018, https://www.wsj.com/articles/rules-of-engagement-how-cities-are-courting-amazons-new-headquarters-1522661401?mod=article_inline (January 25, 2021).

24 Richard Fausset, "Georgia Passes Bill That Stings Delta over N.R.A. Position," New York Times, March 1, 2018, https://www.nytimes.com/2018/03/01/business/delta-nra-georgia.html (January 25, 2021).

25 Monica Nickelsburg, "Amazon Suspends Construction in Seattle While the City Considers a New Tax on Its Biggest Businesses," GeekWire, May 2, 2018, https://www.geekwire.com/2018/amazon-suspends-construction-seattle-city-considers-new-tax-biggest-businesses/ (January 25, 2021), and Matt Day, "Amazon Paid $250 Million in Washington State and Local Taxes for 2017, Source Says," Seattle Times, May 9, 2018, https://www.seattletimes.com/business/amazon/amazon-paid-250-million-in-washington-state-and-local-taxes-in-2017-source-says/ (January 25, 2021).

26 Matt Day and Daniel Beekman, "Amazon Issues Threat over Seattle Head-Tax Plan, Halts Tower Construction Planning," Seattle Times, May.2, 2018, https://www.seattletimes.com/business/amazon/amazon-pauses-plans-for-seattle-office-towers-while-city-council-considers-business-tax/ (January 25, 2021).

27 Rosenberg and Gonzalez, "Thanks to Amazon."

28 Matt Day, "Amazon Confirms Major Office Lease in Bellevue, Will Occupy Former Expedia Headquarters," Seattle Times, August 21, 2018 https://www.seattletimes.com/business/amazon/amazon-confirms-major-office-lease-in-bellevue-will-occupy-former-

expedia-headquarters/ (January 25, 2021).

29 Richard Karlgaard, "Capital Goes Where It's Welcome," Forbes, May 18, 2009, https://www.forbes.com/sites/digitalrules/2009/05/18/capital-goes-where-its-welcome/?sh=36ede97353d4 (January 25, 2021).

30 McCartney, "Amazon in Seattle."

31 Daniel Beekman, "About-Face: Seattle City Council Repeals Head Tax Amid Pressure from Businesses, Referendum Threat," Seattle Times, June 12, 2018, https://www.seattletimes.com/seattle-news/politics/about-face-seattle-city-council-repeals-head-tax-amid-pressure-from-big-businesses/ (January 25, 2021).

32 Brad Stone, "At $1 Trillion, Amazon Is Still Not Its Stock Price," Bloomberg, September 4, 2018, https://www.bloomberg.com/news/articles/2018-09-04/at-1-trillion-amazon-is-still-not-its-stock-price (January 25, 2021).

33 Scott Galloway, "Professor Scott Galloway on Amazon HQ2 and Why It's Time to Break Up Big Tech," SupplyChain 24/7, January 25, 2018, https://www.supplychain247.com/article/professor_scott_galloway_on_amazon_hq2_break_up_big_tech (January 25, 2021).

34 同上

35 Lina M. Khan, "Amazon's Antitrust Paradox," Yale Law Journal 126, no. 3 (2017), https://www.yalelawjournal.org/note/amazons-antitrust-paradox (January 25, 2021).

36 "Amazon Selects New York City and Northern Virginia for New Headquarters," Amazon, November 13, 2018, https://www.aboutamazon.com/news/company-news/amazon-selects-new-york-city-and-northern-virginia-for-new-headquarters (January 25, 2021).

37 Corey Johnson, Tweet, November 13, 2018, 11:40 a.m., https://twitter.com/CoreyinNYC/status/1062384713535537152 (January 25, 2021).

38 Alexandria Ocasio-Cortez, Tweet, November 12, 2018, 11:40 p.m., https://twitter.com/AOC/status/1062203458227503104 (January 25, 2021).

39 Chris Sommerfeldt and Michael Gartland, "NY Officials Went to Great Lengths to Get Amazon a Helicopter Pad in Queens Despite Fear of Local Pushback: Emails," New York Daily News, April 16, 2020, https://www.nydailynews.com/news/politics/ny-amazon-queens-helipad-emails-20200416-3oi2fwjzpzhmncfzalhqre5aru-story.html (January 25, 2021).

40 Ron Dicker, "Jeff Bezos and Amazon Make Off with Sky-High Perks on New York Post Cover," HuffPost, November 14, 2018, https://www.huffpost.com/entry/jeff-bezos-amazon-new-york-post-cover_n _5bec4243e4b044bbb1ab8738 (January 25, 2021).

41 "Industrial & Commercial Abatement Program," NYC Department of Finance, https://www1.nyc.gov/site/finance/benefits/benefits-industrial-and-commercial-abatement-program-icap.page (January 25, 2021).

42 J. David Goodman, "Amazon Has a New Strategy to Sway Skeptics in New York," New York Times, January 29,.2019, https://www.nytimes.com/2019/01/29/nyregion/amazon-new-york-long-island-city.html (January 25, 2021).

43 J. David Goodman, "Amazon's New York Charm Offensive Includes a Veiled Threat," New York Times, January 30, 2019, https://www.nytimes.com/2019/01/30/nyregion/amazon-queens-nyc-council.html (January 25, 2021).

44 Robert McCartney, Jonathan O'Connell, and Patricia Sullivan, "Facing Opposition, Amazon Reconsiders N.Y. Headquarters Site, Two Officials Say," Washington Post, February 8, 2019, https://www.washingtonpost.com/local/virginia-politics/facing-opposition-ama-

zon-reconsiders-ny-headquarters-site-two-officials-say/2019/02/08/451ffc52-2a19-11e9-b011-d8500644dc98_story.html (January 25, 2021).

45 同上

46 Josh Eidelson and Dina Bass, "Amazon Was Holding Talks Wednesday to Make NYC Deal Happen," Bloomberg, February 14, 2019, https://www.bloomberg.com/news/articles/2019-02-14/amazon-was-holding-talks-wednesday-to-make-nyc-deal-happen?sref=dJuchiL5 (January 25, 2021).

47 Jillian Jorgensen, "De Blasio Fumes at Amazon and Skeptics of Dashed Deal for HQ2 in Long Island City," New York Daily News, February 15, 2019, https://www.nydailynews.com/news/politics/ny-pol-deblasio-amazon-hq2-20190215-story.html (January25, 2021).

48 J. David Goodman, "Andrew Cuomo Speaks with Jeff Bezos, Hints of 'Other Ways' to Clear Path for Amazon's Return," New York Times, February 28, 2019, https://www.nytimes.com/2019/02/28/nyregion/amazon-hq2-nyc.html (January 25, 2021).

49 Jonathan O'Connell and Andrew Ba Tran, "Where Bezos's Jet Flies Most.and What It Might Say About Amazon's HQ2 Winner," Washington Post, November 2, 2018, https://www.washingtonpost.com/business/where-bezoss-jet-flies-most--and-what-it-might-say-about-amazons-hq2/2018/11/02/792be19a-de16-11e8-b3f0-62607289efee_story.html (January 25, 2021).

50 "Amazon Creating 3,500 Jobs in Tech Hubs Across the U.S.," Business Facilities, August 21, 2020, https://businessfacilities.com/2020/08/amazon-creating-3500-jobs-in-tech-hubs-across-the-u-s/ (January 25, 2021).

第13章

1 Henry Blodget, "I Asked Jeff Bezos the Tough Questions. No Profits, the Book Controversies, the Phone Flop.and He Showed Why Amazon Is Such a Huge Success," Business Insider, December 13, 2014, https://www.businessinsider.com/amazons-jeff-bezos-on-profits-failure-succession-big-bets-2014-12 (January 25, 2021).

2 同上

3 "Amazon CEO Jeff Bezos and Brother Mark Give a Rare Interview About Growing Up and the Secrets to Success," Summit LA17, 54:55, November 14, 2017, https://summit.co/videos/amazon-ceo-jeff-bezos-and-brother-mark-give-a-rare-interview-about-growing-up-and-secrets-to-success-3nBiJY03McIIQcgcoe2aUe (January 25, 2021).

4 Benjamin Wofford, "Inside Jeff Bezos's DC Life," Washingtonian, April 22, 2018, https://www.washingtonian.com/2018/04/22/inside-jeff-bezos-dc-life/ (January 25, 2021).

5 Rebecca Johnson, "MacKenzie Bezos: Writer, Mother of Four, and High-Profile Wife," Vogue, February 20, 2013, https://www.vogue.com/article/a-novel-perspective-mackenzie-bezos (January.25, 2021).

6 Katy Waldman, "The Idealized, Introverted Wives of MacKenzie Bezos's Fiction," New Yorker, January 23, 2019, https://www.newyorker.com/books/page-turner/the-idealized-introverted-wives-of-mackenzie-bezos-fiction (January 25, 2021).

7 Jonah Engel Bromwich and Alexandra Alter, "Who Is MacKenzie Scott?" New York Times, January 12, 2019, https://www.nytimes.com/2019/01/12/style/jeff-bezos-mackenzie-divorce.html (January 25, 2021).

8 Jeff Bezos, Twitter video, April 22, 2018, 4:34 p.m., https://twitter.com/JeffBezos/status/988154007813173248 (January 25, 2021).

9 Dopfner, "Jeff Bezos Reveals."

10 Sara Salinas, "Amazon's Jeff Bezos Launches a $2 Billion 'Day One Fund' to Help Homeless Families and Create Preschools," CNBC, September 13, 2018, https://www.cnbc.com/2018/09/13/bezos-launches-day-one-fund-to-help-homeless-families-and-create-preschools.html (January 25, 2021).

11 Adrian Gomez, "Celebrity Buzz Centers on 2 ABQ Natives," Albuquerque Journal, January 11, 2019, https://www.abqjournal.com/1267508/celebrity-bu-zzcenters-on-2-abq-natives.html (January 25, 2021).

12 Sara Nathan, "Lauren Sanchez's Brother Tells All on Bezos Romance: 'This Was Real,' " Page Six, March 30, 2019, https://pagesix.com/2019/03/30/this-was-real-lauren-sanchezs-brother-tells-all-on-bezos-romance/ (January 25, 2021).

13 Daniel Terdiman, "At Amazon's MARS Conference, Jeff Bezos Plots the Future with 200 (Very) Big Brains," Fast Company, March 23, 2018, https://www.fastcompany.com/40547902/at-amazons-mars-conference-jeff-bezos-plots-the-future-with-200-very-big-brains (January 25, 2021).

14 MIT Technology Review, Twitter video, March 20, 2018, 6:57 p.m., https://twitter.com/techreview/status/976231159251324928?lang=en (January 25, 2021).

15 Keith Griffith and Jennifer Smith, "Jeff Bezos and Lover Lauren Sanchez 'Made Out Like Teenagers' in Hollywood Hotspot at Table Next to Michael Sanchez 'Just Days After Their Spouses Discovered Affair,' " Daily Mail,January 12,2019,https://www.dailymail.co.uk/news/article-6583895/Jeff-Bezos-lover-reportedly-like-teenagers-Hollywood-restaurant-Felix.html (January 25, 2021).

16 "Millions of People Living and Working in Space," YouTube video, 1:57, posted by Blue Origin, October 15, 2018, https://www.youtube.com/watch?v=KMdpdmJshFU&feature=emb_logo&ab_channel=BlueOrigin (January 25, 2021).

17 David Ng, Stacy Perman, and Richard Winton, "Who Is Michael Sanchez? Low-Level Hollywood Manager Is a Pivotal Figure in Bezos-Pecker Storm," Los Angeles Times, February 13, 2019, https://www.latimes.com/business/hollywood/la-fi-ct-michael-sanchez-20190213-story.html (January 26, 2021).

18 Gary Baum, "Dylan Howard's Hollywood Reboot: Why Are So Many A-Listers Working with a Tabloid Henchman?" Hollywood Reporter, February 3, 2020, https://www.hollywoodreporter.com/features/why-are-a-listers-working-dylan-howard-1275651 (January 26, 2021).

19 Lachlan Markay, "Emails Tell the Inside Story of How the Enquirer Got Jeff Bezos' Nudes," Daily Beast, July 3, 2020, https://www.thedailybeast.com/emails-tell-the-inside-story-of-how-the-enquirer-got-jeff-bezos-nudes (January 26, 2021).

20 "TV Reunion! Emmy Winner Lauren Sanchez Returns to Host 'Extra' This Thursday," Radar Online, September 11, 2018, https://radaronline.com/exclusives/2018/09/tv-reunion-emmy-winner-lauren-sanchez-returns-to-host-extra/ (January 26, 2021).

21 Markay, "Emails."

22 Joe Palazzolo and Michael Rothfeld, The Fixers: The Bottom-Feeders, Crooked Lawyers, Gossipmongers, and Porn Stars Who created the 45th President (New York: Random House, 2020), 351.356.

23 "Declaration of Dylan Howard, James Robertson and Andrea Simpson in Support of Defendants' Special Motion to Strike," in Michael Sanchez v. American Media, Inc, pg. 4,

line 19.

24 Letter to Charles Stillman and James Mitchell from the U.S. Attorney for the Southern District of New York, September 20, 2018, https://www.justice.gov/usao-sdny/press-release/file/1119501/download (January 26, 2021).

25 Michael Rothfeld, Joe Palazzolo, and Alexandra Berzon, "How the National Enquirer Got Bezos' Texts: It Paid $200,000 to His Lover's Brother," Wall Street Journal, March 18, 2019, https://www.wsj.com/articles/how-the-national-enquirer-got-bezos-texts-it-paid-200-000-to-his-lovers-brother-11552953981 (January 26, 2021).

26 同上

27 Evan Real, "Lauren Sanchez's Brother Speaks Out About Involvement in Jeff Bezos Affair Leaking," Hollywood Reporter, February 14, 2019, https://www.hollywoodreporter.com/news/lauren-sanchezs-brother-speaks-involvement-jeff-bezos-affair-leaking-1186817 (January 26, 2021).

28 Marc Fisher, Manuel Roig-Franzia, and Sarah Ellison, "Was Tabloid Expose of Bezos Affair Just Juicy Gossip or a Political Hit Job?" Washington Post, February 5, 2019, https://www.washingtonpost.com/politics/was-tabloid-expose-of-bezos-affair-just-juicy-gossip-or-a-political-hit-job/2019/02/05/03d2f716-2633-11e9-90cd-dedb0c92dc17_story.html (January 26, 2021).

29 Jeff Bezos, Tweet, January 9, 2019, 9:17 a.m., https://twitter.com/JeffBezos/status/1083004911380393985 (January 26, 2021).

30 Fisher, Roig-Franzia, and Ellison, "Tabloid Expose."

31 Matthew Yglesias, "Donald Trump's Twitter Feud with Amazon, Explained," Vox, April 4, 2018, https://www.vox.com/policy-and-politics/2018/4/4/17193090/trump-amazon-feud (January 26, 2021).

32 Dylan Howard, James Robertson, and Andrea Simpson, "Bezos Shared Wife's Pillow Talk with Mistress, Boasted About U2's Bono," National Enquirer, January 12, 2019, https://www.nationalenquirer.com/celebrity/jeff-bezos-shared-wifes-pillow-talk-with-mistress-lauren-sanchez/ (January 26, 2021).

33 "First Photos Show Jeff Bezos' Girlfriend Lauren Sanchez Carefree After Scandal," Us Weekly, January 14, 2019, https://www.usmagazine.com/celebrity-news/pictures/lauren-sanchez-steps-out-after-news-of-jeff-bezos-affair-pics/ (January 26, 2021).

34 "The untold story... tombstone": Declaration of Dylan Howard.

35 Jeff Bezos, "No Thank You, Mr. Pecker," Medium, February 7, 2019, https://medium.com/@jeffreypbezos/no-thank-you-mr-pecker-146e3922310f (January 26, 2021).

36 Fisher, Roig-Franzia, and Ellison, "Tabloid Expose."

37 Lachlan Markay and Asawin Suebsaeng, "Bezos Launches Investigation into Leaked Texts with Lauren Sanchez That Killed His Marriage," Daily Beast, January 30, 2019, https://www.thedailybeast.com/bezos-launches-investigation-into-leaked-texts-with-lauren-sanchez-that-killed-his-marriage (January 26, 2021); Lachlan Markay and Asawin Suebsaeng, "Bezos' Investigators Question Michael Sanchez, Brother of Mistress Lauren Sanchez, in National Enquirer Leak Probe," Daily Beast, February 13, 2019, https://www.thedailybeast.com/bezos-investigators-question-the-brother-of-his-mistress-lauren-sanchez-in-national-enquirer-leak-probe (January 26, 2021).

38 Markay and Suebsaeng, "Bezos' Investigators."

39 Gerry Smith and Elise Young, "New Jersey Officials Press National Enquirer's Hedge-Fund

Owner over Bezos Feud," Bloomberg, February 12, 2019, https://www.bloomberg.com/news/articles/2019-02-12/n-j-officials-press-enquirer-s-hedge-fund-owner-over-bezos-feud?sref=dJuchiL5 (January 26, 2021); Katherine Burton, Sridhar Natarajan, and Shahien Nasiripour, "As N.J. Cuts Hedge Fund Ties, Chatham Shows That Can Take Years," Bloom-berg, June 11, 2019, https://www.bloomberg.com/news/articles/2019-06-11/as-n-j-cuts-hedge-fund-ties-chatham-shows-that-can-take-years?sref=dJuchiL5 (January 26, 2021).

40 Fisher, Roig-Franzia, and Ellison, "Tabloid Expose."

41 Bezos, "No Thank You."

42 同上

43 同上

44 Gavin de Becker, "Bezos Investigation Finds the Saudis Obtained His Private Data," Daily Beast, March 31, 2019, https://www.thedailybeast.com/jeff-bezos-investigation-finds-the-saudis-obtained-his-private-information (January 26, 2021).

45 See "National Enquirer Says Saudis Didn't Help on Bezos Story," Daily Beast, March 31, 2019, https://www.thedailybeast.com/national-enquirer-says-saudis-didnt-help-on-bezos-story (January 26, 2021).

46 Katie Paul, "Exclusive: Apple and Amazon in Talks to Set Up in Saudi Arabia.Sources," Reuters, December 28, 2017, https://www.reuters.com/article/us-saudi-tech-exclusive/exclusive-apple-and-amazon-in-talks-to-set-up-in-saudi-arabia-sources-idUSKBN1EM0PZ (January 26, 2021); Bradley Hope and Justin Scheck, Blood and Oil: Mohammed Bin Salman's Ruthless Quest for Global Power (New York: Hachette, 2020).

47 Marc Fisher and Jonathan O'Connell, "The Prince, the Billionaire and the Amazon Project That Got Frozen in the Desert," Washington Post, October 27, 2019, https://www.washingtonpost.com/politics/the-prince-the-billionaire-and-the-amazon-project-that-got-frozen-in-the-desert/2019/10/27/71410ef8-eb9c-11e9-85c0-85a098e47b37_story.html (January26, 2021).

48 Justin Scheck, Bradley Hope, and Summer Said, "Saudi Prince Courted Amazon's Bezos Before Bitter Split," Wall Street Journal, January 27, 2020, https://www.wsj.com/articles/saudi-prince-courted-amazons-bezos-before-bitter-split-11580087674 (January 26, 2021).

49 Marc Fisher, "U.N. Report: Saudi Crown Prince Was Involved in Alleged Hacking of Bezos Phone," Washington Post, January 22, 2020, https://www.washingtonpost.com/politics/un-ties-alleged-phone-hacking-to-posts-coverage-of-saudi-arabia/2020/01/22/a0bc63ba-3d1f-11ea-b90d-5652806c3b3a_story.html (January 26, 2021); Jared Malsin, Dustin Volz, and Justin Scheck, "U.N. Suggests Bezos' Phone Was Hacked Using Saudi Crown Prince's Account," Wall Street Journal, January 22, 2020, https://www.wsj.com/articles/u-n-experts-say-hacking-of-bezoss-phone-suggests-effort-to-influence-news-coverage-11579704647 (January 26, 2021).

50 Ben Feuerherd, "Jeff Bezos and Lauren Sanchez Get Cozy on Mega Yacht in Italy," Page Six, August 31, 2019, https://pagesix.com/2019/08/31/jeff-bezos-and-lauren-sanchez-get-cozy-on-mega-yacht-in-italy/ (January 26, 2021).

51 Priya Elan, "Dress Like a Tech Bro in Kaftan, Sliders, Gilet... and Jeff Bezos's Shorts," The Guardian, November 2, 2019, https://www.theguardian.com/fashion/2019/nov/02/jeff-bezos-shorts-tech-bro-fashion (January 26, 2021).

52 Bill Bostock, "Jeff Bezos Attended a Vigil at the Saudi Consulate Where Washington Post

Writer Jamal Khashoggi Was Murdered One Year Ago," Business Insider, October 2, 2019, https://www.businessinsider.com/jeff-bezos-visit-saudi-consulate-istanbul-khashoggi-murder-anniversary-2019-10 (January 26, 2021).

53 "Washington Post Owner Jeff Bezos Attends Khashoggi Memorial in Istanbul," Daily Sabah, October 2, 2019, https://www.dailysabah.com/turkey/2019/10/02/washington-post-owner-jeff-bezos-attends-khashoggi-memorial-in-istanbul (January 26, 2021).

54 同上

55 Eileen Kinsella, "Jeff Bezos Reportedly Spent More Than $70 Million on a Kerry James Marshall and a Record-Shattering Ed Ruscha at Auction Last Fall," Artnet, February 6, 2020, https://news.artnet.com/market/jeff-bezos-art-collector-1771410 (January 26, 2021).

56 Katy McLaughlin and Katherine Clarke, "Jeff Bezos Buys David Geffen's Los Angeles Mansion for a Record $165 Million," Wall Street Journal, February 12, 2020, https://www.wsj.com/articles/jeff-bezos-buys-david-geffens-los-angeles-mansion-for-a-record-165-million-11581542020 (January 26, 2021).

第14章

1 Spencer Soper, "Amazon Will Spend $800 Million to Move to One-Day Delivery," Bloomberg, April 25, 2019," https://www.bloomberg.com/news/articles/2019-04-25/amazon-will-spend-800-million-to-move-to-one-day-delivery?sref=dJuchiL5 (January 25, 2021).

2 Jack Witzig, Berber Jin, and Bloomberg, "Jeff Bezos's Net Worth Hits a New High After Recovering Losses from Divorce," Fortune, July 2, 2020, https://fortune.com/2020/07/02/jeff-bezos-net-worth-new-high-amazon-shares-divorce/ (January 25, 2021).

3 Transcript of Economic Club of Washington, D.C., interview, September 13, 2018, https://www.economicclub.org/sites/default/files/transcripts/Jeff_Bezos_Edited_Transcript.pdf (January 25, 2021).

4 Marc Levinson, The Great A&P and the Struggle for Small Business in America (New York: Hill and Wang, 2011).

5 Elizabeth Warren, "Here's How We Can Break Up Big Tech," Medium, March 8, 2019, https://medium.com/@teamwarren/heres-how-we-can-break-up-big-tech-9ad9e0da324c (January 25, 2021).

6 "This Is Why Warren Wants to Break Up Big Tech Companies," CNN, April 23, 2019, https://www.cnn.com/videos/politics/2019/04/23/elizabeth-warren-amazon-google-big-tech-break-up-town-hall-vpx.cnn (January 25, 2021).

7 Richard Rubin, "Does Amazon Really Pay No Taxes? Here's the Complicated Answer," Wall Street Journal, June 14, 2019, https://www.wsj.com/articles/does-amazon-really-pay-no-taxes-heres-the-complicated-answer-11560504602 (January 25, 2021).

8 Dopfner, "Jeff Bezos Reveals."

9 Abha Battarai, "Amazon Is Doling Out Raises of As Little as 25 Cents an Hour in What Employees Call 'Damage Control,' " Washington Post, September 24, 2018, https://www.seattletimes.com/business/amazon/amazon-raises-starting-wage-for-its-workers-to-15-an-hour (January 25, 2021).

10 Jeff Bezos, "2018 Letter to Shareowners," April 11, 2019, https://www.aboutamazon.com/news/company-news/2018-letter-to-shareholders. (January 25, 2021).

11 Krystal Hu, "Some Amazon Employees Say They Will Make Less After the Raise," Yahoo! Finance, October 3, 2018, https://finance.yahoo.com/news/amazon-employees-say-will-make-less-raise-174028353.html (January 25, 2021).

12 Bernie Sanders, Tweet, December 27, 2019, https://twitter.com/BernieSanders/status/1210602974587822080 (January 25, 2021).

13 "Amazon 'Getting Away with Murder on tax', says Donald Trump," Reuters, May 13, 2016, https://www.theguardian.com/us-news/2016/may/13/amazon-getting-away-with-on-tax-says-donald-trump (January 25, 2021).

14 Donald Trump, Tweet, August 16, 2017, https://www.thetrumparchive.com/?searchbox=%22many+jobs+being+lost%21%22 (January 26, 2021).

15 "Be Careful What You Assume," United States Postal Service Office of the Inspector General, February 16, 2015, https://www.uspsoig.gov/blog/be-careful-what-you-assume (January 25, 2021).

16 Eugene Kiely and D'Angelo Gore, "Trump's Amazon Attack," FactCheck.org, April 5, 2018, https://www.factcheck.org/2018/04/trumps-amazon-attack/ (January 25, 2021).

17 Damian Paletta and Josh Dawsey, "Trump Personally Pushed Postmaster General to Double Rates on Amazon, Other Firms," Washington Post, May 18, 2018, (January 25, 2021).

18 Jeff Bezos, Tweet, August 10, 2017, https://twitter.com/JeffBezos/status/895714205822730241 (January 25, 2021).

19 Naomi Nix, "Amazon Has Plenty of Foes in Pentagon Cloud Deal," Bloomberg, June 26, 2018, https://www.bloomberg.com/news/articles/2018-06-26/amazon-foes-in-pentagon-cloud-deal-are-said-to-include-sap-csra?sref=dJuchiL5 (January 25, 2021).

20 Naomi Nix, "Inside the Nasty Battle to Stop Amazon from Winning the Pentagon's Cloud Contract," Bloomberg, December 20, 2018, https://www.bloomberg.com/news/features/2018-12-20/tech-giants-fight-over-10-billion-pentagon-cloud-contract (January 25, 2021).

21 Brian Schwarz, "Top CEOs Ramp Up GOP Donations as Biden Threatens to Scale Back Corporate Tax Cuts," CNBC, July 27, 2020, https://www.cnbc.com/2020/07/27/top-ceos-give-big-to-gop-as-biden-threatens-to-scale-back-corp-tax-cuts.html (January 25, 2021).

22 Jennifer Jacobs, "Oracle's Safra Catz Raises Amazon Contract Fight with Trump," Bloomberg, April 4, 2018, https://www.bloomberg.com/news/articles/2018-04-04/oracle-s-catz-is-said-to-raise-amazon-contract-fight-with-trump?sref=dJuchiL5 (January 25, 2021).

23 Naomi Nix, "Google Drops Out of Pentagon's $10 Billion Cloud Competition," Bloomberg, October 8, 2018, https://www.bloomberg.com/news/articles/2018-10-08/google-drops-out-of-pentagon-s-10-billion-cloud-competition?sref=dJuchiL5 (January 25, 2021).

24 Mike Stone, "Jeff Bezos Says Amazon Wants to Work More with the Pentagon," Reuters, December 7, 2019, https://www.reuters.com/article/us-usa-pentagon-amazon/amazon-ceo-says-wants-to-work-more-with-pentagon-idUSKBN1YB0JL (January 25, 2021).

25 "President Trump Meeting with Prime Minister of the Netherlands," C-SpAN, July 18, 2019, https://www.c-span.org/video/?462777-1/president-trump-meets-dutch-prime-minister-mark-rutte (January 25, 2021).

26 Donald Trump Jr., Tweet, July 18, 2019, https://twitter.com/DonaldJTrumpJr/status/1151905489472630785 (January 25, 2021).

27 Billy Mitchell, "JEDI Complaints Under Review by New Defense Secretary," FedScoop, August 1, 2019, https://www.fedscoop.com/jedi-mark-esper-review-congress-complaints/ (January 25, 2021).

28 Frank Konkel and Heather Kuldell, "Esper Recuses Himself from JEDI Cloud Contract Review," NextGov.com, October 22, 2019, https://www.nextgov.com/it-modernization/2019/10/esper-recuses-himself-jedi-cloud-contract-review/160782/ (January 25, 2021).

29 Monica Nickelsburg and Todd Bishop, "Satya Nadella: Staying Out of Politics, Focusing on Tech, Helped Microsoft Win Pentagon Cloud Contract," GeekWire, November 1, 2019, https://www.geekwire.com/2019/satya-nadella-staying-politics-focusing-tech-helped-microsoft-win-pentagon-cloud-contract/ (January 26, 2021).

30 Jay Greene and Laura Stevens, "Wal-Mart to Vendors: Get Off Amazon's Cloud," Wall Street Journal, June 21, 2017, https://www.wsj.com/articles/wal-mart-to-vendors-get-off-amazons-cloud-1498037402?mod=e2tw (January 26, 2021).

31 Lina Khan, "Amazon's Antitrust Paradox," Yale Law Journal 126, no. 3 (2017): 710.805.

32 Davis Streitfeld, "Amazon's Antitrust Antagonist Has a Breakthrough Idea," New York Times, September 7, 2018, https://www.nytimes.com/2018/09/07/technology/monopoly-antitrust-lina-khan-amazon.html (January 26, 2021).

33 Alexis C. Madrigal, "A Silicon Valley Congressman Takes On Amazon," Atlantic, June 19, 2017, https://www.theatlantic.com/technology/archive/2017/06/ro-khanna-amazon-whole-foods/530805/ (January 26, 2021).

34 Kostya Medvedovsky, Tweet, June 19, 2017, https://twitter.com/kmedved/status/876869328934711296 (January 26, 2021).

35 Brent Kendall and Heather Haddon, "FTC Approves Whole Foods-Amazon," Wall Street Journal, August 23, 2017, https://www.wsj.com/articles/whole-foods-shareholders-approve-merger-with-amazon-1503498623 (January 26, 2021).

36 Adam Satariano, "Amazon Dominates as a Merchant and Platform. Europe Sees Reason to Worry," New York Times, September 19, 2018, https://www.nytimes.com/2018/09/19/technology/amazon-europe-margrethe-vestager.html (January 26, 2021).

37 David McLaughlin, Naomi Nix, and Daniel Stoller, "Trump's Trustbusters Bring Microsoft Lessons to Big Tech Fight," Bloomberg, June 11, 2019, https://www.bloomberg.com/news/articles/2019-06-11/trump-s-trustbusters-bring-microsoft-lessons-to-big-tech-fight?sref=dJuchiL5 (January 26, 2021).

38 "Cicilline to Chair Antitrust Subcommittee," January 23, 2019, https://cicilline.house.gov/press-release/cicilline-chair-antitrust-subcommittee (January 26, 2021).

39 "We remain prepared... important issues": Kim Lyons, "Nadler Calls Amazon Letter to Judiciary Committee 'Unacceptable,' " The Verge, May 16, 2020, https://www.theverge.com/2020/5/16/21260981/nadler-amazon-bezos-seller-judiciary (January 26, 2021).

40 Lauren Feiner, "Amazon Exec Tells Lawmakers the Company Doesn't Favor Own Brands over Products Sold by Third-Party Merchants," CNBC, July 16, 2019, https://www.cnbc.com/2019/07/16/amazon-tells-house-it-doesnt-favor-own-brands-in-antitrust-hearing.html (January.26, 2021).

41 Laura Hautala, "Tech Titans Face Video Glitches in Congressional Testimony, CNET, July 29, 2020, https://www.cnet.com/news/tech-titans-face-video-glitches-in-congressional-testimony/ (January 26, 2021).

42 Brad Stone, The Everything Store (Boston: Little, Brown and Company, 2013)（『ジェフ・ベゾス 果てなき野望』, 294.300; 241.246.

43 David McCabe, "One of Amazon's Most Powerful Critics Lives in Its Backyard," New York Times, May 3, 2020, https://www.nytimes.com/2020/05/03/technology/amazon-pramila-jayapal.html (January 26, 2021).

44 引用は、すべて、ビッグテックに対する反トラスト公聴会（2020年7月29日）の公式記録 https://www.rev.com/blog/transcripts/big-tech-antitrust-hearing-full-transcript-july-29 (2021年2月27日) からである。

45 Karen Weise, "Prime Power: How Amazon Squeezes the Businesses Behind Its Store," New York Times, December 20, 2019, https://www.nytimes.com/2019/12/19/technology/amazon-sellers.html (January 26, 2021).

46 "Supporting Small Businesses," YouTube video, 0:30, "amazon," October 5, 2020, https://www.youtube.com/watch?v=4qwk2T8-SRA&ab_channel=amazon (January 26, 2021).

47 House Committee on the Judiciary, "Judiciary Antitrust Subcommittee Investigation Reveals Digital Economy Highly Concentrated, Impacted by Monopoly Power," October 6, 2020, https://judiciary.house.gov/news/documentsingle.aspx?DocumentID=3429 (January 26, 2021).

48 同上

49 "Amazon Remains the Undisputed No. 1," eMarket, March 11, 2020, https://www.emarketer.com/content/amazon-remains-the-undisputed-no-1 (January 26, 2021).

50 Matt Day and Jackie Gu, "The Enormous Numbers Behind Amazon's Market Reach," Bloomberg, March 27, 2019, https://www.bloomberg.com/graphics/2019-amazon-reach-across-markets/?sref=dJuchiL5 (January 26, 2021).

51 Subcommittee on Antitrust, Commercial and Administrative Law of the Committee of the Judiciary, "Investigation of Competition in Digital Markets," October 2020, p. 318.

52 "Ultrafast Grocery Delivery Is Now FREE with Prime," AboutAmazon.com, October 29, 2019, https://www.aboutamazon.com/news/retail/ultrafast-grocery-delivery-is-now-free-with-prime (January 26, 2021).

53 Foo Yun Chee, "Europe Charges Amazon with Using Dominance and Data to Squeeze Rivals," Reuters, November 10, 2020, https://www.reuters.com/article/eu-amazon-com-antitrust/europe-charges-amazon-with-using-its-dominance-and-data-to-squeeze-rivals-idUSKBN27Q21T (January 26, 2021).

54 Dopfner, "Jeff Bezos Reveals."

第15章

1 Spencer Soper, "Amazon Results Show New Spending Splurge Paying Off; Shares Jump," Bloomberg, January 30, 2020, https://www.bloomberg.com/news/articles/2020-01-30/amazon-holiday-results-crush-wall-street-estimates-shares-surge (January 26, 2021).

2 Jeffrey Dastin, "Amazon Defers 'Non-essential' Moves Even in U.S. as Corporate Travel Bans Spread," Reuters, February 28, 2020, https://www.reuters.com/article/us-china-health-amazon-com/amazon-defers-non-essential-moves-even-in-u-s-as-corporate-travel-bans-spread-idUSKCN20M2TZ (January 26, 2021).

3 Taylor Soper, "Amazon Changes Coronavirus Plan, Tells Seattle Area Employees to Work from Home until March 31," GeekWire, March 4, 2020, https://www.geekwire.com/2020/amazon-changes-coronavirus-plan-tells-seattle-area-employees-work-home-march-31/

(January 26, 2021).

4 Monica Nickelsburg, “Amazon Extends Work from Home Policy to January 2021, Opens Offices with New Safety Measures,” GeekWire, July 15, 2020, https://www.geekwire.com/2020/amazon-extends-work-home-policy-january-2021-opens-offices-new-safety-measures/ (January 26, 2021).

5 Roy Maurer, “Job Interviews Go Virtual in Response to COVID-19,” SHRM, March 17, 2020, https://www.shrm.org/resourcesandtools/hr-topics/talent-acquisition/pages/job-interviews-go-virtual-response-covid-19-coronavirus.aspx (January 26, 2021).

6 Jeff Bezos, “A Message from Our CEO and Founder,” Amazon, March 21, 2020, https://www.aboutamazon.com/news/company-news/a-message-from-our-ceo-and-founder (January 26, 2021).

7 Jeff Bezos, Instagram post, March 26, 2020, https://www.instagram.com/p/B-NbzviHy5B/ (January 26, 2021).

8 Jeff Bezos, Instagram post, March 27, 2020, https://www.instagram.com/p/B-QSpVsHQcq/?hl=en (January 26, 2021).

9 Amazon News, Twitter video, April 8, 2020, https://twitter.com/amazonnews/status/1248092828070301697?s=20 (January 26, 2021).

10 Karen Weise and Kate Conger, “Gaps in Amazon’s Response as Virus Spreads to More Than 50 Warehouses,” New York Times, April 5, 2020, https://www.nytimes.com/2020/04/05/technology/coronavirus-amazon-workers.html (January 26, 2021).

11 Benjamin Romano, “Amazon Confirms COVID-Positive Employee in One of Its Seattle-Area Warehouses,” Seattle Times, March 28, 2020, https://www.seattletimes.com/business/amazon/amazon-confirms-covid-positive-employee-in-one-of-its-seattle-area-warehouses/ (January 26, 2021).

12 Matt Day, “Amazon Is Its Own Biggest Mailman, Shipping 3.5 Billion Parcels,” Bloomberg, December 19, 2019, https://www.bloomberg.com/news/articles/2019-12-19/amazon-is-its-own-biggest-mailman-delivering-3-5-billion-orders (January 26, 2021).

13 “Amazon Posts Self-Delivery Record in July, Consultancy Says,” Benzinga, August 14, 2020, https://www.benzinga.com/news/earnings/20/08/17085321/amazon-posts-self-delivery-record-in-july-consultancy-says (January 26, 2021).

14 Eugene Kim, “Leaked Emails Show Amazon’s Drone Delivery Team Is Manufacturing Face Shields for COVID-19 and Crowdsourcing Employee Ideas to Improve Warehouse Safety,” Business Insider, May 6, 2020, https://www.businessinsider.com/amazon-drone-delivery-team-is-manufacturing-covid-19-face-shields-2020-5 (January 26, 2021).

15 “Getting Millions of Masks to Our Employees,” Amazon, April 5, 2020, https://www.aboutamazon.com/news/company-news/getting-millions-of-masks-to-our-employees (January 26, 2021).

16 Dana Mattioli, “Amazon Retools with Unusual Goal: Get Shoppers to Buy Less Amid Coronavirus Pandemic,” Wall Street Journal, April 16, 2020, https://www.wsj.com/articles/amazon-retools-with-unusual-goal-get-shoppers-to-buy-less-amid-coronavirus-pandemic-11587034800 (January 26, 2021).

17 “Temporarily Prioritizing Products Coming into Our Fulfillment Centers,” Amazon Services Seller Forums, March 2020, https://sellercentral.amazon.com/forums/t/temporarily-prioritizing-products-coming-into-our-fulfillment-centers/592213 (January 26, 2021).

18 "Investigation of Competition in Digital Markets," pg. 270, https://www.documentcloud.org/documents/7222836-Investigation-of-Competition-in-Digital-Markets.html#text/p270 (January 26, 2021); Adi Robertson and Russel Brandom, "Congress Releases Blockbuster Tech Antitrust Report," The Verge, October 6, 2020, https://www.theverge.com/2020/10/6/21504814/congress-antitrust-report-house-judiciary-committee-apple-google-amazon-facebook (January 26, 2021).

19 Dana Mattioli, "Amazon to Expand Shipments of Nonessential Items, Continue Adding Staff," Wall Street Journal, April 13, 2020, https://www.wsj.com/articles/amazon-seeks-to-hire-another-75-000-workers-11586789365 (January 26, 2021).

20 Brad Porter, "Amazon Introduces 'Distance Assistant,' " Amazon, June 16, 2020, https://www.aboutamazon.com/news/operations/amazon-introduces-distance-assistant (January 26, 2021).

21 Mark Di Stefano, "Amazon Drops Pandemic Test to Track Warehouse Workers Through Wi-Fi," The Information, November 30, 2020, https://www.theinformation.com/articles/amazon-drops-pandemic-test-to-track-warehouse-workers-through-wi-fi (January 26, 2021).

22 Paris Martineau, "Amazon Quietly Expands Large-Scale Covid Testing Program for Warehouses," The Information, September 24, 2020, https://www.theinformation.com/articles/amazon-quietly-expands-large-scale-covid-testing-program-for-warehouses (January 26, 2021).

23 "Update on COVID-19 Testing," Amazon, October 1, 2020, https://www.aboutamazon.com/news/operations/update-on-covid-19-testing (January 26, 2021).

24 Matthew Fox, " 'COVID-19 Has Been Like Injecting Amazon with a Growth Hormone': Here's What 4 Analysts Had to Say About Amazon's Earnings Report as $4,000 Price Targets Start to Roll In," Business Insider, July 31, 2020, https://markets.businessinsider.com/news/stocks/amazon-earnings-wall-street-reacts-blockbuster-report-analysts-stock-price-2020-7-1029456482 (January 26, 2021).

25 Matt Day, Daniele Lepido, Helen Fouquet, and Macarena Munoz Montijano, "Coronavirus Strikes at Amazon's Operational Heart: Its Delivery Machine," Bloomberg, March 16, 2020, https://www.bloomberg.com/news/articles/2020-03-16/coronavirus-strikes-at-amazon-s-operational-heart-its-delivery-machine?sref=dJuchiL5 (January 26, 2021).

26 Matthew Dalton, "Amazon Shuts French Warehouses After Court Orders Coronavirus Restrictions," Wall Street Journal, April 16, 2020, https://www.wsj.com/articles/amazon-shuts-warehouses-in-france-11587036614 (January 26, 2021); Mathieu Rosemain, "Amazon's French Warehouses to Reopen with 30% Staff.Unions," Reuters, May 18, 2020, https://www.reuters.com/article/health-coronavirus-amazon-france/amazons-french-warehouses-to-reopen-with-30-staff-unions-idINKBN22U27G?edition-redirect=in (January 26, 2021).

27 Pierre-Paul Bermingham, "Amazon Under Fire in France as Coronavirus Restrictions Hit Rivals," Politico Europe, November 5, 2020, https://www.politico.eu/article/spotlight-falls-on-amazon-as-french-businesses-are-restricted-by-lockdown-rules/ (January 26, 2021).

28 Sam Dean, "Fearful of COVID-19, Amazon Workers Ask for State Probe of Working Conditions," Los Angeles Times, April 9, 2020, https://www.latimes.com/business/technology/story/2020-04-09/fearful-of-covid-19-amazon-workers-ask-for-state-probe-of-working-conditions (January 26, 2021).

29 Sebastian Herrera, "Fired Amazon Warehouse Workers Accuse Company of Retaliation, Which It Denies," Wall Street Journal, April 14, 2020, https://www.wsj.com/articles/fired-amazon-warehouse-workers-accuse-company-of-retaliation-which-it-denies-11586891334 (January 26, 2021); Spencer Soper and Matt Day, "Amazon Drivers Received Single Wipe to Clean Vans Before Shifts," Bloomberg, March 18, 2020, https://www.bloomberg.com/news/articles/2020-03-18/amazon-drivers-received-single-wipe-to-clean-vans-before-shifts?sref=dJuchiL5 (January 26, 2021).

30 Benjamin Romano, "Amazon Confirms Seattle-Area Warehouse Employee Has Coronavirus," Seattle Times, March 28, 2020, https://www.seattletimes.com/business/amazon/amazon-confirms-covid-positive-employee-in-one-of-its-seattle-area-warehouses/ (January 26, 2021).

31 Josh Eidelson and Luke Kawa, "Firing of Amazon Strike Leader Draws State and City Scrutiny," Bloomberg, March 30, 2020, https://www.bloomberg.com/news/articles/2020-03-30/amazon-worker-who-led-strike-over-virus-says-company-fired-him (January 26, 2021; "Interview with Chris Smalls," Emily Chang, Bloomberg TV, March 30, 2020, https://www.bloomberg.com/news/videos/2020-03-30/striking-amazon-employee-accuses-company-of-retaliation-video (February 28, 2021).

32 Paul Blest, "Leaked Amazon Memo Details Plan to Smear Fired Warehouse Organizer: 'He's Not Smart or Articulate,' " Vice News, April 2, 2020, https://www.vice.com/en/article/5dm8bx/leaked-amazon-memo-details-plan-to-smear-fired-warehouse-organizer-hes-not-smart-or-articulate, (February 28, 2020).

33 Hayley Peterson, "Amazon-Owned Whole Foods Is Quietly Tracking Its Employees with a Heat Map Tool That Ranks Which Stores Are Most At Risk of Unionizing," Business Insider, April 20, 2020, https://www.businessinsider.com/whole-foods-tracks-unionization-risk-with-heat-map-2020-1?r=US&IR=T (January 26, 2021); Nick Statt, "Amazon Deletes Job Listings Detailing Effort to Monitor 'Labor Organizing Threats,' " The Verge, September 1, 2020, https://www.theverge.com/2020/9/1/21417401/amazon-job-listing-delete-labor-organizing-threat-union (January 26, 2021).

34 "Amazon worker: At least 600 Amazon employees stricken by coronavirus," CBS, May 10, 2020, https://www.cbsnews.com/news/amazon-workers-with-coronavirus-60-minutes-2020-05-10/ (February 16, 2021).

35 Amazon's "Update on COVID-19 Testing."

36 Lauren Kaori Gurley, "Whole Foods Just Fired an Employee Who Kept Track of Corona Virus Cases," Motherboard, March 29, 2020, https://www.vice.com/en/article/y3zd9g/whole-foods-just-fired-an-employee-who-kept-track-of-coronavirus-cases (February 28, 2021).

37 Sarah Ashley O'Brien, "Fear and a firing inside an Amazon warehouse," CNN, April 22, 2020, https://www.cnn.com/2020/04/22/tech/amazon-warehouse-bashir-mohamed/index.html (February 28, 2021).

38 Caroline O'Donovan, "This Fired Worker Says Amazon Retaliated Against Her. Now the Company is Facing Charges," BuzzFeed News, December 4, 2020, https://www.buzzfeednews.com/article/carolineodonovan/amazon-worker-retaliation-coronavirus (February 16, 2021).

39 Tim Bray, "Bye, Amazon," Ongoing by Tim Bray, April 29, 2020, https://www.tbray.org/ongoing/When/202x/2020/04/29/Leaving-Amazon (January 26, 2021).

40 Brad Porter, "Response to Tim Bray's Departure......" LinkedIn, May.5, 2020, https://www.linkedin.com/pulse/response-tim-brays-departure-brad-porter/ (January 26, 2021).

41 Spencer Soper, "Amazon Projects Revenue Signaling Strong E-Commerce Demand," Bloomberg, February 2, 2021, https://www.bloomberg.com/news/articles/2021-02-02/amazon-projects-revenue-signaling strong-e-commerce-demand (February 28, 2021).

42 Karen Weis, "Pushed by Pandemic, Amazon Goes on a Hiring Spree Without Equal," New York Times, November 27, 2020, https://www.nytimes.com/2020/11/27/technology/pushed-by-pandemic-amazon-goes-on-a-hiring-spree-without-equal.html (February 28, 2021).

43 Annie Palmer, "Jeff Wilke, Amazon's Consumer Boss and a Top Lieutenant to Bezos, Will Step Down in 2021," CNBC, August 21, 2020, https://www.cnbc.com/2020/08/21/amazons-consumer-boss-jeff-wilke-to-step-down-in-2021.html (January 26, 2021).

44 Annie Palmer, "Read the full letter Amazon sent to Biden offering to help with Covid-19 vaccines," CNBC, January 20, 2021, https://www.cnbc.com/2021/01/20/amazon-sends-letter-to-biden-offering-to-help-with-covid-19-vaccines.html (February 28, 2021).

45 Jason Del Ray, "Jeff Bezos finally added 2 more women to Amazon's senior leadership team.joining 19 men," Recode, December 5, 2019, https://www.vox.com/recode/2019/12/5/20998013/amazon-s-team-leadership-women-jeff-bezos-tech-diversity (February 28, 2021); Taylor Soper, "Here are the three Amazon execs who just joined Jeff Bezos' elite 'S-team' leadership suite," GeekWire, August 21, 2020, https://www.geekwire.com/2020/three-amazon-execs-just-joined-jeff-bezos-elite-s-team-leadership-suite/ (February 28, 2021).

46 Sophie Alexander and Ben Steverman, "MacKenzie Scott's Remarkable Giveaway Is Transforming the Bezos Fortune," Bloomberg, February 11, 2021, https://www.bloomberg.com/features/2021-bezos-scott-philanthropy (Feburary 28, 2021).

47 Nick Tilsen, "Shifting Power and Emboldening Indigenous-Led Climate Solutions: NDN Collective on Bezos Earth Fund Grant," NDN Collective, November 25, 2020, https://ndncollective.org/shifting-power-and-emboldening-indigenous-led-climate-solutions-ndn-collective-on-bezos-earth-fund-grant/ (January 26, 2021).

48 Blake Dodge, "Amazon Wants to Provide Medical Care to Workers at Major Companies. Here's an Inside Look at Amazon Care," Business In-sider, December 16, 2020, https://www.businessinsider.com/inside-amazon-care-telehealth-employers-2020-12 (January 26, 2021).

49 "Amazon.com Announces Financial Results and CEO Transition," Amazon, February 2, 2021, https://ir.aboutamazon.com/news-release/news-release-details/2021/Amazon.com-Announces-Fourth-Quarter-Results (February 17, 2021)

50 "Email from Jeff Bezos to Employees," Amazon.com, February 2, 2021, https://www.aboutamazon.com/news/company-news/email-from-jeff-bezos-to-employees (March 10, 2021).

著者

ブラッド・ストーン（Brad Stone）

20年以上にわたってシリコンバレーを取材してきたベテラン記者で、ブルームバーグニュース、グローバルテクノロジー部門の上席編集主幹を務めている。著書にニューヨークタイムズ紙のベストセラーに入り、日本語を含む35言語以上に翻訳された『ジェフ・ベゾス 果てなき野望－アマゾンを創った無敵の奇才経営者』（日経BP）、『UPSTARTS －Uber と Airbnb はケタ違いの成功をこう手に入れた』（日経BP）がある。サンフランシスコはベイエリア在住。

訳者

井口耕二（いのくち・こうじ）

東京大学工学部卒、米国オハイオ州立大学大学院修士課程修了。大手石油会社勤務を経て、1998年に技術・実務翻訳者として独立。主な訳書に『スティーブ・ジョブズ I・II』（講談社）、『スティーブ・ジョブズ 驚異のプレゼン』『ジェフ・ベゾス 果てなき野望－アマゾンを創った無敵の奇才経営者』（いずれも日経BP）、『PIXAR』（文響社）、『リーダーを目指す人の心得』（飛鳥新社）などがある。著書に『実務翻訳を仕事にする』（宝島社新書）、共著に『できる翻訳者になるために プロフェッショナル4人が本気で教える 翻訳のレッスン』（講談社）がある。

ジェフ・ベゾス

発明と急成長をくりかえすアマゾンをいかに生み育てたのか

2022年 4月 25日　　第1版第1刷発行

著　者　ブラッド・ストーン
訳　者　井口 耕二
発行者　村上 広樹
発　行　株式会社日経BP
発　売　株式会社日経BPマーケティング
〒105-8308　東京都港区虎ノ門4-3-12
装　幀　小口翔平+後藤司(tobufune)
編　集　中川 ヒロミ
制　作　アーティザンカンパニー株式会社
印刷・製本　図書印刷株式会社

本書籍に関するお問い合わせ、ご連絡は下記にて承ります。
https://nkbp.jp/booksQA

ISBN978-4-296-00067-8　Printed in Japan